THE FISCAL CODE OF CHINA'S
DEVELOPMENT (1978-2018)

纪念改革开放 40 周年

中国改革开放的
财政逻辑

（1978—2018）

刘尚希　傅志华　等　著

人民出版社

参与本书研究和撰写人员

刘尚希　中国财政科学研究院院长、研究员

傅志华　中国财政科学研究院副院长、研究员

赵福昌　中国财政科学研究院财政与国家治理研究中心主任、研究员

马洪范　中国财政科学研究院外国财政研究中心主任、研究员

程　瑜　中国财政科学研究院科研组织处副处长、研究员

李成威　中国财政科学研究院外国财政研究中心副主任、研究员

梁　季　中国财政科学研究院公共收入研究中心研究员

张　鹏　中国财政科学研究院宏观经济研究中心研究员

陈　龙　中国财政科学研究院公共收入研究中心研究员

武靖州　中国财政科学研究院宏观经济研究中心副研究员

闫晓茗　中国财政科学研究院科研组织处副研究员

目　录

第一篇　财政改革:为市场化和工业化奠基

第二篇　走向共享共富的财政

第三篇 重构与约束财政权的改革

第四篇　大国财政和全球治理

前　言

到 2018 年,中国的改革开放已经走过整整四十年。

"四十而不惑,不惑而心定"。回眸过去的四十年,可以清晰地看到,牵扯社会利益神经的财政始终是改革开放的中心和基础所在。作为国家治理的基础和重要支柱,财政既是改革的对象,也是改革的止险阀。国家治理进程中的任何"破"与"立"都与财政改革息息相关,丝丝相扣,四十年改革开放风雨征程中留下了一幅幅财政改革的历史画卷。

为此,研究团队自 2017 年上半年起,即开始酝酿,讨论,开展研究工作。历时一年,反复讨论,深入研究,多次调整撰写方案,前后七次召开专题讨论会,反复修改,数易其稿,最终形成了这样一本自成风格的《中国改革开放的财政逻辑(1978—2018)》,试图以"史""论"为经纬,从中国经济社会转型的大视角看财政,为中国财政改革"立传"。

历史是一面镜子,知兴衰,明得失,追来日。我们认为,应当把中国财政改革四十年的历史,放到中华民族伟大复兴的大历史中来看待。在人类史上,没有哪个国家的发展是一帆风顺的;没有哪个国家的发展没有遭遇过重大风险,甚至危机。审视历史,其背后都隐藏着财政密码,左右历史变迁的进程,从历史的波澜中都能找到财政的身影,重大的历史变革无不指向财政。对中国财政改革四十年进行研究的过程,也就是破译中华民族复兴背后财政密码的过程。于中华民族复兴,于国家治理现代化,这项研究的现实意义和理论价值都是不言而喻的。

研究团队自组建之日始,就明确了指导思想,要努力创新,突破史料堆集、维度单一的写法,强调有理论的高度、多维的广度和历史的深度,按照一定的逻辑框架体系,在深入研究和反复提炼的基础上呈现历史、观察财政。

常有人说,历史就是个任人打扮的小姑娘。也有人说,历史不是任人打扮的小姑娘。不管哪种说法,都说明观察的视角和维度决定人们对历史的看法。研究财政改革四十年历史,必须放到一定的历史坐标之中。从人类发展的阶段来看,人类社会已经进入风险社会,其特征是高度不确定性。在风险社会,经济风险、社会风险、债务风险和金融风险以及地缘政治风险等公共风险相互交织、叠加放大、全球互联,若处理不好会引发严重的发展危机。中国的财政改革之所以取得进展,主要在于注重了既化解各种内生的公共风险,又防止改革过程中引致各种公共风险。改革是从不确定性中寻找确定性的过程,不同层次、不同阶段的公共风险推动不同维度的改革。人民群众不同层次的需求,推动改革为发展开辟道路,在不同阶段满足人民群众最为紧迫的生活需要,紧扣"以人为本"这个永恒的主题。人的生存与发展需要,包括社会个体的人和集体的人,是改革的根本出发点和落脚点。

因此,本书注重从人的需要出发,厘清改革线索。财政在不同的阶段面对的人的现实需求是不同维度的、不同层面的,所要解决的问题也是不同的。财政改革,防范化解公共风险,根基在调动人的积极性,实现人的解放和发展。财政改革的目标,是通过财政制度的建构来夯实国家治理的基础,以"取""用"有度的方法来聚财、用财和生财,以公共的方式来满足人们的公共需要——防范化解生活、生产和生态领域的公共风险。分解成不同的维度,财政改革的目标是不同的。在经济维度,其目标是以财政分权来促进构建自组织经济体制;在社会维度,其目标是以财政托底来促进构建社会公平正义体制;在法治维度,其目标是以财政法定来促进构建国家治理法定体制;在国际维度,其目标是以大国财政来参与全球规则制定和全球治理。财政的最终目标,是推动经济发展、制度发展和人的发展,促进人类文明进步。

本书研究财政改革四十年,确立了四个维度:经济维度、社会维度、法治维度和国际维度,并以此作为全书的基本架构。除总论以外,全书分为四篇:第一篇是财政改革:为市场化和工业化奠基,第二篇是走向共享共富的财政,第三篇是重构与约束财政权的改革,第四篇是大国财政和全球治理,这四篇的构成就是基于上述四个维度而来。总体来看,全书力求实现三个超越:一是超越时间尺度。拓展对财政改革观察的时间尺度,将"四十年"作为一个时间整体看作中华民族伟大复兴的转折点,向前延伸至 1978 年改革开放之前,向后展望 2018 年之后的"两个一百年",以更宽广的历史视野来观察这"四十年"财政改革的历史作用和发展意义,试图超越就"四十年"论"四十年"的叙事方式。二是超越国家空间。站在全球改革发展来观察中国财政改革四十年。中华民族伟大复兴,在全球人类文明发展中并不是一个孤立的事件,作为当今世界最大的发展中国家,中国四十年的发展改变了全球发展格局,事实上在重塑世界政治、经济版图和全球治理的格局,将对世界历史发展进程产生重大影响。而财政作为国家治理的基础和重要支柱,在其中发挥的作用不言而喻。三是超越财政自身。跳出"财政"写财政改革。在四十年改革进程中,很多财政改革事件并非只是财政收支事项,而是国家经济社会转型发展中的重要内容。既跳出财政部门的视角,也跳出流行财政教科书上的认知,放在改革开放伟大实践当中和全球化背景下,探究财政改革的历史趋势,并从这个历史趋势中来深化对财政问题的原理性认识,为全面深化改革中的财政改革提供理论支撑和智库方案。

本书由中国财政科学研究院刘尚希院长和傅志华副院长牵头负责,带领院内一批研究骨干集体研究完成。刘尚希主导策划了本项研究的目标、要求和具体研究方案,设计提出了全书各篇章的基本思路和主要观点,指导书稿各部分的修改和完善,并负责对全书做最终修改定稿。傅志华全面协调并具体组织多阶段、全过程的研究工作,参与全书最终修改定稿。研究团队成员分工负责各篇初稿撰写和修改执笔:李成威和武靖州负责总论,梁季和陈龙负责第一篇,马洪范负责第二篇,赵福昌和程瑜负责第三篇,张鹏负责第四篇。闫晓茗承担了研究和撰写过程中的会议纪要、文献资料收集整理等工作。

在本书的研究、撰写和出版过程中,自始至终得到了人民出版社的大力支持。责任编辑曹春博士和李琳娜博士为本书的出版付出了辛勤的劳动。在此一并表示衷心感谢!

学术有温度,研究团队投入激情创作,致力于对中国财政改革四十年做有价值的学术研究,力图有所创新。研究无止境,由于研究者水平有限和时间紧张忙碌,本书肯定存在着缺陷和不足之处,敬请读者批评指正。

总　论

当历史的指针定格在 2018 年,中国的改革开放已经走过了四十年。改革是一场自我革命,是深刻的利益重构与制度变革,既有壮士断腕的"破",也有"摸着石头过河"的"立"。财政是国家治理的基础与重要支柱,既是改革的对象,也是改革的保障,国家治理的任何"破"与"立"都与财政改革息息相关。可以说,改革开放走多远,财政改革就走多远,四十年改革开放风雨征程中留下了一幅幅精彩的财政改革历史画卷。

"九曲黄河终入海",回头审视中国的财政改革,目标只有一个,就是促进中华民族伟大复兴中国梦的实现。推动中国财政改革的动力也可以归结为一点,即公共风险的变化。财政改革往往不是在有先见之明的制度设计基础上进行的,而是在公共风险暴露与加剧时,不得不做出的选择。而公共风险暴露的威胁性与变化的紧迫性在时空上的差异,使得财政改革在各领域的推进也并不是整齐划一。因此,"渐进"是我国改革的重要特点之一。与先有制度设计再有改革落实的制度主义道路不同,我国的财政改革带有行为主义路线的色彩。改革开放之所以取得巨大成功,就在于我们找到了一条适合中国国情的独特发展道路;而财政改革之所以在国家改革开放与发展中发挥了基础性和突破性的作用,就在于比较准确地把握了公共风险的变化,推动了国家的改革开放与发展。

一、今天的财政是历史变革的缩影

如果让一个人重新活一遍,生活不会是现在的样子;如果让过去重新开始,历史就要重写。我们不能戴着"先验论"的眼镜看待财政改革。在大的历史背景下审视财政改革,今天的财政其实是国家发展与历史变革的缩影,而财政改革的每一步都带有公共风险变化的烙印。今天的财政我们谓之"公共财政",体现了社会公平的价值追求和以人为本的价值理念,是经济社会发展到一定程度时,社会主义财政制度安排的自然走向。而在改革开放初期,面对的公共风险是8亿人吃不饱饭、经济低效、发展缓慢,当时财政的使命就是调动一切积极因素搞经济建设,可以说是一种以经济建设为中心的"建设财政",更多地体现了"效率优先"的目标。改革开放四十年后,现在面临的主要公共风险不是吃不饱饭的问题,而是发展起来之后的公共风险。解决"有没有"的问题之后,现在要解决"好不好"的问题,转向以人民为中心的发展道路,财政自然就要从"物本财政"向"人本财政"转变。

(一) 风险视角下的财政

财政的本质在于治理公共风险。传统理论从市场失灵出发解释财政。市场的有效性在于以价格为指引形成私人产品的高效供给,但会导致负外部性的产生和社会成本问题,政府通过公共产品的供给解决这个问题,就需要公共支出,也就产生了公共收入如税收的必要性,以弥补市场之不足。这种解释在市场经济条件下有一定合理性,但其局限性显而易见。首先,财政与国家是同时产生的,而不是市场经济出现之后才有财政,非市场经济条件下如何用市场失灵来解释财政?传统理论回避了这个问题,仅仅做了就事论事的解释。其次,随着经济社会的发展,政府职能越来越庞大,财政支出的范围随之扩大,仅从市场失灵的角度难以解释财政支出的范围为何扩大,如:为什么个体的贫困、失业应由政府来兜底？经济金融危机爆发后，为什么政府要对企业进行救助？关于福利国家的理论似乎部分解释了社会性支出的扩大，但也无法解释针对企业的救助性支出。

世界是不确定的，风险无时无处不在，且无时无刻不处在变化之中。为了在不确定中寻找确定性，人们需要对风险做出评估，并在行为上采取相应对策。当个体面对的一些风险难以化解，并影响到共同体的稳定与发展时，就有必要采取集体行动，由共同体来应对已经不再是个体的风险。国家是共同体的高级形式，共同体的行为表现为现代社会的国家行为，形成了现代社会的国家财政。个体的收入与消费维系了个体的生存与发展，共同体（国家）的收入与支出维系了共同体（国家）的生存与发展。这意味着，财政与国家是不能分离的。从这一简单的逻辑分析中可以看出，市场失灵理论只能一定程度上解释现代社会的财政，而从公共风险论出发的财政理论却有更强大的解释力。资本主义社会之前的财政和计划经济条件下的财政都可以用公共风险理论来解释；现代国家越来越显性地承担了公共风险防范与化解职责，财政的作用也越来越鲜明地嵌入其中。政府对社会个体如企业、个人的救助，其目的是防范私人风险转化为公共风险。

公共风险的变化推动财政改革。传统理论下，财政改革的目的在于更加有效地提供公共产品，解决市场失灵问题，这只能部分地解释市场经济条件下的财政改革问题。我国改革开放之前实行的是计划经济，只存在计划失灵，不存在市场失灵问题，以解决市场失灵问题来解释中国财政改革显然说不通。财政的本质是应对公共风险，以此出发，不难推论出：公共风险的变化是财政改革的原动力。公共风险的变化往往现实地反映为社会主要矛盾的变化，社会主要矛盾的变化要求国家层面的制度做出调整和改进，其突破口通常是在财政，无论是经济改革，还是全面深化改革，从我国历史上的历次变法也不难看出这一点。改革开放以来，我国财政改革实质上都是遵循公共风险变化的逻辑而推进的。

带有行为主义色彩的治理公共风险路径构成了我国财政改革四十年的脉络。制度一旦形成就存在路径依赖，但公共风险的变化却没有固定的路径，靠制度来防范和化解公共风险往往具有滞后性，通常是风险快要酿成危机时才有制度变革。因为无法提前预判公共风险的变化并提前做出相应的制度安排。四十年来的改革,很少是先改旧制度,再按新制度去做。通常是在旧制度难以整体更替之前,鼓励大家按照"三个有利于"的精神大胆地闯、大胆地试,在发展中去规范,以行动的成效来创新制度安排,实现对旧制度框架的替换。行动是先导,财政改革更是如此。基于应对公共风险的需要,鼓励个体、企业或地方政府自行探索,赋予很大的行动空间。可以说,基于行为主义的改革路径构成了中国财政改革四十年的基本脉络。

(二) 贫困落后撬动了中国财政改革

生存危机与开除"球籍":改革开放初期中华民族面临的巨大公共风险。我们通常把改革看作是一场自我革命,可见改革难度之大。改革虽然不像革命时期血雨腥风,却会触动观念、权力与利益,并与之相冲突。只有在公共风险的压力之下,才会迸发出改革的巨大动力。历史上,在中华民族最危险的时候,倒逼中国革命者不断探索,终于探索出一条符合中国国情的"农村包围城市"的革命道路;20 世纪 70 年代末,在中国社会主义建设面临巨大风险和危机的时刻,倒逼我们探索出一条符合国情的改革开放之路。贫困与落后,就是在后面追赶中国的那只"老虎"。不消灭贫困与落后这只"老虎",中国就会被它吃掉。这就是公共风险,它转化为了改革开放的强大动力。

70 年代末期,我国面临着十年"文革"带来的严峻局面:经济凋敝、科技落后、人民贫困。按照当年价格及现行农村贫困标准衡量,1978 年我国农村居民贫困发生率为 97.5%,农村贫困人口规模 7.7 亿;工人平均月工资只有四五十元。虽然 1978 年我国粮食总产量超过了历史最高水平,但按人口平均的粮食占有量,只略高于 1957 年;许多地方的农民口粮不足,有的地方口粮严重不足;按人口平均的占有量,棉花由 1957 年的 5.1 斤降到 1978 年的 4.6 斤,油料由 13.2 斤降到 11 斤。① 与世界其他国家相比,我国经济不仅同发达国家

---

① 李先念:《李先念论财政金融贸易》下卷,中国财政经济出版社 1992 年版,第 389 页。

的差距进一步扩大,而且还被一些发展中国家和地区远远甩在了后面。邓小平同志就强调,不改革开放,总有一天会被开除"球籍"。① 可以说,贫困与落后,生存危机与开除"球籍"的危险,是撬动中国改革开放最初也是最大的动力。

改革从农业和农村开始:解决最基本的生存风险。1978 年 11 月 24 日晚上,为了解决温饱问题,在安徽省凤阳县东部小岗村一个闪着微光的茅草房内,18 位农民以"托孤"的方式,冒险在土地承包责任书上捺下手印,实施农业"大包干",拉开了中国农村改革的序幕。"包产到户"的效果立竿见影,1973—1976 年,小岗村全年人均口粮仅在 200 斤左右徘徊,年人均收入甚至不足 30 元,几乎每户都有出门讨饭的历史;而 1979 年,小岗村在遭遇罕见大旱的情况下,仍然取得了大丰收,油粮总产达到了 3.5 万斤,相当于之前 20 年产量的总和;年人均收入达 400 元,相当于 1978 年的 18 倍。②

小岗村的"包产到户"不是先见之明的特意安排,在当时也引起了巨大的争议,但其显著效果却引来其他地区的纷纷效仿。当计划经济的堤坝在农村受到巨大冲击并显示出解放生产力的巨大效果时,改革便在制度层面迅速展开。1982 年 1 月 1 日,中共中央批转《全国农村工作会议纪要》,指出农村实行的各种责任制,包括小段包工定额计酬,专业承包联产计酬,联产到劳,包产到户、到组,包干到户、到组等等,都是社会主义集体经济的生产责任制;1983 年中央下发文件,指出联产承包制是在党的领导下我国农民的伟大创造,是马克思主义农业合作化理论在我国实践中的新发展;党的十三届八中全会通过的《中共中央关于进一步加强农业和农村工作的决定》,提出把以家庭联产承包为主的责任制、统分结合的双层经营体制作为我国乡村集体经济组织的一项基本制度长期稳定下来,并不断充实完善。家庭联产承包责任制作为农村经济体制改革第一步,突破了"一大二公""大锅饭"的旧体制,而且随着承包制的推行,个人付出与收入挂钩,极大地调动了农民生产的积极性,解放了农

---

① 余玮:《邓小平和特区的故事》,《党史纵横》2008 年第 4 期。

② 《敢想敢干敢为人先:小岗村 40 年有大变样》,《中国青年报》2018 年 1 月 16 日。

村生产力。

财政改革先行一步。 1978 年 12 月，党的十一届三中全会做出了把全党的工作重点转移到社会主义现代化建设上来的重大战略决策。鉴于国民经济的重大比例失调问题，随后又提出，必须在前两年经济恢复工作取得重大成就的基础上，集中三年左右的时间搞好整个国民经济的调整工作，并要求财政先行一步，以财政改革促进国民经济调整。一方面，通过增加对农业、轻工业、能源与交通运输建设的投资，缩短基本建设战线，保持物价稳定，缓解国民经济比例失调问题；另一方面，按照分级包干制明确划分中央与地方财政收支范围，对国营企业实行企业基金制度，调动地方政府和国有企业的积极性。这一时期，通过财政改革先行，扩大了地方政府和国有企业财权，形成了初步适用于引进外资的税收制度，实行了基本建设投资领域的"拨改贷"，在行政事业单位试行"预算包干"，在高度集中的计划经济体制下打开了一个缺口，为经济领域各项改革的推进奠定了良好的基础。

（三）市场化导向的改革重塑了风险分担机制

随着改革的持续推进，我们逐步确立了市场化的改革方向。市场化改革重塑了计划经济体制下风险与收益的分配，让居民、企业和地方政府都成为真正的利益主体，资源配置改善、经济效率提高，经济蛋糕做大，这从整体上降低了经济社会的风险。市场化的分权改革，也同时分散了责任和风险。

1982 年 9 月，在党的十二大开幕词中，邓小平同志提出要把马克思主义的普遍真理与中国的具体实际结合起来，走自己的道路，建设有中国特色的社会主义，①从而明确了中国特色社会主义的改革方向。据此，党的十二届三中全会提出，我国实行的是有计划的商品经济，改革是为了建立充满生机的社会主义经济体制，增强企业活力是经济体制改革的中心环节。我们逐步突破了把计划经济与商品经济对立起来的传统观念。发展商品经济就要尊重价值规

---

① 《邓小平文选》第三卷，人民出版社 1993 年版，第 3 页。

律,尊重价值规律就要明确企业的市场主体地位,增强企业活力成为我国经济改革的重点。这一时期的财政改革也是围绕"增强企业活力"展开的,而"利改税"则是增强企业活力、确立企业市场主体地位的关键一步。"利改税",即把国营企业向国家上缴的利润改为缴纳税金,税后利润全部留归企业。从1979年开始,国家就先后在几百户国营企业中进行了"利改税"试点。在试点的基础上,1983年开始了第一步改革,主要是对有盈利的国营企业征收所得税,即把企业过去上缴的利润大部分改为用所得税的形式上缴国家;小型国营企业在缴纳所得税后,由企业自负盈亏,少数税后利润较多的,再上缴一部分承包费;大中型国营企业缴纳所得税后的利润,除了企业的合理留利外,采取递增包干、定额包干、固定比例和调节税等多种形式上缴国家。第二步改革的基本模式是:将国营企业原来上缴国家的财政收入改为分别按11个税种向国家缴税,也就是由税利并存逐步过渡到完全的以税代利;对企业采取适当的鼓励政策,越是改善经营管理,努力增加收入,税后留归企业安排使用的财力越大。1986年,又在"利改税"的基础上推行了企业承包经营责任制改革,明确了企业经济责任,进一步调动了企业的积极性。

　　1992年10月召开的党的十四大,总结了改革开放以来建设有中国特色社会主义理论的主要内容,明确提出,我国经济体制改革的目标是建立社会主义市场经济体制,强调要使市场在社会主义国家宏观调控下对资源配置起基础性作用。市场经济是社会化的商品经济,具有平等性、开放性、竞争性和法制性的特点。基于社会主义市场经济的改革目标,我国的财政改革也开始向规范化与法制化迈进。一是通过分税制改革,形成了相对稳定和规范的中央与地方财政分配关系;二是按照统一税法、公平税负、简化税制和合理分权的原则,建立了以增值税为主体的税收制度,开征了消费税,对内资企业实行统一的所得税,简并统一个人所得税,改革农业税,开征了土地增值税等等,初步形成了符合社会主义市场经济体制的多税种、多环节、多层次调节的中国特色税收制度;三是按照"产权清晰、权责明确、政企分开、管理科学"的目标,推进国有企业现代企业制度改革,初步理顺了企业产权关系;四是颁布实施了《中华人民共和国预算法》,把政府预算纳入了法制化的管理轨道。

（四） 全球公共风险交织下的财政改革

全球化在有助于转移转化内部公共风险的同时，也使我们直面全球公共风险。改革开放初期，财政改革主要是如何利用全球化力量化解内部风险；随着我们日益融入全球化，如何防范和化解全球风险成为财政改革的新命题。改革与开放是一体，财政改革与对外开放也是同步的。改革开放初期，财政是中国联系世界的重要纽带；改革开放过程中，为引进国外先进技术与管理方式，财政做出了重要调整与安排；随着国际经济合作的不断强化，财政也日渐与国际接轨；财政改革的成功，向世界提供了财政改革的中国方案；在全球化的发展中，财政也会发挥越来越大的作用。

由于世界各国经济社会的相互依赖性空前增强，各种风险的形成与国际传导提供了条件，经济波动和危机的国际传染性也随之增强。在全球化下，一国的风险很可能会演变成全球风险。一国的经济体量在全球经济中占的比重越大，其国内风险演变为全球风险的概率就越大，影响力和破坏力也越强。因此，全球经济的不稳定因素增加，全球治理面临新的挑战。

世界经济论坛发布的《2014年全球风险报告》认为，2014年关注度最高的前十大全球风险分别为：核心经济体财政危机；结构性高失业或就业不足；水资源危机；严重收入不均；气候变化调整和适应失败；更加严重的极端天气事件；全球风险治理失败；粮食危机；重大金融机制、制度失败；重大政治和社会动荡。其中，核心经济体财政危机、结构性高失业或就业不足以及水资源危机成为全球三大最受关注的风险。全球性风险不仅相互关联，而且具有系统性影响。为了有效地管理全球性风险，适应风险带来的影响，需要付出更多努力来理解、测量和预见不同风险之间相关性的发展变化，提供为不确定环境设计的新概念，作为对传统风险管理工具的补充。每一项单独风险都有可能造成全球性危害，但由于这些风险密切相连，它们在相互作用下所产生的负面影响将更为凸显，并具有放大效应。未来10年，全球发展的最大风险是长期财政失衡和严重收入差距，最有可能对整个世界产生系统性冲击。在全球面临金融动荡和潜在粮食与水资源危机的背景下,这两大风险很可能触发民族主义、民粹主义和保护主义抬头,威胁全球经济增长。在一些发达国家,前途渺茫的年轻人口数量急剧增长,越来越多的退休人员依赖债台高筑的国家养老,贫富差距日益扩大,这些趋势有可能使全球化取得的进展功亏一篑。各国仍在沿袭的 20 世纪制定的政策、规范,无法再为当今世界的发展提供保障,次贷危机、欧债危机、资源枯竭和气候变化等问题暴露了现有措施的不足,社会抗风险能力更显脆弱。

全球公共风险最终表现为财政风险,化解的基本手段也是靠财力保障。从全球公共风险的现实来看,财政风险本身就是最大的全球公共风险,美国的"财政悬崖"(Fiscal Cliff)、由希腊主权债务危机引发的欧债危机、长期缺乏公共财政投入而导致的非洲公共卫生危机等等,而财政本身的风险已经成为最大的全球公共风险。财政作为化解风险的最后手段,化解财政本身的风险也需要通过财政工具和财政政策来实施,而化解财政之外的其他公共风险更离不开财力的保障。

全球公共风险治理呼唤"大国财政"。财政、国家财政、公共财政、民生财政,乃至现代财政制度,其观察视角和界定范围都没有超出一国主权,都是对内而言的。然而,全球格局变化已导致全球风险加剧,利益分配随全球格局不断演变。中国经济综合实力上虽仍不及美国,但近年来在全球地位中已呈现明显提升,以大国财政参与全球风险治理的局势已然刻不容缓。大国财政的内涵与外延都超出一国主权之界,是针对其作为全球性大国有效进行全球风险治理的基础和重要支柱而言的。鉴于此,大国财政的理论核心显然应考虑落在全球利益分配和全球风险治理两个基点上,由此引出的全景理论框架体现了基于"一枚硬币的两面"的平衡与统筹理念。

大国财政是建立在大国实力基础上的,通过参与全球资源配置,承担全球风险治理责任,实现全球利益分配,进而化解全球公共风险,引领人类文明进程。大国财政的本质是大国为主体的全球利益和风险分配关系,在全球资源配置、全球利益分配、全球风险治理和化解全球公共风险中发挥重要作用。

(五) 财政改革的新起点:公共风险治理现代化

党的十九大在准确判断我国社会主要矛盾变化的同时,也更加强调"风险",指出要有效抵御重大风险,更加自觉地防范各种风险,坚决打好防范化解重大风险的攻坚战,要求各级政府和党员干部要增强驾驭风险的本领。服务于国家治理目标的财政改革,应当根据国家治理体系与治理能力现代化的要求做出优化调整。

从危机管理转向风险管理。危机管理是一种事后管理,危机发生后去应对;风险管理是一种全过程的管理,事前识别并预测风险、事中跟踪监控风险、事后化解和应对风险。现代经济、社会危机的代价越来越大,重大危机已成为国家治理不可承受之重,危机管理方式对国家治理的冲击需要付出越来越大的资源来化解与应对。因此,应当以财政事权与支出责任的合理划分,明确各级政府、各个部门的风险责任,避免风险主体责任缺位;通过赋予地方政府更大的自主权限,打破中央政府兜底所有风险的预期,使各级政府成为现代经济体系和共享共治社会治理格局中真正的公共风险责任主体;逐步强化地方政府的风险意识,实现中央政府与地方政府在风险管理方面的激励相容。

从社会福利最大化转向公共风险最小化。社会福利最大化的目标追求,是为防范风险而设计的,但过度的社会福利却又带来了新的风险。社会福利是防范公共风险的手段,而不应是政府治理或财政改革的目标。作为手段的社会福利是与公共风险最小化目标一致的,而作为目标的社会福利则容易忽视公共风险因素,最后形成了"防范风险的风险"和"应对危机的危机"。一些国家就因过度追求社会福利而陷入"中等收入陷阱",或爆发财政、金融危机。公共风险最小化是兼容社会福利,又避免社会福利最大化目标缺陷,更加符合国家治理现代化的目标。一定程度上,公共风险最小化与社会福利最大化是一枚硬币的正反面,公共风险最小实际上就是社会福利最大,社会福利最大就要求把公共风险控制在最小限度。公共风险最小化所追求的社会福利最大,是自然与社会资源所能承受的社会福利,而不是不加限制的社会福利,既有助于社会福利的实现,也能够避免过度追求社会福利带来的风险。因此,财政改革应当避免各地区、各群体间的福利攀比,合理引导社会预期,重在"兜底线"。我国历史上就有"不患寡而患不均"的传统思想,一定程度上社会福利差距大比社会福利少风险更大。公共财政应当以基本公共服务均等化,为全体国民提供大致均等的基本公共服务为目标。对于基本公共服务,应由中央政府根据国情、经济社会发展水平在全国范围内确定标准和浮动区间,由地方政府根据辖区实际在标准上确定浮动系数。

从收支平衡转向综合平衡。财政的"财"字代表收支,"政"字则代表政策,财政管理实际上是政府收支政策的管理。传统的财政管理重收支、轻政策,收支管理规范、细化,政策管理偏弱,导致财政的综合平衡能力没有充分发挥,在难以有效应对重大结构性失衡问题的同时,一定程度上也影响了财政收支的平衡。政府的所有活动都与财政收支相关,所有的财政收支都体现为公共政策,财政不能把收支管理作为主线,尤其是在财政定位为国家治理基础与重要支柱的新形势下,应把财政收支管理融入整体的国家治理之中,以国家治理的要求设计财政政策,发挥财政的综合平衡功能。这不仅不是对财政收支管理职能的弱化,反而有助于更加高效、更加协同、更高层次地履行财政收支管理职能。在推进国家治理能力与治理体系现代化的改革目标下,财政管理应当更加突出综合平衡,不仅更加有效地协调各级政府、各部门的财政收支,也应更加重视各地区、各部门间的政策、制度与管理的协调,重视政府、市场与社会之间的协调与平衡。

从总量调节转向结构调节、利益调节。2017 年,我国国内生产总值已超过 80 万亿元。在庞大的基数之下,经济增长速度的减缓在所难免,受各种内外部因素影响的经济总量的波动也属正常,可控范围内的增速减缓与总量波动已经不是公共风险的主要来源。发展的不平衡、不充分,发展的质量和效益不高,生态环境问题,民生领域的短板,社会利益格局的固化等已成为新时期公共风险的主要来源。新的社会矛盾的解决要靠经济总量的增长,更要靠经济结构的优化、利益分配的均衡。财政作为国家治理的基础和重要支柱,财政政策作为国家治理的工具,就应在调节经济总量的同时,更加关注结构与利益的调节。另外,我国经济总量越来越大,总量调节需要的财政支出扩张度越来越大,而地方政府债务水平高企、财政风险积聚,财政支出扩张的空间却越来越有限。靠财政扩张刺激经济总量增长的道路越来越行不通,但发展不平衡不充分的矛盾又需要积极的财政政策来应对。这需要积极财政政策转型,在控制财政支出扩张的前提下,通过减税降费、盘活存量财政资金、优化财政支出结构、提高财政支出效益等方式,调节重大结构性失衡问题,调解重大社会利益冲突问题。化解结构失衡和利益冲突风险,经济总量的持续增长也才有了更为坚实的基础。

二、财政改革四十年的多维观察

财政不仅仅是收和支,而且是贯穿国家治理的主线,国家治理须臾离不开财政。党的十八届三中全会提出了国家治理体系和治理能力现代化的改革目标。国家治理体系是在党领导下管理国家的制度体系,包括经济、政治、文化、社会、生态文明和党的建设等各领域体制机制、法律法规安排,也就是一整套紧密相连、相互协调的国家制度;国家治理能力则是运用国家制度管理社会各方面事务的能力,包括改革发展稳定、内政外交国防、治党治国治军等各个方面。在政府收支线条下,财政就像一束白光,把它射到多棱镜下,就会发出赤橙黄绿青蓝紫的多彩光芒,反映着国家治理的方方面面。经济改革与财政改革紧密相关,社会发展也离不开财政改革,而财政权力的约束与财政行为的规范是依法治国的重要组成部分,参与全球治理更离不开财政的作用。因此,经济、社会、法治与全球治理是研究财政改革应重点关注的四个维度。公共风险不是一成不变的,风险的分布也不是整齐划一的,应对公共风险有急有缓,财政改革便有先有后。

(一) 财政改革曾是经济改革的中心环节

生产效率低下是贫困落后的根本原因。 1978 年 10 月,时任国务院副总理的邓小平应日本政府邀请,对日本进行了为期 8 天的友好访问。坐落于神奈县的日产汽车公司的座间工厂是邓小平访问期间参观的三家企业之一。这家工厂曾是日本自动化程度最高的汽车装配厂,月生产中小型轿车 4.4 万辆,但除几名管理人员外,只有 48 个机器人在操作,是当时拥有职工十几万人的中国长春第一汽车制造厂月产量的 99 倍。了解到这些后,邓小平感慨地说:"我懂了什么是现代化。"①我国资源、要素很丰富,为什么在改革开放初期会处在贫困落后的状态? 根本原因在于技术落后、效率低下。因此,改革开放要从打破阻碍技术进步与效率提升的制度安排、引进先进技术和管理方式入手。

放权让利:财政改革引领经济改革。 改革开放初期,农村最常见的一条标语是"交足国家的,留够集体的,剩下的都是自己的"。简单的一句话,却概括了实行家庭联产承包责任制后,国家、集体与农民个人利益再安排所激发的农业生产活力。这一改革模式推广到城市,就是实行国有企业承包经营制。1986 年 12 月,国务院作出《国务院关于深化企业改革增强企业活力的若干规定》,提出全民所有制小型企业可积极试行租赁、承包经营;全民所有制大中型企业要实行多种形式的经营责任制;各地可以选择少数有条件的全民所有制大中型企业进行股份制试点。通过向居民、企业放权让利,调动市场主体追求个人利益的积极性,在市场主体追求个人利益化解个体风险的同时,增强了国家应对公共风险的能力。

分权激励:财政改革促进经济改革。 放权让利重构了政府与农民、企业的关系,而以分权为特征的中央与地方关系的重构,则通过探索与中国国情相适应的财政分权模式,调动中央和地方两个积极性,为推动市场化改革奠定基础。1980 年 2 月,国务院颁发了《国务院关于实行"划分收支、分级包干"财政管理体制的暂行规定》,开始实行"分灶吃饭"的财政体制,以分权调动地方政府当家理财和发展经济的积极性,增加了地方各级政府的自主财力,对于推动我国经济体制改革全面铺开,发挥了重要作用。从 1985 年起,又实行了"划分

---

① 《谋划发展蓝图的一次考察——"我懂得了什么是现代化"》,《人民日报》2008 年 11 月 28 日。

税种、核定收支、分级包干"的财政管理体制。1988 年 7 月,国务院发布《国务院关于地方实行财政包干办法的决定》,进一步完善了"分灶吃饭"的财政体制。1993 年 12 月,国务院发布《国务院关于实行分税制财政管理体制的决定》,从 1994 年 1 月 1 日起实施新的财政体制。分税制财政体制改革的实施,相对稳定和规范了中央与地方的财政分配关系,增强了中央政府的宏观调控能力,是新中国成立以来政府间财政关系方面涉及范围最广、调整力度最强、影响最为深远的重大制度创新,初步建立了符合社会主义市场经济要求的财政管理体制框架。

现代财政制度与现代化经济体系:财政改革同步经济改革。2004 年 9 月,党的十六届四中全会提出,坚持以人为本、全面协调可持续发展的科学发展观,推动经济社会统筹发展。科学发展观是在我国经济快速发展,区域、城乡和群体间发展差距不断扩大,由此带来的社会矛盾日趋凸显的背景下提出的。市场经济条件下,具有要素禀赋优势的区域、具备一定能力的个体势必会先行抓住机会先富起来。但解决发展差距的问题,靠市场自发调节是无效的,政府必须履行好再分配的功能,而财政则是政府进行再分配的主要手段。2005 年 10 月,党的十六届五中全会在通过的《中共中央关于制定国民经济和社会发展第十一个五年规划的建议》中,首次提出了"公共服务均等化"的原则;党的十七大则把"围绕推进基本公共服务均等化和主体功能区建设,完善公共财政体系",确定为深化财政体制改革的一个基本方针。这一时期,基于基本公共服务均等化的目标,通过调整财政支出结构,推进各领域改革,我国初步建成了覆盖城乡的社会保障制度,教育、科技支出大幅提高,民生支出占财政支出的比重显著提升。

党的十八届三中全会开启了我国全面深化改革的新篇章,把完善和发展中国特色社会主义制度,推进国家治理体系和治理能力现代化明确为新时期改革的总目标,强调要使市场在资源配置中起决定性作用。与前期的改革相比,全面深化改革强调要在建设中国特色社会主义制度的基础上,进一步"完善"和"发展"中国特色社会主义制度,并把中国特色社会主义制度的探索延伸至"国家治理"层面,体现了兼顾"经济基础"与"上层建筑"的辩证思维。

如果说中国特色社会主义道路的探索是从经济、社会、政治等领域分别展开的话，"国家治理"层面的探索则更加体现了改革的"一体"与"全面"性。作为中国特色社会主义道路探索的一部分，财政改革的目标与方向也发生了相应变化。党的十八届三中全会明确了财政作为国家治理基础与重要支柱的地位；强调科学的财税体制是优化资源配置、维护市场统一、促进社会公平、实现国家长治久安的制度保障，财政改革不仅是经济改革的一部分，也是社会发展乃至国家治理的重要保障；把建立现代财政制度确立为新时期财税体制改革的总目标，在现代财政制度的目标之下，统筹推进现代预算制度、现代税收制度与事权和支出责任相适应的制度三项重点改革。

　　基于全面深化改革的顶层设计，财政领域的改革全面推进。2014 年 6 月，中央政治局审议通过了《深化财税体制改革总体方案》，明确新一轮财税体制改革 2016 年基本完成重点工作和任务，2020 年基本建立现代财政制度；8 月，修正的《预算法》颁布，在走向现代预算制度的道路上迈出了坚实的一步；9 月，国务院发布《国务院关于深化预算管理制度改革的决定》，依据新《预算法》对深化预算管理制度改革做出了全面部署。2015 年 12 月，《深化国税、地税征管体制改革方案》出台，提出了 6 大类、31 项具体举措，以期实现到 2020 年建成与国家治理体系和治理能力相匹配的现代税收征管体制；2016 年 5 月 1 日起全面推行"营改增"，在降低企业税负的同时，也开启了地方税体系建设的新征程；个人所得税、消费税、资源税、环境保护税、房地产税等改革也渐次推进。作为财税体制改革"最难啃的硬骨头"的中央与地方财政关系改革也有了重大突破。2016 年 8 月，国务院发布《国务院关于推进中央与地方财政事权和支出责任划分改革的指导意见》，明确 2016 年选取部分基本公共服务领域启动财政事权和支出责任改革，2017—2018 年取得突破性进展，2019—2020 年基本完成主要领域改革。

　　党的十九大做出了我国社会主要矛盾发生变化的重大判断，提出建设现代化经济体系是跨越关口的迫切要求和我国发展的战略目标。现代化经济体系需要现代财政制度与之相适应，为此，党的十九大提出了加快建立现代财政制度的要求。

（二）财政改革托起民生事业

解决温饱后公共风险的变化。1992 年初，邓小平在南方谈话中提出："社会主义的本质，是解放生产力，发展生产力，消灭剥削，消除两极分化，最终达到共同富裕。"①现实条件下，解放和发展生产力与共同富裕的目标不可能共同实现，尤其在生存是主要风险的情况下，首先要解决生存问题，改革从解放生产力开始，通过生产力的发展，达到一定条件后，再消除两极分化，最终目标是达到共同富裕。因此，我们改革开放初期的政策是：让一部分人、一部分地区先富起来，以带动和帮助落后的地区；改革先在经济领域展开，目的在于做大"蛋糕"，"蛋糕"大到一定程度，分好"蛋糕"也越来越重要。

温饱问题解决了，随之而来新的问题出现了；个体需要得到基本满足了，公共需要更多了；居民与企业成为市场主体后，能力与禀赋差距开始影响个体的生存与发展了；收入与财富差距问题、能力不足的保障问题、发展机会问题等成为新的公共风险。

1987 年党的十三大提出了"在促进效率的前提下体现公平"的收入分配指导原则；党的十四大则提出要"兼顾效率与公平"，而在随后的党的十四届三中全会通过的《中共中央关于建立社会主义市场经济体制若干问题的决定》中，首次明确了"效率优先、兼顾公平"的原则；党的十五大报告巩固并发展了党的十四届三中全会的说法，党的十六大报告中则在坚持"效率优先、兼顾公平"的同时，强调"初次分配注重效率，再分配注重公平"；在党的十七大上，进一步强调"初次分配和再分配都要处理好效率和公平的关系，再分配更加注重公平"；党的十八大报告中提出"初次分配和再分配都要兼顾效率和公平，再分配更加注重公平"；党的十八届三中全会通过的《中共中央关于全面深化改革若干重大问题的决定》中，强调要"形成合理有序的收入分配格局"；党的十九大报告则进一步完善了这一改革方向，强调"促进收入分配更合理、更有序"，"履行好政府再

① 《邓小平文选》第三卷，人民出版社 1993 年版，第 373 页。

分配调节职能,加快推进基本公共服务均等化,缩小收入分配差距"。

从"效率优先、兼顾公平"到"更加注重公平",再到"缩小收入分配差距",收入分配政策的变化就体现了公共风险的变化。由于效率低下是主要风险,"都吃不饱的公平"是无意义的;在效率大大提高后,社会公平问题日益突出,"缩小收入分配差距"就成为收入分配政策的核心原则。

保障和改善民生。经济领域的改革使得我国经济总量迅猛增长,人民群众在生活水平不断改善的基础上,对物质文化提出了新的更高的需求,与此形成鲜明对照的是社会发展的相对滞后,城乡之间、区域之间、产业之间以及居民之间的各种利益关系日益复杂,社会发展水平与经济发展阶段不适应、不协调的问题,已成为影响我国向小康社会迈进的一个突出问题,教育公平、医疗卫生均等化、社会保障建设、收入分配体系、城乡差距、生态环境、住房价格等民生问题越来越凸显。另外,与经济持续快速发展同步,我国财政收入规模不断迈上新台阶,各级政府所能使用的财政资金规模不断提升,为政府保障和改善民生提供了资金支撑。进入 21 世纪以来,各级财政用于与民生事业直接相关的支出规模不断加大、比重不断提高,保障民生的内容不断丰富、力度不断加强、范围不断扩大、水平不断提高,民生事业得到较快发展。

走向共享共富。党的十八大以来,习近平总书记高度重视国家发展中的利益"共同性"问题,在坚定不移地走共同富裕道路的基础上,又进一步提出和深刻阐释了"让全体人民共享改革和发展成果"的新理念。党的十八届五中全会把"共享"作为"十三五"时期的五大发展理念之一,提出了"按照人人参与、人人尽力、人人享有的要求,坚守底线、突出重点、完善制度、引导预期,注重机会公平,保障基本民生,实现全体人民共同迈入全面小康社会"的目标。

为此,各级政府持续增加民生领域投入,完善相关支出政策和机制,促进人民生活不断改善。一是大力支持脱贫攻坚。2013—2016 年中央财政安排补助地方专项扶贫资金年均增长 **20.3%**,①同时在农业、教育、文化、医疗、卫

---

① 　中共财政部党组:《更好发挥财政在国家治理中的基础和重要支柱作用——党的十八大以来我国财政政策的理论与实践》,《中国财政》2017 年第 19 期。

生、交通等领域,也加大了对贫困地区的投入力度,聚焦深度贫困地区推进脱贫攻坚,支持解决基本公共服务、基础设施建设等问题。二是加强基本民生保障。建立了城乡统一、重在农村的义务教育经费保障机制,支持实施农村义务教育学生营养改善计划,全面改善贫困地区义务教育薄弱学校基本办学条件;建立教育各阶段全覆盖的资助政策体系,从制度上保障不让一个学生因家庭经济困难而失学;落实更加积极的就业政策,通过社会保险补贴、职业培训补贴等方式,鼓励企业吸纳就业困难人员,提高劳动者职业技能,增强就业公共服务能力;实现基本医保制度全覆盖,推动建立稳定、可持续的医保筹资和待遇调整机制;统一城乡居民基本养老保险制度,全面实施机关事业单位养老保险制度改革,进一步提高基本养老保险待遇水平;健全特困人员救助供养制度,建立经济困难的高龄、失能等老年人补贴制度。三是支持困难地区做好基本民生兜底工作。增加阶段性财力补助规模,统筹县级基本财力保障机制奖补资金等转移支付,加大对资源能源型和财政困难地区的支持力度,不断增加对革命老区、民族地区、边境地区的转移支付。四是推进生态环保建设。分别设立安排专项资金,支持打好大气、水、土壤污染防治三大战役;开展山水林田湖生态保护和修复工程试点,实施退耕还林还草、天然林保护全覆盖、草原生态保护补助奖励等政策。

(三) 风险与行为导向的财政法治

正视财政改革过程中的"不规范行为"。1978 年邓小平访日期间乘坐了"新干线",记者问他有何感想,他说:"快,真快!就像后边有鞭子赶着似的!这就是现在我们需要的速度","我们现在很需要跑"。[①] 我们落后世界太多,我们距现代化太远,世界在突飞猛进地发展,我们如果循规蹈矩,跟上都困难,如何赶超?被"鞭子赶着"跑,就不可能在意走路的姿势,不可能提前安排好跑的线路。压缩了的时空中,改革不可能遵循制度主义的路线,先定好制度再

①　《邓小平让中国富起来》,《人民日报》2004 年 8 月 1 日。

——落实;只能"摸着石头过河",在发展中探索,在探索中发展。

财政权力的放与分,很多都是因时因势而定,财政行为也就没有固定的模式,主要是因利因果而行。"存在即合理",现在看来,财政改革过程中很多"不规范行为",在当时实属无奈之举。改革开放初期的"只给政策不给钱",财政包干体制下的"乱收费、乱摊派、乱罚款",管理不规范的预算外资金,现在看来这些现象与规范的财政管理格格不入,但在当时的条件下却无法避免。双赢甚至多赢的局面固然最好,但改革本身就是一个有破有立、有予有取的利益重构过程,不损害任何人利益的同时又增进所有人利益的改革是不存在的。面对重大的、迫在眉睫的风险,有时不得不以相对较小的风险应对之,正所谓"两害相权取其轻"。

财税立法:为财政权力打造"笼子"。"财政不规范行为"的教训与市场经济发展的要求,需要给财政权力立法,为财政权力打造更加合适的"笼子"。我国计划体制下的国家预算,也采用了政府提出预算草案,人代会审议批准并监督其执行的方式,但它在本质上大大强化了其"计划性",而弱化了其法律性,它是国民经济计划组成部分中的一个子计划,是"经济性计划",而不是法律性质预算。1979 年五届全国人大二次会议后,随着县级以上地方各级人大常委会的设立,地方人大预算审批监督工作有所加强,但由于我国在预算管理方面一直没有以法律形式作出规定,在预算的编制、审批、执行、调整、决算以及监督方面都存在不少问题。为改变这种状况,许多地方人大从健全法制入手,根据宪法和地方组织法的原则规定,结合本地实际,在探索的基础上,制定了本地的预算审批监督方面的地方性法规。在地方立法实践的基础上,国家也加强了预算管理立法。1991 年 10 月,国务院发布了《国家预算管理条例》;1994 年 3 月 22 日,八届全国人大二次会议通过了《中华人民共和国预算法》(以下简称《预算法》),在我国预算法制建设方面迈出了历史性一步;1995 年 11 月 22 日,国务院制定并实施了《预算法实施条例》,各地也先后出台了大量贯彻落实《预算法》的地方性法规、规章和其他规范性文件。以《预算法》为核心的预算法规体系的初步形成,使国家预算管理的各个环节基本上做到了有法可依。2014 年 8 月 31 日,十二届全国人大十次会议通过了《全国人大常委会关于修改〈预算法〉的决定》,把 20 年来预算管理与改革的实践经验和创新上升到法律层面,比较好地回应了各级人大代表的要求和社会各界的关切,在立法宗旨和调整范围、预决算原则方面取得了重大突破,在全口径预决算、地方政府债务、转移支付、预算公开方面进行了诸多创新,在预决算编制、审查和批准、执行和调整、监督和法律责任方面也有许多完善。

改革开放以来,我国的税收法律基本是人大授权政府制定的。党的十八届三中全会将"落实税收法定"作为财税体制改革的目标之一。2015 年 3 月 15 日,十二届全国人大三次会议通过了关于修改《中华人民共和国立法法》(以下简称《立法法》)的决定,《立法法》第八条规定:税种的设立、税率的确定和税收征收管理等税收基本制度,只能制定法律。落实税收法定原则,意味着把政府征税的权力关进法律的"笼子",意味着更深刻的利益调整。

人大监督:约束财政行为。财税立法解决了"有法可依"的问题,为财政权力打造了"笼子",但"财政权力"是具体化为各级政府部门"财政行为"的,要把"财政权力"关进法律的"笼子"里,就要对"财政行为"依法进行约束,而人大监督则是对财政行为最高层面的约束。1999 年,财政部向国务院提交了《关于落实全国人大常委会关于改进和规范预算管理工作的指示》的报告,根据国务院的批示,财政部制定了《财政部关于改进 2000 年中央预算编制的意见》并提交给国务院,至此我国开始正式施行部门预算制度。部门预算制度的实行,标志着每年的部门预算必须经过人民代表大会批准通过才能执行,进一步稳固了人大的财政监督职权,于是在 1999 年 12 月 25 日第九届全国人民代表大会常务委员会第十三次会议上,通过了《全国人民代表大会常务委员会关于加强中央预算审查监督的决定》,对于人大的财政预算监督职权进行再次强调与加强,并将逐步建立预算审查监督体系,这个决定对于我国人大预算监督体系的建立健全,有着划时代的意义。2006 年 8 月 27 日,十届全国人大常委会二十三次会议通过了《中华人民共和国各级人民代表大会常务委员会监督法》,规定了人大及其常委会对于审批、审议财政预算的权力和范围,同时对各级人大常委会对于同级政府财政预算监督的具体内容进行了明确规定。

审计监督:盯住财政行为。人大监督主要是通过把控预算的"闸门"来约束同级政府的财政行为。但一级政府是由若干部门组成的,人大监督对一级政府财政行为的宏观把控不可能面面俱到地深入到各部门的具体财政行为之中。1982 年 12 月 4 日,五届全国人大常委会第五次会议通过并公布实施的新中国第四部宪法,确定在我国实行独立审计监督制度。1983 年,审计署正式成立。1994 年 8 月 31 日,八届全国人大常委会第九次会议通过了《中华人民共和国审计法》,增加了对同级财政部门管理的财政收支情况进行审查的规定。2010 年国务院公布了修订后的《中华人民共和国审计法实施条例》,进一步明确了审计监督的范围,规范了审计监督的权限,加强了对审计机关的监督,为审计机关进一步正确行使审计全力提供了明确的依据,标志着中国审计法律体系框架的基本建立。

财政监察:财政行为的内部控制。1980 年 7 月 2 日,国务院批转了《财政部关于财政监察工作的几项规定》,要求财政体制改革过程中的财政监察工作不仅不能削弱,还要加强。按照这一规定,财政部设财政监察司、省、自治区、直辖市财政厅(局)设财政监察处,行政公署、省辖市、自治州财政局设财政监察科,县(市)、自治县财政科设财政监察股或财政监察员。1995 年,财政部驻各地财政监察专员办事处成立,代表中央财政部门依法对国家机关、企事业单位等涉及中央财政收支、财务收支、国有权益及其他有关财政管理事项的真实性、合规性和效益性进行监控、检查、稽核、督促和反映。

绩效预算:关注财政支出的"结果"。党的十六届三中全会首次明确提出建立预算绩效评价体系的改革方向;十一届全国人大四次会议关于预算审查结果报告提出,"建立健全预算绩效管理制度";十一届全国人大五次会议强调,"加快建立健全预算绩效管理制度","扩大预算支出绩效评价试点范围,原则上所有中央部门和省、市、县都要开展预算支出绩效评价试点"。十二届全国人大一次会议进一步提出,"积极推行预算绩效管理制度,逐步建立全过程预算绩效管理机制","推进预算绩效管理,加强重大民生支出项目绩效评价,提高财政资金使用效益"。十二届全国人大二次会议则要求,"着力推进重点领域、重点项目特别是专项资金和项目的绩效管理,将绩效目标管理和评价试点范围扩大到各层级预算单位"。按照中央的政策要求,财政部加快了预算绩效管理的制度建设,一批制度规范的陆续出台,为预算绩效管理试点工作在全国的开展与推广打下了良好的基础。

预算公开:让财政权力在阳光下行使。1999年之前,我国各级政府的财政年度预决算草案、款项收支的年度执行情况以及历年财政明细统计资料等属于国家秘密不得向社会公开。1999年,全国人大颁布了《关于加强中央预算审查监督的决定》;2000年,国务院批准了《财政部关于改进2000年中央预算编制的意见》,决定推行以部门预算为核心的预算编制改革,部分部门预算开始向人大代表公开。2008年,我国正式实施《政府信息公开条例》,财政部发布《财政部关于进一步推进财政预算信息公开的指导意见》,开启了财政预算向社会公开的大幕。2010年,中央财政预算工作在制度上进行了新的改革,为了让信息公开得以更快更好的实施,3月份财政部颁发了《财政部关于进一步做好预算信息公开工作的指导意见》,并且内容细化到了各个省区市应当实现的目标。2011年,《国务院办公厅关于进一步做好部门预算公开工作的通知》明确要求,报送全国人大审查部门预算的国务院部门和单位,2011年要主动公开经全国人大审查批准的部门收支预算总表和财政拨款支出预算表;同时,要积极创造条件增加公开表格的数量,细化公开的内容;2012年,要力争公开全部预算表格并细化至款级科目。

(四) 开放进程中的大国财政

如果说"经济"维度的财政改革已先行,"社会"维度的财政改革已走远,"法治"维度的财政改革在路上,那么开放视角下"大国财政"的构建则刚刚起步。

创办"经济特区":我国对外开放的起点。1979年7月15日,中共中央、国务院批转广东省委、福建省委关于对外经济活动实行特殊政策和灵活措施的两个报告,决定在深圳、珠海、汕头和厦门试办特区。改革开放以来,除了深圳、珠海、汕头、厦门、海南等5大综合性经济特区和上海浦东、天津滨海两个新区以外,还陆续建立了若干国家级高新区、保税区、出口加工区、保税物流园区、保税港区和综合保税区等,几乎囊括了经济特区的所有主要模式。1984年,邓小平说:"特区是个窗口,是技术的窗口,管理的窗口,知识的窗口,也是对外政策的窗口。"①这是对创办和发展经济特区目的和意义的深刻揭示,是对经济特区地位和作用的精辟概括。

"三资企业"是外商来华投资的主要形式。"三资企业"不仅弥补了建设资金的不足,也引进了先进技术和管理经验。改革开放初期,"三资企业"成为我国发展最快的一种经济形式。这与国家给予其的优惠政策紧密相关。除中央层面依据《中华人民共和国外商投资企业和外国企业所得税法》等给予"三资企业"相关税收优惠外,各地方也通过减免营业税等形式积极吸引外资。

加入世界贸易组织(WTO):财税政策与国际接轨。2001年11月10日,在多哈举行的世贸组织第四次部长级会议上审议并批准了中国加入世贸组织,我国随即递交了全国人大常委会批准中国加入世贸组织议定书的通知书。按照世贸组织的规则,一个月后,中国于2001年12月11日正式成为世贸组织成员。根据WTO协议,我国工业产品的关税将逐步削减并取消配额,降低农产品关税税率并增加进口配额,加速开放服务业。加入世贸组织17年来,中国经济获得了巨大成功,目前中国已成为全球第二大经济体,世界第一大贸易国,世界第一大吸引外资国和世界第二大对外投资国。

1997年亚洲金融危机后,为了扩大出口,国家实行鼓励企业开展境外加工装配业务的战略,1999年国务院办公厅转发外经贸部、国家经贸委、财政部《关于鼓励企业开展境外带料加工装配业务的意见》,提出了支持我国企业以境外加工贸易方式"走出去"的具体鼓励政策;2000年3月,全国人大九届三次会议首次把"走出去"战略提高到国家战略层面上来,随后在2001年的《国民经济和社会发展第十个五年计划纲要》中,进一步对"走出去"战略进行了阐释;2002年党的十六大提出,要坚持"走出去"和"引进来"相结合的方针,

---

① 《邓小平文选》第三卷,人民出版社1993年版,第51—52页。

全面提高对外开放水平。"走出去"战略的实施使得 2003 年后我国的对外直接投资进入快速发展阶段,截至 2010 年我国境内投资者共对 129 个国家和地区的 3125 家企业进行了直接投资,累计非金融类对外直接投资 2588 亿美元。①

构建开放型经济新体制。党的十八届三中全会提出了"构建开放型经济新体制"②的改革目标,提出要"推动对内对外开放相互促进、引进来和走出去更好结合,促进国际国内要素有序自由流动、资源高效配置、市场深度融合,加快培育参与和引领国际经济合作竞争新优势,以开放促改革"③。2013 年 9 月29 日中国(上海)自由贸易试验区正式成立,面积 28.78 平方公里,涵盖上海市外高桥保税区、外高桥保税物流园区、洋山保税港区和上海浦东机场综合保税区等 4 个海关特殊监管区域。截至 2016 年,中国处在不同阶段的自由贸易区(FTA)共 26 个,涉及五大洲的 32 个国家和地区;分三批进行自贸区试验,第一批的上海,第二批的广东、天津、福建,第三批则扩大至内陆七省市,分别为辽宁、浙江、河南、湖北、重庆、四川、山西。2013 年 9 月和 10 月,习近平主席分别提出建设"丝绸之路经济带"和"21 世纪海上丝绸之路"的倡议,充分依靠中国与有关国家既有的双多边机制,借助既有的、行之有效的区域合作平台,共同打造政治互信、经济融合、文化包容的利益共同体、命运共同体和责任共同体。2014 年 10 月 24 日,包括中国、印度、新加坡等在内 21 个首批意向创始成员国的财长和授权代表在北京签约,共同决定成立亚洲基础设施投资银行(以下简称"亚投行",AIIB),并于 2015 年 12 月 25 日宣布正式成立。

全球风险社会与治理危机。全球化使全球发展的不确定性和不可预测性增强,出现了风险全球化,全球风险社会逐步形成。当前,全球风险呈现不断加剧的趋势,这主要表现在:全球风险日趋复杂、全球风险涉及的领域在扩大、全球风险的负面影响在上升等。全球风险不仅相互关联增强,并且其系统性影响也在增强。一个风险,往往可能演变为多重风险,相互交织、

---

① 关利欣:《商贸企业集群式"走出去"探析》,《国际经济合作》2011 年第 7 期。
② 《十八大以来重要文献选编》上,中央文献出版社 2015 年版,第 525 页。
③ 《十八大以来重要文献选编》上,中央文献出版社 2015 年版,第 525 页。

相互影响,应对风险的难度也加大。与此同时,全球风险的领域和负面影响在扩大,风险交织放大负面效应。由于风险全球化及全球风险社会的逐步形成,世界各国变成了休戚与共、相互依存的"风险共同体"。为了更为有效地防范和化解全球风险,需要世界各国携起手来,相互合作,增强国际协调和应对风险的能力。

全球化的纵深发展以及全球风险社会的形成,对全球治理体系提出了新的更高的要求,然而,当今的全球治理体制没能很好地发挥作用,导致了全球治理危机和全球风险不断加剧。之所以出现这种状况,其根源在于美国主导的全球治理体系是服从于美国利益的,没有兼顾全球利益。美国实施"以邻为壑"的对外政策,凭借自己的霸权地位,制定不公平的国际规则,将全球利益分配置于本国利益之下。在这种状况下,未来的全球治理可能出现两种趋势:一是全球治理继续处于混乱和失序状态,全球治理危机和全球风险进一步加剧;二是全球进入一个新的治理时期,互利共赢、休戚与共成为全球治理理念。显然,后一种趋势符合全人类的发展。这也就意味着需要全球各国按照合作共赢的理念,建立新的全球治理体系,实行新的国际合作规则,共同应对未来全球治理危机和风险,而不是只站在自身利益上,去转嫁危机和风险。

助推人类文明发展,大国财政彰显中国气派。随着全球化进程的推进,大国参与全球化程度加深,大国财政面临的风险和危机因素也会大大增加。危机既是"危"但也意味着"机"一样,风险又是一个"致力于变化的社会的推动力",风险社会同时也产生推动变革的力量和机遇。① 它将促使人们反思现有的风险防御体系,创造一种新的文明,以便使自己的决定将会造成的不可预见的后果具备可预见性,从而控制不可控制的事情,通过有意采取的预防性行动以及相应的制度化的措施战胜种种副作用。大国财政,提高风险应对和防范能力,需要内外兼修。在提高自身财政能力的同时,要在全球化过程中主动作

---

① ［英］安东尼·吉登斯:《失控的世界——全球化如何重塑我们的生活》,周红云译,江西人民出版社 2001 年版,第 20—66 页。

为,应对挑战,用新的文明来引领世界。习近平总书记在谈到中国特色的外交时,强调要有"中国特色、中国风格、中国气派"①。实际上,推动"大国财政"维度的财政改革,是彰显中国的大国气派的重要基础。推动"大国财政"维度的财政改革,一方面要立足全球视野维护国家利益,通过建立强大的财政基础和科学、稳固的现代财政制度,确保在全球利益分配中维护公平正义,保障民族国家利益不受损,避免外来危机冲击;另一方面要体现全球治理大国的责任担当,凭借正在扩大的经济实力,以大国财政作为基础和支撑,在国际舞台上更多地表达中国声音;通过大国财政的制度安排,更多地在处理国际事务中争取主动,在发展道路和发展模式选择上体现更多道路自信。

中国过去几十年的发展打下了坚实的基础,下一步我们要向富强、民主的现代化国家目标迈进,实现中华民族伟大复兴的中国梦,这就是我们国家崛起的"新战略"。但要实现国家崛起战略不会一帆风顺,会遇到很多的障碍和困境,包括资源和环境的制约和经济社会发展的结构性矛盾等一系列问题需要我们来克服。一个后发大国的崛起过程就如登山爬坡,前半程往往比较容易。但进入了中等收入国家再向富强、民主现代化国家迈进时,就如到达半山腰再往上爬,会面临更多的不确定性和风险,这些都需要"大国财政"来应对和防范。国际环境的"新平庸"(New Mediocre)主要体现在全球增长乏力、不确定性加剧,全球风险凸显。全球化的深入发展,使得全球联系和相互依存更加紧密,国际分工日益深化、细化。国际交往越来越密切,全球居民在享受"地球村"带来的好处的同时,全球性问题不断增加,全球公共风险越发凸显。随着全球化进程的推进,以及大国参与全球化程度加深,全球面临的风险因素也会大大增加。如果把"命运共同体"概念拓展到全球,那"人类命运共同体"面临的公共风险也是越来越多。面对全球性公共风险,必须树立全球治理理念,建立全球治理体系。在封闭的发展环境下,国家治理是自己的事情,但在开放条件下,国家治理应该有内外"一盘棋"的整体观,把国家治理和全球治理统一

---

① 《习近平关于协调推进"四个全面"战略布局论述摘编》,中央文献出版社 2015 年版,第 42 页。

起来综合考虑,这才是大国治理的思维。大国治理要以国家利益为根本出发点,但国家利益并非是狭隘的和封闭的利益。国家利益并不局限在一个国家内部,而是要放在全球视野来审视。在全球范围内,已经形成了一个利益和风险共同体,因此在一定意义上,维护全球共同利益也是在维护国家利益。"大国财政"作为全球治理体系和全球化过程中的制度安排,具有特殊地位和作用。"大国财政"是维护大国在全球治理中地位、责任和权利的重要保障。一个大国在全球治理中的地位,取决于"大国财政"的实力,包括财政规模等硬实力和政策影响等软实力。与大国的体量和全球治理中的要求相比,目前我国"大国财政"实力还存在一定的差距,需要通过强化"大国财政"维度的财政改革,提升"大国财政"治理能力。

三、基于风险理性的财政改革

总结四十年中国的财政改革,不断取得成功的重要原因是实践了基于风险理性的行为主义改革模式。这种改革模式并非有意为之,而是遵循马克思主义"实事求是"的思想路线,结合中国文化基因和国情特点,在实践中探索出来的。

(一) 何谓风险理性

财政具有整体性、全局性和战略性,不断防范和化解全社会内生的公共风险、服务于更好更快的发展,是财政改革的重要目标。但改革本身也会产生风险。任何改革实际上都是利益关系和风险分配的调整,改革通过利益关系和风险分配的调整影响个人、组织乃至整个社会的行为。这种改革带来的对行为的影响并不一定按照预先设计好的路径产生,甚至在绝大多数情况下很大程度上与设计好的路径大相径庭。也就是说改革本身在很大程度上是具有不确定性的。在这种情况下,过分强调文本制度构建的制度主义很难取得成功,而基于风险理性的行为主义改革模式则具有很大的优势。

以往我们谈到的理性,往往指的是科学理性。科学理性是基于确定性的逻辑,有着既定的路线和规律可以遵循。在 20 世纪前,由牛顿创立,拉普拉斯等进一步开拓的经典力学被认为是整个自然科学的基础,自然科学的规律最终会归纳到力学定律中几乎成为共识。从认识论上看,经典力学将各种现象描述为一个复杂的钟表机构,拥有对过去和未来的完整、客观的描述。这种世界观对人类的影响是巨大的,人们往往将科学思维与经典力学思维等同起来。在社会领域,经典力学思维世界观认为社会发展进程是线性、连续性的,它的每个发展阶段有迹可循、一环扣着一环,可以轻易地判断逻辑因果。在确定的规律下,社会的发展、演变、前景是精心编排的戏剧,按既定剧本向前演绎,犹如经典物理运动一般有序、简明,符合我们现有的思维逻辑。但是现实却总是有"剧本"以外的"黑天鹅事件"发生。例如,"疯牛病"、金融危机、恐怖袭击等突发事件让我们措手不及,自认为早已掌握的社会规律一再被打破,客观的、独立于观察者的和决定论的经典力学思维在科学研究中乃至日常生活中已不再适用。量子力学中不确定性原理,非线性动力学的混沌概念,混沌学科的奇异吸引子等证据,表明世界本质上是不确定性的。①

在不确定性的前提下,科学理性是存在局限的,而风险理性则显示出强大的生命力。人类社会在与不确定性和公共风险竞赛过程中,需要不断提升自身应对和防御不确定性和公共风险的风险理性水平,不断注入确定性,主要表现为知识的进步、技术的提升以及公共创新能力和公共风险意识的提高,在此基础上优化各种隐性和显性的制度措施。僵化的制度难以应对随时改变的不确定性。只有善于学习、知行合一,才能提高应对不确定性的公共风险理性水平。从历史的角度来观察,我们只能从"可见"的公共制度"化石(政治架构、文化传承、价值观念等)"来了解当时曾经发生了什么样的公共风险。②

基于风险理性的财政改革要求必须按照行为主义的模式而非文本主义的

---

① 刘尚希、李成威、杨德威:《财政与国家治理:基于不确定性与风险社会的逻辑》,《财政研究》2018 年第 1 期。
② 刘尚希:《公共风险视角下的公共财政》,经济科学出版社 2010 年版。

模式来推动改革。行为主义与文本主义的差别在于,任何行为都是外与内的综合,而文本主义只讲外,没有讲内。靠外在的力量,实际上是机械唯物主义的观点,即一切靠制度去规范和约束。但如果不认可这套制度,就会变形、隐匿,就会把这种行为方式加以转换,从公开变成地下。这不仅解决不了问题,还会产生新的公共风险。人的行为是一个内与外的结合,这就是一个国家既强调法治又强调人治的原因。行为动机既有内在的因素也有外在的因素,是一个复合体。中国的传统文化恰恰是讲天人合一、内外综合和知行合一。所以,行为主义的视角,与中国的传统文化更为契合。实际上,行为主义并不排除制度设计,行为主义指引下的制度是一种良性的、务实的制度,能充分体现各个利益主体的互动、信息传递与预期等,让制度变得更加可靠,增强各方对制度的遵从度,提高制度的执行力,并通过将各种不确定性以及风险因素纳入制度设计中来减少不确定性和防范化解风险,或将不确定性转化为可以预见的风险。①

四十年来,我们走出了一条基于风险理性的带有行为主义色彩的财政改革模式,使得我们的改革不断推进,同时也推动了制度不断完善和创新。

(二)"摸着石头过河"

中国的财政改革是中国特色社会主义事业的重要组成部分,而中国特色社会主义事业是一项前无古人的创造性事业。用马克思哲学观点来看,这项事业存在一个彼岸世界,即我们追求的世界;也有一个此岸世界,即通过我们的创新来实现的世界。马克思在《〈黑格尔法哲学批判〉导言》中写道:"真理的彼岸世界消逝以后,历史的任务就是确立此岸世界的真理。"②

从哲学的角度来看,中国的财政改革要从"此岸世界"到"彼岸世界",并无现成的模式可以借鉴,唯有通过实践来实现。用邓小平的话说,就是要"摸

---

① 刘尚希、石英华、王志刚:《公共债务管理新思维:从制度约束转向行为约束》,《中国财经报》2017 年 7 月 4 日。

② 《马克思恩格斯全集》第 3 卷,人民出版社 2002 年版,第 200 页。

着石头过河"。"摸着石头过河"是和认识论密切相关的。不确定性是绝对的,确定性是相对的,在这种背景下,改革需要边摸索边前进,避免激进式改革带来的灾难性后果。与一些社会主义国家改革的失败相比,中国的改革之所以能够成功,就在于实施分步骤和增量改革,为试错留出空间,并减少旧体制的阻力。在改革之初和改革过程中,我们并没有事先设计好的、系统完整的财政改革路线图,而是基于各个时期的公共风险不断动态调整财政改革的目标与方向。从"放权让利"到"分灶吃饭",再到"分税制",是基于当时的客观环境与条件对财政体制进行不断的改革调整;从"减轻农民负担"到"取消农业税"到实施"农村综合改革",再到实施"乡村振兴计划",财政在"三农"领域的改革也是基于我国农村发展和城乡关系的历史变化不断演化和深入的。

"摸着石头过河"的改革路径有一个很重要的做法是先试点后推广。这在我国改革开放初期的"分灶吃饭"财政体制改革中表现得很充分。我国幅员辽阔,如何正确处理中央与地方的财政分配关系,调动地方增收节支、当家理财的积极性,始终是经济体制改革面临的主要问题之一。改革开放初期正处于思想上拨乱反正、工作上实现转折、国民经济百业待举的时期,各级政府要加快经济建设,普遍遇到财政资金紧张问题,希望手中有一定的财权。因此,各方要求改革财政管理体制的呼声很高。当时,一些同志认为财政管理体制集中过多,管得过死,束缚了企业和地方的积极性,不利于经济的发展,主张经济体制改革首先要扩大地方和企业的财权,财政管理体制的改革是当务之急。但调整财政体制,涉及利益分配格局的调整,在调整分配格局的时候也可能因为制度设计的问题产生系统性风险。如果按照文本主义的要求,在一开始就贸然出台体制调整的制度,风险就无法预期。在实践中,我们按照先试点后推广的原则,走出了一条带有行为主义色彩的改革模式。改革之初,财政部专门成立了体制改革领导小组,组织力量在江苏试行办法的基础上设计了几个方案,反复进行比较,经过研究提出,从 1980 年起,在全国大多数省份试行江苏式的财政管理体制,即"收支挂钩,全额分成,比例包干,三年不变"的办法;同时,在四川进行"划分收支、分级包干"财政体制的试点。当时,人们把这两种办法称为"江苏式体制"和"四川式体制"。1979 年 10 月,又一次讨论了改革财政管理体制问题,大家一致主张全国试行四川式的财政体制,当时曾确定四川省 1980 年先走一步,其他地区做好准备工作后再试行。在 1979 年底召开的全国计划会议上,又提出财政体制改革要加快步伐,要求在会议期间就把体制定下来。会上经过算账协商,财政部在原定方案的基数上又向地方让利 30 多亿元,确定了各地的财政收支包干基数和财政收入的留缴比例或补贴数额。1980 年 2 月,经过充分酝酿,"划分收支、分级包干"财政管理体制正式出台。①

(三) 渐进式改革

渐进式改革与"摸着石头过河"都是基于风险理性的行为主义改革策略,但"摸着石头过河"属于认识论的范畴,而渐进式改革则属于条件论的范畴。渐进式改革是要根据客观实际的变化在一定的条件下逐步释放改革措施。渐进式改革的一个典型案例是增值税的转型改革和扩围("营改增"改革)。我国的增值税是在 1979 年引进的,是在产品税的基础上进行试点。因此,当时虽然被称为增值税,但实际上是对产品税的一种改良,试点范围不大。1984 年完成试点,并结合第二步"利改税"正式颁布《中华人民共和国增值税条例(草案)》,自 1984 年 10 月 1 日起试行,标志着我国正式确定实行增值税。2004 年 9 月,增值税转型改革以东北地区 8 大行业试点为开端,正式拉开了序幕,2007 年决定在中部地区 20 多个工业城市扩大推进增值税转型改革试点,2008 年又扩大到受地震灾害严重的地区,并研究制定在全国范围内实施的方案。2008 年 11 月 5 日,国务院第 34 次常务会议修订通过,《中华人民共和国增值税暂行条例》自 2009 年 1 月 1 日起施行,并出台了《财政部国家税务总局关于全国实施增值税转型改革若干问题的通知》,标志着我国完成增值税由生产型向消费型的转型。经国务院批准,自 2012 年 1 月 1 日起,在上海市开展交通运输业和部分现代服务业营业税改征增值税试点。自此开始,通

---

① 谢旭人主编:《中国财政改革三十年》,中国财政经济出版社 2008 年版。

过扩大试点范围、扩大行业范围等步骤，我国在税制改革上又走入营业税改征增值税的道路。到 2015 年底，仅剩四大行业尚未完成营业税改征增值税。2016 年 5 月，我国在全国范围内全面推开营改增试点，建筑业、房地产业、金融业、生活服务业等全部营业税纳税人，纳入试点范围，由缴纳营业税改为缴纳增值税。但直到 2017 年 11 月，国务院总理李克强才签署《国务院关于废止〈中华人民共和国营业税暂行条例〉和修改〈中华人民共和国增值税暂行条例〉的决定》，从制度层面确认实施 60 多年的营业税正式退出历史舞台。回首我国增值税和营业税的发展和演变历程，是依据改革条件的变化而变化的。

（四） 因势而变之道：变与不变基于风险变化

一切改革措施，必须以适合于当时当地的实际情况为准，一旦过时了就应该放弃。此一时，彼一时，此时的办法，不一定适合彼时，反过来也一样。刻舟求剑者的最大错误在于不识时务，以固定不变的眼光去看待不断变化的情况。

适时变与不变应基于风险的变化来考虑。这一点在我国收费制度的改革中得到了充分体现。党的十一届三中全会作出了改革开放的战略决策。在国家财政收支矛盾较为突出的情况下，一方面开始发行国债，另一方面也鼓励行政事业单位利用服务性收费进行融资。20 世纪 80 年代初期，全国只有少量收费项目，比如，农业税附加、养路费、中小学杂费，年收费额约 100 亿元。1980 年，《中共中央、国务院关于节约非生产性开支、反对浪费的通知》规定："一切有条件组织收入的事业单位，都要积极挖掘潜力，从扩大服务项目中合理地组织收入，以解决经费不足的问题。"这一规定打破了事业单位开支由财政包起来的传统模式，为减轻财政负担、增加事业发展资金开辟了一条新渠道。但也使得行政事业单位收费大大增加，主要有：养路费、隧道车辆通行费、港口费、环境保护费、排污费，以及名目繁多的管理费、注册登记费、审批费、检验费、防疫费、教育附加费等。1980 年 6 月—1981 年 2 月，财政部、国家经委先后发布征收国营工交企业固定资产、国拨流动资产有偿占用费的暂行办法和补充规定。1982 年 12 月，国务院发布《国家能源交通重点建设基金征集办法》,规定国营企事业单位、机关团体、部队和地方政府的预算外资金,以及城镇集体企业缴纳所得税后的利润,按10%征收。1983年9月,《财政部关于贯彻执行国务院决定提高国家能源交通重点建设基金征收比例的几个有关问题的通知》把征收比例提高到15%,把征收范围扩大到城镇小集体企业和农村社队企业(征收比例为10%)。1989年2月,财政部颁发《国家预算调节基金征集办法实施细则》①,范围与能源交通建设基金相同,征集比例为10%。1993年6月,国务院开始筹集三峡工程建设基金。与此同时,随着农村家庭联产承包责任制的实行和人民公社的逐步解体,为了满足县乡政府履行职能需要,满足农村公共服务需求,农村各种筹资方式也日益增加,主要有村提留、乡统筹、摊派、收费、派购等②。

从改革开放初期当时的历史条件来看,由于国家财力紧张,允许有关部门通过收费筹集资金。在当时的情况下,不能说不是一种正确的选择,在当时还是发挥了一定的积极作用。但随着历史的变化,随着我国经济体制改革的不断深入和政府职能的不断转变,国家财政包揽社会事务的格局逐步打破,一部分事业发展开始引入市场机制,政府部门取得的收费收入越来越多、数额越来越大,已经对国家的财政秩序造成了冲击和混乱,可能会引发社会风险。行政事业性收费与财政收支关系密切,收费的大量存在,既侵蚀了税基,弱化了财政职能,也扰乱了国家正常的社会分配秩序,削弱了国家宏观调控能力。在这种背景下,1990年,中共中央、国务院发布《中共中央、国务院关于坚决制止乱收费、乱罚款和各种摊派的决定》,在全国范围内开展了治理"三乱"工作。为了扭转这种局面,加强财政职能,逐步理顺政府分配秩序,改善宏观投资环境,1991年国务院决定,重新调整收费管理权限,规定收费审批权集中在中央和省两级,由财政部门会同物价部门审批。1993年,针对一些地方和部门利用职权和垄断地位乱收费的问题,中共中央办公厅、国务院办公厅转发了财政部《关于治理乱收费的规定》,在全国再次开展了治理乱收费工作,取消了一批

---

①　《财政部关于颁发〈国家预算调节基金征集办法实施细则〉的通知》,《中国财政》1989年第6期。

②　谢旭人主编:《中国财政改革三十年》,中国财政经济出版社2008年版。

不合法、不合理的收费项目。与此同时,国务院还责成教育、交通、农业等部门,分别开展了治理中小学乱收费、公路乱收费乱罚款和减轻农民负担工作。1995年以前一系列政策规定的出台,虽然有助于制止"三乱"扩张的势头,但没有从根本上制约"三乱"行为。从1996年开始,我国逐步拉开了全面治理整顿收费和进行税费改革的序幕。并顺应改革的变化,逐步出台规范收费的制度,通过制度来规范收费行为。建立健全收费管理制度,实行收费基金目录管理,对行政事业性收费实行统一归口管理,加强行政事业性收费票据管理,实行"收支两条线"管理,等等。

(五) 不搞"一刀切"

柳宗元《种树郭橐驼传》中讲了一个故事:从前长安城里有一个佝偻人郭橐驼以种树为生,很多有钱人争相请他去移栽树木,因为他有丰富的种树经验,经他移栽的树木长势很好,有人询问经验时,他说只是因地制宜,让其自然生长。郭橐驼种树的经验实际上说明一个道理,不管是国家治理还是推进改革,必须因地制宜,实际上也应从行为出发,而不是搞制度上的"一刀切"。

在改革开放初期,体制上中央对大部分省实行"划分收支、分级包干"的办法,特别是1983年起,除广东、福建两省以外,对其他省市均实行"按固定比例总额分成"的包干办法,但对福建实行特殊的体制。广东、福建之所以实行特殊的财政体制,是因为这两省靠近港澳,华侨多,可用资源比较丰富,具有加快经济发展的许多有利条件。为了发挥两省利用外资、发展外贸等有利条件,中共中央、国务院于1979年7月批转了广东省委《关于发挥广东优越条件,扩大对外贸易,加快经济发展的报告》和福建省委《关于利用侨资、外资,发展对外贸易,加速福建社会主义建设的请示报告》,原则同意对两省对外经济活动实行特殊政策和灵活措施,给地方以更多的主动权,使之发挥优越条件,先走一步,把经济尽快搞上去。在收支划分上,财政收入方面,除中央直属企业、事业单位的收入和关税划归中央外,其余收入均作为地方收入;在财政支出方面,除中央直属企事业单位的支出归中央外,其余的支出均作为地方支出。在确定包干基数和特殊包干办法方面,以这两个省1979年财政收支决算数字为基数,确定一个上缴或补助的数额,一定五年不变。执行中收入增加或支出结余全部留归地方使用。这种办法的特点是,包干的范围宽一些,地方的好处多一些,财政自主权更多一些。目的是促进这两省尽快发展,并努力为国家多创造外汇收入。

在分税制改革的过程中,也有这样特殊因素的考量。主要考虑了对两头的照顾:一是考虑公平,照顾落后地区。在当时的过渡期转移支付政策中,建立了针对民族地区的政策性转移支付。过渡期转移支付制度除了对全国30个地区按统一因素、统一公式计算转移支付外,还针对民族地区的财力状况,建立了对民族地区的政策性转移支付,以解决民族地区当时突出的矛盾。少数民族地区财源基础薄弱,人均财政收入水平低,加之主要分布在西部边远地带,自然条件较为艰苦,不仅财政支出成本高,而且财政收入自给率低。为贯彻《中华人民共和国民族区域自治法》,切实帮助解决民族地区的困难,将8个民族省区和民族省区之外的民族自治州纳入政策性转移支付的范围,选用"财政供养人口""财政供养人口人均财力""1979年以来的财力递增率"等三项综合性指标,增加对民族地区的政策性转移支付。二是提升效率,加速特殊地区发展。改革开放后,为利用部分地区经济发展的优势,迅速提升国力,国家对经济特区等各类经济区域制定了一系列财税优惠政策,对促进对外经济贸易往来、吸引外来资金、发展高新技术、带动内地经济发展起到了积极作用。分税制财政体制改革充分考虑了经济特区和开发区的特点,对经济特区和开发区实行了一定时期的特殊财政体制。在改革过程中,考虑各地的差异,既考虑着眼长远建立统一的制度体系,又针对特殊情况在一定时期实施针对性的政策措施,不片面地追求整齐划一,这既有利于减少阻力推动改革顺利进行,又能避免或防范因改革可能引发新的公共风险。

(六) 调动两个积极性

中国是单一制的国家,地方政府的权力由中央政府授予,接受中央政府的统一领导,整个政府实行层级控制,当然在实行中央集权的同时也实行某种程度的地方自治。如果仅从文本主义和制度主义出发看央地关系,中国总体上是一个单一制国家是毫无疑问的。但是透过制度的表象,当我们分析央地关系特别是央地财政关系的特征时,与一般的单一制国家相比,却带有明显的中国特色,即考虑充分调动中央和地方两个积极性。

我国中央政府与地方政府的关系随着经济社会形势变化而多次调整,在集权与放权之间经历了"三收三放"的循环。伴随着中央政府对地方政府的放权,地方政府角色也发生了明显变化。计划经济体制下,中央政府对整个国民经济实行统一管理,这种统一管理,通过计划和行政手段来实现,使得省及以下地方政府只是计划和行政决定的执行者,最终的决定权都集中在中央政府,这时,中央政府与地方政府是简单的、单方向的"命令—服从"关系,地方政府没有博弈的权力和能力。改革开放以来市场经济体制逐步建立的情况下,为了发挥"两个积极性",中央政府对地方政府下放部分经济权和行政权,包括一些原属于中央部委的经济管理权,一些审批权,矿山、土地、森林等资源的管理权和出让权,财政包干制和分税制改革后的剩余财政收入自主权等,地方政府因此掌握了辖区内各类事务的经济自主权、自由裁量权和资源支配权,地方政府的竞争主体地位得以形成,成为一方博弈主体。中央政府和地方政府之间的关系,由"命令—服从"式单纯的行政隶属关系,变为代表不同权力和利益的博弈主体。党的十八大以来围绕建立财政事权和支出责任相适应的制度,出台了一系列制度措施。2016年8月,国务院发布了《国务院关于推进中央与地方财政事权和支出责任划分改革的指导意见》,对央地财政事权和支出责任如何划分提出了原则性的指导意见,如明确了"谁的财政事权谁承担支出责任""适度加强中央的财政事权""减少并规范中央与地方共同的财政事权"等重要原则。

在制度上实行单一制,但在实践中又体现行为上的联邦主义,这是中国经济得以迅速发展,而国家又始终能保持稳定的制度优势。"调动两个积极性"给地方很大的空间,极大发挥了地方发展经济的内生积极性。"放权使国家(中国)极大地受益。放权产生了地方发展主义,即:以发展为导向的地方政府。受到地方经济和政治利益的驱动,地方政府在促进中国的经济发展上成为主要的角色。和中央政府相比,地方政府在中国的经济生活中扮演着一个更为重要的角色。"①

政府间经济权力和政治权力的下放作为这一制度的中心特征,促成了中国层出不穷的地方创新和高速的经济发展。同时,单一制的集权政治架构,又确保中央对地方拥有相当的控制权,能够推动由计划经济向市场经济的转型。也就是说,中国的高速经济发展与"调动两个积极性"是密切相关的。当然,这种做法也在一定的范围和一定的时期,产生了一些负面的影响。例如,为了追求行政区域内的经济利益最大化和政府自身价值目标的实现,地方政府在投资政策等方面具有强烈的按自己意图行事的内在动力。具体表现为:有选择地执行上级宏观政策,有利的则扩大范围执行;好处不多、影响不大的就"开个会"象征性执行;没有好处、对自己有一些影响的,则附加条件、通过制订政策变通执行;明显不利于当地的,要么积极找理由向中央或上级讨价还价,要么干脆拖着不执行。出现的后果是,地方政府致力于扩大投资规模,热衷于外延扩张。一个最明显的特点是把扩大投资当作发展经济的第一菜单。一方面想方设法向上级政府要资金、要项目,力争有更多的资金、项目放在本地区;另一方面使用各种手段招商引资,层层分解招商指标,明确引资责任,不断出台优惠政策。上述问题需要在未来的改革中引起重视,尤其是未来的发展在由以"物"为中心的发展转向以"人"为中心的发展的新时代下,如何探索构建新的中央和地方关系,重新定义并调动符合新要求的"两个积极性",使新时代的发展理念成为中央和地方的内在动力而非外在压力,是值得研究的重大课题。

四、四十年财政改革的基本经验

从发展的阶段来看,人类社会已经进入风险社会,其特征是高度不确定

---

① 郑永年:《中国的"行为联邦制"——中央—地方关系的变革与动力》,邱道隆译,东方出版社 2013 年版。

性。在风险社会,经济风险、社会风险、债务风险和金融风险等公共风险相互交织、叠加放大,若处理不好会引发严重的危机。中国的财政改革之所以取得成功和丰硕成果,主要在于注重既化解各种内生的公共风险,又防止在改革过程中出现的各种公共风险。基本经验有:

(一) 统一领导与群众路线

我国改革开放四十年,最重要的成功经验是党的统一领导和走群众路线相结合。二者的有机结合,是我国改革开放的独特逻辑。只有在党的统一领导之下,改革开放才能有序推进;只有发动群众,激发群众智慧,走群众路线,才能不断深化改革扩大开放。

在中国这样一个幅员辽阔、区域差异较大的国家进行社会主义建设与改革,必须有一个坚强的领导核心。我们党既坚持马克思主义基本原理,又立足于新的实践和形势的发展,适应世情、国情、党情的不断发展变化,着眼于对重大问题的理论思考,解放思想,不断开拓马克思主义发展的新境界,在每一个历史时期,都形成了与时俱进的思想理论体系,成为指导我国各领域改革的总方针。我国的财政改革也是在党的领导下进行的。党在领导进行财政改革的同时,每一次重大会议都会对财政改革进行系统总结,同时对下一步的财政改革进行部署,并根据形势的变化与改革的总体要求,优化调整财政改革的目标与方向。正是有了党的坚强领导,有了党的正确引领,中国人民从根本上改变了自己的命运,中国发展取得了举世瞩目的伟大成就,中华民族迎来了伟大复兴的光明前景。历史和现实都充分证明,中国共产党的领导是中国特色社会主义最本质的特征,是中国特色社会主义制度的最大优势,是我们战胜各种风险挑战、实现"两个一百年"奋斗目标、实现中华民族伟大复兴中国梦的根本保证,也是中国财政改革取得光辉成就的根本原因。在党中央、国务院的坚强领导下,坚持以中国特色社会主义理论指导改革实践,坚决把思想和行动统一到党中央、国务院的重大决策部署上来,把握正确的改革方向,是财政改革取得成功的政治保证。

财政改革实际上是政府改革,政府的任何一项改革几乎都涉及财政,财政改革也涉及政府的各部门、各层级。我国的财政改革之所以取得成功,一条重要的原因是本着以人民为中心、走群众路线的改革模式,坚持改革为了人民、改革依靠人民。紧紧依靠人民群众,全心全意为人民群众谋利益是财政事业战胜各种困难和挑战、不断开创新局面的群众基础和力量源泉;始终把实现好、维护好、发展好最广大人民群众的根本利益,作为财政改革与发展工作的出发点和落脚点;坚持把群众呼声当作第一信号,把群众需要当作第一选择,把群众利益当作第一考虑,把群众满意当作第一标准;坚持为国理财、为民服务,着力解决人民群众最关心、最直接、最现实的利益问题,并正确处理当前利益和长远利益的关系,做到改革为了人民、改革依靠人民、改革成果由人民共享,促进人的全面发展。例如,2018 年出台的《基本公共服务领域中央与地方共同财政事权和支出责任划分改革方案》,将义务教育、学生资助、基本就业服务、基本养老保险、基本医疗保障、基本卫生计生、基本生活救助、基本住房保障等八大类、共 18 个事项纳入中央与地方共同财政事权范围,并规范支出责任分担方式,标志着财政事权和支出责任划分取得了新的重大进展。这些事项都涉及基本民生,支出稳定性强,率先明确为中央与地方共同财政事权,规范相关保障标准和分担比例,有利于增强政策的稳定性,更好地兜牢民生底线,促进基本公共服务均等化水平的提高。

(二) 道路自信与开放借鉴

坚持走自己的路,同时坚持对外开放,不断学习国外先进的经验做法,借鉴人类文明成果,二者缺一不可。如果没有道路自信,盲目照搬外国的发展模式,就不会有今天的巨大成就;不对外开放,看不到和发达国家的差距,没有危机感,改革动力就不足,发展也会很慢。

在中国这样一个相对贫困的大国建设社会主义,没有现成的经验可循,把社会主义制度与中国特殊的国情结合起来,在实践中探索一条符合实际的中国特色社会主义建设之路,是必然的选择。改革开放的四十年,就是中国共产党领导中国人民探索建设中国特色社会主义的四十年,这一探索在经济、社会、政治等领域全面推进,而财政改革则是各领域改革中带有基础性的改革。

我国的财政改革,作为中国特色社会主义道路探索的一部分,是服务于中国特色社会主义建设,并以中国特色社会主义的改革目标为方向的。社会主义的本质是解放生产力,发展生产力,消灭剥削,消除两极分化,最终达到共同富裕。在改革开放初期,我国社会主要矛盾是落后的社会生产力难以满足人民群众的物质文化需要,解放和发展生产力,是中国特色社会主义建设的重点任务,为此我们党确立了以经济建设为中心的基本路线。这一时期的财政改革也是围绕放权、分配、激励开展的,通过财政改革,激发了社会各界的活力,创造了举世瞩目的经济建设成就。财政改革与市场经济的形成,财政改革与经济改革的深化有着重要的关系。企业成为市场经济的主体,就是首先得益于财政的放权让利改革。企业改革一开始所实行的企业基金和利润留成制度,就是将部分企业财务管理权还给企业。利改税、企业承包责任制、税利分流等改革则进一步规范了财政与国有企业的利润分配。《企业财务通则》和《企业会计准则》实施后,预算外资金不再包括企业资金,财政直接干预国有企业财务管理的时代结束了。正是财政改革先行,才推动了国有企业成为市场中自主经营、自负盈亏的主体,为市场经济体制的建立打下了基础。

当前,我国社会主要矛盾发生了重大变化,社会生产力显著提高,发展不平衡不充分的问题凸显,虽然经济建设仍然是党的基本路线,但重心已发生转移。适应生产力发展与社会主要矛盾变化的要求,我国的财政改革也开始向均衡、规范转变,通过财政改革,形成有助于缩小贫富差距、实现共同富裕的体制机制。

中国特色社会主义建设事业之所以取得成功,就在于既深刻认识到自身的问题,又不盲目照抄照搬他国经验,而是坚持"摸着石头过河",走出一条符合国情、符合时势的路子。财政改革也是如此,正是在道路自信与理论自信之下,坚持走自己的路,在取得巨大成功的同时,也积累了独特的经验。当然,"摸着石头过河",走自己的路,并不代表闭关锁国,两耳不闻窗外事。事实上,在中国特色社会主义道路的探索中,我们一直注重借鉴国外先进经验。

"改革开放"四个字在强调改革的同时,也赋予"开放"同等重要的地位。我国的财政改革也把借鉴国外先进经验摆到重要的地位,甚至一定程度上走在其他领域改革前列。在中央与地方财政事权划分、财政转移支付制度设计、税制设计等方面,改革不仅考虑了自身的实际,也考虑了与国际接轨的问题。

随着全球化进程的推进,以及大国参与全球化程度加深,全球面临的风险和出现危机的可能性也会大大增加。它将促使人们反思现有的风险防御体系,创造一种新的文明,以便使自己的决定将会造成的不可预见的后果具备可预见性,从而控制不可控制的事情,通过有意采取的预防性行动以及相应的制度化的措施战胜种种副作用。大国财政,提高风险应对和防范能力,要内外兼修。在提高自身财政能力的同时,也要在全球化过程中主动作为,应对挑战,用新的文明来引领世界。推动"大国财政"维度的财政改革,是彰显中国的大国气派的重要基础。推动"大国财政"维度的财政改革,一方面要立足全球视野维护国家利益,通过建立强大的财政基础和科学、稳固的现代财政制度,确保在全球利益分配中维护公平正义,保障民族国家利益不受损,避免外来危机冲击;另一方面要体现全球治理大国的责任担当,凭借正在扩大的经济实力,以"大国财政"作为基础和支撑,在国际舞台上更多地表达中国声音;通过"大国财政"的制度安排,更多地在处理国际事务中争取主动,在发展道路和发展模式选择上体现更多道路自信。

(三) 问题导向与目标导向有机结合

改革开放四十年的成功经验告诉我们,既要充分调动各类主体的积极性、创造性,让经济社会充满活力,同时,也要根据经济社会运行中的各种不确定性问题及时防范和化解系统性风险,微观活,宏观稳,改革开放才能不断深入拓展。

改革需要有总体目标,但也应该从问题出发。人类认识世界、改造世界的过程,既是实现人类发展目标的过程,也是发现问题、解决问题的过程。问题就是事物的矛盾,哪里有没有解决的矛盾,哪里就有问题。实践发展永无止境,矛盾运动永无止境,旧的问题解决了,又会产生新的问题。问题是时代的声音,每个时代总有属于它自己的问题,只有树立强烈的问题意识,才能实事求是地对待问题。在改革发展实践中发现问题。改革开放伟大实践,就是党带领人民群众在发现问题、解决问题中不断推进、不断深化的。有人说,中国改革的一条重要经验,就是把所有问题都当作更上一层楼的机遇。问题在实践中产生,也要在实践中解决。实践、认识、再实践、再认识,是认识事物的客观规律,是解决问题的根本法则。如果只是空洞地谈问题,只是坐在机关闭门造车,就很难找到解决问题的办法。人民群众处在实践的第一线,很多时候对问题的感受更直接、更准确,对情况的了解也更详细、更透彻。改革开放的很多方针政策都是来自群众的创造,我们所做的就是把群众的实践经验总结起来、推广开来。

问题导向与目标导向相结合统一为风险导向。世界的本质是不确定性,而财政改革的目的就是应对各种不确定性、化解公共风险。党的十九大在准确判断社会主要矛盾变化的同时,也更加强调"风险",指出要有效抵御重大风险;更加自觉地防范各种风险;坚决打好防范化解重大风险的攻坚战;要求各级政府和党员干部要增强驾驭风险的本领,是基于风险导向基础上对进一步推动改革的根本要求。

（四）动态调整政府、企业和个人三者分配关系

改革开放四十年的成功经验告诉我们,改革要立足于充分调动各类主体的积极性、创造性,让经济社会充满活力。财政改革涉及方方面面,是复杂的系统工程,既关系到经济政治社会各领域的工作与改革,也关系到各方面利益关系的调整。能否妥善处理好全局利益与局部利益、长远利益与眼前利益的关系,是能否顺利推进财政改革的关键。从持续推动财政改革的角度来看,必须坚持统筹兼顾、循序渐进,妥善处理中央与地方、国家与企业和个人之间的利益分配关系和风险配置关系,充分调动中央和地方及社会各方面参与和支持财政改革的积极性。既要适当兼顾地方、单位和个人的既得利益、眼前利

益,又要强调全局利益、长远利益和根本利益;既要坚定不移推进改革,又要统筹考虑财力可能,考虑财政实际情况以及其他改革的协调配套。

四十年来,我们在这方面收获了很多成功经验,也有一些教训。中华人民共和国成立以来至"分灶吃饭"改革以前,财政体制的基本特征是集中和集权,虽然在有些时期进行了调整,对地方政府下放一些财权和财力,但都是在特定情况下的短期变化,是在集权前提下有限的、难以稳定的放权,而不是规范化的分权,长期以来基本上保持着高度集中的财政体制。高度集中的财政体制与运行机制,在我国大规模工业化建设初期,对于集中全国的人力、物力、财力进行重点建设,无疑发挥了巨大的作用。但在社会主义经济建设规模不断扩大、经济关系日趋复杂、人民物质文化生活需求不断提高的新形势下,却表现出明显的弊病。一是权力过分集中,压抑了地方的积极性、创造性,不利于社会生产力的长期持续发展;二是忽视物质利益原则,不利于调动劳动者的积极性和创造力;三是传统体制下财政体制不规范,运行效率低。

根据国家经济体制改革的战略部署,财政体制改革先行一步,自 1980 年起,在放权让利、扩大地方和企业财权的同时,调整中央和地方分配格局,实行了"划分收支、分级包干"的财政体制,也称之为"分灶吃饭"的财政体制。1980 年"划分收支、分级包干"的财政体制,是我国改革开放以后对传统的统收统支财政体制的一次重大的改革。这次改革打破了原来僵化的体制,调动了地方和企业的生产积极性,促进了社会生产力发展。但这种体制运行一段时间以后,出现了另一个问题,即财政收入占国民收入的比重大幅下滑,中央财政收入占全国财政收入的比重不断下降,中央财政连年出现较大的赤字,宏观调控能力日益削弱。为此,按照先调动地方组织收入的积极性,在地方财政收入增长以后,中央再从收入增量中集中一些思路,开始实行多种形式的地方财政包干体制。财政包干体制在当时特定的经济社会背景下发挥了一定的积极作用。同时,也存在着较为明显的缺陷,没有从根本上跳出传统体制的行政隶属关系控制格局,无法成为处理中央与地方财政分配关系的合理、规范、稳定的形式。

实行"放水养鱼"的体制使得财政特别是中央财政困难日益加重,由于财政收入占国内生产总值(GDP)的比重和中央财政收入占整个财政收入的比重迅速下降,中央政府面临前所未有的"弱中央"的状态。中央财力的薄弱,使那些需要国家财政投入的国防、基础研究和各方面必需的建设资金严重匮乏。1993年上半年,国家财政特别是中央财政十分紧张:整个财政收入第一季度比1992年同期下降2.2%,按可比口径也仅仅持平;工商税收1400亿元,比上年同期增长12%,扣除出口退税因素,仅比上年同期增长1.4%。而1993年第一季度的GDP增长15.1%,上半年达到14%,比1992年GDP增长12.8%高出不少。财政收入增长与经济增长比例失衡,全国生产增长速度很高,而国家财政特别是中央财政十分紧张。税收增幅小,开支却大幅增长。资金不到位的情况多方出现:粮食收购财政亏损性补贴资金不到位;重点建设资金不到位,很多重点建设卡着脖子,如铁路、港口、民航等。按照往年的进度,重点建设资金上半年至少要拨付全年的40%,而1993年上半年仅拨付19.5%,差了将近一半;重点生产企业和重点出口企业缺乏流动资金。① 与此同时,需要由中央财政收入中支出的硬支出,一分也不能少。正是在这样的背景下,我国实行了分税制财政改革,使得政府、企业和个人三者分配关系进入了稳定、规范的制度化轨道。此后,随着经济环境的变化,在稳定分税制财政体制基本框架的基础上,推动财政收支制度改革完善,并实施所得税收入分享改革、出口退税负担机制改革,并不断完善财政转移支付制度等,对分税制及转移支付制度采取了一系列调整和完善措施,进一步动态调整国家、企业和个人以及中央与地方的分配关系。

(五) 微观搞活,宏观管住

企业是感受市场冷暖最敏感的末梢神经。能否释放企业的活力和潜能,关乎经济发展的速度和质量,也是衡量改革成功与否的基本标志。改革开放四十年来,我们始终坚持和完善基本经济制度,完善市场环境、激发企业活力

---

① 谢旭人主编:《中国财政改革三十年》,中国财政经济出版社2008年版。

和消费潜能,在制度上政策上营造宽松的市场经营和投资环境,营造商品自由流动、平等交换的市场环境。同时,坚持推动改革,在制度完善方面下功夫。围绕微观要活的目标,深化改革,转变政府职能,做好政府相关的行政执法工作,让微观活力比较好地、高水平地、充分地释放出来。

在注重微观搞活的同时,在宏观上坚持底线思维,注重在宏观上防范、化解和管住公共风险,公共风险管理能力不断提高。

从经济风险管理来看,2010年以来,随着我国经济进入新常态,经济领域的潜在风险也在不断积累,突出表现为产品供需错配、产能过剩;企业成本畸高、盈利下降;杠杆率过高、风险剧增等。针对这些问题,中央果断提出并实施供给侧结构性改革,以供需匹配为目标、以"三去一降一补"为抓手、以深化体制机制改革为动力,通过改革化解经济风险,实现经济健康、快速和平稳发展。

从社会风险管理来看,随着改革的深入和社会转型的加速,我国面临的社会风险也日益增多。曾几何时,贫富差距拉大、社会保障滞后、腐败特别是司法腐败问题严重、环境污染问题突出、社会焦虑加剧等对中国社会的稳定构成了巨大的潜在风险。在这样的社会背景下,我们强调人民中心论,坚持以人民为主体和以人为本,大力实施精准扶贫、加强社会保障体系建设、实施铁腕反腐、增强司法透明,社会风险得到了极大化解。在财政方面,财政改革和发展始终围绕"不断满足人民日益增长的美好生活需要"来展开,在多个维度波浪式推进,致力于满足人民民主、法治、公平、正义、安全、环境等方面日益增长的要求。

从债务风险管理来看,2015年以前,虽然当时的预算法禁止地方政府直接举债,但地方政府仍通过其所属单位和机构向金融机构、上级财政、其他单位和个人举借债务。由于地方政府债务监管体制不健全,加之举债主体的多元化,使得地方政府性债务呈快速增长态势。2007年到2010年期间年度增长均超过万亿规模,累计增长了1.38倍。按照国家审计署发布的《2011年第35号:全国地方政府性债务审计结果》,2010年底地方政府性债务余额10.7万亿元,与地方政府可支配财力和地方政府性基金收入两者基本持平,债务潜在风险巨大。在这样背景下,政府结合《预算法》修订,出台了一系列债务风险控制措施，一方面，严格规定预算中必需的建设投资部分资金通过发行地方政府债券举借债务的方式筹措，除此之外不得以任何方式举借债务。另一方面，大规模安排地方政府置换债券，既降低了债务成本，也使得风险得到有效控制。

此外，关注预期管理，通过预期引导化解公共风险，引导社会预期。良好的社会预期能够转化为有序的经济行为，在一个可预期的市场和社会环境中，人们就会有动力、有耐心去从事创造和创新活动。在推动改革和政策制定过程中，我国注重发挥改革和政策的预期管理功能，不断增强社会资本投入政策预期的确定性。对于社会和经济主体来说，最大的确定性是发展道路、发展目标和发展思路的确定性。党的十九大强调坚持走中国特色社会主义道路，以及分两步走在 21 世纪中叶把我国建成富强民主文明和谐美丽的社会主义现代化强国的目标，极大鼓舞了政心、民心。随着我国进入经济新常态，经济增长也进入下行通道，一时间国内外不断出现对中国经济质疑的声音。针对这些声音，"权威人士"三次发声，分别于 2015 年 5 月 25 日、2016 年 1 月 4 日、2016 年 5 月 9 日在《人民日报》发表文章，回应社会关切，提出"整体来看，关注经济形势，要看经济大势……人民群众对当前增长态势有充分理解，是中国经济发展最大的底气"；"解决中长期经济问题，传统的凯恩斯主义药方有局限性，根本之道在于结构性改革"，而"推进供给侧结构性改革，是正确认识经济形势后选择的经济治理药方"等著名论断，回应了社会关切，稳定了社会预期。与此同时，配合一系列的减税降费等降成本政策和"放管服"等改革措施，经济发展企稳回升，发展质量也得到明显提升。

第 一 篇

财政改革：为市场化和工业化奠基

引　言

铺就中国经济起飞的跑道

改革开放四十年,我国的经济建设和经济体制改革取得伟大历史性成就,经济实力迅猛增强,人民生活水平大大提高,实现了从贫穷到全面小康的历史性跨越。1978—2017 年,我国经济总量增长了近 35 倍,占全球经济的比重从微不足道的 1.8% 增长到 14.8%;人均 GDP 从改革开放初期的不到 200 美元增长到 9100 美元①,已进入中上等收入国家之列。

财政改革是中国四十年经济改革的中心环节。我国经济建设成就的取得,与财政改革密不可分。市场化和工业化,是我国经济取得巨大成功的"两大法宝",而财政改革与市场化和工业化的推进是一个渐进、相辅相成的过程。财政改革四十年,为我国市场化和工业化的推进和成功奠定了坚实的基础。可以说,没有四十年财政改革的有力支撑和推动,就不会有市场化和工业化的成功,经济建设也就不会取得如此之巨大成就。

经济改革的核心在于市场化,财政改革作为利益分配的"牛鼻子"、中枢,对经济改革起到"牵一发而动全身"的作用。财政改革通过重塑利益主体、建立机制,调动了各方积极性,将外在压力变为内生动力,从而实现效率提升和经济发展。财政改革四十年是"破、立、收"的历程。"破"是打破计划经济体制,"立"是建立并完善社会主义市场经济体制,"收"是政府职能逐渐收缩,从

---

①　如无特殊说明,文中相关数据均根据国家统计局等有关部门发布的数据整理得到。

大包大揽到有限财政,反映了政府与市场关系的探索进程。同时,财政改革支撑了社会主义市场经济体制的建立,现代企业制度建立、金融改革、社会保障体制改革、国有资产管理改革、政府投融资体制改革均与财政改革相关。

工业化的巨大成果,是我国四十年改革所取得的一颗璀璨夺目的"明珠"。正是由于工业化的顺利推进,我国才保持了四十年的高速增长,才有雄踞全球第二的实力和资本。从"一只手"的工业化到"两只手"的工业化,我国走出了一条独特的工业化道路,地方和市场"两个竞争"成为这一工业化的基本动力,财政改革则在其中发挥了至关重要的作用,成为工业化的"推进器"。财政与工业化,水乳交融,相互推动,衍生出独特的中国工业发展逻辑。

随着我国经济体制从计划经济向市场经济转型,我国也从传统的财政直接管理向财政宏观调控、财政宏观管理不断演进。财政宏观管理不完全是一个经济维度,生态、环境、社会等诸多内容也纳入其中。通过优化和创新财政宏观调控政策,特别是近年来走向以风险管理为目标的财政宏观管理,提高了财政应对不确定和风险的能力,保障了经济社会平稳、健康发展。

第 一 章

经济视角的财政改革

改革开放之初,物资"短缺"是我国经济社会面临的最大公共风险,改革便从经济切入,围绕调动各方积极性而展开,塑造多元化市场主体,释放创新空间。财政因其"枢纽"位置,而成为经济改革的突破口,且在社会主义市场经济确立、完善以及高质量发展的不同阶段发挥着重要作用。

第一节　财政:经济改革的中心环节

改革开放让古老的中国重新焕发生机,而经济的改革开放既是中国改革开放的起点,又是贯穿始终的主线。四十年的经济改革不仅解决了中国 13 亿人的吃饭问题,使 7 亿人摆脱贫困,更是让中国跃居为世界第二大经济体,综合国力大大增强,为中国全面深化改革、实现民族的伟大复兴奠定了物质基础。

财政改革影响范围之广、程度之深,非其他改革所能及,居于四十年经济改革之中心,为其他各项经济改革之基础,成为经济改革的"牛鼻子",发挥着"牵一发而动全身"之功效。

一、四十年中国经济改革之白描

中国的经济改革发端于计划经济,以市场化改革为取向,先后经历了计划经济占主导的局部改革、全面改革探索阶段、市场化经济改革整体推进和深化等几个阶段。

(一) 改革起点:"吃不上饭"成为最大的公共风险

1949年新中国成立,实施了一系列促进经济恢复、发展的措施,中国从战争中恢复过来,并于1956年完成了"对农业、手工业和资本主义工商业的社会主义改造",建立了统收统支的计划经济体制。"生产什么、怎样生产、为谁生产"均由中央政府决定,中央政府是经济资源配置的主体,地方政府和企业接受中央政府的分配和生产指令。企业的人、财、物和供、产、销全部都由上级行政机关决定。

尽管借助于中央政府的绝对权威和强大的资源动员能力,中国迅速建立了较为完整的工业体系,但计划经济的弊端也非常明显,即资源配置效率低下,企业和地方政府积极性不足,"吃饭"成为当时摆在全国人民面前最基本、最现实和最迫切的问题,"吃不上饭"成为经济社会运行中最大的公共风险。

1978年7—8月召开的国务院会议明确提出,当务之急既要改变当时落后的生产力,也要改变生产关系和上层建筑,改变工农业企业的管理方式和国家对工农业企业的管理方式。1978年12月18日至22日召开的党的十一届三中全会确定将工作重心转移到经济建设上来,改革开放正式启动。

(二) 改革取向:市场化改革

改革共识已达成,但往哪儿改、怎么改并没有清晰的共识和目标。因此,改革之初,中国经济改革采取了所谓的"摸着石头过河""不管黑猫白猫,抓住老鼠就是好猫"的探索式、"试验式"改革策略,即能够恢复经济、稳定社会的政策或制度都可以拿来用。

关于计划与市场关系,经历了实践探索、认识深化的过程。党的十二大明确"以计划经济为主、市场调节为辅";党的十二届三中全会《中共中央关于经济体制改革的决定》提出了社会主义经济是在公有制基础上的有计划的商品经济;党的十三大时,提出了社会主义有计划商品经济的体制应该是计划与市场内在统一的体制;党的十三届四中全会以来,提出了建立适应有计划商品经济发展的计划经济和市场调节相结合的经济体制和运行机制。

在实践探索和认识深化过程中,经济改革目标逐渐清晰明确,最终于1992年确立了社会主义市场经济体制的改革目标,之后的各项改革均围绕此目标而展开。

1. 市场化取向改革探索期(1978—1992年)

在改革目标和方法尚未明确的情况下,走出国门学习、借鉴经验是上策。在这种情况下,中国政府派出大量代表团考察西方各国,寻求改革灵感和经验,仅1978年就派出了12位副总理和副委员长带队出访20余次,走访50多个国家。

在借鉴其他国家发展经验的基础上,中国将扩大国有企业经营自主权放在改革中心地位,并将"简政放权"写入了党的十八届三中全会,以此拉开中国经济改革序幕,同时进行农村经济改革。

四川省率先选择了6个国有企业进行"扩大企业自主权试点",随后国务院决定将这一改革试点进一步扩大到全国范围,扩权显著提高企业职工增产增收的积极性。

之后,中国提出了局部改革策略,即"摸着石头过河",进行各种改革试验,其主旨是在保持计划经济占主导的情况下,为调动各方积极性,对新增部分进行灵活性制度安排,允许市场的存在。这主要包括:对农村实行"包产到户";允许非国有企业存在和发展;划设"经济特区"作为开放窗口。

灵活性制度给中国经济增添了活力,在1984年10月党的十二届三中全会报告中,提出了"公有制基础上的有计划的商品经济"的经济改革目标,市场化取向改革萌芽,出现了计划与市场"双轨",表现在经济改革的方方面面,典型如当时价格"双轨制"。

1986年3月通过的"七五"计划中明确提出了建立社会主义市场体系,并将国有企业改造为自主经营、自负盈亏的"商品生产者和经营者",发展由商品市场、资本市场、劳动力市场组成的市场体系,以及将国家对经济的调控逐步由直接调控为主转向以间接调控为主的三方面改革,配套地搞好整个经济体系改革。

"双轨制"经济增加经济活力的同时,也引发了改革路径和策略的争论。但是,国家领导人对市场化改革的思考并没有停止。1990年末到1991年初,邓小平两次发表关于市场经济的重要谈话。"资本主义与社会主义的区分不在于是计划还是市场这样的问题。""不要以为搞点市场经济就是走资本主义道路,没有那么回事。计划和市场都得要。""不搞市场,连世界上的信息都不知道,是自甘落后。""不要以为,一说计划经济就是社会主义,一说市场就是资本主义,不是那么回事,两者都是手段,市场也可以为社会主义服务。"①1992年1月到2月间,邓小平发表南方谈话,重申"社会主义也有市场","改革开放胆子要大一些","大胆地试,大胆地闯"②。

1992年10月,党的十四大明确提出,我国经济体制改革的目标是建立社会主义市场经济体制,使市场在社会主义国家宏观调控下对资源配置起基础性作用,至此市场化取向的改革目标正式确立。

2. 社会主义市场经济体制建立期(1993—2003年)

党的十四届三中全会通过的《中共中央关于建立社会主义市场经济体制若干问题的决定》不但明确了社会主义市场经济体制改革目标,也提出了改革战略,即"整体推进和重点突破相结合",并要求在市场体系、企业制度、财政税收政策体系、银行体系、社会保障制度和宏观经济管理方面进行系统性改革。

在上述改革总体规划下,汇率和财税体制改革成为最重要的两项改革。通过汇率改革,实行了以市场供求为基础的、单一的、有管理的浮动汇率制。通过财税体制改革,建立了现代税收制度和分税制财税体制框架。

---

① 中共中央文献研究室编:《邓小平年谱(1975—1997)》,中央文献出版社2004年版,第1323—1327页。

② 中共中央文献研究室编:《邓小平年谱(1975—1997)》,中央文献出版社2004年版,第1342—1343页。

　　1997 年,党的十五大确立了社会主义基本经济制度,将"公有制为主体、多种所有制经济共同发展"确定为中国的基本经济制度,将"非公有制经济"确定为我国社会主义市场经济的重要组成部分,明确要求按照"三个有利于"的判断标准,对中国经济的所有制结构进行调整。1999 年修改宪法,确定"国家在社会主义初级阶段,坚持公有制为主体、多种所有制经济共同发展的基本经济制度""个体经济、私营经济等非公有制经济,是社会主义市场经济的重要组成部分"。2001 年,中国加入世界贸易组织(WTO),开放国内市场,实现国内和国外两个市场的融合。

　　2003 年,党的十六届三中全会通过的《中共中央关于完善社会主义市场经济体制若干问题的决定》明确指出,社会主义市场经济体制初步建立,公有制为主体、多种所有制经济共同发展的基本经济制度已经确立,全方位、宽领域、多层次的对外开放格局基本形成。

　　3.市场化改革完善阶段(2003 年至今)

　　进入 21 世纪后,中国经济社会形势发生巨大变化。社会主义市场经济体制初步建立,国民经济和社会发展取得巨大成就,综合国力明显增强,主要工农业产品产量位居世界前列,但是结构性问题突出。主要表现在:一般商品与资源能源商品市场化改革失衡。关键领域,尤其是基础领域的市场化改革尚未触及,电力、石油、电信、铁路等基础能源或基础设施领域仍由国有企业垄断,政府控制着价格制定权。正如《中共中央关于完善社会主义市场经济体制若干问题的决定》中指出的,"经济体制还不完善,生产力发展仍面临诸多体制性障碍"①,市场经济体系亟待进一步完善;工业化与城市化进程非同步,前者远快于后者;产业结构失衡。服务业,高端制造业和新兴信息产业落后于工业,滞后于需求;投资、消费和出口比例失衡;经济发展和资源环境承载能力失衡;经济增长成就和人民共享改革成果之间不匹配。中国经济已经到了不调整结构就不能再发展的程度了。因此,中国经济改革进入结构调整战略期,整个经济增长的基调要从数量扩张转向质量提升,以实现经济的可持续、包容

----

①　《十六大以来重要文献选编》上,中央文献出版社 2005 年版,第 465 页。

性发展。

在这种背景下,21世纪以来的中国经济改革,以完善社会主义市场经济体制为目标,提出了坚持以人为本,树立全面、协调、可持续的科学发展观,促进经济社会和人的全面发展,按照"统筹城乡发展、统筹区域发展、统筹经济社会发展、统筹人与自然和谐发展、统筹国内发展和对外开放"①的要求推进各项事业的改革和发展,即科学发展观。

深化经济体制改革重点在于打破垄断,激励竞争,保护产权,鼓励创新。为此,2005年8月国务院发布了《国务院关于2005年深化经济体制改革的意见》,明确要求深化农村经济体制改革、深化国有企业和国有资产管理体制改革、改善非公有制经济发展的体制环境、深化金融体制改革、深化财政税收投资价格体制改革、加快现代市场体系建设、推进科技教育文化卫生体制改革、推进收入分配和社会保障制度改革、深化涉外经济体制改革以及加快行政管理体制改革十个方面。

2008年全球金融危机爆发,中国经济发展的结构性问题更加凸显,国内外经济社会形势发生巨大变化,改革开放以来实施的出口导向型发展战略已无法持续。中国经济如何发展,中国在全球经济中如何定位是中国经济发展的战略问题。

2010年通过的"十二五"规划认为,金融危机后全球总需求结构出现收缩式调整,世界经济进入了增长低迷的周期,中国一直以来实施的出口导向型经济发展战略无法持续,必须向扩大国内需求的经济发展方式转变,国内需求扩大重点在于扩大消费,其前提是加快城市化进程和提高中等收入者比例。"十二五"规划首次提出了总体规划和顶层设计,这与以往试验和试错改革路径大为不同。

2012年11月,党的十八大召开,报告明确要求以更大的政治勇气和智慧,不失时机深化重要领域改革,在经济改革方面,要坚持社会主义市场经济的改革方向,处理好政府和市场的关系,更大程度更广泛发挥市场在资源配置

---

① 《胡锦涛文选》第二卷,人民出版社2016年版,第143页。

中的基础性作用。

2013 年 11 月召开的党的十八届三中全会,提出了要全面深化改革,发展和完善中国特色社会主义制度,推进国家治理体系和治理能力现代化。报告指出全面深化改革要以经济建设为中心,发挥经济体制改革牵引作用,推动经济社会持续健康发展。经济体制改革是全面深化改革的重点,必须稳妥从广度和深度上推进市场化改革。

2017 年 10 月召开党的十九大,作出了中国特色社会主义建设进入新时代的重大判断,我国社会主要矛盾已经转化为人民日益增长的美好生活需要和不平衡不充分的发展之间的矛盾。相应经济改革要围绕供给侧结构性改革,建设现代化经济体系,着重发展实体经济,提高供给体系质量。以完善产权制度和要素市场化配置为重点,加快完善社会主义市场经济体制。

二、财政改革:经济改革的中心环节

纵览四十年的经济改革,其核心在于提升效率。而经济改革则是破除阻碍效率提升的体制机制,承认和保护个人与企业的经济利益追求,重视发挥市场竞争的作用,重视保护产权,发挥市场配置资源的基础性作用和政府的导向作用。财政改革本质上是重构物质利益分配机制,财税改革重塑多元利益主体,调动各方积极性,激发市场活力。同时,财政改革也重塑宏观管理手段,稳定宏观经济,维护市场秩序,创造公平竞争环境。因此,在经济改革的各个阶段,财政改革均发挥了至关重要作用,或破题经济改革,或支撑经济改革,或引领经济改革。

(一) 市场化取向改革探索期:呼应并适应实践探索的财政改革

中国全面经济改革始于财政改革。通过放权让利,调动地方政府、企业和个人的积极性。"分灶吃饭"的财政体制改革打破了"大锅饭",地方政府自收自支,自求平衡,从而极大地调动了地方政府的积极性。企业的基金制和利润留成改革、"拨改贷"以及之后的两步"利改税"改革和承包制打破了企业吃政府的"大锅饭",理顺了国家与企业的分配关系,企业自主经营,自负盈亏,多生产多留利,调动了企业发展生产的积极性。企业基金制改革使得企业可以自主承办职工集体福利,之后的工资制度改革和用工制度改革,调动个人的积极性和创造性。

为适应这段时间经济改革不配套,经济运行呈现出的"双轨"特征,财政改革力图纠正因其他改革不到位带来的资源配置方式、经济运行的扭曲,替代其他经济手段(诸如价格)发挥着稳定、调节经济的作用。20 世纪 80 年代进行的一系列税制改革,如开征产品税,第二步利改税所进行的税制改革,所形成的多环节的复合税制在一定程度上缓解了"双轨"经济运行的不利影响,发挥着调节经济的作用。

在这种情况下,中国经济效率大大提升,财政改革自然也成为经济改革的"突破口"和"排头兵"。

(二) 社会主义市场经济体制建设期:为市场化筑基的财政改革

党的十四届三中全会确立的社会主义市场经济体制改革目标,但当时的社会主义市场经济体系尚未建立,迫切需要各个领域的体制机制改革,支撑市场体系的建立。在 1994 年推出"一揽子"的整体性改革中,涉及价格、税收、财政、金融、外贸、投资、企业等多个领域,而财税改革在其中处于中心地位。

1994 年税制改革主旋律是"统一税制,公平税负",为微观经营主体创造统一、公平的税收环境,同时为宏观经济调控提供间接的经济手段。税制改革统一之前,无论流转税还是所得税,均表现出明显的"所有制"特征,即不同所有制企业适用不同流转税和所得税税种,与统一全国市场,维护公平竞争的社会主义市场经济体制改革目标相违背。1994 年税制改革统一了内资企业所得税,以增值税替代产品税,并在此基础上开征消费税,其主旨在于在搭建统一流转税制基础上,对部分产品和行业进行调节,实现总体上税负公平和有重点地调节的有机结合,为市场微观主体的生产经营搭建制度环境。1994 年分税制改革的重点在于基于税制改革的收入划分改革,总体上结束政府间按企业隶属关系划分收入的行政性分权历史,转向按税种划分收入的经济性分权,从而大大减少地方政府在财政收入利益驱动下,对企业有"远近亲疏"之分,减少对企业经营的行政干预,为微观市场主体的自主经营、公平竞争搭建制度基础。

同时,1994年财税改革更是搭建了适应社会主义市场经济体制的宏观体制框架,结束了之前因"承包制"(企业承包制和地方政府对中央政府的包干制)所带来顺周期调节、经济运行不稳定机制。在经济下行期,"承包制"会减少企业和地方政府的收入,从而抑制企业和地方政府的投资,导致经济运行更加不济。而在经济过热时期,"承包制"的结果是企业和地方政府自留收入更多,进而增加了投资的热情和冲动,导致经济更热。同时,"承包制""包死"了政府,尤其是"包死"了中央政府,降低了政府尤其是中央政府的调控能力。1994年税制改革,为政府调控宏观经济提供了基于市场的间接经济手段——税收。同时,理顺了中央政府和地方政府间收入划分关系,提高了"两个比重",提高了政府(尤其是中央政府)的调控能力。

1998年,我国财政改革明确了"构建中国的公共财政基本框架"的目标,财政的定位更加清晰,即转变财政职能,提供公共产品。按照"公共财政"的要求,财税体制改革继续沿着1994年设定的改革框架推进。2006年的消费税税率、税目调整改革,2008年燃油消费税以及汽车消费税改革和内外资企业所得税法合并,2009年的增值税转型改革,2010年的资源税从价试点改革等,这一系列的改革都在向适应社会主义市场经济体制的现代税收制度方向不断迈进。同时,2002年实施的所得税收入分享改革彻底实现了政府间按税种划分收入的改革目标。

因此,1994年之后的财政改革是社会主义市场经济体制目标确立之后的最重要的改革,是在我国市场经济体制尚未完全建立的情况下先行一步的制度改革,相应成为市场化改革的基础性的体制机制改革。

(三) 社会主义市场经济完善期:引领高质量发展的财政改革

进入21世纪后,中国经济发展逐渐从重规模转向重质量,转变经济发展方式,统筹推进"五位一体"总体布局,实现经济与环境资源协调发展。尤其是近几年实施的供给侧结构性改革,旨在提高供给质量,实现经济发展动能转换。资源税从价计征改革全面推进,以及环境保护费改税和消费税改革,均是旨在通过税收这种约束性更强的经济手段,将资源环境成本内化,实现经济与环境的协调发展。"营改增"试点改革的全面实施,从税制上消除服务业发展的体制机制障碍,鼓励创新,做优制造业,发展第三产业。

2016年,财政体制改革迈出重要一步,出台政府间财政事权和支出责任划分纲领性文件,财政体制在支出侧的改革有了质的突破。财政事权划分改革可以从根本上破题目前发展中面临的诸多紧迫难题。

随着各项改革的推进,财政改革将引领中国新时代经济高质量的发展。

第二节　放权让利改革:经济改革破题

中国经济改革始于打破过于集中的计划经济体制,以调动各方积极性,财政放权让利改革自然成为全面经济改革的逻辑起点。

一、改革缘起

"文革"结束时,中国大地百废待兴、百业待举,最现实和迫切的问题是人民的吃饱穿暖问题,政府首要任务是迅速发展生产,改善人民生活,但在当时僵化的经济管理体制下,地方、企业和劳动者的积极性无法有效激发出来。

1978年12月,邓小平在《解放思想,实事求是,团结一致向前看》讲话中指出:"现在我国的经济管理体制权力过于集中,应该有计划地大胆下放,否则不利于充分发挥国家、地方、企业和劳动者个人四个方面的积极性,也不利于实行现代化的经济管理和提高劳动生产率。应该让地方和企业、生产队有更多的经营管理的自主权。"[1]

之后召开的党的十一届三中全会也指出,我国经济管理体制的一个严重缺点是权力过于集中,应该有领导地大胆下放,让地方和工农业企业在国家统

---

[1]　中共中央文献研究室编:《邓小平年谱(1975—1997)》,中央文献出版社2004年版,第451页。

一计划的指导下有更多的经营管理自主权;应该着手大力精简各级经济行政机构,把它们的大部分职权转交给企业性的专业公司或联合公司;应该坚决实行按经济规律办事,重视价值规律的作用,注意把思想政治工作和经济手段结合起来,充分调动干部和劳动者的生产积极性。

在这种背景下,放权以调动地方政府、企业和个人积极性成为中国经济改革的破题之首选,而这恰是财政所规范的中央与地方、政府与企业、政府与个人分配关系,相应财政改革启动。

二、放权让利改革的三个层面

放权让利改革前期侧重于让利,后期侧重于放权,从三个层面实施:对企业的放权让利;对地方政府的放权让利;对劳动者的放权让利。

(一) 对企业的放权让利:扩大企业经营管理自主权

在计划经济体制下,经济成分较为单一,国有企业为主,集体企业为辅。国家与国企的关系是,政府决定企业生产什么、生产多少、如何定价,同时政府负责企业生产投入,如固定资产购置、流动资金的拨付以及职工工资发放等,企业利润也全部上缴政府,形成财政收入的主要来源。这种体制的弊端非常明显,就是企业没有经营管理自主权,相应没有积极性促进生产。为调动企业积极性,30 年间也进行过多次调整,频繁在"收权"与"放权"之间调整,而结果就是"一收就死,一放就乱"体制性周期循环。

1978 年 11 月 25 日,国务院批转了财政部《关于国营企业试行企业基金的规定》,对实行独立经济核算的国营企业、基本建设单位和地质勘探单位实行企业基金制。根据规定,符合条件的企业可以按工资总额的一定比例提取企业基金,用于举办职工集体福利设施,举办农副业,弥补职工福利基金的不足以及发给职工社会主义劳动竞赛奖金等项开支。

企业基金制改革拉开了中国经济改革的序幕,也是对企业放权让利改革的第一步。1979 年 7 月 13 日,国务院以《关于按照五个改革管理体制文件组织试点的通知》(国发〔1979〕175 号)的形式颁发了《关于国营企业实行利润留成的规定》,规定国有企业实现的一部分利润上缴财政之后用作企业留用,留用的利润一部分用于奖励基金,一部分用于生产。同年 8 月 17 日,国家决定从 1979 年起扩大利润留成制实施的范围。

与企业基金制相比,利润留成制企业留利更多,而且可以将一部分留利用于生产,扩大企业生产的决策权和自主权,体现了多生产多留成、多节约多留成的激励机制,调动了企业增产增收和节支的积极性。

放权让利改革效果非常明显,1978—1982 年,全国国有企业提取的企业基金和各种利润留成而增加的财力 400 多亿元,当时每年的财政收入也不过是 1000 多个亿①。

(二) 对地方政府的放权让利:从财政"大锅饭"到"分灶吃饭"

与计划经济体制相适应,改革开放前的中央和地方财政不分家,具体表现是中央财政是大管家,事无巨细,"统得多、统得死",这一方面使得中央财政终日处理巨量繁杂的财政收支事务性工作;另一方面也使得地方财政无权、无压力、无动力因地制宜履行职责。

为此,根据中央提出的关于经济管理体制改革的方针和要求,从 1980 年起,财政体制进行了改革,实行"分灶吃饭"的财政管理体制改革,也就是由统收统支、"吃大锅饭"的供给制办法,改为划分两级财政、"分灶吃饭"、各过各的日子的办法,其目的是发挥中央和地方两个积极性。

1979 年 4 月,中央工作会议认为计划经济集中过多,统得过死;财政统收统支体制,物资上统购包销,外贸上统进统出,"吃大锅饭"的思想盛行,限制和束缚了中央部门、地方、企业和职工个人的积极性、主动性和创造性,强调这种情况必须坚决加以改变。

1980 年 2 月 1 日,国务院颁发了《国务院关于实行"划分收支、分级包干"财政管理体制的暂行规定》(国发〔1980〕33 号),决定从 1980 年起实行"划分收支,分级包干"的财政管理体制的改革。以这个文件为标志,标志着传统财政体制的全面改革开始发生重大改变,一改过去全国"一灶吃饭"为"分灶吃

---

① 王丙乾:《中国财政 60 年回顾与思考》,中国财政经济出版社 2009 年版,第 362 页。

饭",各自拥有独立的利益,明确各级政府当家理财、增收节支的积极性。

"分灶吃饭"的财政体制,前后变化了三次,即 1980 年的"划分收支、分级包干"体制,1985 年的"划分税种、核定收支、分级包干"体制和 1988 年的包干体制。1980 年体制改革的进步之处在于从"一灶吃饭"到"分灶吃饭";1985 年体制改革的最大进步之处在于按照税种划分收入。与原体制相比,1985 年的体制有两个优点:一是以划分税种作为划分各级财政收入的依据,开始改变了过去按企业的行政隶属关系划分收入的做法;二是较好地体现了保证重点、兼顾一般的原则,"划分税种"的体制既合理地确定了地方财政的基数,也保证了中央财政得到稳定的收入,增加了各级政府当家理财和平衡预算的动力和压力。

(三) 对劳动者的放权让利:交足国家的,留够集体的,剩下都是自己的

调动劳动者积极性的改革以农村家庭联产承包责任制为主,国有企业基金制对调动企业职工的生产积极性也产生了积极的促进作用。

——**联产承包责任制**。联产承包责任自发于安徽小岗村。1978 年 11 月 24 日晚,安徽省凤阳县凤梨公社小岗村 18 位农民签下了白纸黑字的包干保证书。联产承包责任当年成绩喜人,当年粮食总产量相当于 1966 年到 1970 年 5 年粮食产量的总和。

1980 年 5 月 31 日,邓小平在同中央负责工作人员谈话时,肯定了安徽农村改革,并指出农村政策放宽以后,一些适宜搞包产到户的地方搞了包产到户,效果很好,变化很快。

1982 年 1 月 1 日,中共中央批转《全国农村工作会议纪要》,指出农村实行的各种责任制,包括小段包工定额计酬,专业承包联产计酬,联产到劳,包产到户、到组,包干到户、到组,等等,都是社会主义集体经济的生产责任制;1983 年中央下发文件,指出联产承包责任制是在党的领导下我国农民的伟大创造,是马克思主义农业合作化理论在我国实践中的新发展;1984 年 1 月,中央强调要继续稳定和完善联产承包责任制,规定了土地承包期一般应在 15 年以上。

农村家庭联产承包责任制极大地调动了农民生产的积极性。农村广为流传的顺口溜是"大包干,大包干,直来直去不拐弯。交够国家的,留够集体的,剩下都是自己的"。1983 年,粮食增产 9%,棉花产量增加 29%;1984 年,粮食增产 5%,棉花产量增加 34%。

——**放权让利改革对劳动者积极性的调动**。企业基金制和利润留成制度改革的重要内容就是将企业留利用于举办职工集体福利设施,举办农副业,弥补职工福利基金的不足以及发给职工社会主义劳动竞赛奖金等项开支。这对于调动劳动者积极性发挥了重要作用。

三、放权让利于中国经济改革的重要意义

对于中国经济改革而言,放权让利改革的价值在于:

——**破题中国改革和经济改革**。中国古代圣贤将"经济"一词解读为"经世济民",意指社会繁荣,百姓安居。人民吃不饱穿不暖,其他一切免谈。在经济濒临崩溃、民不聊生的环境下,经济改革自然成为各项改革的排头兵。而经济的问题在于体制僵化,中央政府管得过多、管得过死,其他主体无积极性,那么解决的办法自然是放权让利,对地方政府放权让利,对调动各方积极性,最直接也最有效。

——**承认并尊重人对物质利益的追求**。邓小平指出:"不讲多劳多得,不重视物质利益,对少数先进分子可以,对广大群众不行,一段时间可以,长期不行。革命精神是非常宝贵的,没有革命精神就没有革命行动。但是,革命是在物质利益的基础上产生的,如果只讲牺牲精神,不讲物质利益,那就是唯心论。"[①]这意味着,放权让利改革承认并尊重人对物质利益追求,这是对人性的认可和尊重。邓小平还指出:"当前最迫切的是扩大厂矿企业和生产队的自主权,使每一个工厂和生产队能够千方百计地发挥主动创造精神。一个生产队有了经营自主权,一小块地没有种上东西,一小片水面没有利用起来搞养殖业,社员和干部就要睡不着觉,就要开动脑筋想办法。全国几十万个企业,几

---

① 《邓小平文选》第二卷,人民出版社 1994 年版,第 146 页。

百万个生产队都开动脑筋,能够增加多少财富啊!""不但应该使每个车间主任、生产队长对生产负责任、想办法,而且一定要使每个工人农民都对生产负责任、想办法。"①放权让利改革恰恰是充分调动千千万万个劳动者的积极性,发挥每个人的智慧。无论是承认人的物质利益,还是调动劳动者的积极性,均是对人正常需求的认可和尊重。

　　——调动各方积极性,共赢的发展理念。传统观念中,利己和利他是对立的,计划经济体中强调多奉献、少利己。而放权让利改革恰恰体现了共赢,通过个人对自己利益的追求,实现国家、集体和个人利益的共赢。通过各方的共同努力,做大"蛋糕",相应各方从中均获利。

　　——确立了农村集体经济体制。联产承包责任制确立农村集体经济形式,规范了国家、集体和农业劳动者三者分配关系,并于 1993 年写入宪法,确定了未来近四十年农村改革基调。

　　——放权让利为日后政府间财政关系改革奠定基础。"分灶吃饭"打破了过去那种统收统支或者统支不统收、"吃大锅饭"的局面。政府间财力的分配由"条条"为主转向"块块",为日后地方财政成为独立的一级财政和财政预算的统筹安排奠定了基础。过去各项财政支出,原则上都由"条条"分配,地方财政很难统筹安排,调剂使用。"分灶吃饭"以后,对于应当由地方安排的支出,中央各部不再归口安排支出,下达指标,改由地方根据中央的方针政策、国家计划和地方的财力统筹安排。这样做大大增加了地方的财政权限,有利于因地制宜地发展地方生产建设事业,为日后财力统筹奠定基础。

第三节　两步利改税:城市经济体制改革的"牛鼻子"

　　两步利改税是理顺中国国家与企业分配关系的一项重大改革,撬动了中国城市经济体制改革。

----

　　①　《邓小平文选》第二卷,人民出版社 1994 年版,第 146 页。

一、背景：两个"大锅饭"

1984年12月4日召开的党的十二届三中全会决定将中国经济改革的重点从农村转向城市，并提出增强企业的活力，特别是增强全民所有制的大、中型企业的活力，是以城市为重点的整个经济体制改革的中心环节。

企业活力增强的关键在于正确处理两个关系：一是国家与企业的关系；二是企业与职工的关系。

理顺国家与企业的关系，其主旨在于打破企业吃国家的"大锅饭"。也就是需要将"全民所有"与"国家直接经营"分开，就是将所有权与经营权适当分开，扩大企业自主权，在服从国家计划和管理的前提下，企业有权选择灵活多样的经营方式，有权安排自己的产供销活动，有权拥有和支配自留资金，有权依照规定自行任免、聘用和选举本企业的工作人员，有权自行决定用工办法和工资奖励方式，有权在国家允许的范围内确定本企业产品的价格，从而打破企业吃国家"大锅饭"的局面，将企业培养成为相对独立的经济实体，成为自主经营、自负盈亏的社会主义商品生产者和经营者。

理顺企业和职工的关系，则是为了打破职工吃企业的"大锅饭"，也就是劳动者在各自的岗位上，以主人翁的姿态进行工作，人人关注企业的经营，人人重视企业的效益，人人的工作成果同他的社会荣誉和物质密切相连，打破职工企业的"大锅饭"，发挥劳动者的主动性和创造性。

确立国家和企业、企业和职工的正确关系，需要进行计划体制、价格体系、国家机构管理经济的职能和劳动工资制度等各方面配套改革。为此，1984年8月，国务院发布《国务院关于进一步扩大国营工业企业自主权的暂行规定》的实施细则，从生产经营计划、产品销售、产品价格、物资选购、资金使用、资产处置、机构设置、人事劳动管理、工资奖金和联合经营方面给予企业更大的自主权。

利改税是国营企业上缴政府的收入由利润改为税收，第一步是对国营企业开征所得税，第二步是对税制进行全面改革。通过利改税，将国家与企业的分配关系长期固定下来，这就有利于克服企业对国家的依赖思想，从而打破企业吃国家的"大锅饭",提高企业预期,提高企业增产增收的积极性。在长期稳定的分配关系之下,企业在保证完成国家计划任务前提下,多生产,多留用,提高企业积极性,同时对自己可支配的财力能够心中有数,对企业的发展进行较长时间的规划。利改税后,各类企业,不论企业原来的隶属关系如何,都整齐划一向政府缴税,无亲疏之别,从而可能逐步割断企业与"条条""块块"在经济利益上的联系与行政隶属关系,减少政府(部门)对企业经营的干预,扩大企业自主权,使企业成为独立的经济主体。在价格体系改革尚未完全到位的情况下,通过税收杠杆,设置不同税率,调节因价格高低、资源优劣、技术装备程度等因素而造成的企业利润水平高低悬殊问题,使企业的税后利润率合理、接近,保证企业能够在大致相同的起跑线上展开竞争。

二、两步利改税的改革内容

1979 年以来,在国家与企业的分配关系和分配形式上做了多种探索和实践,主要包括企业基金制度、基数留成加增长分成、全额分成、递增包干、定额包干、亏损包干等办法,这些办法都是将利润的一部分留归企业安排使用,从而不同程度地打破了统收统支制度,扩大了企业自主权和机动财力,并使企业的经营成果同职工的物质利益直接挂钩,但其弊端也很明显:1. 一户一率,程序烦琐且相互扯皮;2. 频繁变动,企业没有预期,且主动权仍掌握在政府手中,企业自主权受限。

1983 年 4 月,国务院批转了财政部《关于全国利改税工作会议的报告》和修改后的《关于国有企业利改税试行办法》,决定实施第一步利改税。第一步利改税主要是对有盈利的国有企业征收所得税,即对国有大中型企业实现的利润,一律按55%的税率征收所得税,企业缴纳所得税后的利润,一部分根据企业的不同情况,分别采取递增包干上缴、固定比例上缴或调节税等办法上缴国家,一部分按照国家规定的留利水平留给企业。

同时,国家在所得税征收时,允许企业在税前从实现利润中扣除的有:国家安排的基本建设拨款项目投产后新增利润归还专项贷款的部分。准予企业在税前从实现利润中单项留利的有:留给企业的治理"三废"产品盈利净额;提前还清基建借款应留给企业的利润;国外来料加工装配业务应留给企业的利润;国务院明文规定的其他专项留用利润。此外,国家对有盈利的国有小型工业企业按照八级超额累进税率征收所得税,对营业性的宾馆、饭店、招待所和饮食服务公司征收 15% 的所得税,不再予以贷款,而军工、邮电、粮食、外贸、农牧和劳改企业都暂不实行利改税。

1984 年 10 月,针对第一步利改税中产生的问题和社会发展需要,决定实施第二步利改税。

第二步利改税改革的指导思想是:进一步处理好国家同企业的分配关系,从根本上解决企业吃国家"大锅饭"的问题,并且为解决职工吃企业"大锅饭"的问题创造条件;既要保证国家财政收入的稳定增长,又要使企业在经营管理和发展上有一定的财力保证和自主权,在政策上使企业感到有奔头,有更大的后劲;要发挥税收经济杠杆的调节作用,体现国家的奖励和限制政策,并缓解价格不合理所带来的一些矛盾,以利于国民经济的调整和改革。具体来说,就是国营企业原来上缴国家的财政收入改为分别按 11 个税种向国家缴税,也就是由税利并存逐步过渡到完全的以税代利。

第二步利改税形成了多环节征收的复合税制。工商税按性质划分为产品税、增值税、营业税和盐税等四种税;对某些采掘企业开征资源税,以调节由于自然资源和开发条件的差异而形成的级差收入;恢复和开征房产税、土地使用税、车船使用税和城市维护建设税等四种地方税,以利于合理地节约地使用土地、房产,适当地解决城市维护建设的资金来源;对盈利的国营企业征收所得税;对国营大中型企业还要征收调节税。

三、两步利改税:打破所有制基础,财政的一记"重锤"

两步利改税的重要价值在于:

一是打造了城市经济体制改革的"前提"。两步利改税为不按隶属关系划分收入提供了制度基础,从而为切断政府对企业的行政干预提供了体制机制保障。同时,通过税率设计调整企业税后利润,为价格改革提供空间。"利改税主要是解决国家同企业的关系,给企业创造一个独立经营、自负盈亏的条件。……利改税不只是财政问题,而是重大的经济改革问题,是加快城市经济改革的前提。不突破利改税这一环,扩大企业自主权的十条就不能兑现,其他改革也谈不上。这个问题解决了,扩大企业自主权的十项措施才能落实,'独立经营、自负盈亏'才能前进一大步。职工奖金上不封顶、下不保底,企业很拥护,但如果不搞利改税,就做不到。"[①]

二是首次将国家与企业分配关系法律化、制度化,打破企业吃国家"大锅饭"的局面。利改税以法律的形式,解决国家与企业分配关系,这样一方面保证了国家财政收入的稳定增长;另一方面又能扩大企业在经营管理上的自主权,并加强其盈亏责任,给企业以活力、动力和压力,初步改变了过去那种企业吃国家"大锅饭"的弊端。

三是重拾税收调控这一间接调控工具。在中华人民共和国成立之初的社会主义改造时期,政府有效利用税收手段,逐步实现了社会主义的公有制改造。但"文革"期间,在"非税论"思想影响下,中国税制从税种、纳税环节再到征税办法,一简再简,税收对经济的调控作用已无从显现。通过第二步利改税的全面税制改革,多层次、多环节、多税种的复合税收体系初步建立,在价格改革尚未到位的情况下,发挥了重要的税收调节经济的作用。

四是引入增值税税制。增值税是适应现代工业分工体系的优良税种,既不阻碍产业分工,又是筹集财政收入的好工具。在第二步利改税中,针对我国工业"大而全"产业分工局面引入增值税。三十多年的实践证明,增值税在我国经济发展中发挥了重要作用。

第四节　1994 年财政改革:奠定市场化改革之基

1994 年分税制财政体制改革是中华人民共和国成立以来规模最大、影响

---

① 《利改税是加快城市经济改革的前提》,《财务与会计》1984 年第 8 期。

最为深远的一项财政改革,初步搭建了社会主义市场经济体制的体制机制基础。

一、1994 年财政改革的背景

1993 年,党的十四届三中全会确立了我国经济体制改革的目标,即社会主义市场经济体制,明确了建立现代企业制度、培育和发展市场体系、建立健全宏观经济调控体系、建立合理的个人收入分配和社会保障制度等方面的改革任务。

在培育和发展市场体系的改革任务中,要求着重发展生产要素市场,规范市场行为,打破地区、部门的分割和封锁,反对不正当竞争,创造平等竞争的环境,形成统一、开放、竞争、有序的大市场。而在 1994 年财政改革之前,我国共有 32 个税种,且按不同所有制、不同地区设置税种税率,企业公平税负、公平竞争无从谈起。且税收收入在中央和地方政府之间划分,也主要依企业隶属关系而定,强化了地方割据和条块分割,难以形成全国大市场,无法实现生产要素在全国内的自由流动。

在"转变政府职能,建立健全宏观经济调控体系"改革任务中,明确提出要"积极推进财税体制改革",实行分税制,建立中央和地方税收体系,并明确了税收收入划分原则。

此外,"两个比重",即财政收入占 GDP 的比重和中央财政收入占全国财政收入的比重下降是 1994 年分税制改革的直接"导火索"。1994 年分税制改革之前,放权让利改革(政府给企业让利和中央政府对地方政府让利)是主基调,结果导致"两个比重"下降,财政收入占 GDP 的比重从 1979 年的 28.4%下降至 1993 年的 12.6%,中央财政收入占全部财政收入的比重多数年度也在30%以下,大大削弱了财政的宏观调控和再分配职能。

根据现实严峻的形势和市场经济体制改革目标的要求,政府实施了 1994年财政改革。

二、三项主要改革

1994 年分税制财政体制改革主要包括三个方面,一是国企的税利分流改革;二是税制改革;三是分税制财政体制改革。税利分流改革纠正了承包制"以税代利"的做法,确定了政府对国企的双重身份,即所有者身份和管理者身份,为不同所有制企业适用统一税制奠定了基础。税制改革一方面搭建了促进企业公平竞争的税制体系,另一方面为分税制改革提供了税制保障。分税制财政体制改革初步确立了与社会主义市场经济体制相适应的中央与地方财政关系框架,初步理顺了政府与企业、中央与地方关系。

(一) 国营企业的税利分流改革

前述的第二步利改税因技术层面的问题,出现了"鞭打快牛"的现象,也就是企业创造的利润越多,上缴国家的部分也越多。为此,受农村家庭联产承包责任制的影响,国有企业也应实施承包制,即所谓的"包字进城,一包就灵",且承包制的试点实践的反馈效果也不错。于是 1987 年国务院决定全面实施企业承包制,将国家和国有企业的分配关系也"承包"了。企业承包制对调动企业生产经营的积极性很明显,但其弊端则更加突出,就是"一户一包",导致"会哭的孩子有糖吃",吵基数、争比例、闹调整的现象很多。在这种情况下,"税利分流"改革应运而生。

税利分流的完整理念是:"税利分流、税后还贷、税后承包",就是把原来国有企业上缴给国家的利润分解为两个层次。第一个层次是国有企业作为一般经营性企业,将实现的利润先以所得税的形式上缴国家;第二个层次是国有企业将税后利润的一部分交给它的所有者,其余部分由企业留存,自主使用。因当时国营企业经营困难,为推出该项改革,规定国营企业暂缓上缴利润。

(二) 税制改革

1994 年的税制改革是新中国成立以来规模最大、范围最广、内容最为深刻的一次税制改革。

改革指导思想是:统一税法、公平税负、简化税制、合理分权、理顺分配关系、保障财政收入。所遵循的基本原则包括：1.税制改革要有利于调动中央、地方两个积极性和加强中央的宏观调控能力；2.税制改革要有利于发挥税收调节个人收入和地区间经济发展的作用，促进经济和社会的协调发展，实现共同富裕；3.税制改革要有利于实现公平税负，促进平等竞争；4.税制改革要有利于体现国家产业政策，促进经济结构的调整，促进国民经济持续、快速、健康的发展和整体效益的提高；5.税制改革要有利于税种的简化、规范。

改革主要内容包括：1.统一内资企业所得税，统一适用33%的税率，且规范了企业所得税税前列支项目和标准；2.将个人收入调节税、城乡个体工商业户所得税和个人所得税合并为统一的个人所得税；3.扩大增值税征税范围，实现对产品税的替代，征税范围覆盖工业、商业批发和加工修理业，同时在第三产业（除批发零售和加工修理业外）征收营业税；4.开征消费税，对原征收高税率产品税的产品加征消费税；5.税收征管制度改革，具体包括普遍建立纳税申报制度、积极推行税务代理制度、加速推进税收征管计算机化的进程、建立严格的税务稽查制度，组建中央和地方两套税务机构，中央税和全国统一实行的地方税立法权集中在中央。

（三）分税制财政体制改革

这次财政体制改革的主旨是正确处理中央与地方分配关系，建立分税制财政体制。改革侧重于中央与地方政府间收入的划分，事权和支出责任划分则总体上延续了改革之前的做法，并且建立转移支付制度。

改革主要内容包括：按照中央与地方政府的事权划分，合理确定各级财政的支出范围；根据事权与财权相结合的原则，将税种统一划分为中央税、地方税和中央地方共享税，并建立中央税收和地方税收体系，分设中央与地方税两套税务机构分别征管；科学核定地方收支数额，逐步实行比较规范的中央财政对地方的税收返还和转移支付制度；建立和健全分级预算制度，硬化各级预算约束。

三、1994年财政改革的重要意义

1994年财政改革对中国经济政治社会格局影响之深，非其他任何一项改革所能比，"对财税体制取得的成功，怎么评价都不过分"①。

（一）　构筑了社会主义市场经济体制运行之基

1994 年之前的财政改革多为被动适应改革开放之需，而 1994 年的财政改革恰是主动构建社会主义市场经济运行的制度基础。这次改革重在体制机制转换，以促进市场主体的发展，营造公平竞争环境，搭建市场经济所需的宏观调控体制框架，是改革开放以来最为重要的一次制度建设里程碑。"这是一个长治久安的基础，是建立社会主义市场经济体制的基础。有了这个基础，目前存在的困难可以得到缓解、甚至于基本解决，大好形势就可以继续发展，经济发展速度还可以保持在一个较高的水平之上。"②

（二）　政府间财政关系实现了从"行政性分权"向"经济性分权"的跨越

1994 年分税制改革基本告别了按企业行政隶属关系划分财政收入的历史，保证了企业无论与中央政府还是与地方政府无亲疏之分，实现法律意义上的平等稽征，打破了"一放就乱、一乱就收、一收就死"的体制怪圈。

（三）　构建了顺应产业发展的现代流转税体系

产业发展的关键在于分工深化，而传统的流转税，如营业税，税负随分工细化而不断增加，从而阻碍产业分工逐步深化。而增值税恰通过"环环征、道道抵"的征收机制保证了对产业分工的"中性"，即税负与流转环节多寡、分工粗细没有关系，实现了财政收入增加和产业发展的"双赢"。

第五节　新一轮财税改革：引领高质量发展

一、新时代呼唤高质量发展

21 世纪初，经过二十多年的改革开放和发展，中国经济增长创造了世界

---

① 项怀诚：《亲历分税制改革》，《中国财经报》2008 年 8 月 16 日。
② 《十四大以来重要文献选编》上，人民出版社 1996 年版，第 370 页。

奇迹,但也面临着结构性失衡问题。主要表现在:经济增长的资源环境约束强化,投资和消费关系失衡,收入分配差距较大,科技创新能力不强,产业结构不合理,农业基础仍然薄弱,城乡区域发展不协调,就业总量压力和结构性矛盾并存,物价上涨压力加大,社会矛盾明显增多,制约科学发展的体制机制障碍依然较多。

党的十八大以来,中国进入发展的新时代,实施供给侧结构性改革,以创新推动经济高质量发展。在这种背景下,按照"五位一体"总体布局和"四个全面"战略布局,牢固树立和贯彻落实创新、协调、绿色、开放、共享的发展理念,实施一系列财政改革,促进经济高质量发展。

二、"营改增":"牵一发而动全身"的结构性改革

营业税与增值税是我国税收收入中比重较高的两大税种,"营改增"试点启动以前,营业税和增值税两税合计占税收收入比重约为42%。为进一步深化改革,解决增值税和营业税并存导致的重复征税问题。2011年11月,国务院决定实施营业税改征增值税试点改革,并于2016年5月全面推开,实现了增值税对营业税的全面替代。

(一) 非常时期的非常改革

"营改增"试点改革始于2012年1月1日,恰逢世界经济从2010年增长反弹之后进入低迷,也是中国经济增长"换挡"年,中国国内生产总值(GDP)从2011年的近两位数(9.5%)增长下降至2012年的7.5%,全国财政收入增速从2011年的24.8%陡降至2012年的12.8%,改革压力和风险不言自明。

"营改增"从试点改革到全面实施,历时五年。五年间,世界经济持续深度低迷期,欧洲政府债务缠身,各国政府陷入减税和增税的"两难",既希望以减税刺激经济增长,又希望增税缓解债务危机。其结果是,美国对个人所得税和企业所得税实施全面减税。同时经济与合作发展组织(OECD)主要成员国陆续提高了增值税税率,增值税标准税率(非加权平均值)从2011年的

18.7%上升到 2016 年的 19.2%①,这必然带来增值税税负(占 GDP 的比重)的增加。在全球减税背景下推出的"营改增"试点改革,是通过制度改革而非政策调整实现减负。

(二) 不一般的改革理念

另辟改革路径。"营改增"试点改革经历了局部地区、局部行业试点——试点地区范围扩至全国——试点行业范围逐步扩大——实现地域和行业的全覆盖四个阶段。这种改革路径非同寻常,既突破了税制改革的历史路径,又突破了增值税改革的传统理念。首先,与 1994 年的分税制财税改革的多税种"齐头并进"的改革路径相比,本次"营改增"试点改革是"单税种"推进,由于缺乏相关税种的配套协调,其改革难度更大,不确定性因素更多,且增值税作为中国最大的税种,给财政减收带来的风险更大,相应改革者的压力更大;其次,从增值税"环环抵扣"的征税机制来看,基于避免抵扣链条断裂的角度看,"营改增"试点改革是不宜于地区试点,但本次营改增恰恰开始于上海的地区试点,于 7 个月后将试点地区扩大至 8 个省区,又于一年后适时结束地区试点方式,从地区试点转向行业试点。这种创新性改革路径扬地区试点改革经验和避免造成大范围震动之长,又通过时间上的巧妙把握规避了地区试点带来的"抵扣链条断裂"之短,实现了总结经验与尊重增值税运行规律的巧妙平衡。

从重点领域切入,层层推进。"营改增"之前,营业税覆盖除批发零售和修理加工之外的所有第三产业。关于试点行业改革的先后问题上,遵循了从重点领域切入、层层推进的原则,即生产性服务业优先改革,将与制造业关系密切、专业化分工程度高、创新能力强的行业(交通运输业、研发和技术服务、信息技术服务、文化创意服务、物流辅助服务、有形动产租赁服务、鉴证咨询服务)作为首批试点行业,之后又将电信、快递等行业纳入,最后将不动产、金融业、建筑业以及生活性服务业纳入试点范围。既考虑了经济增长动能转换

---

① OECD:*Consumption Tax Trends* 2016, http://www.oecd.org/tax/consumption-tax-trends-19990979.htm.

（经济结构升级和创新）问题，又考虑了适度抑制虚拟经济发展的问题。

抓住关键领域、关键税种的改革"牛鼻子"。"营改增"试点改革是关键领域的关键改革，具有"牵一发而动全身"的改革效应。

服务业是培育经济发展新动能的关键领域。当前中国正处于培育壮大经济发展新动能，加快新旧动能接续转换的关键期。创新、创业是服务业的最大特征，相应也是培育壮大经济发展新动能的关键领域。"营改增"试点改革消除服务业重复征税，促进服务业专业化分工，对培育经济发展新动能至关重要。

增值税的重要性不仅体现在它的收入功能方面，更体现在它对市场运行效率的影响方面。自1994年以来，增值税在我国财政收入中的地位无可替代，其占财政收入的比重曾一度高及40%，2016年国内增值税收入占一般公共预算收入的比重为25.5%，其在我国税制体系中的重要性不言而喻。

更为重要的是，增值税参与国民收入初次分配，对市场运行效率有重要影响。"营改增"试点改革统一了税制，从制度层面保证税收对生产者和消费者决策的"不偏不倚"，对产业分工保持中性；同时以增值税替代营业税，消除因抵扣不足带来重复征税和营业税自身存在的重复征税，对市场主体（生产者和消费者）的生产和消费决策保持中性。提高市场运行效率，促进了市场在资源配置中发挥决定性作用。

"营改增"改革重点在第三产业，利在第二、第三产业。"营改增"试点改革是针对第三产业的税制改革，但其改革红利惠及第二和第三产业，尤其是第二产业中制造业受益，打通了抵扣链条，获得了实实在在的减税。

增值税和营业税收入功能的重要性，决定了"营改增"试点改革对财政体制改革的倒逼作用，有利于推动中央与地方事权和支出责任划分改革和整体税制改革。

（三）超常的努力与付出

"营改增"试点改革历时之久，非以往改革所能比。改革取得成功的背后是超常的努力与付出。

首先，国务院高度重视，多次部署。在"营改增"的每个环节、每一阶段，国务院都详细部署。仅2016年3月到4月的一个月之内，国务院召开三次专题会,部署"营改增"工作,并强调"营改增是深化改革一招很重要的'棋',是要动利益、动'奶酪'的"①。

其次,史上最长政策文本。财政部和国家税务总局制定下发了《关于全面推开营业税改征增值税试点的通知》(财税〔2016〕36 号)(以下简称《通知》),之后国家税务总局又配套出台诸多关于行业管理、纳税申报、发票使用方面的公告。仅《通知》就达 3.9 万字,可谓是中国税收史上最长的政策文本。

最后,有关部门和地方投入了大量的人力物力部署、推动"营改增"。从中央部门来看,国务院直接部署,财政部、国家税务总局具体组织、实施这次改革,相关部委积极参与。从企业来看,涉及企业 1100 万户,企业不仅组织人员学习、适应这次改革,而且增加了大量的人力、物力去执行具体操作。在"营改增"试行初期,两个月国地税系统共组建 6500 多个辅导队,有针对性地培训了 2130 多万户次②。

(四) 非同寻常的改革成就

"营改增"实施五年多,改革红利逐渐释放,统一了我国商品和劳务税制,促进创业创新、拉长产业链、制造业与服务业融合发展,催生新业态等多重积极效应逐渐显现,促进了经济发展。五年来"营改增"试点改革共为纳税人减负 1.7 万亿元③。同时,企业减负又带来了经济增长和质量的提高,进而促进增值税收入的增加,实现了企业减负与政府增收的双赢局面。

三、资源环境税费制度改革:促进经济与环境和谐发展

(一) 资源税费制度改革

我国矿业资源税费制度始建于 1982 年 1 月,是针对中外合作开发海上石

---

① 《李克强为何一个月内三次部署营改增?》,2016 年 4 月 13 日,见 http://www.gov.cn/xinwen/2016-04/13/content_5063726.htm。

② 《优化纳税服务　确保营改增如期转换平稳运行》,2017 年 2 月 24 日,见 http://www.chinatax.gov.cn/n810341/n810780/c2486289/content.html。

③ 《营改增促进税制更加公平》,2017 年 10 月 17 日,见 http://www.chinatax.gov.cn/n810341/n810780/c2858005/content.html。

油资源的企业征收矿区使用费。1984年开征资源税，1986年颁布《中华人民共和国矿产资源法》，从法律上明确了我国矿产资源有偿使用制度。1994年对资源税进行了改革，1996年修订《中华人民共和国矿产资源法》，1998年开始征收矿业权价款和矿业权使用费，2006年开征石油特别收益金。

我国的资源税开征于1984年，当时主要是为了调节资源开采中的级差收入、促进资源合理开发利用。1994年开始实行"普遍征收、级差调节"的新资源税制，征收范围扩大到所有矿种的所有矿山，不管企业是否赢利普遍征收。

随着资源对经济发展的制约日渐显现，资源税制无法适应新形势发展，主要表现在：1.计税依据缺乏弹性，不能合理有效调节资源收益；2.征税范围偏窄，许多自然资源未纳入征收范围；3.税费重叠，企业负担不合理；4.税权集中，不利于调动地方积极性。

为此，从2010年，我国开始资源税从价计征改革，率先在新疆开展原油天然气资源税从价计征改革，同年年底将油气资源税改革扩大到内蒙古、甘肃、四川、青海、贵州、宁夏等12个西部省区。2011年11月1日，油气资源税改革推广至全国范围。

2014年12月，煤炭资源税从价计征改革全面实施，同时全面清理涉煤收费基金。2015年5月1日，资源税从价计征改革覆盖稀土、钨、钼三个品目。

2016年7月1日，资源税改革全面实施。改革遵循清费立税、合理负担、适度分权和循序渐进的原则。

改革内容主要包括五项：1.逐步扩大征税范围。河北开展的水资源税费改革试点，条件成熟后在全国范围推开。条件具备时对森林、草场和滩涂等资源征税。2.全面推开从价计征改革。对绝大部分矿产品实行从价计征，但对经营分散、多为现金交易且难以征管的黏土、砂石等少数矿产品，仍实行从量定额计征。3.全面清理收费基金。将全部资源品目矿产资源补偿费降为零，停征价格调节基金，取缔地方针对矿产资源违规设立的收费基金项目。4.合理确定税率水平。由中央统一规定了矿产品的税率幅度。在规定税率幅度内，省级人民政府对主要应税产品提出具体适用税率建议，报财政部、国家税务总局确定核准后实施。5.合理设置税收优惠政策。对开采难度大、成本高一级综合利用的资源给予税收优惠;对鼓励利用的低品位矿、废石、尾矿、废渣、废水、废气等提取的矿产品,授权省级人民政府根据实际情况确定是否减税或免税。

(二)环境税费制度改革

我国于1979年开始使用行政手段对污染物排放实行限制,其特征是强调末端治理。之后采取了一系列行政管制手段,如1980年施行排污许可证制度和"三同时"制度①,之后颁布了一列法律法规来进行环境治理。

1992年,我国开征生态环境补偿费,根据"污染者付费、利用者补偿、开发者保护、破坏者恢复"原则,向从事对生态环境产生或者可能产生不良影响的单位和个人征收补偿费。

环境排污收费制度存在的问题比较突出,主要表现在排污收费征管力度不够、企业排污的违法成本低和守法成本高。更为重要的是,排污收费的执行部门为各地环保局,而环保局隶属于地方政府,其人、财、物均由地方政府管理,因此在执行排污收费制度过程中,不可避免地受到地方政府的干预,排污收费执行不到位在所难免。

基于这一背景,我国决定开征环境保护税。2016年12月25日,十二届全国人大常委会二十五次会议通过了《中华人民共和国环境保护税法》。2017年6月26日,财政部、国家税务总局和环境保护部联合发布《中华人民共和国环境保护税法实施条例》,向社会公开征求意见。2017年12月30日,国务院总理李克强签署国务院令,公布《中华人民共和国环境保护税法实施条例》,自2018年1月1日起与环境保护税法同步施行。环境保护税的纳税人、征税范围和税负都与原环境保护费进行衔接,进行环境保护费改税,增强约束性。

(三)建立碳排放交易市场体系

2011年,国家发改委印发《关于开展碳排放权交易试点工作的通知》,我国开始在部分省市实施碳排放权交易试点。2017年12月,国家发改委发布

---

① "三同时"制度是指一切新建、改建和扩建的基本建设项目、技术改造项目、自然开发项目,以及可能对环境造成污染和破坏的其他工程建设项目,其中防治污染和其他公害的设施和其他环境保护设施,必须与主体工程同时设计、同时施工、同时投产使用的制度。

《全国碳排放权交易市场建设方案（发电行业）》，明确将碳市场作为控制温室气体排放政策工具的工作定位，以发电行业为突破口，率先启动全国碳排放交易体系，分阶段稳步推进碳市场建设。

资源税从价改革的全面实施，环境保护税和碳排放交易制度的建立，标志着我国进入了以刚性约束的经济手段治理环境的新时代。

第 二 章

从无所不包到有限财政

中国市场化取向改革的关键在于正确处理政府与市场关系。财政是政府配置资源的制度性工具,财政改革是政府与市场关系改革的一面镜子。

第一节 财政改革:让政府从台前到幕后

一、从党的文件论述看政府与市场关系的调整进程

改革开放四十年,我们党在推进社会主义改革开放的伟大事业中,不断加深对政府和市场关系的认识,相应作出了一系列历史性的重大决策。

1978 年召开的党的十一届三中全会提出:"应该坚决实行按经济规律办事,重视价值规律的作用。"[①]之后邓小平在 1979 年 11 月会见英国不列颠百科全书出版公司编委会副主席吉布尼和加拿大麦吉尔大学东亚研究所主任林达光等谈话时,明确提出:"社会主义也可以搞市场经济","把这当作方法,不会影响整个社会主义"[②],首次将市场经济和社会主义联系起来。

---

① 中共中央文献研究室编:《改革开放三十年重要文献选编》上,中央文献出版社 2008 年版,第 16 页。

② 《邓小平文选》第二卷,人民出版社 1994 年版,第 236 页。

1982 年 9 月,党的十二大明确提出了有系统地进行经济体制改革的任务,指出"正确贯彻计划经济为主、市场调节为辅的原则,是经济体制改革中的一个根本性问题。我们要正确划分指令性计划、指导性计划和市场调节各自的范围和界限"①,从而明确提出了计划经济与市场调节的主辅关系,即政府与市场的关系。

1984 年 10 月,党的十二届三中全会通过《中共中央关于经济体制改革的决定》,明确提出:"实行计划经济同运用价值规律、发展商品经济,不是互相排斥的,而是统一的,把它们对立起来是错误的。"②

1987 年 10 月,党的十三大进一步提出:"社会主义有计划商品经济的体制,应该是计划与市场内在统一的体制。"并指出,"新的经济运行机制,总体上来说应当是'国家调节市场,市场引导企业'的机制。"③为此,党的十三大报告还提出必须把计划工作建立在商品交换和价值规律基础上,逐步缩小指令性计划范围,扩大指导性计划范围,最终实现以间接控制为主、计划与市场内在统一的模式。这里,强调计划和市场的作用都是覆盖全社会的,不再提计划经济为主。

1992 年初,邓小平同志在南方谈话中更加深刻地指出:"计划经济不等于社会主义,资本主义也有计划;市场经济不等于资本主义,社会主义也有市场"④,把计划和市场都作为发展生产力的手段。在此基础上,1992 年 10 月,党的十四大明确提出建立社会主义市场经济体制,"就是要使市场在社会主义国家宏观调控下对资源配置起基础性作用"⑤,这意味着,市场经济不仅仅是市场竞争机制、供求机制和价格机制,更是一种资源配置机制。1993 年 11 月,党的十四届三中全会通过的《中共中央关于建立社会主义市场经济体制若干问题的决定》,进一步构筑了社会主义市场经济体制的基本框架。

---

① 《十二大以来重要文献选编》上,人民出版社 1986 年版,第 23 页。
② 《十二大以来重要文献选编》中,人民出版社 1986 年版,第 569 页。
③ 《十三大以来重要文献选编》上,人民出版社 1991 年版,第 27 页。
④ 《邓小平文选》第三卷,人民出版社 1993 年版,第 373 页。
⑤ 中国共产党新闻网,http://cpc. people. com. cn/GB/64162/64168/64567/65446/4526311.html。

1997 年 9 月,党的十五大明确提出了形成比较完善的社会主义市场经济体制的目标,提出"坚持和完善社会主义市场经济体制,使市场在国家宏观调控下对资源配置起基础性作用",并要求"充分发挥市场机制作用,健全宏观调控体系"①。这里,要求"充分发挥"市场作用、"健全"政府宏观调控体系,深化了对政府与市场关系的认识。

2002 年 11 月,在新世纪新阶段召开的党的十六大进一步提出:"健全现代市场体系,加强和完善宏观调控。在更大程度上发挥市场在资源配置中的基础性作用,健全统一、开放、竞争、有序的现代市场体系。"并明确要求:"完善政府的经济调节、市场监管、社会管理和公共服务的职能,减少和规范行政审批。"②

2003 年 10 月,党的十六届三中全会通过的《中共中央关于完善社会主义市场经济体制若干问题的决定》中提出,"要按照五个统筹的要求,更大程度地发挥市场在资源配置中的基础性作用,并提出要转变政府经济管理职能,切实把政府经济管理职能转到为市场主体服务和创造良好发展环境上来"③。这里,对政府与市场功能定位作了明确的区分。

2007 年 10 月,党的十七大提出:"要深化对社会主义市场经济规律的认识,从制度上更好发挥市场在资源配置中的基础性作用,形成有利于科学发展的宏观调控体系。"并要求"加快推进政企分开、政资分开、政事分开、政府与市场中介组织分开,规范行政行为,加强行政执法部门建设,减少和规范行政审批,减少政府对微观经济运行的干预。"④这里,强调从制度上更好发挥市场的基础性作用,也是对市场作用的重视和强化。同时,对政府与市场、社会的关系进行了探讨。

2012 年 11 月,党的十八大指出:"经济体制改革的核心问题是处理好政

① 中国共产党新闻网,http://cpc.people.com.cn/GB/64162/64168/64568/65445/4526288.html。

② 《论社会主义市场经济》,中央文献出版社 2006 年版,第 611 页。

③ 中华人民共和国中央人民政府网,http://www.gov.cn/test/2008-08/13/content_1071062.htm。

④ 《胡锦涛文选》第二卷,人民出版社 2016 年版,第 629 页。

府和市场的关系,必须更加尊重市场规律,更好发挥政府作用。"并明确要求"更大程度更广范围发挥市场在资源配置中的基础性作用,完善宏观调控体系,完善开放型经济体系,推动经济更有效率、更加公平、更可持续发展。"①这里,更加突出了市场作用,也强调了更好发挥政府作用。

2013年11月,党的十八届三中全会进一步提出:"经济体制改革是全面深化改革的重点,核心问题是处理好政府和市场的关系,使市场在资源配置中起决定性作用和更好发挥政府作用。"②把以往市场起"基础性"作用改为"决定性"作用,同时也强调"更好发挥政府作用",这是我们党关于发展社会主义市场经济思想的新发展,对政府和市场关系的认识达到了新境界。

从上述相关文件的论述中可以看出,正确认识和处理政府和市场关系贯穿于经济改革四十年,对二者关系的认识在实践中不断丰富和深化,并且务实地发展出适合于本国国情和制度的理论。从最初将市场经济作为经济管理方法到经济调节手段再到一种经济制度安排,由市场在资源配置中起"基础性"作用到起"决定性"作用,同时对政府的定位以及政府与市场关系逐渐明晰。

二、财政改革:从建设财政到公共财政

财政是政府配置资源的制度性工具,相应财政改革就是资源配置方式的改革,是政府与市场关系改革的一面镜子。通过财政改革,中国的财政实现了从建设财政到公共财政的转向,政府也从生产领域转向公共领域,市场与政府之间的关系也从二者职责不清,到二者并行,再到二者合作共治。

计划经济体制下的企业被置于附属地位,不能自主经营,无需自负盈亏。企业生产的数量、品种、产品的价格以及企业的生产要素供给与生产成果的销售都处于政府计划部门和有关行政主管机构的计划之下。

同时,在计划经济体制之下,个人作为劳动者,在哪里工作、做什么工作以

---

① 《十八大以来重要文献选编》上,中央文献出版社2014年版,第15页。

② 《十八大以来重要文献选编》上,中央文献出版社2014年版,第778页。

及领多少工资薪金,都由劳动人事机构按计划安排。个人作为消费者,消费行为由计划部门安排,生活必需品凭票证消费、住房是由单位福利分配提供的。

中国经济改革的四十年是资源配置方式逐渐转变的四十年,政府从直接配置资源的角色逐步改为让市场发挥作用,而政府作为市场维护者的角色,形成"政府搭台、企业唱戏"的政府与市场扮演不同角色的局面。财政改革是政府角色转变的具体反映,促进政府从生产者向市场秩序维护者的方向转变。20 世纪 80 年代的放权让利是政府逐步退出生产领域;1994 年财政改革旨在为市场创造环境、培育竞争主体;1998 年明确"构建公共财政框架"是重塑政府职能。2003 年以来,尤其是党的十八大以后的财政改革是支撑国家治理体系和能力现代化,是发挥市场决定性作用和更好地发挥政府作用,实现政府与市场共治的改革。

——**财政改革使得政府逐步从生产领域退出,让位于市场,对生产资源的配置方式由直接转向间接**。国家与企业分配关系改革经历了基金制、利润留成、承包制以及税利分流改革几个阶段。每一次财政改革都带来政府在生产和消费领域决策权的收缩,相应扩大企业的自主经营权,直至国有企业收缩至"战略性产业",乃至 2015 年以来推行的国企"混改",均促进政府对生产资源的配置领域逐渐缩小,从直接向间接的转变,从"前台"走向"后台",从生产领域走向公共领域。

——**财政改革促进利益主体多元化**。放权让利改革是中央政府对地方政府的放权让利,中央政府对国有企业的放权让利。通过对地方政府的放权让利改革,初步承认了地方政府独自的主体利益;通过对国有企业的放权让利改革,初步承认了国有企业生产的自主权,个人消费的自主权。两步利改税、国企股份制和利税分流改革理顺了政府与国有企业分配关系,将国有企业的生产决策权归还给企业,企业成长为经济和决策上独立的利益主体。1994 年颁布的《预算法》从法律上确认了各级地方政府独立利益主体地位。

同时,财政改革引入、鼓励和维护公平竞争环境促进利益主体多元化。1994 年分税制改革之前,"分灶吃饭"改革在政府间引入了竞争,按照行政隶属关系划分收支的财政体制制度安排激励了中央政府与地方政府之间竞争;

1994年分税制改革以后,政府间的竞争主要体现在地方政府之间,典型的表现是招商引资和税源的竞争。1994年及以后的税制改革为利益主体搭建了公平的竞争环境,从而促进利益主体多元化发展。

——财政改革为统一市场创造条件。计划经济体制下形成的"条块分割""地方割据""地方保护"严重阻碍生产要素的流动和全国统一市场的形成。1993年会计制度改革、1994年税制改革和分税制改革、2002年企业所得税收入划分改革、2008年内外资企业所得税合并以及2012年"营改增"试点改革均旨在创造公平竞争的市场环境。

第二节 财政改革使政府逐步退出竞争性领域

中国政府与市场关系的改革是使政府逐步退出生产领域的过程,财政改革从建设财政走向公共财政的过程,也是使政府逐步退出生产领域的过程。

一、国家与企业利润分配关系改革:政府对生产的控制从直接转向间接

计划经济时期,政府参与生产的直接方式是通过财政收支控制企业的财务,主要表现为企业的利润完全上缴财政,企业的生产投资直接由财政划拨。1978年,财政收入占GDP的比重为31.1%,企业收入占当年财政收入的50%以上①。当年基本建设支出占财政支出的40%,经济建设费占总支出的64%,财政在固定资产投资方面的支出占比较高。

国家与企业分配关系改革旨在理顺政府与国有企业分配关系,扩大企业自主经营权,进而实现政企分开,相应政府对生产领域的控制也从直接转向间接,从直接控制企业的成本利润到利用税收的间接调控的转变。国家与企业

---

① 楼继伟:《中国政府间财政关系再思考》,中国财政经济出版社2013年版,第5页。

分配关系改革经历了企业基金制、利润留成、两步利改税以及税利分流几个阶段。

1978 年,国务院批转财政部《关于国营企业试行企业基金的规定》,对实行独立经济核算的国营企业、基本建设单位和地质勘探单位实行企业基金制。符合条件的企业可按照工资总额的一定比例提取企业基金,用于职工集体福利。企业基金制结束了企业利润 100% 上缴财政的历史,政府对企业控制首次削弱,但因企业基金只用于职工福利,企业生产决策权还掌握在政府手中,政府对生产领域仍保有绝对的直接控制权。

1979 年 7 月 13 日,国务院颁发的《关于国营企业实行利润留成的规定》,规定国营企业实现的一部分利润上缴财政之后用作企业留用,留用的利润一部分用于奖励基金,一部分用于生产。利润留成制度使得企业留利比例进一步提高,更为重要的是其用途范围发生重大变化,不但可以用于职工奖励(基金制仅能用于集体福利,即集体支用),而且可以用于生产,且相应部分的成本费用财政不再划拨。这意味着企业开始有了自主支配利润的权力,同时财政用于经济建设支出也相应减少,企业拥有了自主生产决策权,政府对生产的完全控制转为部分控制,尽管在此阶段政府对生产仍然是绝对控制,毕竟初步开启了政府退出生产领域的口子。

第一步利改税将国有企业上缴利润改为上缴税收,税后利润由企业自行支配,且部分小型企业自负盈亏,国家不再弥补。同时,部分企业的专项贷款可用税前利润偿还。借助于上缴税收、自负盈亏以及税前还贷等手段,政府对企业利润和生产投入的掌控力度进一步减弱,空间进一步压缩。更为重要的是,同时使得政府对企业的控制手段从直接的利润控制和生产投入转向了税收这种间接手段,且以法律的形式规范下来。

始于 1984 年的国企"两权"分离改革促使国营企业"所有权"和"经营权"分离,推动政企分开。政府与企业关系由行政隶属关系变为产权关系,从而切断政府通过行政手段对企业生产经营的干预,消除政府以行政手段直接配置生产资源。

1992 年的税利分流改革彻底理顺了国家与政府企业的关系。国有企业首先征缴所得税,然后再按一定比例上缴利润(因当时国营企业经营困难,国企暂缓上缴利润,直至 2006 年恢复上缴利润)。同时,国有企业的贷款规定企业债务由税前还贷改为税后还贷,原来由财政减税负担的一部分还贷责任,改为全部要由企业的盈利偿还。由此彻底切断了政府对企业利润和成本的绝对控制权,进而大大弱化了政府对生产领域资源的配置权,配置手段通过税收,即从直接的利润完全转向间接的税收。

二、国有企业产权制度改革和国有经济布局战略调整:政府更大范围退出生产领域

1992 年社会主义市场经济体制建立后,国企改革从调整国家与企业分配关系改革转向调整所有制和产权制度改革,从产权单一到所有制形式的多元化,到企业形式现代化方向改革。

党的十五大指出公有制实现形式应当多样化。1998 年 10 月,党的十五届三中全会通过的《中共中央关于农业和农村工作若干重大问题的决定》确立了以公有制为主体的现代企业制度是社会主义市场经济体制的基础。我国建立社会主义市场经济体制,首先必须建立其存在的微观基础,就是作为市场投资主体的企业,建立产权清晰、权责明确、政企分开、管理科学的现代企业制度。在现代企业制度中,最重要的是投资者的产权独立和企业产权清晰,企业拥有经济上的自由选择权,盈亏自负和自担风险。党的十五届四中全会通过的《中共中央关于国有企业改革和发展若干重大问题的决定》,确立了国有企业改革和国有经济布局战略调整的目标和任务。"力争到本世纪末大多数国有大中型骨干企业初步建立现代企业制度。""要从战略上调整国有经济布局,对关系国民经济命脉的重要行业和关键领域,国有经济必须占支配地位,在其他领域,可以通过资产重组和结构调整,以加强重点,提高国有资产的整体质量。"[①]

---

① 《十五大以来重要文献选编》上,人民出版社 2000 年版,第 21、24 页。

通过一系列国有经济布局的战略性调整,国有经济所覆盖的生产领域进一步缩小,政府逐步退出生产领域。

第三节 财政改革促进利益主体多元化

利益主体多元化、决策分散化是市场经济的主要特征之一。中国经济市场化取向改革四十年也是培育发展多元利益主体的过程,财政改革在其中发挥了重要作用。

一、财政改革与多元利益主体的形成

通过财政体制改革、国家与企业分配关系改革促进了多元利益主体的形成。

——**财政体制的"分灶吃饭"改革促进了多元地方政府主体的形成,并在《中华人民共和国预算法》中得以明确。**在计划经济下,我国政治、行政、经济、财政等方面权力高度集中,中央政府是唯一的利益主体,地方政府以及企事业单位按照中央政府的统一规划行使职能,因此,各级政府之间没有利益差别,目标相同。在这种体制下,地方政府没有其独立的利益诉求,其核心任务是完成中央政府下达的计划指标。总之,在计划经济下,地方政府在中央政府关系中的权力关系、财政关系和公共行政关系诸方面,表现出明显的从属地位。

财政体制的"分灶吃饭"改革包括 1980 年实施的"划分收支、分级包干"财政管理体制、1985—1988 年试行的"划分税种、核定收支、分级包干"财政管理体制和 1988—1993 年实行的"包干财政体制",其主旨均是通过在中央政府和地方政府之间划分收支实现中央对地方的放权(财政收支自主权)和让利。放权精神在文件中随处可见。1980 年的《关于实行"划分收支、分级包干"的财政管理体制的暂行规定》中指出:"明确各级财政的权利和责任,做到权责结合,各行其职,各负其责。""按照经济管理体制规定的隶属关系,明确划分中央、省、地、市、县财政的收支范围。""财政管理体制改革以后,地方的财权扩大了,责任也加重了。""统筹安排本地、市、县的生产建设事业和财政收支。地方预算的安排,要瞻前顾后,量力而行,坚持收支平衡、略有结余的原则。"①在放权让利改革过程中,地方政府独立的利益主体逐渐形成。

1994 年,颁布了《预算法》,并在《预算法》中正式确认地方政府独立的利益主体地位。《预算法》明确规定,国家实行一级政府一级预算,设立中央,省、自治区、直辖市,设区的市、自治州,县、自治县、不设区的市、市辖区,乡、民族乡、镇五级预算。各级预算应当做到收支平衡。

——国家与企业分配关系改革初步形成企业和个人两类利益主体。 如前文所述,在国家与企业分配关系中,国有企业逐渐摆脱了对政府的依赖,实现了生产经营自主权的独立,所有权与经营权的分离,形成自主经营、自负盈亏的独立利益主体。

同时,国家与企业分配关系改革中,也附有企业与职工分配关系的改革。如在企业基金制改革中,企业提取的基金则用于职工集体福利的改善。在企业利润留成改革中,企业所留成的利润可用于给职工发放奖金。

1985 年,国营企业实行工资制度改革,改革的内容包括:在工资管理体制上,将高度集中统一的体制改为分级管理体制。国家在工资分配上不再管到每个企业,只管到省、自治区、直辖市和产业部门,由地区和产业部门对企业进行管理。在国家与企业的工资分配关系上,采取多种形式的工资与经济效益挂钩的办法,初步改变企业吃国家"大锅饭"的状况。通过职工工资制度改革,逐步将消费决策权归还于个人,从而促进了"个人"这类独立利益主体的形成。

二、财政改革与多元利益主体的发展壮大

竞争是市场经济的基本特征,也是促进市场主体发展壮大的前提。财政

---

① 《关于实行"划分收支、分级包干"财政管理体制的暂行规定》,《中国财政》1980 年第12 期。

改革引入了竞争机制,并且鼓励和规范竞争,进而促进多元利益主体的发展壮大。

——财政改革引入竞争机制。1994 年前的"分灶吃饭"改革,促使地方政府独立利益主体的形成,追求自身财政收支利益的最大化,在中央政府和地方政府之间引入了竞争机制。典型表现是 1979—1992 年预算外资金规模的快速膨胀。地方政府为了自身利益,将部分预算内资金转为预算外,"做小"基数,减少与中央政府分成规模。另外,历次财政体制调整都会带来"基数年"地方政府财政收入规模的激增,同时对企业的放权让利改革带来了政府与企业间的博弈和竞争,典型如承包制改革使得企业与政府之间讨价还价。

——财政改革鼓励竞争。1994 年分税制改革将财政收入规模贡献度最大的增值税、企业所得税均作为共享税种,一方面调动中央政府和地方政府的积极性,另一方面鼓励地方政府之间的竞争,因企业所得税和增值税的税基具有流动性,尤其增值税主要在工业领域开征,从而鼓励地方政府间竞争。

——财政改革规范竞争。1994 年分税制改革将税收减免权上收至中央,规范地方政府因任意减免税收而扰乱市场秩序的行为。同时,分税制改革改变了以往按行政隶属关系划分收入的做法,规范了政府对企业"厚此薄彼"行为,促进企业间公平竞争。1994 年及之后的税制改革,均旨在统一税收制度,为企业创造公平竞争的环境。

第四节　财政改革为统一市场创造条件

统一市场是建立和完善社会主义市场经济体制的基础,财政改革为统一市场创造条件。

一、会计制度改革提供了新的核算标准

20 世纪 90 年代初,被称为"会计风暴"的重大的会计制度改革,为市场竞

争刷齐了企业公平竞争起跑线。

（一）市场经济的发展要求提高会计信息的质量

在计划经济体制下，国家是企业唯一的投资者，会计必然为国家进行宏观管理和决策提供有用的信息。随着中国投资体制的改革，国家对国营企业从拨款改为贷款，会计为国家宏观管理提供有用信息的同时，向债权人（国有银行）提供有关企业偿债能力等方面的有用信息，成为会计标准制定者需要考虑的一个方面。同时，随着国家与企业之间分配关系的不断调整，利改税、税利分流、工效挂钩等政策的实施，为分离国家作为投资者和社会管理者双重职能，反映其与企业之间的分配关系，为国家（社会管理者）、投资者、债权人（银行）、税务部门等提供决策有用的信息，成为会计标准制定者的首要目标。

（二）制定会计准则和新的行业会计制度

企业会计准则分为两个层次，即基本会计准则和会计核算准则。第一层次为基本会计准则。基本会计准则主要就会计核算的一般要求和会计核算的主要内容作出原则性的规定，为制定具体准则和会计制度提供基本架构。会计核算的一般原则是就我国会计核算的基本要求作出规定，包括对会计核算工作的总体要求、会计信息质量要求和会计要素计量与确认的要求。会计要素准则主要就资产、负债、所有者权益、收入、费用、利润等计量、确认与报告作出规定。第二层次为会计核算准则。它根据基本会计准则的要求，对经济业务的会计处理及其程序作出具体规定。

财政部在1992年会计制度改革中，统一了国家会计制度。改革主要内容包括：一是突破所有制形式、部门制定会计制度的模式，按照社会经济分工划分的主要行业，考虑到各行业生产经营活动的不同特点及不同的管理要求，分别制定了《工业企业会计制度》《商品流通企业会计制度》《农业企业会计制度》等13个全国性的统一会计制度；二是改革了传统会计制度中所使用的会计平衡公式，采用了国际通行的"资产＝负债+所有者权益"会计平衡公式；三是采用国际通行的以资产负债表、损益表和财务状况变动表为三张主要报表的会计报表体系；四是借鉴运用国际通行的诸如资本金制度、制造成本法、应收账款计提坏账准备等会计核算方法；五是基本统一了各行业会计处理方法和程序,会计科目的使用和会计报表的项目、内容也尽可能做到一致。

1993 年 7 月 1 日出台的《企业会计准则》和《企业财务通则》实行了企业注册资本金制度和资本保全原则,改革了资产折旧、成本管理和利润分配制度,规范和统一了各类企业的财务会计制度,为企业竞争奠定了公平的核算基础。

二、税制改革:塑造公平的税收环境

1994 年的税制改革及之后的改革均致力于创造公平竞争的税收环境。

——1994 年税制改革搭建了促进市场统一的基本框架。"税制改革要有利于实现公平税负,促进平等竞争"是 1994 年税制改革所遵循的主要原则之一。在此原则指导下,统一了内资企业所得税和个人所得税;规范统一了内外资企业所适用的流转税。

——2008 年内外资企业所得税合并统一了税制。2008 年,新的《企业所得税法》正式实施,以替代之前执行的《外商投资企业和外国企业所得税法》与《企业所得税暂行条例》。"两法"的合并,实现了内外资企业税制的统一,实现了中国整体税制的基本统一,推进了公平税制环境的建设。

——"营改增"试点改革统一了流转税制,为统一市场创造了更加公平的税制环境。"营改增"之前,不同产业适用不同流转税制,计征方法不同,税率相异,公平税负难以实现。"营改增"试点改革彻底实现了商品和劳务税制的统一,从而为公平税制奠定了制度基础。

三、1994 年及之后的财政体制改革促进公平竞争

1994 年分税制改革总体上结束了按照行政隶属关系在政府间划分收入的历史,实现了政府间行政性分权向经济性分权方向的转变。在原体制下,地方政府出于财政收入的考虑,对企业进行厚此薄彼的干预,不利于公平竞争,新体制基本克服了原体制弊端,从机制上消除了地方政府对企业经营干预的

动机,促进了公平竞争。不过,受制于当时改革条件,企业所得税收入仍按照行政隶属关系在中央和地方政府之间进行划分。随着改革条件的不断成熟,自 2002 年 1 月 1 日起,开始实施所得税收入分享改革,将按企业隶属关系划分中央与地方所得税收入的办法改为中央与地方按统一比例分享,从而为地方间、企业间公平竞争奠定了体制基础。

第五节　财政改革:化解公共风险

一、公共风险的内生性

一个社会总是会面临各种各样的风险。从性质上看,风险可以分为两大类:私人风险和公共风险。私人风险的发生和影响是独立的,不会产生外溢性或者外溢性小,这类风险的责任主体可以明晰界定,由市场和社会自组织功能化解,如企业破产、偶发性失业、财物受损、意外事故等。而公共风险的发生和影响具有社会性,是整体性的,对社会共同体构成威胁。公共风险,除了战争、危机输入,一般都是内生性的,如经济紧缩、通货膨胀、分配两极分化、阶级冲突、生态环境恶化等等。公共风险不断聚集,容易演变成严重的公共危机。

鲁滨逊式的社会没有所谓公共风险,因为所有风险都由一个人来承担。因此,公共风险是和“集体”“社会”联系在一起的。风险源于不确定性,公共风险也不例外,公共风险源于自然环境和社会环境的不确定性,而社会分工的不断深化又进一步扩大了公共风险。私人风险可以由社会个体来承担,而公共风险则是需要通过集体行动才能防范化解,以避免演变为公共危机。

经济发展、社会运行都是不确定的,并无内在的规律可循。即使在某一个发展阶段可形成某一种稳态,那也是暂时的。经济、社会这种本质上的不确定性,导致“黑天鹅”事件经常发生,也就是公共风险不断萌发聚集,甚至变为危机。这同时也意味着对冲风险的制度出了问题,或整个制度,或制度的某一方面,诸如政治制度、经济制度、社会制度、财政制度、金融制度等等。无论显性的,还是隐性的制度(规则),都是因公共风险而存在。产生了新的公共风险,就会需要新的制度。如保护环境、生态伦理,在工业化之前是不会产生的。金融危机跨国传染,就需要各国政府之间的政策协调。改革、制度变迁,甚至某种组织的产生,包括国家自身,都是对冲基于公共风险的产生及其变化。由此而论,世界各国都在推动的结构性改革,在其背后是各国以及国际社会面临的公共风险和危机。

在新的制度(规则)构建起来之前,公共风险的最终承担者是财政,公共风险通常会转化为财政风险。与能量守恒定律一样,在其他条件不变时,公共风险也是守恒的,会在不同形式之间转化。财政风险就是从公共风险转化而来的。没有金融危机,美国、欧盟的财政风险就不会扩大。在公共风险迅速扩大的情况下,财政就成为一个"泄洪口",通过扩大财政风险来缓解公共风险,避免危机发生。但财政所能承担的风险也是有限度的,如果超过财政能力,则也会演变为财政危机,反过来就会恶化公共风险,促发危机不断恶化。如欧盟一些国家的财政危机引发紧缩政策,导致经济疲软雪上加霜。

二、财政改革:公共风险最小化

公共风险就像一只看不见的手,不仅在推动社会变革和制度变迁,而且在引导财政改革。当一个社会没有公共风险和危机的时候,任何变革都不会出现,包括财政改革。在这个意义上,公共风险是推动财政改革的终极力量。纵观中国现代财政史中的每一项财政改革,甚至每一项公共支出调整,无不都是为了防范公共风险、化解公共危机。

四十年前,在历史的十字路口,中国当时最大的问题是"短缺",包括物质经济的"短缺"和各方面的"短缺"。解决问题的根本办法是通过改革调动各方面的积极性。在这种背景下,财政改革成为经济改革的突破口。财政"放权让利",一方面通过扩大地方配置资源的权力,调动各级地方政府的积极性,释放创新空间;另一方面,通过调整国民收入分配格局,促进多元化市场主体形成。再如,二十年前,随着社会主义市场经济体制改革的不断深化,经济社会主体和城乡关系发生了深刻的变化,生产要素、人口流动日益频繁。原财政体制难以适应新的所有制关系和社会变革的要求。正是在这一背景下,财政改革大力度推进,改革重点转向财政支出领域,通过财政改革推动社会改革。在这一时期正式提出了加快建立公共财政框架的目标任务,强调财政要突出公共性、公平性、公益性和法治性。财政改革坚持"以人为本",着力化解面临的各种公共风险,推动经济发展和社会全面进步。不同发展阶段的不确定性、公共风险是不一样的,财政要解决的问题、应对的风险也不一样,这些因素推动了财政的改革和发展。

现在,中国特色社会主义进入了新时代,我国社会主要矛盾发生了变化,已经转化为人民日益增长的美好生活需要和不平衡不充分的发展之间的矛盾。现代财政的新使命是解决发展不平衡、不充分的问题,实际上就是解决新时代面临的公共风险。党的十九大报告强调,要"更加自觉地防范各种风险,坚决战胜一切在政治、经济、文化、社会等领域和自然界出现的困难和挑战",[1]全面建成小康社会要坚决打好"防范化解重大风险"等攻坚战,要增强驾驭风险本领,健全各方面风险防控机制,善于处理各种复杂矛盾,勇于战胜前进道路上的各种艰难险阻,牢牢把握工作主动权。显然,研究风险防范理论和实践问题对于全面建成小康社会和实现全面建成社会主义现代化强国的目标任务,具有十分重要的意义。

财政是国家治理的基础,是各种利益的交汇点,往往牵一发而动全身,具有四两拨千斤的功效。财政改革也具有杠杆效应,这一点往往是我们先前理解财政改革时所忽略的。世界的本质是不确定性,而财政改革的目的就是应对各种不确定性,防范和化解公共风险。财政改革的杠杆效应和功能体现在两个方面:一是财政改革作为总体改革的组成部分,预防和化解经济社会运行过程中内生的公共风险;二是财政改革可以化解总体改革过程中产生的公共风险,为总体改革承担成本,并巩固改革的成果。对于人民群众来说,不同层

---

① 习近平:《决胜全面建成小康社会 夺取新时代中国特色社会主义伟大胜利——在中国共产党第十九次全国代表大会上的报告》,人民出版社 2017 年版,第 16 页。

次的需求并不是先后的关系,而是同时存在的,但在不同的情况下,重要性和需求的具体内容可能存在差别。因此,在不同的阶段会形成不同的需求,产生不同的风险组合,这些需求和风险推动着财政改革。各个维度的财政改革交叉交融如此等等,这些都是公共风险这只无形之手在支配着政府的财政行为,也在推动着财政的公共化改革。

三、平衡公共风险与财政风险

从四十年中国改革实践来看,平衡公共风险与财政风险做得相当好,在防范化解经济、社会、环境等方面公共风险的同时,做到了财政风险可控,没出现严重的赤字债务问题。

中国的财政改革在推动结构性改革、化解公共风险的过程中,也关注财政风险的化解,增强财政自身的可持续性,这不同于许多国家的经验。我国政府长期坚持"建立稳固、平衡、强大的国家财政"的改革理念。在中国,财政被看作是以国家(政府)为主体的公共行为,不仅仅是经济话题,又是政治领域、社会领域的话题。中国财政改革不仅要考虑经济效益,更要考虑政治和社会效益。在中国,财政被看作是"国家治理的重要支柱",不会沦为个别政治家手中的工具。因此,历次财政改革均强调和坚持可持续的财政思想。

平衡、防范财政风险的理念在中国新颁布的《预算法》和最近中央政府发布的政策文件中得到充分体现。2014 年修订的《中华人民共和国预算法》的第三十四条和第三十五条明确规定:"中央一般公共预算中必需的部分资金,可以通过举借国内和国外债务等方式筹措,举借债务应当控制适当的规模,保持合理的结构。对中央一般公共预算中举借的债务实行余额管理,余额的规模不得超过全国人民代表大会批准的限额。""地方各级预算按照量入为出、收支平衡的原则编制,除本法另有规定外,不列赤字。"2014 年,中国中央政府针对地方政府融资平台存在的财政风险隐患,国务院发布《国务院关于加强地方政府性债务管理的意见》(国发〔2014〕43 号),控制和化解地方政府债务风险,对即将到期的地方政府债务进行置换,延长债务期限,降低存量债务成本,化解财政风险。

近年来,防范财政风险的另一项改革是在全国力推政府和社会资本合作(PPP)。中国自 2014 年推进 PPP 以来,成效明显。截至 2016 年底,财政部"全国 PPP 综合信息平台项目库"中入库项目数量已经上万个,预期投资额超 12 万亿元人民币,涉及能源、交通运输、水利建设、生态建设和环境保护、市政工程、片区开发等多个公共服务领域,政府通过 PPP 模式引入社会资本参与公共服务的提供,可减轻财政压力,既可防范财政风险,又能化解公共服务不足的公共风险。当然,这也不是灵丹妙药,PPP 的机制构建仍是一项十分复杂的工作。

可以说,平衡财政风险与公共风险,是当今财政政策抉择的基本依据,也是财政改革的理论支撑。

第 三 章

财政改革支撑社会主义市场经济体制构建

第一节 财政改革支撑价格改革

价格信息是微观经济运行的"调节器",价格指数是宏观经济运行的"指示器"。价格改革是中国经济改革四十年中的重要内容,价格改革与财政改革相互配套,相互促进,共同推动着中国经济改革向纵深发展。

中国价格改革的目标是市场化取向,即改革价格形成机制,从政府定价到市场定价,使价格反映市场供求,真正引导资源配置。从改革历程上看,价格改革可以分为四个时期:改革计划价格体制时期(1979—1991 年)、初步建立社会主义市场价格体制时期(1992—2000 年)、逐步完善社会主义市场价格体制时期(2001—2012 年)、全面深化价格机制改革时期(2012 年至今)。财政补贴政策自始至终地支持着价格改革,且随着各个时期价格改革重点不同,与财政关系的改革也各有不同。

一、改革计划价格体制时期:税收替代价格调节经济

中国价格改革始于农村,且是农村改革的重要内容之一。党的十一届三中全会对价格改革特别是农产品价格改革问题进行了部署,要求大幅度提高

粮食价格,同时放开其他农产品价格和销售。1984 年党的十二届三中全会通过的《中共中央关于经济体制改革的决定》中进一步明确指出价格体系的改革是整个经济体制改革成败的关键。

(一) 价格改革主要内容

这一时期的价格改革,主要是有计划调整或放开部分产品价格,逐步理顺价格关系,引入市场调节价格的机制。

1979—1984 年,价格改革主要是调放结合,以调为主。以提高农副产品价格为起点,先后对粮食等收购价格和零售价格进行调整。同时,对部分消费类工业品价格进行调整。此外,探索价格改革管理体制,将定价权下放给地方政府和企业。

1984—1988 年,价格改革的重点是转化价格形成机制,调放结合,以放为主。放开了大部分农产品价格和多种工业消费品价格,对工业生产资料价格实行双轨制,对于计划内的价格仍采用计划价格,对于计划外的生产资料价格实行市场价格。同时,将进出口商品价格与国际市场挂钩。

1988—1991 年,价格改革的目标集中于建立和完善调控体系,改革方式为控中求改,建立重要商品储备制度和价格调节基金制度。

(二) 税收替代价格调节经济

农产品零售价格的上涨增加了城市居民的生活成本,财政出台粮棉油价格补贴、平抑物价等补贴、肉食品价格补贴政策以支持价格调整。1981 年至 1990 年间,财政价格补贴支出占当年财政支出的比例多在 10% 以上。

1981 年国务院批转的财政部《关于改革工商税制的设想》中,提出了当时工商税制的指导思想是:"发挥税收作用,促进国民经济的发展",改革原则中也明确了"根据国家政策要求,按不同产品和行业规定高低税率","在价格尚不能大动的情况下,用税收杠杆来调节一部分企业利润"[①]。1984 年提出的第二步利改税和工商税制改革的指导思想是:"要发挥税收经济杠杆的调节作用,体现国家的奖励和限制政策,并缓解价格不合理所带来的一些矛盾,以

---

① 刘佐:《中国税制改革三十年》,中国财政经济出版社 2008 年版,第 43 页。

利于国民经济的调整和改革。通过利改税的改革,还要为进一步改革财政体制创造条件。"①从上述税制改革文件中可以看出,20世纪80年代的税制改革充分考虑了当时价格不合理的问题,希望以税收杠杆替代价格调节经济。

而以税代价发挥调控作用的改革集中反映第二步利改税中的税制改革。1984年产品税开征之前,商品流转环节统一适用工商税,课税内容复杂,且税目、税率和征收制度也过于简化。1984年的工商税制改革,按照不同的课税对象将工商税细化为功能不同的产品税、增值税、营业税、盐税四个税种,各税有其具体调节对象,也各自有其调控机制。产品税由按行业改为按产品设计税目,确定税率,视不同产品价格和利润空间大小适用不等税率,便于和价格杠杆配合使用。在那个时期,产品税税率多次调整,调整幅度也较大,对于缓和价格不合理所带来的问题发挥了积极作用。

初步建立了以国营企业所得税为重点的所得税调节系列。两步利改税开启了对国营企业开征所得税的历史,从而对国营企业的成本、价格和利润进行调节。1985年把工商所得税改征为集体企业所得税。1986年、1988年又相继设置城乡个体工商业户所得税、私营企业所得税,1987年对我国公民开征个人收入调节税。

新开征若干与资源、行为相关的税种,以发挥税收的调控作用。1984年开征了资源税,以调节由于自然资源和开发条件的差异而形成的级差收入,鼓励企业均衡开发,避免企业仅开发资源条件好的。用资源税来调节企业利润,促进企业公平竞争。1988年恢复开征印花税,维护社会主义商品经济秩序。1988年11月开征城镇土地使用税,调节土地级差收入,促进土地合理利用。

通过一系列税制改革,初步建立了多税种、多环节的复合税制体系,弥补了当时价格不到位带来的问题,稳定了宏观经济运行。

二、初步建立社会主义市场价格体制时期:与财税改革联动

1992年党的十四大明确我国经济体制改革目标是建立社会主义市场经

---

① 《王丙乾论财政》上卷,中国财政经济出版社1994年版,第463页。

济体制。党的十四届三中全会通过的《中共中央关于建立社会主义市场经济体制若干问题的决定》中进一步明确,要推进价格改革,建立主要由市场形成价格的机制。为此,1994年6月8日国务院批转国家体改委《1994年经济体制改革实施要点》,明确要进行价格、税收、财政、金融、外贸、投资、企业等多个领域的整体性改革,以建立与社会主义市场经济相适应的宏观调控框架。

(一) 主要价格改革

这一时期价格改革主要集中于转换价格形成机制、价格法制建设和加快构建价格调控体系。

1992年重新修订中央管理价格目录,将管理价格和收费由原来的近800种大幅度缩减至141种,绝大部分商品的双轨价格并轨于市场价格,至1994年工业生产资料价格"双轨制"基本取消。先后推进石油、粮食、棉花、化肥和医药价格管理体制改革,调高基础设施和公共产品价格(如电力、公共交通)。

1998年5月1日,《价格法》正式颁布实施,以法律形式明确了价格改革的方向,并从法律层面对价格监测、价格调节基金、主要商品储备、价格干预措施、价格紧急措施等制度进行了具体规定,政府价格管理步入法制化轨道。建立了粮食、食糖和棉花等重要商品储备制度,大部分省市建立了重要的商品价格调节基金制度,平抑市场价格波动,加强价格总水平的调控。

(二) 统一税制:税收在价格基础上发挥调控作用

随着价格改革的逐步到位,价格形成机制从政府转向市场,价格信息能够真实反映市场供需,合理引导生产消费。财税改革基调也相应作出调整,从过去的以税代价发挥调控作用转变为在价格基础上发挥调控作用,实现价税联动。为此,1994年的税制改革将"统一税制、公平税负"作为主旋律,改革过去按不同产品、不同所有制和不同地区适用不同税种、不同税率的税制格局,改革的重要内容包括:1.以增值税替代产品税,实现绝大多数商品的税负公平,并在此基础上辅之以消费税和资源税,对部分产品的生产和消费进行有针对性的调控;2.合并内资企业所得税,将"多轨"所得税并为"双轨"(内外资企业所得税也于2008年实现了并轨、统一)。

从上述分析中可以看出,这个时期的价格改革与财税改革相互配套,联动改革,相互支撑。

三、逐步完善社会主义市场价格体制时期:环境资源收费制度改革促进资源环保成本内化

党的十六大提出,完善社会主义市场经济体制是 21 世纪头二十年经济建设和改革的主要任务之一。在此期间,价格改革主要包括:进一步完善价格形成机制和对公共事业价格实行全成本核算。2001 年 7 月,原国家计委颁布修订后的中央定价目录,将中央管理的定价项目减少到 13 种。全面放开粮食收购市场,转换粮食价格形成机制。研究实施石油价格综合配套改革方案,建立天然气价格与可替代能源价格挂钩调整的机制。明确了上网电价和销售电价由市场竞争形成,输电和配电价格由政府制定的电价改革目标。放开电煤价格,实施煤电、煤热价格联动。对公共事业价格实行全成本核算。将水资源价格转变为包括水资源费、供水价格和污水处理费在内的全成本水价。完善排污、垃圾处理、污水处理等环保收费制度,提高征收标准,扩大征收范围。

水资源费主要指对城市中取水的单位征收的费用。我国从 1980 年开始征收水资源费。2006 年国务院颁布《取水许可和水资源费征收管理条例》(国务院第 460 号令)明确要求,"取水单位或者个人应当缴纳水资源费",并且"水资源费计入供水成本"①。通过水资源费改革,推动水资源价格从部分成本向全成本转换,以收费的形式将环保成本内化于水价之中,促进水价改革。

1979 年 9 月,《中华人民共和国环境保护法(试行)》颁布,根据"谁污染谁付费"的原则,正式确立了排污收费制度。2003 年颁布的《排污费征收使用管理条例》,对污水、废气、固体废物及危险废物以及噪声等四大污染物的排放征收排污费。排污费的征收对象为向环境排放污染物的单位和个体工商户,征收主体为县级以上地方人民政府环境保护行政主管部门,其中污水排污

---

① 中华人民共和国中央人民政府网,http://www.gov.cn/gongbao/content/2017/content_5219162.htm。

费、废气排污费和固体废物及危险废物排污费都是按照排放污染物的种类、数量计征的;噪声超标排污费则按照噪声的超标分贝数计征。通过排污费收费制度,将环保成本内化于企业产品成本中,进而体现于价格之中。

四、全面深化价格机制改革时期:以税费改革推动重点领域价格改革

党的十八大以来,我国价格改革向纵深推进,以市场化改革取向,深化农产品、资源能源、医药、交通运输等重点领域改革,最大限度放开竞争性领域和环节的价格,促进商品和要素自由流动、公平交易。

党的十八大报告中强调,深化资源性产品价格和税费改革,建立反映市场供求和资源稀缺程度、体现生态价值和代际补偿的资源有偿使用制度和生态补偿制度。2015 年 10 月发布的《中共中央　国务院关于推进价格机制改革的若干意见》(中发〔2015〕28 号)要求:"完善环境服务价格政策。统筹运用环保税收、收费及相关服务价格政策,加大经济杠杆调节力度,逐步使企业排放各类污染物承担的支出高于主动治理成本,提高企业主动治污减排的积极性。"[1]2017 年 11 月国家发展改革委发布的《国家发展改革委关于全面深化价格机制改革的意见》(发改价格〔2017〕1941 号)要求,完善生态补偿价格和收费机制。按照"受益者付费、保护者得到合理补偿"原则,科学设计生态补偿价格和收费机制。

为此,税费制度改革成为推动重点领域价格改革的主要手段。始于 2010 年 6 月 1 日的资源税从价改革,至 2016 年 7 月 1 日全部到位,通过此次全面实施清费立税、从价计征改革,理顺资源税费关系,将资源税改革与资源价格改革联动完善资源产品价格形成机制。

2018 年 1 月 1 日《中华人民共和国环境保护税法》正式实施,通过环境费

---

[1]　中华人民共和国中央人民政府网,http://www.gov.cn/xinwen/2015－10/15/content_2947548.htm。

改税,用严格的法律制度保护生态环境,将环保成本内化于企业生产经营成本,完善商品价格定价机制。

第二节　国有资产管理体制改革

国有企业是中国经济发展的重要物质基础和政治基础。中国经济改革四十年始终贯穿着国企改革,与此密切联系的是国有资产管理体制改革。我国国有资产管理体制改革以 1988 年国务院设立国有资产管理局为标志,国资改革走过了 30 个春秋。总体而言,我国国有资产管理大致可分为三个阶段:1988—1998 年的政资分开阶段;2003—2012 年的管资产、管人和管事相结合的阶段;2012 年以来的管资本阶段。

一、成立国有资产管理局:政资分开

中华人民共和国成立以来,国有(营)企业便始终存在,相应便存在国有资产的管理。长期以来(1988 年之前),我国国有资产管理是"多头"管理,即财政、银行、计委、企业主管部门均是国有资产管理的主体。在计划经济下,政府对国有资产的产权管理者身份和社会管理者身份合二为一,国有资产管理问题并不突出。

在改革开放之初,国有资产管理体制改革的问题并不急迫,但国营企业经营不善,亏损面大。因此,提高国企经营效率便成为当时改革面临的最紧要工作。为此相继推出了对国企的放权让利、政企分开、两权分离改革。

财政在解决政府与国企之间分配关系时,要体现国家对国有企业的经济权益,相应国家作为国有资产所有者的问题便自然提上日程。同时,改革开放带来了经济成分的多元化,中外合资企业和私营经济的快速发展,客观上也要求政府的双重身份(所有者和管理者)和相应职能分开,避免因"裁判"和"运动员"双重身份集于一身而带来的利益冲突。在此背景下,1988 年国务院决定成立国有资产管理局,专司国有资产管理职能。至此,我国国有资产管理体制改革拉开序幕。

1988 年 3 月,经七届全国人大一次会议批准,同意成立国有资产管理局,并归口财政部管理。这是当时国务院机构改革中唯一新增设的政府部门,也是中国第一个专职从事国有资产管理的政府职能机构。国有资产管理局要以理顺国有资产产权,规划国有资产配置和运行,推动生产力和社会主义商品经济不断发展为根本目的。

成立国有资产管理局的目的有两个:管理全部的国有资产,保障国有资产的保值增值。主要任务是:"对中华人民共和国境内和境外的全部国有资产行使管理职能,重点是管理国家投入的各类企业(包括中外合资、合作企业)的国有资产。国有资产管理局以优化国有资产配置,保障国有资产的保值增值……"①

国有资产管理局成立后,在对国有资产的经营管理、保值增值,防止国有资产流失方面进行了大量探索。颁布了大量的规章制度,进行了大量的基础性管理工作,比如 1992 年 4 月开展的清产核资工作,对国有资产资金进行了全面清查,摸清了"家底"。

1993 年,党的十四届三中全会通过的《中共中央关于建立社会主义市场经济体制若干问题的决定》首次明确提出了"出资者所有权与企业法人财产权"分离。1992 年,国家国有资产管理局、国家计委、国家体改委和国务院经贸办联合下发的《国家试点企业集团国有资产授权经营的实施办法》首次提出对国有资产实行"授权经营",即国有资产管理部门将企业集团中紧密层企业的国有资产统一授权给核心企业经营和管理。在此期间,全国各地也对国有资产管理体制进行了改革和探索。在此基础上形成了比较统一的三个层次的管理体制。"即由国有资产管理委员会(国有资产管理局),国有资产运营机构和企业三个层次组成。在上层体现了政府的社会公共管理职能与国有资产管理职能的分离;在中层实现国有资产监管与国有资产运行职能分离;在下

---

① 周放生:《国有资产管理体制改革的历史沿革》,《国有资产管理》2008 年第 11 期。

层实现国有资产出资人所有权与企业法人财产权分离。"①但之后由于各方因素,该国有资产管理体系未能实现,国有资产管理局也在 1998 年政府机构改革时被撤销,其原有资产和财务管理职能并入财政部。

尽管国有资产管理局仅运行了 10 年,但它的存续标志着我国国有资产管理进入新阶段,国有资产产权关系的改革进入实质性阶段。明确将政府的国有资产管理职能从社会公共管理职能中分离出来,实现了政资分开,对国有资产实行专业化管理,实现了政府双重职能分开的历史性转变。同时,实现了国有资产的统一归口管理,且当时各省、自治区、直辖市和计划单列市,以及一部分省辖中心城市,都成立了专门的国有资产管理机构,全国国有资产管理体系初步形成。

二、成立国有资产管理委员会:履行出资人职责

国有资产管理局撤销后,又回到了多个部门管理的状态,即所谓的"五龙治水",即财政部管资产处置、中组部管人、劳动部管工资总额、计委管基建投资、经贸委管技改投资等。这种多头管理的弊端很明显,各部门均无法全面负责国有资产管理;出资人不到位,对企业的激励和约束明显不足;无法对国企改革进行统筹规划。在这种情况下,便出现了"都负责又都不负责"的局面。

1999 年,党的十五届四中全会通过的《中共中央关于国有企业改革和发展若干重大问题的决定》明确提出:"要按照国家所有、分级管理、授权经营、分工监督的原则,逐步建立国有资产管理、监督、运营体系和机制,建立与健全严格的责任制度。"②2002 年,党的十六大明确提出了"三分开、三统一、三结合"的国有资产管理体制改革任务。"三分开",即政企分开、政资分开、所有权与经营权分开。"三统一",即权利、义务和责任相统一,"三结合",即管资

①　周放生:《国有资产管理体制改革的历史沿革》,《国有资产管理》2008 年第 11 期。
②　人民网,http://www.people.com.cn/GB/shizheng/252/5089/5093/5175/20010428/454976.html。

产、管人和管事相结合。党的十六大明确改革任务包括：一是设立专门的国有资产管理机构；二是在坚持国家所有的前提下，中央和地方政府分别代表国家履行出资人的职责；三是实现国有资产和管人、管事相结合。党的十六大的召开，标志着我国国有资产管理体制改革进入新阶段。

2003年3月，专司中央国有企业出资人职能和企业国有资产监督管理职能的国务院国资委正式成立，其管理范围是中央所属企业（不含金融类企业）的国有资产，国务院授权国资委履行出资人职责。到2004年6月，各省（区、市）国有资产监管机构相继组建，由此国有资产管理体制逐步理顺，为以管资本为主加强国有资产监管创造了较好的体制基础。

国资委的成立标志着"五龙治水"的多头管理局面的结束，是理论和体制上的重大创新和突破。

三、国有资产管理新时代：管资本

党的十八大以来，在肯定党的十六大提出的国有资产管理体制改革方向的基础上，针对当前存在的问题、对国有企业的定位以及经济社会发展形势需要，提出了国有资产管理体制改革的新任务。

目前，中央层面的国有资产管理分为三个部分：一是由国务院国资委履行出资人代表职责的110多家大型企业集团；二是由财政部履行出资人代表职责或国有资产监管职能的企业，包括中国邮政集团公司、中国铁路总公司、中国烟草总公司和104户中央文化企业；三是由中央有关部门直接管理，财政部负责有关国有资本管理事项的企业。分别隶属于75个中央部门或单位，一级法人企业5200余户。金融类中央国有企业，由财政部按规定管理。按照分级管理的原则，国务院代表国家行使国有资产所有权，国有企业分为中央、省、地市、县四级，分别由同级政府履行出资人职责。省级企业国有资产管理体制与中央基本相同。

国资委的成立，基本结束了国有资产多头管理的局面，实现国有资产管理的"管资产、管人和管事"职能的统一，但也存在管得过多过细，存在以行政替代市场,以管制代替监管的问题,国资委扮演着"裁判员"和"运动员"的双重身份,导致行政干预过多,市场无法发挥作用,企业活力不足,国有资本配置效率不高等问题。

在此背景下,2015 年 11 月 4 日,国务院印发了《国务院关于改革和完善国有资产管理体制的若干意见》,对国有资产管理体制改革进行了全面部署。改革的目的"以管资本为主加强国有资产监管,改革国有资本授权经营体制,真正确立国有企业的市场主体地位,推进国有资产监管机构职能转变"①。改革的主要任务是:一是推进国有资产监管机构职能转变;二是改革国有资本授权经营体制;三是提高国有资本配置和运营效率。其中,以管资本为主,完善国有资产管理体制,改革国有资本授权经营体制,改组组建国有资本投资、运营公司是此次改革的关键所在。

2017 年 5 月 10 日,国务院办公厅转发《国务院国资委以管资本为主推进职能转变方案》,对国资监管方式和国资委职能转变作出系统性安排,标志着国资委职能正式向管资本转变。

第三节　政府投融资体制改革

总体而言,我国政府投融资体制改革贯穿两条主线,一是改革政府管理全社会投资运行体制,二是政府自身投融资体制改革。与中国经济改革阶段相呼应,中国投融资体制改革经历了四个阶段:1979—1991 年:经济改革探索时期的投融资体制改革;1992—2002 年:社会主义市场经济确立时期的政府投融资体制改革;2003—2012 年:社会主义市场经济完善时期的政府投融资体制改革;2013 年以来:全面深化改革时期的政府投融资体制改革。

---

①　中华人民共和国中央人民政府网,http://www.gov.cn/zhengce/content/2015 - 11/04/content_10266.htm。

一、1979—1991年:经济改革探索时期的投融资体制改革

改革开放前,适用于统收统支财政体制的政府投资体制主要表现为投资由中央政府行政决策、企业建设投资由政府无偿拨付。在这种体制下,政府投资领域长期存在长(战线长)、散(资金分散)、乱(管理混乱)、费(损失浪费严重)、差(投资效果差)等现象。为此,经济改革探索时期的投融资体制改革主要集中于企业建设投资改革和政府对投资管理方式的改革。

(一)"拨改贷"改革

在调动"两个积极性"和放权让利改革理念下,财政部推出了企业建设资金"拨改贷"试点改革。"拨改贷"是指对实行独立核算、有还款能力的企业,实行基本建设拨款改贷款制度。"拨改贷"改革首先于1979年底在部分项目试点,1981年起扩大了试行范围,1985年全面推行。之后因配套改革不到位等原因,曾对10类无经济效益的项目,恢复直接拨款的办法。

(二)设立中央基本建设基金和专业投资公司

1988年7月16日,国务院发布了《国务院关于印发投资管理体制近期改革方案的通知》,对当时投资管理体制改革进行了系统性的安排。主要内容包括:对重大的长期的建设投资实行分层次管理,加重地方的重点建设责任;扩大企业的投资决策权,使企业成为一般性建设的投资主体;建立基本建设基金制,保证重点建设有稳定的资金来源;成立投资公司,用经济办法对投资进行管理;简政放权,改进投资计划管理;强化投资主体自我约束机制,改善宏观调控体系;实行招标、投标制,充分发挥市场和竞争机制的作用等。

在此背景下,建立了中央基本建设基金,资金来源于五个部分:能源交通建设基金(中央使用部分)、建筑税(中央使用部分)、铁道部包干投资和下放港口以港养港中用于基本建设部分,国家预算内"拨改贷"投资收回利息和财政定额拨款。上述基金由财政部按期拨给建设银行,建设银行按计划负责实施,专款专用于特定产业和领域,如重大基础设施、基础工业的重点工程,以及中央各部门直接举办的文教建设等。同时,与基本建设基金相配套,国家批准

设立了国家能源、交通、原材料、机电轻纺、农业、林业等 6 个专业投资公司,用于各领域的固定资产投资公司,资金来源于中央基本建设基金。

"拨改贷"改革增强了企业和主管部门的"核算"观念,改变了过去企业和部门盲目争项目、争投资的问题,提高了财政投资资金的使用效益,促进企业独立经济和法律主体的形成。中央基本建设基金和专业投资公司的设立,改变了原有的投资分配格局。

为了弥补财政赤字,1981 年 1 月 16 日,国务院发布了《中华人民共和国国库券条例》,明确从当年开始发行国库券,结束我国财政收支平衡历史,启动了我国政府债券市场、国债市场建设。但由于国库券不流通,且以行政摊派方式发行,国库券的发行遇到了障碍。1984 年后,提高了国库券利率,提高了国库券的流通程度(可以在银行抵押贷款和贴现),之后又于 1988 年试行柜台销售。

1988 年 4 月和 6 月,分两次在 6 个城市进行了国库券流通转让试点改革,标志着国库券二级市场的建立。1990 年 12 月,国库券在上海证券交易所上市交易。

二、1992—2002 年:社会主义市场经济确立时期的政府投融资体制改革

党的十四届三中全会通过《中共中央关于建立社会主义市场经济体制若干问题的决定》,对投资体制改革提出了明确要求。将社会投资分为三类,一是竞争性项目投资,由企业自主决策投资,所需贷款由商业银行自主决定,自负盈亏。这意味着,竞争性项目投资由市场决定,政府不再干预企业投资和商业银行贷款决策,企业和商业银行自担风险。同时,政府对竞争性项目投资的管理从过去的行政审批制转向项目登记备案制,从直接投资转向产业政策引导。二是基础性项目建设要鼓励和吸引各方投资参与,其中地方政府负责地区性的基础设施建设。国家重大建设项目,按照统一规划,由国家开发银行等政策性银行,通过财政投融资和金融债券等渠道筹资,采取控股、参股和政策

性优惠贷款等多种形式进行。三是社会公益性项目建设的投资主体为各级政府,政府间投资项目划分依据中央和地方事权划分而定,但要广泛吸收社会各界资金。这意味着,我国投融资管理体制从政府全包全管到将竞争性项目投资让位于市场,政府投资主要集中于社会公益性项目和基础性项目建设,且二者筹资来源有所不同。围绕这一目标,这一时期政府投融资体制进行了如下的改革。

——实行项目业主责任制和法人责任制。1992 年,国家计委印发《关于建设项目实行业主责任制的暂行规定》①,要求从 1992 年起,新开工和进行前期工作的全民所有制单位基本建设项目,原则上都实行项目业主责任制。这意味着,1992 年以后的建设项目由投资方全面负责(建设项目的筹划、筹资、设计、建设实施直至生产经营、归还贷款及债券本息)并承担风险。1996 年,国家计委印发《关于实行建设项目法人责任制的暂行规定》,替代上述文件,要求法人对建设项目实行全过程负责制。两项制度均旨在提高投资效益,实现企业对建设项目的"责权利"统一。

——组建三家政策性银行。1994 年 3 月,国家开发银行成立,同时撤销原来组建的 6 家专业投资公司,承担国家政策性固定资产投资项目的投融资任务,财政为其支付 500 亿元的资本金,筹资渠道主要是通过向金融机构发行金融债券。同时,也成立中国进出口银行和中国农业发展银行。

——将部分企业"拨改贷"资金本息余额转为国家资本金。为减轻国有企业债务负担,建立现代企业制度,1996 年国务院印发《国务院关于固定资产投资项目试行资本金制度的通知》,要求从 1996 年开始,对各种经营性投资项目,包括国有单位的基本建设、技术改造、房地产开发项目和集体投资项目,试行资本金制度,投资项目必须首先落实资本金才能进行建设。其中,资本金可来源于财政预算资金和"拨改贷"本息余额,即各级人民政府的财政预算内资金、国家批准的各种专项建设基金、"拨改贷"和经营性基本建设基金回收的

---

① 该文件已于 1996 年 1 月 20 日失效,http://www.chinalawedu.com/falvfagui/fg22016/7180.shtml。

本息、土地批租收入、国有企业产权转让收入、地方人民政府按国家有关规定收取的各种规费及其他预算外资金。

——**债转股，组建金融资产管理公司**。1998 年，国家组建金融资产管理公司，将商业银行原有的不良信贷资产（主要是国有企业的债务）转为金融资产管理公司对企业的股权。它不是将企业债务转为国家资本金，也不是将企业债务一笔勾销，而是由原来的商业银行与企业间的债权债务关系转变为金融资产管理公司与企业间的持股与被持股、控股与被控股的关系，由原来的还本付息转变为按股分红。这样，国有企业无需向商业银行支付利息，而只需根据盈利情况向金融资产管理公司分配股息，减轻了企业负担。这既能保证商业银行转型成功，也能减轻企业财务负担，解决国有企业历史遗留负担。

——**国债为中央政府基础设施建设筹资**。1988 年国债流通转让试点，1991 年国债承购报销试点，1996 年底我国国债的市场体系初步建立。1998 年，为解决亚洲金融危机给我国经济带来的负面影响（外需不振、国内通货紧缩和内需不足），我国决定实施扩张性财政政策，当年向国有商业银行增发1000 亿元长期建设国债，全部用于基础设施建设。对这 1000 亿元国债的用途明确只能选择基础设施建设项目，而非一般性工业项目。从此，政府债成为基础设施资金的主要来源之一，这符合公共产品谁受益（基础设施多代人受益）谁付费（债务以未来税收支付）的原则。

——**融资平台公司成为地方政府融资的主渠道**。融资平台公司是指由地方政府及其部门和机构、所属事业单位等通过财政拨款或注入土地、股权等资产设立，具有政府公益性项目投融资功能，并拥有独立企业法人资格的经济实体，包括各类综合性投资公司，如建设投资公司、建设开发公司、投资开发公司、投资控股公司、投资发展公司、投资集团公司、国有资产运营公司、国有资本经营管理中心等，以及行业性投资公司，如交通投资公司等。

随着中央与地方投资事权划分的不断清晰，以及经济发展和快速城镇化带来的对公共基础设施需求的迅猛增加，地方政府采用融资平台公司为基础设施建设筹资。之后的 1997—2003 年，国家开发银行和商业银行给予地方政府的"打捆贷款"①将融资平台公司的发展推向高潮，成为地方政府投资项目筹资的主渠道。

三、2003—2012 年：社会主义市场经济完善时期的政府投融资体制改革

2003 年，党的十六届三中全会审议通过的《中共中央关于完善社会主义市场经济体制若干问题的决定》指出，"进一步确立企业的投资主体地位，实行谁投资、谁决策、谁收益、谁承担风险。国家只审批关系经济安全、影响环境资源、涉及整体布局的重大项目和政府投资项目及限制类项目。"②在此背景下，该时期政府投融资体制改革主要包括两个方面：一是政府投融资权限的划分和下放，二是地方融资平台的兴起和治理。

——**政府投融资权限的划分和下放**。2004 年 7 月国务院印发《国务院关于投资体制改革的决定》，标志着我国投融资体制改革的重大突破。核心内容包括：一是扩大了企业自主投资的范围和可能性，对企业投资项目取消审批制，改为核准制和备案制。对于企业不使用政府投资建设的项目，一律不再实行审批制，区别不同情况实行核准制和备案制。二是以正面清单方式限定政府核准投资项目，一并下发《政府核准的投资项目目录》。规范政府核准制。要严格限定实行政府核准制的范围，并根据变化的情况适时调整。三是鼓励社会投资进入多领域。放宽社会资本的投资领域，允许社会资本进入法律法规未禁入的基础设施、公用事业及其他行业和领域。四是合理界定政府投资范围，并对中央和地方政府的投资范围进行了界定。政府投资主要用于关系国家安全和市场不能有效配置资源的经济和社会领域，包括加强公益性和公

---

① "打捆贷款"是指市或区域的若干基础设施建设项目组合成一个整体项目，向银行或其他金融机构贷款的一种融资方式，是商业银行与地方政府融资平台合作的初始模式。"打捆贷款"的模式最早是国家开发银行于 1998 年在安徽芜湖试点。

② 中华人民共和国中央人民政府网，http://www.gov.cn/test/2008 - 08/13/content_1071062.htm。

共基础设施建设,保护和改善生态环境,促进欠发达地区的经济和社会发展,推进科技进步和高新技术产业化。能够由社会投资建设的项目,尽可能利用社会资金建设。合理划分中央政府与地方政府的投资事权。中央政府投资除本级政权等建设外,主要安排跨地区、跨流域以及对经济和社会发展全局有重大影响的项目。之后,财政部基于《国务院关于投资体制改革的决定》中的非经营性政府投资项目加快推行"代建制"的规定,制定了相关的财政财务管理配套文件。

——地方融资平台的兴起和治理。2008 年,为应对金融危机,中央实施积极财政政策,其中包括 4 万亿投资计划在内的一揽子措施。4 万亿投资计划中,需要地方政府配套 1.25 万亿元。其中,除中央政府代地方政府发行的4000 亿政府债券外,其余资金需要地方政府自筹①。在此过程中,融资平台公司发挥了重要作用。据统计,那段时期的地方政府配套资金中,来源于融资平台公司融资的资金占 10% 左右,举债融资主要用于地方安排的保障性安居工程、农村民生工程、基础设施、社会事业、生态环保、自主创新等方面公益性项目建设。融资平台公司举债规模迅速膨胀,但公司规范化管理并没有随之跟上,结果是地方政府违规或变相提供担保,政府债务风险日益加大。为此,2010 年 6 月国务院发布《国务院关于加强地方政府融资平台公司管理有关问题的通知》(国发〔2010〕19 号),对融资平台公司正式进行清理规范。治理手段主要包括:清理核实并妥善处理融资平台公司债务;对融资平台公司进行清理规范;加强融资平台公司的融资管理和银行业金融机构等的放贷管理;坚决制止地方政府违规担保承诺行为。至此,融资平台公司进入规范、转型发展阶段。

四、2013 年以来:全面深化改革时期的政府投融资体制改革

党的十八大以来,呼应于简政放权、放管结合、优化服务的改革理念,投融

---

① 王长勇、张环宇:《"4 万亿"大拯救》,《财经》2008 年第 24 期。

资体制改革取得新的突破,投资项目审批范围大幅度缩减,投资管理工作重心逐步从事前审批转向过程服务和事中事后监管,企业投资自主权进一步落实,调动了社会资本积极性。

2013 年 5 月,国务院批转国家发展和改革委员会《关于 2013 年深化经济体制改革重点工作的意见》强调,抓紧清理有碍公平竞争的政策法规,推动民间资本有效进入金融、铁路、电信、能源等领域。

2013 年,党的十八届三中全会通过的《中共中央关于全面深化改革若干重大问题的决定》要求深化投资体制改革,确立企业投资主体地位,最大限度地减少政府审批;另外,允许具备条件的民间资本依法发起设立中小型银行等金融机构,健全多层次资本市场体系,提高直接融资比重,建立规范透明的城市基础设施建设投融资机制,允许地方政府通过发债等多种方式拓宽建设融资渠道,允许社会资本通过特许经营等方式参与城市基础设施投资和运营。

2016 年 7 月,中共中央、国务院印发《中共中央　国务院关于深化投融资体制改革的意见》(中发〔2016〕18 号),明确了以企业投资为主、政府引导的改革目标。为确立企业投资主体地位,转变政府职能,加强服务,对投资项目审批探索建立并逐步推行负责制,对于不涉及环保等政策问题的、纯市场化投资项目,探索取消投资审批制。创新发展多评合一的评估中介结构,减轻企业投资的时间和经济成本。编制三年投资滚动计划,保证投资有序平稳。试点金融机构依法持有企业股权,要求金融机构以适当的方式依法持有企业的股权试点。

——PPP 模式成为基础设施项目建设运营的主要方式。PPP(Public-Private Partnership),即政府和社会资本合作,是公共基础设施的建设运行模式之一。以 PPP 模式解决基础设施投资不足的实践探索始于改革开放之初,代表性项目是 1984 年深圳沙角 B 电厂项目,之后各地进行了大量探索,也基于基础设施项目的不同特点,发展出不同的模式,如 BT、BOT 等。党的十八大提出了让市场在资源配置中发挥决定性作用。2014 年 9 月,财政部发文《关于推广运用政府和社会资本合作模式有关问题的通知》,提出拓宽城镇化建设融资渠道,促进政府职能加快转变,完善财政投入及管理方式,尽快形成有利于促进政府和社会资本合作模式发展的制度体系。之后,国家发展和改革委员会和财政部出台一系列文件,对 PPP 的各个层面进行规范指导。截至 2017 年底,财政部联合 18 家部委共启动了四批示范项目申报筛选工作,各地及有关行业部委共申报项目 1226 个,投资额 2.1 万亿元①。PPP 成为基础设施项目建设和运营的主要方式之一。

——地方政府举债阳光化。1994 年 3 月颁布的《中华人民共和国预算法》第二十八条明确规定:"除法律和国务院另有规定外,地方政府不得发行地方政府债券。"这意味着,法律明确规定地方政府不得举债。但经济发展现实需要地方政府举债,相应出现了融资平台公司代地方政府举债的"隐性借债"模式。

2008 年底,为应对国际金融危机,国务院推出 4 万亿投资计划,由中央和地方政府共同投资。2009 年首次由中央政府代地方政府发行债券 2000 亿元,正式开启了我国地方政府债券之门。

2009 年 2 月 18 日,财政部印发《2009 年地方政府债券预算管理办法》,明确"地方政府债券,是指经国务院批准同意,以省、自治区、直辖市和计划单列市政府为发行和偿还主体,由财政部代理发行并代办还本付息和支付发行费的 2009 年地方政府债券"②。这意味着地方政府举债由中央政府"代发代还"。

2011 年,国务院批准上海、浙江、广东、深圳试点在国务院批准的额度内自行发行债券,但仍由财政部代办还本付息;其余地区的地方政府债券仍由财政部代理发行、代办还本付息,即进入"自发代还"时代。

2014 年 5 月,财政部印发《2014 年地方政府债券自发自还试点办法》,规定:"自行组织本地区政府债券发行、支付利息和偿还本金的机制。"③同年 8

① 《在规范中引领 PPP 稳步发展——财政部公布第四批 PPP 示范项目》,2018 年 2 月 7 日,见 http://www.gov.cn/xinwen/2018-02/07/content_5264548.htm。

② 中华人民共和国中央人民政府网,http://www.gov.cn/zwgk/2009-03/19/content_1263068.htm。

③ 中华人民共和国中央人民政府网,http://www.gov.cn/xinwen/2014-05/21/content_2683802.htm。

月,《全国人民代表大会常务委员会关于修改〈中华人民共和国预算法〉的决定》指出:"经国务院批准的省、自治区、直辖市的预算中必需的建设投资的部分资金,可以在国务院确定的限额内,通过发行地方政府债券举借债务的方式筹措。举借债务的规模,由国务院报全国人民代表大会或者全国人民代表大会常务委员会批准。省、自治区、直辖市依照国务院下达的限额举借的债务,列入本级预算调整方案,报本级人民代表大会常务委员会批准。举借的债务应当有偿还计划和稳定的偿还资金来源,只能用于公益性资本支出,不得用于经常性支出。"①为加强政府性债务管理,随后国务院下发了《关于加强地方政府性债务管理的意见》,明确提出地方政府举债必须采取政府债券方式。地方政府融资平台要逐步为政府融资的功能,转型为市场化主体。

至此,地方政府实现了完全自主的"自发自还"举债,地方政府举债行为"阳光化""规范化"和"自主化",地方政府融资方式进入新时代。

第四节　财政改革支撑金融体制改革

在总体经济改革战略指导下的金融体制改革的目标是建立多层次多功能的金融市场体系,再造适应于市场经济的现代微观金融机构,相应金融体制改革可分为金融宏观层面和微观层面两个层面的改革。宏观金融层面的改革始于从财政独立,而微观金融机构的重组也从财政获得了巨大支持。财政有力地支持、支撑和配合了金融体制改革。本部分选取金融体制改革过程中与财政密切相关的大事件,借以展现财政改革与金融体制改革的互动。

一、中国建设银行因财政而设,因财政改革而发展

中国建设银行始建于1954年,改革开放前一直是全国基本建设投资拨

---

① 全国人民代表大会网, http://www.npc.gov.cn/npc/xinwen/2014-09/01/content_1877061.htm。

款、贷款和结算的中心,通过管理基本建设支出预算实施财政政策,办理拨款、贷款和结算业务履行银行监督,兼负财政、银行双重职能。

改革开放后,中国建设银行在建设资金"拨改贷"改革中发挥新作用,即将中国建设银行作为建设资金的贷款银行,负有对试点企业提供建设资金贷款的职能。中央基本建设基金后,将基金拨给中国建设银行,由中国建设银行负责实施,中国建设银行实质上负责建设基金的预算管理。尤其是 1989 年,中国建设银行正式编制基本建设基金的支出预算,并分别建立了国家基本建设基金收入和支出台账,详细记录基金收入、支出和结余情况。之后的 1993 年,中国建设银行同国家专业投资公司共同负责中央经营性基金及 1988 年以前的"拨改贷"本息的回收工作。直至 1994 年,财政部才将基本建设预决算和财务管理工作正式收回,将中国建设银行改造为专业性银行。

因此,中国建设银行成立的初衷是代财政部行使基本建设投资的管理职能,在改革开放初期的政府投资体制改革中仍旧发挥着重要作用,并从中得以发展。

二、多层次金融体系的构建始于从财政独立,且得到财政的大力支持

在计划经济下,金融活动隶属于财政,财政金融业务合二为一。相应中国人民银行附属于财政,"文革"期间中国人民银行甚至被短暂并入财政部,成为财政部主管货币发行和存贷款事务的司局。同时,金融业务与金融机构高度一体化,中国人民银行既承担发行货币等金融宏观业务,也从事存贷等日常经营性金融业务。

为此,改革开放初期的金融体制改革是构建双层金融体系,即将中国人民银行的宏观平衡业务和微观金融服务分开。1978 年,中国人民银行从财政部独立出来,标志着中国金融体系的恢复。1979 年中国农业银行恢复。同年,专营外汇业务的中国银行从中国人民银行中分离出来。

1983 年国务院决定,自 1984 年起中国人民银行专门行使国家的中央银行职能。同时,中国工商银行从中国人民银行中分离出来,成为独立国有专业

银行,专门从事工商信贷业务。至此,"中央银行+专业银行"的双层金融体系初步搭建。

1993年,三大政策银行(国家开发银行、中国进出口银行和中国农业发展银行)成立,将原专业性银行中的政策性业务剥离至三大政策银行。

财政对宏观金融体制改革的支持主要表现在,四大国有银行全部由财政拨款设立。政策性银行的资本金也均有财政拨付,具体包括国家开发银行拨付资本金500亿元,中国农业发展银行的注册资本金为200亿元,中国进出口银行的注册资本金为33.8亿元。而1993年中央财政收入为4348亿元,财政拨付给三大政策银行的资本金总和与中央全部收入的比值达到16%。此外,财政贴息资金也构成政策性金融机构的来源之一。

1995年《中国人民银行法》公布以前,财政部可以向中国人民银行借款和透支,用于弥补中央财政赤字和解决专项支出。为保证中国人民银行更好执行货币政策,实现币值稳定的目标,理顺财政与银行之间的资金往来关系,1995年出台的《中国人民银行法》明确规定中国人民银行不得对政府财政透支,不得直接认购、包销国债和其他政府债券。

三、财政设立金融资产管理公司,全价剥离国有银行不良资产

亚洲金融危机后,国有企业大面积陷入经营困境,相应带来国有商业银行不良资产剧增,国有商业银行濒临破产。为减轻国有银行的经营负担,深化金融改革,1999年,国务院决定成立四家金融资产管理公司,剥离国有银行不良资产。当时成立的四家金融资产管理公司,分别为中国华融资产管理公司、中国长城资产管理公司、中国东方资产管理公司、中国信达资产管理公司,相应接收从中国工商银行、中国农业银行、中国银行、中国建设银行剥离出来的不良资产。

财政部为四家金融资产管理公司各提供100亿元的资本金,央行发放5700亿元的再贷款,同时金融资产管理公司向商业银行和国家开发银行发行8200亿元的金融债券,按照面值对四家国有商业银行的不良资产进行购买,

共计 1.39 万亿元①。这样,四家国有商业银行将 1.39 万亿元基本不可能收回本金的贷款资产,转换成 8200 亿元可以定期收到利息的债券和 5700 亿元现金,促使国有商业银行起死回生。

之后的 2004 年和 2005 年,国有商业银行又进行了第二次和第三次不良资产剥离,三次剥离的不良资产金额共 2.2 万亿元左右。在三次不良资产剥离过程中,财政不仅注资,还深度参与整个过程。如 2004 年,中国银行和建设银行进行的第二次不良资产剥离中,部分资产的剥离定价则是由财政部负责,确定的定价原则是"适宜的价格比例原则",最终信达资产管理公司以账面资产 50% 的名义价格接收了中国银行和建设银行共计 2787 亿元的不良资产②。

四、财政注资减税,支持国有商业银行股份制改革

1998 年 8 月,财政部向四大国有银行发行 2700 亿元长期特别国债,所筹资金全部用于补充四大国有银行资本金。次月,财政部又面向四大国有银行定向发行 1000 亿元 10 年期付息国债。该项政策使得四大国有银行资本充足率显著提高,从 1997 年 6 月的 5.86% 提高至 1998 年的 7.01%。2000 年,国务院决定将银行业营业税税率从 8% 降至 5%。

2004 年,国务院动用 450 亿美元外汇储备,率先给中国银行和建设银行各注资 225 亿美元③,为股份制改造创造条件。2005 年,向工商银行注资 150 亿美元外汇储备④。2008 年,汇金公司向农业银行注资 1300 亿元人民币。⑤

一系列的注资减税政策有力地支撑了国有商业的股份制改造。

---

① 刘晓忠:《四大资产管理公司:转型的代价》,《董事会》2008 年第 10 期。

② 《信达转做不良资产批发商　试水不良资产证券化》,2004 年 12 月 20 日,见 http://finance.sina.com.cn/g/20041220/00141235444.shtml。

③ 《450 亿美元外汇注资中行建行　奇招奇效?》,2004 年 1 月 14 日,见 http://www.people.com.cn/GB/jingji/1040/2296507.html。

④ 《注资工行为何只拨 150 亿美元》,2005 年 4 月 23 日,见 http://finance.sina.com.cn/roll/20050423/043931219.shtml。

⑤ 《汇金公司将向农行注资 1300 亿元人民币等值美元》,2008 年 10 月 22 日,见 http://news.cctv.com/financial/20081022/120904.shtml。

五、财政改革化解金融风险

金融风险始终伴随着改革开放的全过程,伴随着市场经济发育、形成和完善的全过程。尤其是近年来国内外经济形势的变化,金融风险不断积累,财政推出相应改革,防范和化解金融风险。诸如上文谈及的不良资产剥离、财政给国有银行注资和支持股份制改革均在化解金融风险。针对近年来金融风险的主要表现,财政部实施了地方政府债置换改革和规范 PPP 运作,以防范化解地方政府债务引致的潜在金融风险。

——**地方政府置换债**。地方债置换旨在化解政府融资平台和银行贷款等地方政府负有偿还责任的债务的风险隐患。地方政府巨大的投资需求和非规范、非公开的举债渠道二者之间的矛盾催生地方政府大量的隐性债务。为有效化解风险,保证合理融资行为得以持续进行,财政部实施了地方政府债置换改革。

2014 年 10 月,国务院发布了《国务院关于加强地方政府性债务管理的意见》(国发〔2014〕43 号),要求"积极降低存量债务利息负担。对甄别后纳入预算管理的地方政府存量债务,各地区可申请发行地方政府债券置换,以降低利息负担,优化期限结构,腾出更多资金用于重点项目建设"①。之后,财政部相继印发《2015 年地方政府专项债券预算管理办法》和《2015 年地方政府一般债券预算管理办法》,对置换债券的范围、预算等进行了界定和规范。至此,我国地方政府债置换改革拉开帷幕。2015 年和 2016 年,分别置换地方政府债务 3.2 万亿元和 4.9 万亿元,占全部地方政府债的比重分别为 84%和 81%②。

地方政府债置换改革有效地化解了即期债务风险,盘活银行信贷资源,改

---

① 中华人民共和国中央人民政府网,http://www.gov.cn/zhengce/content/2014-10/02/content_9111.htm。
② 中国财政科学研究院等编著:《中国:政府投融资发展报告(2017)》,经济科学出版社 2018 年版,第 233 页。

善银行体系流动性,为改革发展赢得时间,实现地方政府与金融机构的双赢。

——规范 PPP 发展。自 2014 年以来,PPP 发展如火如荼,但在其发展过程中也存在一些"乱象",比如在 PPP 项目实施中,不少地方政府向社会资本方承诺本金回购、给予最低收益等安排,即名为股权投入、实为债权融资,最终仍由财政兜底风险,加大整个经济风险。

为此,2017 年 4 月,财政部、国家发改委、司法部、中国人民银行、银监会、证监会联合下发《关于进一步规范地方政府举债融资行为的通知》(财预〔2017〕50 号),明确提出,地方政府不得以借贷资金出资设立各类投资基金,严禁地方政府利用 PPP、政府出资的各类投资基金等方式违法违规变相举债。除国务院另有规定外,地方政府及其所属部门参与 PPP 项目、设立政府出资的各类投资基金时,不得以任何方式承诺回购社会资本方的投资本金,不得以任何方式承担社会资本方的投资本金损失,不得以任何方式向社会资本方承诺最低收益,不得对有限合伙制基金等任何股权投资方式额外附加条款变相举债。

2017 年 5 月,财政部下发《关于坚决制止地方以政府购买服务名义违法违规融资的通知》(财预〔2017〕87 号),着力规范政府购买服务管理,制止地方政府违法违规举债融资行为。该通知要求不得将原材料、燃料、设备、产品等货物,以及建筑物和构筑物的新建、改建、扩建及其相关的装修、拆除、修缮等建设工程作为政府购买服务项目。严禁将铁路、公路、机场、通信、水电煤气,以及教育、科技、医疗卫生、文化、体育等领域的基础设施建设,储备土地前期开发,农田水利等建设工程作为政府购买服务项目。严禁将建设工程与服务打包作为政府购买服务项目。严禁将金融机构、融资租赁公司等非金融机构提供的融资行为纳入政府购买服务范围。同时指出,政府购买服务要坚持先有预算、后购买服务,所需资金应当在既有年度预算中统筹考虑,不得把政府购买服务作为增加预算单位财政支出的依据。在此基础上,各地根据本地情况出台了一系列规范 PPP 发展的地方性文件,保证 PPP 规范、有序发展,防范和化解金融风险。

六、财政金融协调配合,维护宏观经济稳定

改革开放之初,我国的宏观经济管理手段以行政和计划为主,相应国家计委(国家发展改革委的前身)和财政部是宏观管理的主要部门,主要表现是通过对微观经济主体的生产经营直接计划和干预,从而实现经济总量上的平衡。20世纪80年代中期后,随着中央银行制度的建立,我国开始尝试性地使用财政、货币政策的搭配调控管理经济,但因缺乏市场经济调控手段,二者仍然无法实现有效配合。社会主义市场经济改革目标确定后,随着各项改革逐步到位,调控经济的间接手段逐渐多样化,财政和货币的协调性逐渐增强。以1998年应对亚洲金融危机为标志,我国实施积极财政政策和稳健货币政策,启动国内需求,稳定宏观经济。之后,开启财政金融协调配合共同调控宏观经济的时代。总体而言,金融侧重于总量控制,而财政侧重于结构调整,二者搭配使用。2008年金融危机之后,我国从宏观调控走向宏观管理,在更广阔的空间发挥财政和金融作用,化解公共风险。

第五节　财政与社会保障制度改革

社会保障制度是社会进步的产物,是社会主义市场经济体制的重要组成部分,是社会稳定和国家长治久安的重要保证。我国社会保障制度始建于新中国成立。改革开放后进行了广泛而深刻的改革,以公共服务均等化为基本保障防线,坚持广覆盖、保基本、多层次和可持续的方针,兼顾当代人福利和后代人权益,建立以社会保险、社会救助、社会福利为基础,以基本养老、基本医疗、最低生活保障为重点,以商业保险为补充的社会保障体系。社会保障是公共服务的一部分,任何一项社会保障改革都离不开财政,财政在其中发挥了主导性作用。

一、财政改革牵引社会保障改革

在政府与企业一体、企业与个人一体的计划经济时代,中国的社会保障实行"企业自保",也就是说,有企业负责职工的保险负担,包括养老、医疗等方面的保障。

改革开放之初的国有企业改革引发了社会保障制度改革。20世纪80年代初,国有企业保障负担畸重。据统计,在部分行业中,老企业的退休费用占工资总额的50%以上。对于那些亏损的企业,职工的社会保障费用更是无以为继,从而引发社会不稳定。同时,国有企业改革也要求企业甩掉包袱,轻装上阵。为此,自1984年开始,各地国营企业开始试行国企职工退休费用的社会统筹改革,即由"企业自保"转向"社会统筹"。1986年的国企用工制度改革和《中华人民共和国企业破产法(试行)》的颁布实施,推动失业保险制度的建立。1984年,卫生部、财政部印发《关于进一步加强公费医疗管理的通知》指出,公费医疗制度的改革势在必行,在保证看好病、不浪费的前提下,各种改革办法都可以进行实验,在具体管理办法上,可以考虑与享受单位、医疗单位或个人适当挂钩,开始了公费医疗制度改革的探索和实践。

20世纪90年代以后,随着国企改革的深入,大量职工下岗,无收入来源,生活无着落,各地探索改革城市社会救济制度。自1993年起,一些城市陆续建立居民最低生活保障制度,1997年国务院颁布《关于在全国建立城市居民最低生活保障制度的通知》,明确要在全国建立城市居民最低生活保障制度。

1998年确立了公共财政制度,提出让公共财政阳光普照农村。2002年10月,《中共中央　国务院关于进一步加强农村卫生工作的决定》明确指出,要逐步建立以大病统筹为主的新型农村合作医疗制度。自2003年起,新型农村合作医疗制度在全国部分县(市)试点。

由于社会保障改革始于国企,相应2011年之前的职工"养老、医疗"保险社会统筹仅集中于企业职工层面,公务员和事业单位职工仍由财政全额负担,从而出现了社会保障"双轨制"局面。2011年3月,《中共中央　国务院关于分类推进事业单位改革的指导意见》,启动事业单位改革,推动我国社会保障"并轨"改革破题。

二、创立社会保障基金,为社会保障制度"压舱"

为应对我国老龄化社会的到来,弥补老龄化社会在养老保险等社会保障支出的压力,2000年8月,国务院决定设立全国社会保障基金,是国家重要的战略储备。全国社会保障基金是由中央财政预算拨款、国有资本划转、基金投资收益和国务院批准的其他方式筹集的资金构成,专门用于人口老龄化高峰时期的养老保险等社会保障支出的补充、调剂,由全国社会保障基金理事会(以下简称"社保基金会")负责管理运营。

需要说明的是,全国社会保障基金与地方政府管理的基本养老、基本医疗等社会保险基金是不同的基金,资金来源和运营管理不同,用途也存在区别。社会保障基金包括基本养老保险基金、基本医疗保险基金、工伤保险基金、失业保险基金和生育保险基金。

全国社会保障基金设立之初的规模是200亿元。2001年7月,全国社保基金首次"试水"股市。2001年12月13日,财政部和劳动保障部公布了《全国社会保障基金投资管理暂行办法》。2003年6月2日,社保基金会与南方、博时、华夏、鹏华、长盛、嘉实6家基金管理公司签订相关授权委托协议,全国社会保障基金正式进入证券市场。2016年5月,《全国社会保障基金条例》实施,对社会保障基金资金的来源、投资范围、监督管理等问题得到进一步落实,意味着社会保障基金投资执行将真正实现"有规可依"。

截至2015年12月底,全国社会保障基金规模已由设立时的200亿元发展到15085.92亿元,累计投资收益额为7133.34亿元,年均投资收益率为8.82%,超过同期年均通货膨胀率6.47个百分点①。

---

① 《全国社保基金条例5月1日起施行 1.5万亿社保将"有规可依"》,2016年3月29日,见 http://www.xinhuanet.com/finance/2016-03/29/c_128842660.htm。

全国社会保障基金规模的迅速扩大与财政部的大力支持密不可分。仅2014年至2016年,中央财政性资金净拨入1959.39亿元,其中中央财政预算拨款600亿元,彩票公益金拨入912.75亿元,国有股减(转)持净收入446.64亿元①。

可以预见,随着全国社会保障基金规模的不断扩大,对我国人口老龄化高峰时期的养老保险等社会保障支出的补充、调剂作用也会不断增强,必将成为我国社会保障制度的一块"压舱石"。

三、财政推动新型农村合作医疗制度改革

合作医疗是我国解决农村居民基本医疗的一种初级保障制度,是我国农村医疗保障的一大创举。改革开放前,在农村合作社体制下,同村合作医疗制度的具体形式是"赤脚医生"制度,即赤脚医生通过从事医疗活动换取"工分",进而获得粮食等生活资料。改革开放后,随着农村家庭联产承包制度的确立,"工分制"瓦解,相应"赤脚医生"制度失去了赖以存在的基础,农村合作医疗制度陷入困境,农村卫生投入无资金来源。

为此,2002年10月,《中共中央　国务院关于进一步加强农村卫生工作的决定》(中发〔2002〕13号)提出:"各级政府要积极引导农民建立以大病统筹为主的新型农村合作医疗制度。"②2003年国务院办公厅转发卫生部等部门《关于建立新型农村合作医疗制度的意见》,明确指出:"新型农村合作医疗制度是由政府组织、引导、支持,农民自愿参加,个人、集体和政府多方筹资,以大病统筹为主的农民医疗互助共济制度。"要求"从2003年起,各省、自治区、直辖市至少要选择2—3个县(市)先行试点,取得经验后逐步推开。到2010年,实现在全国建立基本覆盖农村居民的新型农村合作医疗制度的目标,减轻

---

① 《适应形势任务　深化改革创新　努力开创社保基金各项工作新局面》,全国社会保障基金理事会官网,2017年5月。

② 中华人民共和国中央人民政府网,http://www.gov.cn/gongbao/content/2002/content_61818.htm。

农民因疾病带来的经济负担,提高农民健康水平。"①之后财政部多次提高中央政府补贴标准,推动新型农村合作医疗制度改革。

新型农村合作医疗制度改革取得巨大成功,扭转了农村居民"怕生病,不敢看病"的局面,有效地缓解了"因病致贫、因病返贫"的状况。截至 2014 年底,全国参加新型农村合作医疗人口数达 7. 36 亿人,参合率已达到 98. 9%②。

---

① 中华人民共和国中央人民政府网,http://www.gov.cn/zhuanti/2015-06/13/content_2879014.htm。

② 《2014 年我国卫生和计划生育事业发展统计公报》,2015 年 11 月 5 日,见 http://www.nhfpc.gov.cn/guihuaxxs/s10742/201511/191ab1d8c5f240e8b2f5c81524e80f19.shtml。

第 四 章

工业化模式变迁中的财政改革

工业化的巨大成果,是我国四十年改革所取得的一颗璀璨夺目的"明珠"。正是由于工业化的顺利推进,我国才保持了四十年的高速增长,才有雄踞全球第二的实力和资本。从"一只手"的工业化到"两只手"的工业化,我国走出了一条独特的工业化道路,地方和市场"两个竞争"成为这一工业化的基本动力,财政改革则在其中发挥了至关重要的作用,成为工业化的"推进器"。财政与工业化,水乳交融,相互推动,衍生出独特的中国工业发展逻辑。

第一节 从"一只手"的工业化到"两只手"的工业化

新中国成立以后,我国在一穷二白的基础上建立起门类较为齐全、布局较为合理的工业体系。改革开放后,我国的工业化取得了巨大成就,工业经济总量和质量均实现了历史性飞跃,由大部分工业产品处于短缺的状态,发展为全球制造业第一大国。目前,我国工业产品产量居世界第一位的已有 200 多种。我国工业化之所以取得如此巨大成就,主要是由于我国走出了一条独特的工业化道路,推动了工业经济的迅猛发展。

一、我国工业化模式的变迁

自 19 世纪以来,工业化一直是各国竞逐民富国强的必由之路,工业发展水平成为决定各国竞争成败的主要因素。实现工业化,也是我国一直孜孜不倦努力追求的目标。早在 1945 年 4 月,毛泽东在延安召开的党的七大报告中明确指出:"没有工业,便没有巩固的国防,便没有人民的福利,便没有国家的富强。"[①]新中国成立后,我国从"一只手"的工业化到"两只手"的工业化,走出了一条符合中国实际的工业化道路。

（一）"一只手"的工业化:底子薄、基础差下的选择

新中国成立后,面对一穷二白的经济基础,推动我国工业化面临两个硬约束:一为技术落后,二为资金匮乏。"1952 年全国人均国民生产总值只有 104元人民币,第一产业在国民生产总值中的比重为 57.72%,第一产业的就业比重为 83.54%,同库兹涅茨的产值份额截面和劳动力份额截面相对比,明显处于人均收入 50 美元以下的阶段,属于不发达阶段的初期。"[②]在这种情况下,推动工业化,必然要求国家集中有限的资源,打破这两个硬约束。为此,我国采取了以国家为主导的"一只手"的工业化模式。

1953 年,中共中央根据毛泽东的提议,提出了过渡时期总路线。社会主义改造为国家工业化不可或缺的前提和条件。1953 年开始的国民经济发展"一五"计划,一系列重大建设项目落地,奠定了我国的工业化基础。此时的工业化,基于"落后就要挨打"的惨痛教训和强烈的赶超意识,采取优先发展重工业的战略。这一模式也深受苏联工业化模式的影响。

自 1956 年起,我国开始摆脱苏联工业化模式,独立探索适合中国工业化模式。毛泽东借鉴了苏联和东欧一些国家片面发展重工业而忽视农业和轻工业的经验教训,对我国经济建设中三大产业之间的关系作了重新思考,并围绕

---

① 《毛泽东选集》第三卷,人民出版社 1991 年版,第 1080 页。
② 苏星:《新中国经济史》,中共中央党校出版社 1999 年版,第 250 页。

加快经济建设速度和采取群众运动的方法这两个方面来探索社会主义工业化。例如，毛泽东在 1956 年 4 月的《论十大关系》中指出："我们现在的问题，就是还要适当地调整重工业和农业、轻工业的投资比例，更多地发展农业、轻工业。这样，重工业是不是不为主了？它还是为主，还是投资的重点。但是，农业、轻工业的比例要加重一点。"①

总体来看，改革前的工业化，是由政府"一只手"推动的，主要是采取了优先发展重工业的发展战略，并主要是在高度集中的计划经济体制下来推动的。新中国成立以后，我国逐步建立起传统计划经济体制，实行高度集中的资源配置方式，生产基本上是在计划指令性下完成的。国家对工业化进行统一管理、统一生产、统一分配，价格也由政府决定，资源统一调拨和分配使用。在当时国内资本严重短缺又无法获得外部资金和技术支援的情况下，正是由于集中国内有限资源大力发展重化工业，才改变了旧中国手工工业占主导地位的落后面貌，在较短时期内建立起一个初具规模的工业体系。按可比价格统计，从 1957 年底到 1978 年底，社会总产值增长 3.25 倍，工农业总产值增长 3.64 倍，国民收入增长 1.96 倍，工业总产值增长 5.99 倍，农业总产值增长 0.84 倍。可以说，没有高度集中的传统工业化模式，就不会有当今门类齐全、规模较大的工业体系。但这一模式，也带来诸多弊端和问题，如产业结构严重不合理、工业内部发展失衡、产品技术含量低、生产消耗高等。

（二）"两只手"的工业化：走出一条独特的工业化之路

1978 年 12 月，中国共产党召开了十一届三中全会，党的工作重心开始转移到经济建设上来，逐步拉开了改革开放的大幕。十一届三中全会后，党对中国社会主义现代化发展战略目标和战略步骤进行了重新调整。经过党的十二大、十三大比较完整地制定了现代化发展的"三步走"战略。与之相适应，我国开始新的工业化模式探索，由"一只手"的工业化走向"两只手"的工业化，即：由政府和市场两只手推动，发挥二者的优势。

1979 年到 1981 年的国民经济调整，使经济工作摆脱了多年来"左"的指

---

① 《毛泽东文集》第七卷，人民出版社 1999 年版，第 24 页。

导思想的束缚,进一步暴露了过去片面追求产值产量增长,重基建轻生产,高积累低效率的建设方针的错误,提出要走出一条速度比较实在、经济效益比较好、人民可以得到更多实惠的新路子。

新的工业化模式的启动,首先建立在对计划和市场的关系认识深化的基础上。计划与市场的争论发轫于社会主义与资本主义的争论。在传统社会主义经济理论中,计划经济是与商品经济、市场经济对立的,社会主义只能实行计划经济。自1979年起,邓小平、陈云等党和国家领导人开始反思传统理论中计划的关系。1981年,在党的十一届六中全会通过的《关于建国以来党的若干历史问题的决议》中,提出了"必须在公有制基础上实行计划经济,同时发挥市场调节的辅助作用"①。

随着我们对计划与市场关系认识的深化,我国工业化进程发生了新的变化,逐渐由"一只手"的工业化走向"两只手"的工业化。将"市场"引入工业化进程中,发挥市场在资源配置中的积极作用,使资源以计划和市场两种方式得以优化配置。在市场的作用下,工业化的投资主体发生了多元化,从而形成了以国家投资为主的国家工业化和以民间投资为主的民间工业化,国家工业化与民间工业化相互结合,共同推动了我国工业化的进程。

1992年春,邓小平发表著名的南方谈话,阐述了市场与社会主义的关系,提出了社会主义的本质论。1992年10月,党的十四大对政府与市场关系的认识进一步深化,提出在国家宏观调控下,让市场在资源配置中起基础性作用,并确立了建立社会主义市场经济的改革目标,标志着改革进入了一个新的阶段。1993年11月,党的十四届三中全会制定了《中共中央关于建立社会主义市场经济体制若干问题的决定》。随着对政府与市场关系认识的不断深入,以及相应的一些改革措施,市场因素成为引导工业企业发展的基本机制之一,使"市场"这只手的工业化得到了进一步的发挥。非国有工业,特别是乡镇工业企业的崛起,成为"市场"这只手的工业化深入推进的集中表现。乡镇

---

① 中共中央文献研究室编:《改革开放三十年重要文献选编》上,中央文献出版社2008年版,第213页。

工业企业,打破了"城市办工业、农村办农业"的传统格局,不仅促进了使农村产业结构得以优化调整,促进了农业的发展,而且产生了农村工业化这道亮丽的风景线,吸纳了大量农村劳动力就业,增加了农民的收入,提高了农民的生活水平。

在政府和市场这"两只手"的推动下,我国产业结构得到调整,轻工业得到较快发展,工业内部结构失衡问题得到一定程度的解决。这一阶段的工业化发展带有明显的开放型和市场化的特征,我国的工业开始走向国际,逐步融入到全球工业发展和生产中,成为全球工业生产的"一分子",中国制造开始跨出国门、走向世界。

我国在开辟市场化、迈向工业化发展道路的同时,逐渐开始对粗放型的传统工业化道路进行反思,将工业发展的重点转移到提升经济效率上来,力求又好又快的发展。经过 20 世纪 90 年代中期的思索和实践,2002 年 11 月党的十六大提出了"新型工业化道路",这标志着我国工业化道路的重大转型。自党的十八大以来,以习近平同志为核心的党中央针对我国工业化中取得的成绩和存在的问题,开始了推动工业化发展的新阶段。我国的工业化建设进入了"五大发展理念"为指引的新阶段。总之,"两只手"的工业化,一方面发挥政府对工业化的规划和引导作用;另一方面充分发挥市场的作用,使我国的工业实现了历史性飞跃,中国制造开始迈向中国创造。

二、我国独特的工业化路径特征

从"一只手"的工业化到"两只手"的工业化,这一独特的工业化路径,呈现出动员资源的能力强、国家主导和财政支持的方式不断优化、由一元工业化向二元(多元)工业化转变、"轻重关系"不断演变、成本的外部化较为明显等诸多特征。

(一) 动员资源的能力强

无论是"一只手"的工业化时期,还是"两只手"的工业化时期,都显示出了动员资源的能力强这一特征。在"一只手"的工业化时期,由于我国的工业基础薄弱、资金资源匮乏、技术落后,若要快速发展工业,必然要求国家筹集资源,因此,我国采取计划经济体制,以国家为主要力量,调集各方资源,支持工业发展。据测算,仅"'一五'建设期间工业建设的基本投资总额就达 250.26 亿元"。[①] 同时,通过工农业产品"剪刀差"的方式,为工业化积累资金。在"两只手"的工业化时期,在国家的引导下,市场这一机制的汲取资源服务工业化的能力得到充分发挥。市场机制不仅为工业化提供了资金、技术等资源,而且为其动员了劳动力资源,将农村剩余劳动力吸纳到农村工业化和城市工业化中。可以说,政府与市场这"两只手"相得益彰,优势互补,为工业化的深入推进提供了丰富的资源基础。

(二) 国家主导和财政支持的方式不断优化

我国的工业化,在起始之时就烙下了"国家"的印记。无论是建国初期以计划为主要配置手段发展工业化,还是改革开放后逐渐发挥市场的作用,国家在其中的作用都是主导性的。虽然改革开放后,从所有制的角度来看,我国工业中的非国有成分在增加,发挥着日益重要的作用,但我国在工业结构中以国有为主导的状况并没有发生根本变化。国有工业经济虽然也在市场竞争中发展并依据市场状况作出决策,但国家的作用一直非常重要,国有工业经济一直服务于我国整体发展战略,国家也对工业国有经济起主导作用。对于非国有工业而言,国家的产业规划、产业政策以及相关的扶持政策,都会对其发展产生重要影响。因此,从整体上而言,当前的工业化进程仍是以国家为主导的,只不过国家主导的方式由直接变为间接。同样,财政支持工业化的方式也在不断优化,由计划经济时期的财政直接投入为主的方式,转为市场经济条件下财政间接引导为主的方式。

(三) 由一元工业化向二元(多元)工业化转变

我国的工业化在诸多层面呈现出由一元工业化向二元(多元)工业化转变的特征。从总体路径上来看,由国家直接主导的一元城市工业化,转向城市工业化和农村工业化并存的二元工业化;从工业化的主体来看,由国有(国

[①] 汪海波:《中华人民共和国工业经济史》,山西人民出版社 2001 年版,第 244 页。

营)经济主导的一元工业化转为国有经济和非国有经济共同主导的二元(多元)工业化;从工业化的影响因素上来看,由单一因素向多元因素的转变,即由计划经济时期的国家这一主要因素的影响,转向为市场条件下市场结构因素、技术因素、制度因素等多因素影响;从工业化的供应目的和范围来看,改革开放之前工业生产主要以供应国内市场为目的,较少考虑对外贸易,而改革开放后,工业生产的目的和供应范围向多元化发展,在供应国内市场的同时,着眼于对外贸易。此外,我国的工业化还呈现出了由传统向现代、由低级向高级转变的特征。

(四)"轻重关系"不断发生演变

在我国工业化中,依据发展的目标,轻重工业比例结构和关系不断得以调整和优化,是一个重要特征。在 1949—1978 年,在赶超、求强的目标下,针对我国当时工业基础薄弱,特别是重工业滞后的条件下,选择了重工业优先发展的工业化道路,即虽然也强调农轻重之间的关系,但主要采取的是以重、轻、农为序的工业化道路。轻工业和重工业的产值比重由 1952 年的 64.5∶35.5 转变为 1978 年的 43.1∶56.9。改革开放后,求富则成为一个重要目标,在市场这一机制的推动下,工业投资主体的多元化、供求变化以及对外贸易等因素之下,针对轻工业相对滞后的状况,我国采取了轻工业化优先发展的工业化道路,强调农、轻、重协调发展。轻工业和重工业的产值比重由 1978 年的 43.1∶56.9 调整为 1997 年的 49∶51。到 1998 年,我国基本解决了人们的温饱问题。之后,我国开展大规模的产业结构调整,通过兼并、转让和资产重组,使国有工业的产业结构向重化工业倾斜,以打造新的经济增长点、实现快速发展。

(五)成本的外部化较为明显

无论是"一只手"的工业化,还是"两只手"的工业化,都呈现出了成本外部化较为明显的特征。在"一只手"工业化阶段,成本的外部化集中表现为抑制了农村的发展。由于通过工农业产品"剪刀差"为工业提供资本积累,相对抑制了农村和农业的发展,导致农业生产手段长期落后,农业劳动生产率提高较为缓慢,加重了"城乡二元结构"。可以说,这是工业化积累过程中不可避免的制度成本。到了"两只手"工业化阶段,成本的外部化集中表现为由高积累、高投入、高消耗支撑的粗放式发展带来的诸多弊端,如生产消耗高、环境污染严重、产业结构不合理等问题。总之,我国的工业化道路在取得巨大成就的同时,也产生了成本的外部化明显等问题。

第二节　地方和市场"两个竞争":工业化基本动力

地方和市场"两个竞争"是我国工业化的基本动力,贯穿于整个工业化之中,只不过在不同阶段其动力的侧重点有所不同。财政对于这两个动力的形成和推动发挥了至关重要的作用。

一、地方政府竞争:利益主体多元化激活了地方的积极性和创造性

党的十一届三中全会提出,要"对经济管理体制和经营管理方法着手认真的改革","现在我国经济管理体制的一个严重缺点是权力过于集中,应该有领导地大胆下放,让地方和工农业企业在国家统一计划的指导下有更多的经营管理自主权"。① 在原有的财政体制下,地方的积极性与创造性没有得到充分发挥,不利于工业化发展。为此,我国以改革传统财政体制作为改革的突破口,打造地方利益主体,激活地方的积极性和创造性。同时,在"无工不富"的理念下,地方为了在竞争中取得优势,大力招商引资,并采取诸多财税支持政策,促进了工业化的发展。

（一）财政体制的调整对工业化发展的激励

改革财政体制,对于塑造地方利益主体、激发地方竞争起到至为关键的作用,推动了工业化的深入发展。总体来看,财政体制的调整大致沿着"分灶吃

---

① 中共中央文献研究室编:《改革开放三十年重要文献选编》上,中央文献出版社 2008 年版,第 16 页。

饭"(激活工业化竞争)——"分税制"(促进公平竞争)——重塑央地关系和
地方税改革(规范工业竞争)这一脉络推进。

1."分灶吃饭":激活工业化竞争

改革开放以前,与高度集中的计划经济体制相适应,我国基本上实行"统
收统支"的财政管理体制。这种高度集中的财政体制影响了地方的积极性,
逐渐成为制约工业化发展的重要因素。为此,我国以财政体制为突破口,激活
地方竞争,促进了工业化发展。

1980 年 2 月 1 日,国务院发出《关于实行"划分收支、分级包干"财政管理
体制的通知》,决定从 1980 年起实行"划分收支、分级包干"的财政管理体制。
这种体制的核心在于明确划分地方财政收支范围、上解数额(或者上解比
例),补助数额确定以后,由地方包干使用,收支节余不上缴,收支不足不补
助。"分灶吃饭"是与过去由财政部统一分配收支指标的"一灶吃饭"办法相
对而言的,是一种形象的说法。实行这种体制以后,地方有了统筹安排财政收
支的自主性。这与过去的财政体制大不相同。由于"分灶吃饭"的财政体制
扩大了地方的财力和企业的自主权,使地方有了发展本地区生产建设事业的
内在经济动力和能力。地方政府出于追求政绩和当地繁荣局面的考虑,将发
展的重心放在促进工业发展上,扶植乡镇企业、私营企业、外资企业等非国有
经济成分或非公有制经济成分的发展,使"体制外经济"比重上升,形成了市
场主体多元化格局。由于"分灶吃饭",自己过自己的日子,客观上促进了工
业化的发展。

针对 1980 年实行"划分收支、分级包干"财政管理体制的弊端,为适应新
形势的需要,在两步"利改税"改革的基础上,国务院决定,从 1985 年起,各
省、自治区、直辖市实行"划分税种、核定收支、分级包干"的财政管理体制。
1986 年以后,"总额分成"办法造成了"鞭打快牛"现象,收入多的地区,留成
比例小,上解比例大;而收入少的地区,留成比例大,上解比例小。为了制止财
政收入滑坡现象,调动地方组织财政收入的积极性,1988 年 7 月,国务院发布
了《关于地方实行财政包干办法的决定》,全国 39 个省、自治区、直辖市和计
划单列市,除广州、西安市财政关系分别与广东、陕西两省联系外,其余 37 个

地区分别实行不同的包干办法。根据各地区的具体情况,采取了六种包干形式,即:收入递增包干、总额分成包干、总额分成加增长分成包干、上解额递增包干、定额上解包干和定额补助包干。此后,财政包干体制一直执行到1993年。

财政包干体制,进一步给予地方更大的自主权,调动了地方发展工业的积极性。地方政府由此可以因地制宜地安排本地各项支出,支持工业经济的发展,并从工业发展中获得更大的地方利益。

但财政包干体制还没有能够跳出传统体制的行政隶属关系格局,产生了一些负面效应,特别是强化了地方保护与无序竞争、束缚了企业活力,从而又不利于工业化的纵深发展。在利益驱动下,地方必然倾向于多办"自己的企业",多生产那些高税产品和预期价高利大的产品,并对市场和商品流通进行不合理干预,助长地区封锁,阻碍本地区短缺原材料外流,排斥外地产品流入,妨碍统一市场的形成和公平竞争,助长地方保护主义。因而地方政府热衷于大上基建项目,大量小烟厂、小酒厂、小棉纺厂应运而生,而且屡禁不止,经常发生同大厂争夺原料的各种"大战"。一些地方盲目引进电视机、电冰箱、洗衣机生产线,花了大量外汇,重复建设、盲目建设与"画地为牢"、地区封锁的现象相伴发生,制约了工业化的深入推进。

2."分税制":促进公平竞争

针对上述财政包干体制中存在的问题,理顺中央与地方的关系,适应市场经济的需要,促进公平竞争,进一步释放市场和企业活力,我国于1994年实行分税制财政体制。这一体制,为促进各地公平竞争,特别是在工业经济上的公平竞争起到了重要作用,推动了工业化的发展。

分税制是根据事权和财权相结合原则,按照税种划分分为中央财政收入和地方财政收入。将维护国家权益、实施宏观调控所必需的主要税种划分为中央税;将同经济发展直接相关的主要税种划分为中央与地方共享税;将适合地方征管的税种划分为地方税。国务院在1993年12月发布了《关于实行分税制财政管理体制的决定》,决定分税制从1994年1月1日起在全国各省、自治区、直辖市以及计划单列市实行。改革的主要内容包括以下几个方面:其一,根据中央和地方政府的事权确定相应的财政支出范围;其二,按税种划分中央财政与地方财政收入;其三,实行中央对地方的税收返还制度。

分税制财政体制开创了新中国财政发展史上的新纪元,对促进地方公平竞争、推动工业化发展起到非常重要的作用。实行分税制后,规范了国家与企业之间的收入分配关系,使企业不分大小与经济性质,不论行政级别,依法纳税,公平竞争;中央和地方两级政府分别依法征税,随意减免税和偷税、漏税的情况大大减少,企业与政府之间的分配关系逐步步入社会主义市场经济法制化的轨道。分税制财政体制实行后,由于税种划分打破了长期以来的“条块分割”的行政隶属关系控制体系,有助于消除政府对“自己的企业”的过多干预和过多关照,使包干制下出现的地方保护主义、经济封锁、市场分割等现象受到明显遏制和纠正,全国性的统一市场逐步形成,促进了工业化的发展。

3. 重塑央地关系和地方税改革:规范工业竞争

针对分税制体制存在的问题,为了进一步规范地方竞争,我国在财政体制、转移支付制度、税收优惠等方面做了一系列的改革和规定,对于充分发挥市场机制、促进工业化深入推进起到积极促进作用。例如,在收入划分方面,取消“双轨运行”中老体制“递增上缴”的“递增”规定,调整证券交易印花税、企业所得税中央与地方分享比例;完善政府间财政转移支付制度;先后设立了一般性转移支付、民族地区转移支付、调整工资转移支付,新增了一些专项转移支付项目,如对天然林保护工程、社会保障制度建设的专项补助等。

自党的十八大,特别是十八届三中全会以来,为了进一步规范中央与地方的财政关系,我国加快财政事权和支出责任改革。2013年11月,党的十八届三中全会在《中共中央关于全面深化改革若干重大问题的决定》中将“建立事权和支出责任相适应的制度”[①]作为“构建现代财政制度”三大任务之一。2014年6月,中共中央政治局审议通过了《深化财税体制改革总体方案》,对建立事权与支出责任相适应的制度提出了具体要求。2016年8月,国务院发布了《国务院关于推进中央与地方财政事权和支出责任划分改革的指导意

---

① 《十八大以来重要文献选编》中,中央文献出版社2016年版,第33页。

见》，就中央与地方财政事权和支出责任划分改革作了一系列的部署。2018年2月8日，国务院办公厅公布《基本公共服务领域中央与地方共同财政事权和支出责任划分改革方案》，对于义务教育、基本养老保险、基本住房保障等八大类共18个基本公共服务事项，划分了财政事权和支出责任。这些措施，客观上有利于为我国工业化的发展提供一个更为公平的制度环境。

（二）规范地方竞争中的招商引资及财税支持政策

改革开放之后，随着市场化进程的推进、中央权力下放、央地关系调整以及财税改革深化，我国地区之间招商引资竞争逐渐兴起并快速发展，对各地工业化进程和区域发展产生了重要影响。

我国的招商引资始于设立经济特区。1980年中央在深圳、珠海、汕头、厦门试办以市场经济调节为主的区域性外向型经济形式的经济特区。1980年8月，全国人大常委会批准了《广东省经济特区条例》，这个条例第一次在官方层面确立了招商引资政策。1993年11月14日，党的十四届三中全会通过了《中共中央关于建立社会主义市场经济体制若干问题的决定》，我国的改革开放进入了建立社会主义市场经济阶段，地方的招商引资也发生了很大变化，进入了快速发展阶段。我国各级地方政府纷纷建立各种经济开发区或工业园区，并以此为基地通过各种税收优惠政策、财政补贴政策以及公共服务等手段展开全方位的招商引资竞争，逐渐将竞争推向白热化。此后，为了促进工业竞争，各地都出台了一系列财税扶持政策，促进工业化的发展，但也出现了恶性竞争的趋势。

这些财税优惠政策，一定程度上促进了投资增长和产业集聚，但也扰乱了市场秩序，不利于市场公平竞争。为了维护公平的市场竞争环境，打破地方保护和行业垄断，推动经济转型升级和工业发展，近些年来，我国全面规范税收等优惠政策。2014年11月27日，国务院下发了《国务院关于清理规范税收等优惠政策的通知》，提出统一税收政策制定权限、规范非税等收入管理、严格财政支出管理等措施，并全面清理已有的各类税收等优惠政策。为了使清理规范税收等优惠政策更加符合我国实际状况，2015年5月10日，国务院又下发了《国务院关于税收等优惠政策相关事项的通知》，提出已经出台的优惠政策,有规定期限的,按规定期限执行;没有规定期限又确需调整的,由地方政府和相关部门按照把握节奏、确保稳妥的原则设立过渡期,在过渡期内继续执行。这些措施,对于规范市场、促进各地工业公平竞争,起到积极作用。

二、市场竞争:统一市场、促进公平竞争

市场竞争是我国工业化的另一主要动力。我国通过一系列的财税改革和政策措施,打造市场主体,激发、统一和规范市场公平竞争,使市场竞争这一动力在工业化中发挥了重要作用。

(一)打造平等的市场主体

为规范国家和国有企业的分配关系,构建自主经营、自负盈亏的市场主体,1980年,我国在对国营企业实行利润留成制度的同时,先后在600多家国有企业进行了征收所得税的试点工作。在此基础上,从1983年1月1日起,对国营企业全面实行征收所得税,实行"利改税"第一步改革,即改利润统收的办法为国家征收所得税。自1984年10月1日起在全国实行"利改税"第二步改革。

"利改税"改革改变了过去国有企业上缴利润的分配方式,在国家与企业的分配关系上第一次引进了所得税的形式,具有重大的历史意义。它不仅规范了国家与国有企业之间的分配关系,克服了企业利润留成制度的不确定性,而且有利于建立健全企业的经济责任制,促使企业转换经营机制,增强企业活力,促进了工业化的发展。

在将国有(营)企业通过两步"利改税"打造为自主经营、自负盈亏的市场主体的同时,我国给予了乡镇集体企业、个体私营企业等经营主体同等身份,公平市场竞争,从而开启了农村工业化之路。1984年中共中央4号文件将乡镇企业定位为"是多种经营的重要组成部分,是农业生产的重要支柱,是广大农民群众走向共同富裕的重要途径,是国家财政收入新的重要来源",是"国民经济的一支重要力量,是国营企业的重要补充",提出"对乡镇企业要和国

营企业一样,一视同仁,给予必要的扶持"。① 自此,乡镇企业迎来发展的高潮,到1988年乡镇企业产值占全国工业总产值的比重约占五分之一,吸纳就业人员超过一亿,改变了我国工业化发展的一元化模式,进入了城市工业化和农村工业化相互促进、相互发展的阶段。一方面城市工业或国营企业向农村辐射、传播、转移;另一方面乡镇企业向城市发展,出现了前所未有的城市工业化与农村工业化相互竞争、合作的新趋势,有力地促进了20世纪80年代我国工业化的高速发展。

（二） 改革和完善税制,为工业发展构筑公平竞争的环境

为了促进市场公平竞争,发挥市场在工业化中的重要作用,我国在改革和完善税制方面采取了诸多措施,为工业化的发展创造了一个良好的税收环境。

1. 改革产品税,引入和不断完善增值税

改革开放后,随着工业化的推进,税制对工业发展的不利影响逐渐显现,特别是经济改组、工业专业化协作生产,要求工业实行专业协作化生产方式,但当时的工商税道道征收,并且存在重复征税,其政策性导向鼓励"大而全""小而全"的落后生产方式,不利于高效能的专业化生产。为了解决这一问题,我国于1979年下半年起,先后在柳州、长沙、襄樊、上海等城市,选择重复征税矛盾最为突出的机器机械和农业机具两个行业进行增值税的试点。1982年,财政部制定了《增值税暂行办法》,决定对上述两个行业的产品以及电风扇、缝纫机、自行车三项产品在全国范围实行增值税。1984年,国务院颁布了《中华人民共和国增值税条例(草案)》,增值税正式成为我国税制体系中的一种独立税种,与产品税、营业税并行成为流转税的三大税种之一。针对增值税在实际运行中存在的问题,同时也为建立适应社会主体市场经济体制的财税制度,1993年12月13日国务院发布了《中华人民共和国增值税暂行条例》,改变了按产品分设税目、分税目制定差别税率的传统做法,建立了现代意义上的增值税制度。增值税的引入,客观上有利于工业化的发展。

---

① 《中共中央、国务院转发农牧渔业部和部党组〈关于开创社队企业新局面的报告〉的通知》(1984年3月1日),见《十二大以来重要文献选编》上,人民出版社1986年版,第439—440页。

1994 年的增值税实际上是一种生产型增值税——不允许企业抵扣购进固定资产的进项税额。随着工业化的进一步推进,这种生产型增值税的弊端日益显现,重复征税问题制约了企业技术改进的积极性。为了进一步消除重复征税因素,降低企业设备投资税收负担,鼓励企业技术进步和促进产业结构调整,我国先后开展了增值税的转型和扩围。2004 年下半年,我国增值税的转型改革试点在东北地区正式开始启动。2008 年 11 月 5 日,在全国所有地区、所有行业全面实施增值税转型改革。为了进一步解决重复征税问题,促进适应工业转型升级的需要,我国于 2012 年,又实施了"营改增"试点改革。自 2016 年 5 月 1 日起,我国全部行业都已实行"营改增",营业税完全退出历史舞台。

2. 促进税制公平、统一

自改革开放以来,我国逐步建立了内外统一、城乡统一的税收制度,为各类市场主体参与公平竞争提供了税收制度保障,客观上有利于工业化的发展。

一是内外税制的逐步统一。1991 年,将中外合资经营企业所得税和外国企业所得税合并为外商投资企业和外国企业所得税,统一了外资企业所得税制度。1994 年,将国营企业所得税、国营企业调节税、集体企业所得税和私营企业所得税合并为企业所得税,统一了内资企业所得税制度;对内资企业和外资企业实行了统一的增值税、营业税和消费税制度;统一了中外个人的所得税制度。2008 年,统一了内外资企业所得税制度。自 2006 年至 2009 年,先后将车船使用税与车船使用牌照税合并为车船税,将城镇土地使用税、耕地占用税和房产税的征收范围扩大到外资企业。2010 年 12 月,外资企业适用城市维护建设税,标志着内外税收制度的基本统一。

二是城乡税制趋向统一。2005 年免征了牧业税,2006 年取消了农业税和屠宰税,原有的农业税制逐步淡化,我国城乡税制的差异也逐渐缩小。

第三节　财政与工业资本积累

工业资本积累是工业化的前提和基础。财政是我国工业化积累的基本手段,工业化的快速发展和巨大成就,与财政提供资本积累密切相关。尽管在不同时期,财政为工业化提供资本积累的方式并不相同,但总体上适应并促进了工业化发展的资本积累需要。

一、逐渐改变工农业"剪刀差"的工业资本积累方式

新中国成立初期,我国是一个由农业人口占绝大多数、以手工劳动为基础的农业国,工业基础非常薄弱,国家的财力来源主要是农业。为了尽快改变这种落后的状况,我国选择了优先发展重工业的经济发展战略。不过,与传统式的国家工业化相比,我国是在人均国民生产总值较低的基础上启动工业化进程。一般而言,其他国家的工业化大都是在人均国民生产总值200多美元才开始启动的,而我国则在人均国民生产总值仅有50多美元的情况下就已开始。资本积累则成为工业化需要解决的首要问题。

由于当时我国的经济结构基本上是以农业为主导,农业产值占比较高,这就决定了农业应承担起为工业化积累资金的主要任务。1953年,我国农业净产值和农业劳动力在整个社会中所占的比重,分别为70.6%和83.1%。

农业和农民如何为工业化积累资金呢? 我国则是通过工农业"剪刀差"的形式来实现的,其关键在于实行农产品统购统销制度。国家对主要农产品实行统购统销,即:通过国家制定的低价收购农产品政策,以价格差的形式,把一部分农业和农民创造的收入转化为工业化的积累资金。具体而言,一方面,对农民实行一手低价收购农产品、一手低价供应农用生产资料;另一方面,对城市居民,则实行一手低价供应食品、一手采取低工资。通过较为平均的分配,不仅保证了全体居民的基本生活需要,而且抑制了农产品供求的剧烈波动对经济社会发展的影响。这样,通过农产品统购统销制度,把农业部门中无偿转移而来的农业收入,最终转化为工业生产的资本积累。与此同时,为了与这种农产品统购统销制度相适应,我国采取了政社合一的农村集体化制度。把农村各级经济组织,变成各级行政机构的附属机构,实现了国家对农业生产的直接管理。

可以说,这种工农业"剪刀差"形式的工业资本积累为我国工业化的快速推进作出了巨大贡献。据测算,在1950—1978年的29年中,政府通过工农产品"剪刀差"大约取得了5100亿元收入,同期农业税收入为978亿元,财政支农支出1577亿元,政府提取农业剩余净额为4500亿元,平均每年从农业部门流出的资金净额达155亿元①。

除了通过工农业"剪刀差"形式为工业化积累资本之外,工业本身的发展和积累,也是我国工业资本积累的重要途径。以工农产品价格"剪刀差"的形式,从农业中获得巨额的资金,再加上工业自身的逐年积累,逐步建立了比较完整的工业体系和国民经济体系。全国的工业产值由1952年的349亿元,增加到1978年的4237亿元,全国工业产值占社会总产值的比重,由1952年的34.4%上升到1978年的61.9%,这表明我国的工业已经在国民经济中占据首要的地位。

改革开放之后,随着市场化改革和市场主体的多元化,我国工业化积累的方式发生了一些变化。特别是从1985年起,价格形成机制改革快速推进,进一步放开农产品价格中的国家定价,对一些农产品运用国家指导价进行管理。粮食取消统购,实行合同定购,我国开始对农产品价格实行"双轨制"。在这种情况下,原有的从农业中为工业化提供积累的方式其作用逐渐变小,而通过调整政府与企业关系,逐渐形成了一种新的工业资本积累方式。

二、扩大企业自主权,形成以财政为主导的工业化资本积累

改革开放之后,我国进行了以扩大企业自主权为主的一系列的改革,实施了利润留成制度、"拨改贷",从而形成了以财政为主导的工业化资本积累方式。

扩大企业自主权和利润留成制度,为工业化提供了更多的资金积累。

---

① 《农业投入》总课题组:《农业保护:现状、依据和政策建议》,《中国社会科学》1996年第1期。

1978 年 10 月,在四川省选择了 6 户企业进行试点,允许企业在完成各项计划指标的前提下,实行利润留成和提取企业基金。1979 年 5 月,又在北京、天津、上海选择了 8 户企业进行扩大试点,改企业基金制为利润留成制。1979 年 7 月,国务院颁布了《关于扩大国营工业企业经营管理自主权的若干规定》《关于国营企业实行利润留成的规定》等文件,具体规定了政府与企业之间分享利润的基数、分成比例等原则与方法。根据上述规定,在改革试点的基础上,1981 年全国工商企业广泛实行了各种形式的经济责任制,1984 年又进一步扩大了企业生产经营计划权、产品销售自主权等十个方面的自主权。通过一系列政策,增加了企业自主支配的财力和发展活力,有力地支持了工业企业的发展。

实行"拨改贷",为工业积累提供了新的方式和渠道。1979 年 8 月 28 日,国务院转发原国家计委、原国家建委、财政部《关于基本建设投资试行贷款办法的报告》及《基本建设贷款试行条例》,试行将基建拨款改为银行贷款,贷款业务由原中国人民建设银行办理,开始实行"拨改贷"。"拨改贷"投资效果的好坏同企业和职工的经济利益直接挂钩,扩大企业的经营自主权,这是我国财政投资方式的重大变革。从 1981 年起,凡是实行独立核算、有还款能力的企业,进行基本建设所需的投资,除尽量利用自有资金外,一律改为银行贷款。1984 年 12 月,原国家计委、财政部、中国人民建设银行制定了《关于国家预算内基本建设投资全部由拨款改为贷款的暂行规定》,决定从 1985 年起,凡是由国家预算安排的基本建设资金全部由财政拨款改为银行贷款。为保证基本建设资金有一个稳定的来源,1988 年财政配合国家投资体制改革方案推出基本建设基金制改革。1988 年国务院发布了《国家基本建设基金管理办法》,决定从 1988 年起建立中央基本建设基金,基本建设基金与财政费用性开支分开,由中央财政预算安排,实行专款专用、年终结转、周转使用,接受财政部的监督。

两步"利改税",也为工业积累创造了有利条件。1983 年和 1984 年的"利改税"是将国有企业上缴利润改为按照国家规定的税种和税率缴纳税款,税后利润全归企业支配,逐步把国家和国有企业的分配关系通过税收固定下来,增强了企业资金支配的灵活性和主动性,为扩大工业积累提供了新的渠道。

三、形成以市场为主导的工业化资本积累

1993 年我国提出建立社会主义市场经济体制的目标,并采取了一系列的改革措施,发挥市场在资源配置中的基础性作用。与此相应,我国进入了以市场主导的工业化资本积累的阶段。

根据建立现代企业制度的基本要求,结合税制改革和实施《企业财务通则》《企业会计准则》,合理调整和规范国家与企业的利润分配关系。从 1994 年 1 月 1 日起,国有企业统一按国家规定的 33% 税率缴纳所得税,取消各种包税的做法。考虑到部分企业利润上缴水平较低的现状,作为过渡办法,增设 27% 和 18% 两档照顾税率。企业固定资产贷款的利息列入成本,本金一律用企业留用资金归还。取消对国有企业征收的能源交能重点建设基金和预算调节基金。

同时,我国财税政策在引导工业化积累、推动工业经济发展中发挥了重要作用。在财政支出政策方面,设立支持、奖励、补助资金或基金,用于支持工业经济,特别是制造业的核心技术研发、创新奖励、企业设立以及基础设施建设等,推动工业经济转型升级,增强企业创新的动力。在税收政策方面,主要体现在以下几个方面:一是所得税支持政策。包括所得税税前扣除政策、加速折旧政策、所得税直接减免政策、技术转让所得税减免政策、风险投资优惠政策等。在所得税税前扣除政策中又包括研究开发费用加计扣除政策、捐赠扣除政策、无形资产税前扣除政策、提取技术研发准备金政策等。二是增值税优惠政策。对于工业经济中能源资源回收利用、综合开发、具有重大技术创新等企业可采取增值税退税政策。三是资源税、环境税、契税、车船税等其他税收支持政策。通过相关制度设计,支持工业经济平稳增长和转型升级。

第四节　混合所有制改革下的新型工业化

虽然改革开放以来我国工业化取得了令世人瞩目的成就,走完了发达国

家200年甚至更长时间走过的工业化历程,但是外延发展仍在工业化发展过程中居于主导地位,随着经济发展改革的不断深入,工业发展存在的问题和矛盾也日益突出,特别是科技含量低、能源消耗高、污染日益严重。为此,我国开启了混合所有制改革下的新型工业化。

一、混合所有制改革:打造新的工业化利益主体和竞争机制

改革开放之后,无论是地方竞争,还是市场竞争,对工业化的推动作用,都与利益主体多元化以及相关利益主体竞争有关。然而,在地方和市场两个竞争之中,也都存在制约工业化进一步发展的深层问题。例如,在竞争领域,国有资本所占比较大,但控制力、影响力、活力不强的问题较为突出;国有资本布局结构不合理,产业结构趋同现象严重,资源错配严重,供给效率低下,产能过剩严重;等等。为此,我国启动了混合所有制改革。

混合所有制改革,并非单纯的公有制经济与非公有制经济的结合,而是在保证基本经济制度的根基不动摇的情况下,实现各类所有制资本取长补短、共同发展,达到"1+1>2"的效果。这意味着企业内外各参与主体不断进行着利益分化与重新整合的动态调整,需要通过利益机制重构达到激励相容,推动公司治理的创新。实行混合所有制改革,不仅可以发挥市场在资源配置中的作用,在更大范围内开放各类资本、资源、要素,加速各类资本有序流转、高效利用各种资源,优化国有经济布局结构,而且可以打造新的工业化利益主体和竞争机制,培育在全球范围内有重要影响力、行业带动力和市场竞争力的混合所有制"航母企业",为工业化纵深发展增加新动力。

早在改革开放之初,我国就大力鼓励经济技术协作和横向经济联合,出现了混合所有制的萌芽,只不过当时这一萌芽主要在不同部门、不同区域的国有企业间进行。随着乡镇企业等非国有经济的发展,国有企业和非国有企业之间的合作,从协作经营到联合投资以及参股经营,逐渐形成了国有制和非国有制之间的混合所有制企业。1992年10月,党的十四大报告提出:"在所有制结构上,以公有制包括全民所有制和集体所有制经济为主体,个体经济、私营

经济、外资经济为补充,多种经济成分长期共同发展,不同经济成分还可以自愿实行多种形式的联合经营。"①首次提出了"联合经营",为跨所有制的联营、并购、重组扫清了障碍。1997 年 9 月,党的十五大报告指出:"公有制经济不仅包括国有经济和集体经济,还包括混合所有制经济中的国有成分和集体成分。"②这是第一次提出"混合所有制经济"概念。

自 20 世纪 90 年代之后,国有企业改革进程加快,大量中小型国有企业逐渐出售国有股,混合所有制经济加快发展。2003 年,我国组建国资委,对国有资产的管理体系作出了重大创新,建立了"三分开"(政企分开、政资分开、所有权与经营权分开)、"三统一"(权利、义务和责任相统一)、"三结合"(管资产、管人和管事相结合)的国有资产出资人制度。

党的十八大之后,我国的混合所有制改革进入新的阶段。2013 年 11 月,党的十八届三中全会通过的《中共中央关于全面深化改革若干重大问题的决定》提出积极发展混合所有制经济。国有资本、集体资本、非公有资本等交叉持股、相互融合的混合所有制经济,是基本经济制度的重要实现形式,有利于国有资本放大功能、保值增值、提高竞争力,有利于各种所有制资本取长补短、相互促进、共同发展。允许更多国有经济和其他所有制经济发展成为混合所有制经济。2015 年 9 月,国务院发布的《国务院关于国有企业发展混合所有制经济的意见》指出,发展混合所有制经济,是深化国有企业改革的重要举措。2016 年 6 月,国务院决定在电力、石油、天然气、铁路、民航、电信、军工等七大领域加快推进混合所有制改革,选择一批国有企业开展混合所有制改革试点示范。

当前,我国的国有企业混合所有制改革正在深入推进之中,这一改革的成功依赖于其创造的价值在国家、国企、非国企和社会公众等利益主体之间进行重新配置,通过制度设计,对各方面的合理利益诉求作出妥善安排。以利益关

---

① 中共中央文献研究室编:《改革开放三十年重要文献选编》上,中央文献出版社 2008 年版,第 660 页。

② 中共中央文献研究室编:《改革开放三十年重要文献选编》下,中央文献出版社 2008 年版,第 900 页。

系整合,激励与约束不同参与主体的行为,从而实现由传统一元利益、刚性、机械式的重组、并购,转向多元利益、柔性、有机融合,实现融合共生、共同发展。

二、迈向集约式工业化

资源和环境是制约我国工业化中的两大硬约束。我国之前的工业化道路,是一种粗放式发展之路,暴露出了科技含量低、能源消耗高、污染严重等问题,为此,我国开始对粗放型的传统工业化道路进行反思,逐步向以提高经济效益为中心的工业化模式转型,开始迈向集约式工业化之路。

经过 20 世纪 90 年代中期开始酝酿和实践,2002 年 11 月,党的十六大完整提出了"新型工业化道路",这标志着我国工业化道路的重大转型。自党的十八大以来,以习近平同志为核心的党中央针对我国工业化中取得的成绩和存在的问题,开始了推动工业化发展的新阶段。2015 年 10 月,党的十八届五中全会提出了创新、协调、绿色、开放、共享的发展理念,这是关系我国发展全局的一场历史性变革,也是我国工业化发展的深刻变革。我国的工业化建设进入了"五大发展理念"为指引的集约式工业化新阶段。

财政在促进工业创新和转型升级、绿色制造和低碳发展等方面发挥了日益重要的作用,有力地支持了集约式工业化发展。

(一) 促进工业创新

近些年来,我国注重发挥财政支出政策在促进工业创新中的作用,主要表现在国家设立了一些支持技术创新和科研的专项资金。例如,我国设立了国家科技计划和公益性行业科研专项资金、国家科技支撑计划专项资金、中小企业发展专项资金等,并制定了相应的管理办法,对于提升工业经济创新能力发挥了积极的促进作用。

税收政策在激励企业自主创新方面具有突出的重要作用。我国一贯重视发挥税收政策对技术创新的扶持作用,多年来陆续制定了一系列科技税收政策,涵盖了增值税、营业税、企业所得税、个人所得税、进出口税收等一系列税种,到目前已基本形成了一套支持自主创新的税收政策体系。例如,对轻工、纺织、机械、汽车等四个领域重点行业的企业 2015 年 1 月 1 日后新购进的固定资产,可由企业选择缩短折旧年限或采取加速折旧的方法;对上述行业的小型微利企业 2015 年 1 月 1 日后新购进的研发和生产经营共用的仪器、设备,单位价值不超过 100 万元的,允许一次性计入当期成本费用在计算应纳税所得额时扣除,不再分年度计算折旧;单位价值超过 100 万元的,可由企业选择缩短折旧年限或采取加速折旧的方法。

(二) 促进工业转型升级

促进工业转型升级的财政支出政策,主要表现在国家通过设立专项资金等支持形式。例如,2012 年,为支持工业转型升级,国家在整合电子信息产业发展基金、集成电路产业研究与开发专项资金等专项的基础上,设立了工业转型升级资金,大多数省也都设立了转型升级专项资金;2015 年,工业和信息化部《关于发布 2015 年工业转型升级重点项目指南的通知》,此次转型升级资金重点项目针对智能制造和"互联网+"行动支撑保障能力、绿色制造、工业强基等 4 大重点领域,共实施 20 项任务 73 个方向;为促进废弃电器电子产品处理的规模化、产业化、专业化发展,提升行业技术装备水平,推动优质废弃电器电子产品处理企业做大做强,淘汰落后处理企业,2013 年,财政部出台了《关于完善废弃电器电子产品处理基金等政策的通知》,将已建成的优质处理企业纳入基金补贴范围。

为推进工业结构调整与升级,我国出台了一些税收优惠政策,主要体现在两个方面:一是对企业改制重组给予一定的税收政策。例如,2015 年,财政部出台了《关于进一步支持企业事业单位改制重组有关契税政策的通知》(财税〔2015〕37 号),对企业改制、公司分立与合并中的契税给予优惠。二是促进有关产业的工业结构调整与升级。例如,进一步推动科技创新和产业结构升级,促进信息技术产业发展,财政部、国家税务总局下发《关于进一步鼓励软件产业和集成电路产业发展企业所得税政策的通知》(财税〔2012〕27 号),规定:集成电路线宽小于 0.8 微米(含)的集成电路生产企业,经认定后,在 2017 年 12 月 31 日前自获利年度起计算优惠期,第一年至第二年免征企业所得税,第三年至第五年按照 25% 的法定税率减半征收企业所得税,并享受至期满为止;集成电路线宽小于 0.25 微米或投资额超过 80 亿元的集成电路生产企业,经认定后,减按 15%的税率征收企业所得税,其中经营期在 15 年以上的,在 2017 年 12 月 31 日前自获利年度起计算优惠期,第一年至第五年免征企业所得税,第六年至第十年按照 25%的法定税率减半征收企业所得税,并享受至期满为止。

(三) 支持绿色制造和低碳发展

促进绿色制造和低碳发展的财政支出政策主要体现在节能和提高能效、促进新能源和可再生能源发展、促进资源节约综合利用和循环经济发展、促进污染物减排和生态环境保护等方面。例如,2011 年 6 月 21 日,财政部、国家发展改革委制定了《节能技术改造财政奖励资金管理办法》,对符合条件的现有生产工艺和设备实施节能技术改造的项目给予奖励资金支持,东部地区节能技术改造项目根据项目完工后实现的年节能量按 240 元/吨标准煤给予一次性奖励,中西部地区按 300 元/吨标准煤给予一次性奖励。同时,我国还积极推行绿色采购制度,支持绿色制造和低碳发展。

近年来,为了推行绿色制造和低碳发展,除了在部分税种的税制要素上设置了针对能源和高耗能高排放产品的限制性条款外,我国实施了一系列的税收政策。例如:实施节能减排项目所得享受所得税"三免三减半"、高新技术企业享受 15%的所得税率、节能减排技术研究开发费用按 1.5 倍加计扣除、资源综合利用所得减计收入、节能减排专业设备投资抵免、资源综合利用产品免征增值税或即征即退、大型环保设备关键零部件免征进口关税和进口环节增值税、新能源汽车免征车船税等税收优惠政策。在税种选择上,现行与绿色制造和低碳发展相关的税收优惠政策涵盖了企业所得税、增值税、消费税、资源税和进出口税收等一系列税种,从政策激励方向来看,税收政策大体可以分为鼓励绿色制造、促进能源节约与提高能效、鼓励资源节约与综合利用、支持新能源与可再生资源开发利用以及促进污染减排和环境保护等几个方面。

第 五 章
从财政宏观调控到财政宏观管理

随着经济体制从计划经济向市场经济转型,我国也从传统的财政直接管理向财政宏观管理演进。通过优化和创新财政宏观调控政策,特别是近年来走向以风险管理为目标的财政宏观管理,提高了财政应对不确定性风险的能力,保障了经济社会平稳、健康发展。

第一节　从传统的财政直接管理到
财政宏观管理的演进

改革开放四十年来,财政对于国民经济的管理和调控,由传统的财政直接管理到财政宏观调控,再到财政宏观管理,形成了一个历史演进过程,适应了经济体制改革和社会经济发展的需要。

一、以财政直接管理为主:与有计划商品经济运行机制相适应

1978年我国开始改革开放,市场机制开始逐渐发挥作用,有计划的商品经济体制逐步确立。但一直到1992年党的十四大提出建立社会主义市场经济体制目标之前,新的市场运行机制尚在培育和发展阶段。总体而言,这一阶

段实行的是有计划的商品经济体制,即计划与市场相结合的体制,政府在经济管理中开始有意识地发挥市场机制的作用。从政府对国民经济的管理和调节角度而言,其方式仍是属于从传统的计划管理,调节和管理的手段仍是以计划为主,这实际上是一种行政直接管理,尚未形成现代市场经济意义上的宏观调控。在这种情况下,财政对国民经济的管理和调控的方式,实质上属于财政直接管理。

1978 年,我国开始实行改革开放政策,启动了以市场化为取向的经济体制改革,计划经济运行机制逐渐被打破,新的市场运行机制开始进入培育和发展阶段。从 1978 年年底到 1984 年 10 月的改革起步阶段,以农村改革为突破口并取得了较大成功,在城市也从扩大企业自主权入手进行了改革试点;从 1984 年 10 月到 1988 年 9 月的初步展开阶段,改革重点从农村转移到城市,以增强国有企业活力为中心,同时也从微观领域逐步扩展到宏观领域,并涉及政治、科技、教育等诸多领域。

通过一系列的改革,市场机制配置资源的基础性作用逐步增强。在农村,实行家庭联产承包责任制,农民家庭成为农业生产经营的基本单位,拥有土地使用权和剩余产品,开始进入市场自主交易。随着农业发展水平和农民收入的大幅度提高,农村集体和家庭的积累也逐步增加,这为乡镇企业的崛起奠定了基础。在城市,我国开始以放权让利为核心的国有(国营)企业改革,推行承包制、股份制,企业拥有了更多的经营自主权。与此同时,从逐步放开,到鼓励和支持非公有经济发展。市场交易逐步恢复,各种经济主体开始通过市场这一机制,从事各种经济活动。随着改革的深入和经济的发展,自主经营的市场主体日趋增加,交易规模不断扩大,价格机制和竞争机制的作用也在不断扩大。

与此同时,市场化改革逐渐从微观领域扩展到宏观领域,从局部逐渐扩展到整个经济领域,财税体制、物资管理体制、商品流通体制、用工与就业制度、信贷体制和外汇体制等方面的改革渐次展开,逐步覆盖整个宏观经济领域。产品价格形成机制也逐渐由完全的计划管理,转向计划与市场调节相结合,并且市场的“分量”逐渐增加。

经过一系列的改革,我国的市场逐步扩大,市场微观主体逐渐形成,市场机制在资源配置中的地位逐渐增强,其作用也越来越大。这一方面促进了我国商品经济的发展,增强了我国的经济实力,提高了人民生活水平;另一方面,市场机制内在的不稳定以及其他缺陷开始显现,再加上各种改革措施之间的协调性不足、制度变革与调整带来的体系内在的变化而生成的不稳定性,给宏观经济的稳定带来较大的负面影响。在 1979—1981 年、1985—1986 年以及1988—1989 年期间出现了三次较为明显的经济波动。虽然计划经济运行机制逐渐被打破,但由于市场机制的不健全、经济改革中的诸多问题并没有得到完全解决,因而在国民经济调节和管理上仍是以计划为主的传统的财政直接管理。

1979—1981 年,我国经济处于改革的起步阶段,宏观经济运行出现了增速过快、投资规模猛增、积累率迅速上升以及外贸赤字较大等经济过热问题。为此,我国按照"计划经济为主,市场经济为辅"的原则,以计划指令为主要手段实施了强有力的宏观调控,采取了缩小基本建设规模(停建、缓建项目和严禁新上项目),加强物价管理、坚决制止乱涨价,扩大企业自主权等措施,在较短时间内控制了经济过热。1984 年之后,随着经济体制改革的全面展开,宏观经济再度出现过热迹象。为了防止经济全面过热,遏制物价过快上涨,1985—1986 年间,我国采取了控制固定资产投资和信贷规模,以及制止乱涨价等一系列措施。1987 年年初,经济过热的局面有所缓和,但随后又很快出现了反弹,经济过热程度超过了前次,出现了较为严重的通货膨胀。1988 年和 1989 年,我国又一次实行了以"治理经济环境、整顿经济秩序"为主要内容的直接管理。由于仍然较多地依靠行政手段,甚至存在"一刀切"的现象,在高通货膨胀被遏制的同时,经济增长速度也出现较大幅度的下滑,导致 1990年年初经济出现了"硬着陆"的迹象。直到 1992 年正式提出建立社会主义市场经济体制目标后,在诸多措施的推动之下,经济才走出谷底,进入新一轮的增长周期。

总之,在这一阶段财政对国民经济的管理和调节,属于以财政直接管理为主,仍然较多地依靠行政手段,没有从根本上改变以计划为主配置资源的方式。客观上而言,这一调节方式与经济体制过渡阶段中的诸多经济机制和运行方式相吻合,在市场机制尚不完善的情况下,对经济快速发展作出了重要贡献,但由于经济运行仍然未完全跳出自计划经济时期就存在的"放—乱—收—死"的循环之中,财政直接管理的弊端日益显现。

二、以财政宏观调控为主:构建市场经济调控机制

随着改革的不断深化,我国逐步认识到,只有深化经济体制改革,实行社会主义市场经济体制,经济才能有更大、更好的发展。为此,1992 年 10 月党的十四大明确提出了建立社会主义市场经济体制的目标任务。与此同时,财政调节和管理经济的方式也发生了重大变化,逐渐形成了以财政宏观调控为主的机制和方式。

虽然早在 1984 年 10 月党的十二届三中全会发表的《中共中央关于经济体制改革的决定》中提出:"越是搞活经济,越要重视宏观调节,越要善于在及时掌握经济动态的基础上综合运用价格、税收、信贷等经济杠杆,以利于调节社会供应总量和需求总量、积累和消费等重大比例关系,调节财力、物力和人力的流向,调节产业结构和生产力的布局……"[1]但由于市场机制的不成熟以及财税手段的不健全,我国尚未真正建立起具有现代意义上的宏观调控体系。

1993 年通过的《中共中央关于建立社会主义市场经济体制若干问题的决定》提出:"社会主义市场经济必须有健全的宏观调控体系。宏观调控的主要任务是:保持经济总量的基本平衡,促进经济结构的优化,引导国民经济持续、快速、健康发展,推动社会全面进步。宏观调控主要采取经济办法,……运用货币政策与财政政策,调节社会总需求与总供给的基本平衡,并与产业政策相配合,促进国民经济和社会的协调发展。"[2]这标志着我国实现了从传统的财

---

[1] 中共中央文献研究室编:《改革开放三十年重要文献选编》上,中央文献出版社 2008 年版,第 352 页。

[2] 中共中央文献研究室编:《改革开放三十年重要文献选编》上,中央文献出版社 2008 年版,第 739 页。

政直接管理到现代意义上的宏观调控的转变。

此后,我国对于宏观调控的认识和使用,逐步深化。党的十四大提出:"我们要建立的社会主义市场经济体制,就是要使市场在社会主义国家宏观调控下对资源配置起基础性作用"[①];党的十五大提出充分发挥市场机制作用,健全宏观调控体系;党的十六大提出健全现代市场体系,加强和完善宏观调控;党的十七大提出深化财税、金融等体制改革,完善宏观调控体系;党的十八大提出加强宏观调控目标和政策手段机制化建设;党的十八届三中全会提出健全以国家发展战略和规划为导向、以财政政策和货币政策为主要手段的宏观调控体系,推进宏观调控目标制定和政策手段运用机制化;党的十九大提出:"创新和完善宏观调控,发挥国家发展规划的战略导向作用,健全财政、货币、产业、区域等经济政策协调机制。"[②]

财政宏观调控主要是靠财政政策来实施的,通过财政收支总量和结构的变化调控宏观经济。根据在调节国民经济总量方面的不同功能,财政政策可区分为扩张性政策、紧缩性政策和中性政策;根据对经济周期的作用来划分,财政政策又可区分为自动稳定的和相机抉择的政策。财政政策工具主要包括预算政策、购买支出政策、转移支付政策、税收政策和公债政策等。

自1993年以来,我国国民经济先后经历了1993—1997年、1998—2004年、2005—2007年、2008年至今等四次不同情况的波动。为此,我国的财政政策也相应经历了适度从紧财政政策、第一次积极财政政策、稳健财政政策、第二次积极财政政策等变化,形成了系统的财政宏观调控政策工具体系。

在市场经济条件下,我国宏观调控的主要目标就是调节社会总供给与总需求,保持供求总量基本平衡。通过对总需求的影响,来防范经济过热和经济过冷。在对宏观经济进行调控的实践中,我国不仅能够根据宏观经济形势的发展变化,灵活选用财政政策及相关工具,而且实现了财政政策的创新。例

---

① 中共中央文献研究室编:《改革开放三十年重要文献选编》上,中央文献出版社2008年版,第659页。

② 习近平:《决胜全面建成小康社会　夺取新时代中国特色社会主义伟大胜利——在中国共产党第十九次全国代表大会上的报告》,人民出版社2017年版,第34页。

如,在 2008 年之后实施的积极财政政策,并不只是需求管理的一个工具,而是一种涉及经济、社会乃至整个国家治理的多维度的财政政策,可称之为"结构性的政策",使财政政策由单纯经济政策转变为综合性政策,从而使积极财政政策的内涵更加丰富、实现形式更加多样化。这些宏观调控政策的实施,保障了我国国民经济平稳健康发展。

三、尝试构建财政宏观管理框架：走向风险管理的新时代

随着经济社会发展,国民经济中的各种矛盾和问题不断显现,我国的宏观调控越来越承载了"超负荷"的宏观经济管理任务。特别是自 2008 年全球经济危机爆发,防风险的任务在国民经济管理中不断提升,仅靠宏观调控难以完成防范风险的任务,"宏观管理"缺位问题日益突出。针对这些问题,从党的十八大之后,我国积极尝试构建财政宏观管理框架。

财政宏观管理不同于财政宏观调控。财政宏观调控只是以一些财政调控政策为主导,围绕经济增速和经济稳定做文章,它是一个经济的维度。而宏观管理不完全是一个经济维度,社会政策、民生等社会问题也纳入其中。从内容上来看,宏观管理应该将生态、环境、社会等诸多内容考虑在内,在视野上应该更为宽广。尽管我国实施了财政政策创新,从总量性政策转向结构性政策,并从经济政策转向经济政策与社会政策相结合,但其内容仍窄于财政宏观管理。从时间维度上而言,财政调控政策主要是属于相机抉择性质,是建立在凯恩斯框架基础之上的,此一时彼一时,需要不断调整变化,而财政宏观管理则属于战略性、中长期决策。财政宏观调控是财政管理的一个重要手段,它无法替代宏观管理。长期以来,我国"宏观管理"缺位问题日益突出,针对市场经济的宏观管理并没有建立起来,财政宏观调控替代了宏观管理,出现了"小马拉大车"的状况,无法解决现实中诸多宏观管理问题。

正是基于上述问题,我国坚持改革的整体观和以人为本的发展观,以风险管理为重心,开始注重财政宏观管理。2015 年 11 月 10 日召开的中央财经领导小组第十一次会议上,习近平总书记强调要在适度扩大总需求的同时,着力

加强供给侧结构性改革。随后,我国深入开展了以提高供给体系质量作为主攻方向的供给侧结构性改革,以风险管理为目标,实施了包括强化地方债务管理、规范财经运行、增强财政"托底"和保障能力等在内的一系列措施,这标志着我国由注重财政宏观调控,开始向注重财政宏观管理过渡。

不过,与之前带有计划色彩的财政直接管理不同,这次的宏观管理将"防风险"放在了重要位置。随着经济运行体系的变化,特别是经济增长速度放缓、新旧动能转换,经济社会结构、功能的分化与变动,各种诱因相互叠加、交织,潜在系统性风险将进入诱发期和敏感期,加之随着生产要素流动,特别是金融全球化,出现了风险全球化,使我国发展面临的不确定性和不可预测性增强。因而,防风险,特别是防范系统风险,成为我国经济社会发展的重要任务。2015 年 12 月中央经济工作会议提出要坚决守住不发生系统性和区域性风险的底线。2017 年 10 月党的十九大提出要"坚决打好防范化解重大风险、精准脱贫、污染防治的攻坚战"①。这对财政宏观管理提出了新的更高要求。

总之,自党的十八大以来,我国从短期、应急性的宏观调控转向长期、战略性的公共风险管理。未来的财政宏观管理,要适应经济发展新常态的需要,跳出传统的宏观调控思维,不仅要及时化解短期性风险,而且要完善公共风险管理,防范长期性风险和战略性风险。

第二节　财政宏观调控政策的优化和创新

改革开放以来,我国从有计划商品经济时期财政调控的初步探索,一直到社会主义市场经济时期财政宏观调控的建立、发展与完善,财政宏观调控在实践中逐步走向成熟,并在理论和实践上实现了优化和创新,保证了我国国民经济的健康发展。

---

① 习近平:《决胜全面建成小康社会　夺取新时代中国特色社会主义伟大胜利——在中国共产党第十九次全国代表大会上的报告》,人民出版社 2017 年版,第 27—28 页。

一、鸟瞰我国四十年财政宏观调控政策

我国在渐进性的市场化进程中,根据宏观经济运行状况,先后实施若干次财政宏观调控,取得了较好的效果。严格意义上而言,我国具有现代意义的宏观调控是在 1993 年开始逐渐形成的。为了便于观察四十年来我国财政宏观政策的变化,以及对经济社会稳定发展作出的贡献,我们在此从 1978 年开始分析,大致将其化分为两个阶段。

(一) 有计划商品经济时期的初步探索与实践

总体来看,从 1978 年到 1993 年,财政调节和管理经济主要是以财政直接管理的方式为主,但也逐步采用财政手段在市场机制下调节经济运行,特别是自 1985 年开始尝试以财政与货币政策工具实施间接调控,向现代意义上的宏观调控迈出了重要一步。具体而言,这一阶段的财政调节又可分为三个阶段:

1. 1978—1981 年的财政宏观调节

改革开放初期,在消费需求和投资需求的双重压力下,我国的宏观经济运行一度出现了较为混乱的局面:消费需求膨胀,市场物价持续上涨,1980 年比 1979 年物价上涨了 4%;1978 年的基建规模投资达到 500 亿元,全国基本建设交付使用的固定资产比上年增长 37%,是新中国成立以来投资规模最大的一年,1979 年全国在建大中型项目 1100 多个,1980 年又在此基础上增加了一倍,远远超过了当时国民经济的承受能力;财政赤字严重,货币超量发行,财政赤字 1979 年 170.6 亿元、1980 年近 127 亿元,这两年增发货币 128 亿元,从而引发了改革开放后的第一次通货膨胀。

针对经济过热引发的各种问题,中央于 1979 年 4 月果断提出对国民经济进行"调整、改革、整顿、提高"的八字方针。在 1980 年的经济工作会议上,中央进一步提出要按照"两平一稳"的方针调整国民经济,即实现财政收支平衡,不出现赤字;基本实现信贷收支平衡,不再搞财政性货币发行;基本稳定物价,特别是稳住生活必需品的销售价格。国家采取以直接管理为主、间接管理为辅的调控方式,调控手段以行政手段为主、经济手段为辅,从 1981 年起实行紧缩的财政政策和区别对待的信贷政策。例如:严格控制投资需求,压缩基建规模,要求停建、缓建大部分非生产性建设项目;严格控制预算内收入的增长,加强对预算外资金的控制,特别是对社会集团购买力进行了较为严厉的压缩;通过商业部门调节商品的供求,平抑市场物价,加强对市场和物价的管理和监督;国家对地方实行"划分收支、分级包干"的财政体制,明确各级财政的责权利关系,减少财政的赤字,等等。这些措施的实施,基本实现了财政平衡、信贷平衡和物价稳定的目标。但紧缩政策的实施,也使经济随之陷入了市场疲软,经济增长率从 1980 年的 7.8%降低到 5.2%。

2. 1982—1986 年的财政宏观调节

在党的十二大提出"三步走"战略目标的激励下,我国经济从 1982 年开始进入了高速增长时期。经过连续两年多的扩张,到 1984 年经济已明显出现了过热的势头。经济增长连年创出新高,GNP 增长率持续在高位区间。GNP增长率从 1982 年的 9.1%上升到 1983 年的 11.1%,1984 年则达到 15.3%。由于经济体制本身的不完善,经济高速增长增加了宏观经济运行中潜存的不稳定因素。投资需求和消费需求膨胀,1984 年的固定资产投资增长率达到42%。为满足高速经济增长中的投资和消费需求,弥补财政赤字,货币超量发行(1983 年和 1984 年市场流通货币量分别增发 90.6 亿元和 262.3 亿元),通货膨胀率直线上升(1984 年为 6%),1984 年 10 月中旬出现了改革开放以来的第一次"抢购风潮"。

面对严峻的宏观经济形势,国家于 1985 年开始实施以平衡信贷、降低通货膨胀率为主要目标的宏观调节。这次宏观调节是在财政与金融体制改革的基础上逐渐通过财政与货币政策工具来推行,也是我国在宏观经济管理方式上由直接的行政和计划干预向运用宏观经济政策进行间接调控过渡的第一次重大尝试和标志。这次调控采取了一系列较为严厉的财政紧缩政策,压缩固定资产投资规模,控制消费基金过快增长。同时,实施了一系列的货币政策,例如:动用国家外汇储备增加部分消费品的进口,以缩小购买力的缺口,回笼货币;加强中国人民银行对贷款计划的指令性管理,严格限制信贷规模;调整银行的贷款利率,通过较大幅度地提高固定资产的贷款利率,压缩对固定资产的投资需求,等等。随着一系列宏观经济政策的实施,过热的经济势头得到了较好的控制,经济增长率和物价水平都有了大幅度的回落。

3.1987—1992 年的财政宏观调节

1988 年国家实行财政包干体制后,一方面造成了中央财政收入所占份额继续降低,在财政支出扩大的情况下,财政赤字攀升;另一方面,使地方预算外资金膨胀,引起了地方投资需求和消费需求迅猛扩张。为弥补财政赤字,货币连年超经济发行。1987 年和 1988 年分别增发货币 236.1 亿元和 679.5 亿元,分别增长 31.7%和 49.6%。由于货币的超发,引发了物价的猛烈上涨。1988年全年平均零售商品物价指数上升至 18.5%,比 1987 年上升了 11.2 个百分点,消费品价格的上升进一步又拉动生产资料价格的更猛上升。1988 年我国总需求与总供给的差额达 2243 亿元。改革后我国第二次出现经济过热现象。

针对这种状况,中央从 1988 年第四季度起推行了以紧缩为重点的“治理整顿”措施。这次宏观调节的手段发生了较大的变化,明显地加大了财政政策与货币政策的力度。在财政政策方面,将调整预算外基础投资作为压缩投资需求的重点,通过征集国家预算调节基金来限制预算外资金的规模,合理引导预算外资金的流向;大力削减消费需求,主要是严格控制集团消费,把专项控制商品由 19 种扩大到 32 种;紧缩中央财政开支,调整财政支出结构,大规模压缩行政管理费支出,力保财政收支平衡。

在宏观调控政策措施的作用下,1991 年的经济回升到正常的增长速度,当年为 9.1%,全年物价总水平的上涨幅度约在 3%,总供给与总需求基本保持平衡,基本实现了低通胀下的经济快速增长,宏观调控取得预期的效果。

(二) 社会主义市场经济时期财政宏观调控的发展与完善

随着建立社会主义市场经济目标的确立,作为市场经济内在要求的宏观调控体系也随之开始建立。从 1993 年起,具有现代意义的财政宏观调控开始“启航”。根据经济形势的发展变化,我国及时调整财政政策取向,进行逆周期操作,熨平经济大波动。

1.1993—1997 年的适度从紧财政政策

1992 年,在邓小平南方谈话和党的十四大精神的激励下,我国经济开始了新一轮周期的启动。到 1993 年上半年,持续高涨的投资发展热情和宽松货币政策所引发的通货膨胀压力的全面释放,我国经济再度过热起来。投资需求的持续扩大推动着经济超高速增长,全国大部分地区出现了开发区热和房地产热。1992 年全社会固定资产投资规模比 1991 年增长 44.4%,1993 年比1992 年又增长 61.8%。由于经济增长持续升温,特别是刚起步的证券和房地产市场过高的投资收益率,引发了货币的超量投放。潜在的通货膨胀压力开始全面释放出来,到 1993 年 6 月,通货膨胀率已达到两位数。

面对经济过热而出现的通货膨胀日益严重和金融秩序混乱等问题,国家从 1993 年 7 月开始对经济进行宏观调控。这次的宏观调控并不是简单地实施压缩总需求的紧缩政策去取得总需求与总供给的平衡,而是有步骤分阶段地根据主要目标选择有针对性的宏观经济政策,并使之相互协调,其目的是为了避免以往宏观调控因急于求成而导致经济从过热到过冷的剧烈变化,力求经济的"软着陆"。财政部出台了一系列适度从紧的财政政策措施,其着力点主要是总量从紧和结构调整。主要包括:实行总量调控,加大总需求的控制力度,大力加强收入征管,严格控制财政赤字;强化投资管理以控制固定资产投资增长;严格控制社会集团购买力等。

历时三年半的宏观调控,成功地将通货膨胀率控制在适度范围内,国民生产总值增长率保持在 9.8% 的合理增长范围内,成功实现了经济的"软着陆"目标。

2. 1998—2004 年的第一次积极财政政策

1998 年以来,我国经济出现了一些新的情况:其一,随着买方市场的形成和发展,市场上 95% 以上的商品供给大于需求,我国第一次告别短缺而进入了"过剩经济"时代。其二,物价持续低走,货币供应量增幅持续下降,通货膨胀逐渐转变为通货紧缩。自 1997 年 8 月生产资料价格指数首次进入负增长时期之后,社会商品零售价格指数和居民消费价格指数又相继于 1997 年 10 月和 1998 年 3 月出现负增长态势。其三,1997 年的亚洲金融危机对中国的出口增长产生了重大影响,减缓了靠出口拉动的经济增长,限制了需求的扩大。其四,我国的失业问题日趋严重。1997 年年底,公开失业人数和下岗职工数分别达到 570 万人和 1200 万人。除此之外,农村的过剩劳动力已超过 1.2 亿人。

针对上述经济形势,1998 年我国明确提出扩大内需,确保 8% 的经济增长率的宏观调控基本目标,开始采取扩张性的宏观调控政策。从 1998 年开始,我国推出了一系列扩张性的财政政策措施,即实施积极的财政政策。具体内容包括:一是增发国债。自 1998 年首次增发 1000 亿元长期国债以来,至 2003 年共发行长期建设国债 8000 亿元。二是为减轻企业负担,清理涉及企业的政府性基金和收费,减轻企业负担 370 多亿元。三是为支持外贸出口,分批将部分商品的出口退税率从 9% 提高到 11%,加大"免、抵、退"税收管理办法的执行力度。1999 年进一步提高出口退税率,退税档次由五档变为四档,出口退税率达 15.51%,港口能源等交通项目的企业所得税减半,固定资产投资方向调节税 1999 年减半,2000 年取消征收以鼓励投资,对国企实行加速折旧,加大新产品开发费提取。四是扩大政府支出,1998 年对农业投资在前一年 12 亿元的基础上再增加 9 亿元。

3. 2005—2007 年的稳健财政政策

2003 年下半年以后,我国经济社会总体呈现较好发展的态势,但国民经济运行中也出现了通货膨胀压力加大、部分地区和行业投资增长过快等问题。也就是说,我国经济发展又面临着一个不同于 1998 年实施积极财政政策背景环境的新形势,即经济发展内外部条件朝着比较好的方向发展,已基本摆脱通货紧缩、有效需求不足的困扰,转向供求总量大体平衡、经济增长方式粗放问题及结构性问题和体制性机制性问题日益突出的新阶段。

有鉴于此,我国政府从 2004 年开始逐步调整财政政策的作用方向和力度,并对政策内容、实施方式等进行相应完善。宏观调控既要防止通货膨胀,又要防止通货紧缩;既要治"冷",又要治"热";既要巩固经济发展的好的势头,保持财政政策的连续性,又要作出适当调整,调整长期建设国债规模和优化国债项目资金使用结构,向社会传递政府合理控制投资的政策信号。这样,以扩张为导向的"积极"财政政策逐渐演变为总量上松紧适度、结构上有保有控的"稳健"财政政策。2005 年 3 月,温家宝同志在政府工作报告中提出,

2005 年要加强和改善宏观调控,实施稳健的财政政策。这标志着我国财政政策的基本导向作出了新的调整,稳健财政政策从此进入全面实施阶段。稳健财政政策的核心内容概括起来就是四句话十六个字:控制赤字、调整结构、推进改革、增收节支。稳健财政政策的实施推进了一系列改革,如增值税转型、企业所得税合并、出口退税、农业税改革等,同时把强化税收征管、增收节支作为稳健财政政策的重要内容。

4. 2008 年以来的第二次积极财政政策

自 2008 年以来,我国出现了需求萎缩与供需脱节问题,这既有全球因素的冲击,也有我国内部自身问题的影响。全球经济疲弱,外需低迷,使支撑我国快速增长的重要动力之一的进出口受到较大影响。从国内看,一方面,原有的供给体系和结构,无法适应国内外需求变化,致使高级产品供给不足以及产品缺乏差异化、个性化,难以进一步激发市场潜力;另一方面,企业融资成本、物流成本、税费成本、人工成本等成本增加,影响了企业的供给能力和供给转型升级。结构性因素与周期性因素双重叠加的状况,给我国经济发展很大的压力。

为此,我国于 2008 年下半年开始实施积极的财政政策。积极的财政政策主要包括:实施包括营改增,简化增值税税率结构,扩大享受减半征收企业所得税优惠的小型微利企业范围,放宽创业投资税收优惠条件,提高科技型中小企业研发费用税前加计扣除比例等政策,进一步降低企业税负;扩大赤字,2017 年赤字率按 3% 安排,财政赤字 2.38 万亿元。

二、财政政策在实践中得以优化和创新

从有计划商品经济时期开始尝试利用财政工具调节和管理宏观经济,到社会主义市场经济时期形成完整的宏观调控体系,我国的财政政策在实践中不断得以优化和创新。我国的财政宏观调控,拓展了西方财政政策的内涵和外延。除了应对供求失衡、保持宏观经济稳定之外,赋予了更为丰富的内涵,不仅包括总量调节,而且包括结构、创新、制度等命题,并涵盖民生、环保等领

域,是一个包含经济社会诸多发展因子在内的完整体系。财政宏观调控内涵与外延的拓展,与我国处于经济社会转型期这一特点密切相关。通过"两次"积极政策的差异,大致可以看出我国财政政策优化与创新的情况。

我国曾两次实施积极的财政政策。第一次是 1997 年,当时我国正处于经济周期的低谷,同时亚洲金融危机爆发,我国经济增长明显放缓,并出现通货紧缩现象,因此采取积极的财政政策,增加政府投资,发行国债,以刺激消费扩大内需。第二次则是 2008 年之后,当时出现了结构性因素与周期性因素双重叠加的状况,给我国经济发展很大的压力。一方面,全球金融危机虽然没有直接给我国造成太大危害,但对欧美等国产生巨大影响,导致我国出口低迷,从而间接对我国产生巨大影响。另一方面,我国经济发展进入新常态,表现出速度变化、结构优化、动力转换三大特点,经济增长内生动力仍需增强,结构调整和动力转换面临较多困难,金融、投资、外贸等领域遭遇挑战,人民群众对住房、教育、医疗、养老、食品药品安全、收入分配等还有不少不满意的地方,妥善应对各种不确定性、解决预期不稳定等问题的难度在加大。于是,我国于2008 年再次启用积极财政政策。

所谓"积极"[1],就是要积极主动发挥财政在国家治理中的基础和重要支柱作用,增强财政政策的预见性和预防性,而不是被动应付、见招拆招。作为国家治理工具的财政,要更加积极主动地应对国内外各种不确定性,化解经济社会发展面临的各种风险,防范于未然,而不是等到风险甚至危机发生后才仓促应对。虽然这两次都称为积极的财政政策,但两者有明显的不同,这不仅体现在目标上,而且体现在政策操作和内容上。较前一次相比,我国当前的积极财政政策包含了诸多创新元素。主要表现在[2]:

其一,从关注总量性问题转向更加关注解决结构性问题。在宏观经济教科书和流行的宏观经济分析框架中,都是把财政政策作为一个总量性变量来讨论的,把财政放到消费、投资、出口"三驾马车"中予以分析,积极财政政策

---

① 刘尚希:《破除积极财政政策的三个认识误区》,《经济日报》2017 年 7 月 7 日。

② 刘尚希:《论中国特色的积极财政政策》,《人民日报》2017 年 4 月 6 日。

的主要作用是扩大社会总需求。而当前我国面临的突出矛盾是结构性问题。习近平总书记对新常态下中国经济的判断一针见血——当前我国经济发展中有周期性、总量性问题，但结构性问题最突出，矛盾的主要方面在供给侧。因此，当前我国实施的积极财政政策，着力点在于推进供给侧结构性改革，解决结构性失衡问题。与货币政策相比，财政政策调结构的功能更强大。我国的积极财政政策从关注总量性问题转向更加关注解决结构性问题，所以坚决不搞"大水漫灌"式强刺激。

其二，从侧重解决经济问题转向综合施策。过去实施积极财政政策，基本上是围绕宏观经济做文章，不是"拉"增速，就是"稳"增速。然而，经济增长并不是发展的全部。作为国家治理的一个工具，积极财政政策只着眼于解决经济问题是远远不够的。而且，在经济、社会关联日益紧密的新形势下，仅仅着眼于经济也难以解决好经济问题。积极财政政策只有把视野扩展到经济之外，注重综合施策，才能维护好经济、社会"双稳"的局面。财政加大对基本民生保障、扶贫、教育、文化、健康、生态文明等重点领域的投入，增强对基本公共服务的保障能力，实际上改善的是公共服务的供给侧，是落实以人民为中心的发展思想的体现。从这点来看，财政政策不只是经济政策，也是社会政策，通过民生保障和提供公共服务，促进劳动者素质提高，为落实创新驱动发展战略夯实基础；还是一种不可替代的激励政策，通过税收、基金、补贴等政策手段产生分配激励、市场激励、行为激励和社会激励，既能激励科技人员发明创造和企业、个人创新创业，也能激励地方改革创新，还能激发社会活力，实现发展既"长个子"又"长精神"。

其三，从倚重赤字和债务转向优化财政收支结构。过去，人们对积极财政政策往往以赤字率多高、政府债务多大来衡量。在总需求不足的情形下，提高赤字率、扩大债务能有效扩大社会总需求。但要解决结构性问题，这一思路就不再管用。而且，如果过度提高赤字率和债务，还会加剧财政风险。结构性问题必须用结构性办法来解决，应通过财政收支结构的优化拓展财政政策空间。正是基于这种思路，2017年，我国积极财政政策将保持3%的赤字率，在减税降费的同时，中央和地方财政通过合理安排预算、盘活存量资金，确保重点支出强度不减。

第三节　走向以风险管理为目标的财政宏观管理

自党的十八大以来,针对财政宏观调控中的"小马拉大车"以及宏观管理缺位问题,我国以风险管理为目标,开始尝试构建财政宏观管理框架,防范公共风险,减少不确定性。

一、强化地方债务管理:防范"灰犀牛"

虽然我国地方政府债务总体可控,但地方债务问题所隐藏的风险也不容忽视,地方债务规模庞大,个别地方债务出现了隐性化、复杂化、高风险的趋势,为了防范地方债成为"灰犀牛",我国采取了一系列措施强化地方债务管理。

近些年来,我国的政府债务管理是逐渐收紧和规范。出台的措施也比较多,总体的思路是:"开正门、堵偏门、防范风险"。党的十八届三中全会通过的《中共中央关于全面深化改革若干重大问题的决定》提出,要建立规范合理的中央和地方政府债务管理和风险预警机制。2014 年 8 月 31 日,全国人大常委会审议通过了《中华人民共和国预算法》修改决定,明确允许地方政府适度举债,并从举债主体、举债方式、规模控制、预算管理、举债用途、风险控制、责任追究等方面对地方政府债务管理作出了规定。

2014 年 9 月,国务院印发《关于加强地方政府性债务管理的意见》,即"43 号文",进一步明确了地方政府债务管理的整体制度安排:一是赋予地方政府依法举债融资权限,省级政府在国务院批准的规模内可以适度举债,市县确需举债的由省级代为举借。二是规范地方政府举债行为,地方政府举债采取发行政府债券方式,剥离融资平台公司政府融资职能。自 2015 年起,融资平台公司的新增债务不再纳入政府债务。三是规范地方政府债务的举借程序和资金用途,地方政府举债必须经同级人大常委会批准,债务资金必须用于公益性资本支出。四是防范和化解地方政府债务风险,对地方政府债务规模实行限额管理,将地方政府债务分类纳入预算管理,建立地方政府债务风险评估和预警机制、应急处置机制以及责任追究制度。

2016年11月,国务院发布《地方政府性债务风险应急处置预案》,明确我国将把地方政府性债务风险事件划分为四个等级,实行分级响应和应急处置,必要时依法实施地方政府财政重整计划。预案明确,地方政府对其举借的债务负有偿还责任,中央实行不救助原则,省级政府对本地区政府性债务风险应急处置负总责,省以下地方各级政府按照属地原则各负其责。

2017年5月,六部委联合印发通知,进一步规范地方政府举债融资行为,财政部随后再次发布通知,坚决制止以政府购买服务名义违法违规举债并明确了地方清理整改的时限要求。2017年7月,全国第五次金融工作会议提出要严控地方政府债务增量,实行终身问责、倒查责任,进一步增强了对地方政府债务的约束力。

在加强管理的同时,我国还实施地方债务置换,进一步规范债务管理,降低地方政府债务成本。2015年年底,时任财政部部长楼继伟提出"准备用三年左右时间"置换截至2014年年底的14.34万亿元存量债务。2016年的置换额度为5万亿元,2017年地方政府置换债券额度略超过3万亿元。

通过以上措施加强地方债务管理,提升了地方政府的管理能力,使我国地方政府债务总体可控。截至2017年12月末,全国地方政府债务余额164706亿元,控制在全国人大批准的限额(188174.3亿元)之内。

二、规范财经运行管理:防范个体风险公共化

防范个体风险公共化,近些年来我国注重财经运行管理,并采取了诸多措施。这主要体现在加强政府和社会资本合作(以下简称PPP)管理和预算管理等方面。

在PPP方面,我国出台了一系列的规范和管理措施。2013年9月23日,

时任财政部部长楼继伟表示,应通过 PPP 等方式积极调动私人资本参与基础设施发展。2014 年 5 月,财政部 PPP 工作领导小组正式设立;国家发改委推出 80 个鼓励社会资本参与建设营运的示范项目,范围涉及传统基础设施、信息基础设施、清洁能源、油气、煤化工、石化产业,且项目模式不局限于特许经营。为了规范其运行,财政部先后出台了《关于推广运用政府和社会资本合作模式有关问题的通知》《关于政府和社会资本合作示范项目实施有关问题的通知》《关于政府和社会资本合作模式操作指南（试行）》的通知《政府和社会资本合作项目财政承受能力论证指引》等规范性文件。针对 PPP 在执行中存在的 PPP 异化、泛化等问题,财政部等有关部门进一步出台了监管措施,保证了 PPP 的顺利推进。

在预算管理方面,我国也实行了诸多管理措施:

其一,实施全面规范、公开透明的预算制度。2007 年 1 月 17 日,国务院将"财政预算、决算报告"和"财政收支、各类专项资金的管理和使用情况"列为重点公开的政府信息。对于建立公开透明的预算制度,国务院明确规定:细化政府预决算公开内容,除涉密信息外,政府预决算支出全部细化公开到功能分类的项级科目,专项转移支付预决算按项目按地区公开。

其二,改进预算管理和控制,建立跨年度预算平衡机制。预算审核重点转向支出预算和政策拓展,意味着收入预算从约束性任务转向预期性,更多强调依法征税,应收尽收,不收"过头税";支出预算从强调预算平衡转向强调支出的政策效应,这就要求提高财政资金的使用效益。

其三,完善政府预算体系,实行全口径预算管理。我国逐渐形成了由一般公共预算、政府性基金预算、国有资本经营预算和社会保险基金预算组成的政府预算体系,提高了预算编制的完整性和规范性。同时,我国在四本预算的衔接和划转上也作了相关规定,并提出加大政府性基金预算、国有资本经营预算与一般公共预算的统筹力度,建立将政府性基金预算中应统筹使用的资金列入一般公共预算的机制,加大国有资本经营预算资金调入一般公共预算的力度。加强社会保险基金预算管理,做好基金结余的保值增值,在精算平衡的基础上实现社会保险基金预算的可持续运行。

其四,加强预算执行管理,硬化预算支出约束。主要包括:一是加强国库资金和财政账户管理。科学开展财政专户和国库现金管理,提升资金运行效率。加强对项目预算资金支出的管理,细化支出内容和进度编制,增强其科学性。完善现金流预测和控制机制,提高预测的精确度,并选择安全、高效的财政资金收益模式。二是健全预算绩效管理机制。预算绩效管理以支出结果为导向,是一个由绩效目标管理、绩效运行跟踪监控管理、绩效评价实施管理、绩效评价结果反馈和应用管理共同组成的综合系统。健全预算绩效管理机制,要扩大绩效考核的范围,将其覆盖所有财政资金。绩效考评的重点逐渐拓展到部门整体支出和政策、制度、管理等方面,并将评价结果作为调整支出结构、完善财政政策和科学安排预算的重要依据。三是规范预算调整行为。为了增强预算执行的规范性,《中华人民共和国预算法》对报经人大审批的预算调整行为作了更严格的规定。例如,在预算执行中,各级政府一般不制定新的增加财政收入或者支出的政策和措施,也不制定减少财政收入的政策和措施;必须作出并需要进行预算调整的,应当在预算调整方案中作出安排。

三、推进财政供给侧结构性改革:防范经济下行风险

改革开放以来,我国经济持续快速发展,经济总量已跃居世界第二位,人均收入进入由中等收入国家向中高收入国家迈进的阶段。同时,经济运行发生一些阶段性、深层次、趋势性的变化,突出表现在消费结构不断升级,人民生活由一般的数量满足向追求更高水平更高质量转变。从供给侧看,传统的人口红利弱化,旧的发展动能不断衰减,资源环境约束加剧,特别是经济下行的压力加大,为此,我国积极推进供给侧管理与供给侧结构性改革。

2016 年 1 月 26 日中央财经领导小组第十二次会议上,习近平总书记强调,供给侧结构性改革的根本目的是提高社会生产力水平,落实好以人民为中心的发展思想。供给侧结构性改革,就是从提高供给质量出发,用改革的办法推进结构调整,矫正要素配置扭曲,扩大有效供给,提高供给结构对需求变化的适应性和灵活性,提高全要素生产率,更好满足广大人民群众的需要,促进

经济社会持续健康发展。

围绕供给侧结构性改革的主要任务和我国经济社会发展的形势,我国也积极推进财政领域的供给侧结构性改革,防范经济下行风险。

一是减税降费。一方面,进行减税。实施包括"营改增"试点改革,简化增值税税率结构,扩大享受减半征收企业所得税优惠的小型微利企业范围,放宽创业投资税收优惠条件,提高科技型中小企业研发费用税前加计扣除比例等政策。例如,小微企业月销售额(或季销售额)低于3万元(或9万元),免征增值税;在2017年12月31日之前,对年应纳税所得额低于30万元(含30万元)的小型微利企业,其所得减按50%计入应纳税所得额,按20%的税率缴纳企业所得税。另一方面,降费。包括清理规范行政事业性收费和政府性基金,在财政部门户网站集中公布中央和省两级收费目录清单,出台阶段性降低失业保险费率、降低物流用能成本、减少经营服务性收费等。截至2017年,中央设立的行政事业收费已由185项减至51项,减幅达70%以上,其中涉企收费由106项减至33项,减幅近70%。政府性基金由30项减至21项,减幅30%。各省设立的行政事业性收费项目也在减少。有的省市已宣布"省级零收费"。在我国经济下行压力较大的情况下,减税降费所产生的减负效应,对于增强企业活力、稳定经济增长发挥了重要作用。

二是扩大赤字。增加赤字主要用于给企业减负,而非政府投资,这也恰恰体现了积极财政政策在保持有力的同时,更加注重增效。例如,2017年,赤字率按3%安排,财政赤字2.38万亿元,比上年增加2000亿元。其中,中央财政赤字1.55万亿元,地方财政赤字8300亿元。安排地方专项债券8000亿元,继续发行地方政府置换债券。虽然赤字率与上年持平,但赤字规模绝对值扩大,保持了财政支出扩张力度,体现了积极财政政策。

三是优化政府投资方式,大力推广PPP。近年来,我国PPP呈现快速发展趋势。PPP的快速发展,对推动基础设施建设、提升公共服务水平、稳定经济运行,发挥了积极作用。

四是优化支出结构,切实保障改善民生。扎实推进精准扶贫精准脱贫,加大深度贫困地区脱贫攻坚工作力度,将贫困县涉农资金整合试点推广到全部

贫困县,支持地方探索推进资产收益扶贫。加大对资源能源型等财政困难地
区支持力度,兜住保障基本民生的底线。财政预算安排要突出重点、有保有
压,加大力度补短板、惠民生。对地方一般性转移支付规模增长 9.5%,重点增
加均衡性转移支付和困难地区财力补助。

四、改革税费制度:化解生态风险

随着我国经济发展和人口增加,工业化与城镇化进程加快,资源消耗呈刚
性增长,环境污染问题日益突出,生态环境恶化的总体趋势没有得到根本扭
转,一些地方生态环境承载能力已近极限。税费具有协调人与自然关系的功
能,是环境保护、污染防治的有效工具。为了更好地发挥税费这一功能、防范
生态风险,我国积极推进资源型产品税费改革。

一是开征环境保护税。2016 年 12 月 25 日第十二届全国人民代表大会常
务委员会第二十五次会议通过了《中华人民共和国环境保护税法》,对直接向
环境排放应税污染物的企业事业单位和其他生产经营者为环境保护税的纳税
人,征收环境保护税,不再征收排污费。2017 年 12 月 25 日,国务院以国务院
令第 693 号发布《中华人民共和国环境保护税法实施条例》,自 2018 年 1 月 1
日起施行。

二是完善消费税。近几年来,为了发挥消费税对环境保护和资源节约的
促进作用,我国对消费税作了诸多调整。例如,2015 年 1 月 13 日起,将汽油、
石脑油、溶剂油和润滑油的消费税单位税额由 1.4 元/升提高到 1.52 元/升;
将柴油、航空煤油和燃料油的消费税单位税额由 1.1 元/升提高到 1.2 元/升,
航空煤油继续暂缓征收;自 2015 年 2 月 1 日起,将电池、涂料列入消费税征收
范围,在生产、委托加工和进口环节征收,适用税率均为 4%;2015 年 5 月 10
日起,将卷烟批发环节从价税税率由 5%提高至 11%,并按 0.005 元/支加征从
量税;2016 年 9 月 30 日,财政部、国家税务总局发布《关于调整化妆品消费税
政策的通知》,取消对普通美容、修饰类化妆品征收消费税,将"化妆品"税目
名称更名为"高档化妆品",征收范围包括高档美容、修饰类化妆品、高档护肤

类化妆品和成套化妆品,税率调整为 15%。

三是改革资源税。2010 年 12 月 1 日起,又将这一改革推广到西部地区的 12 个省、区、市。2011 年 11 月 1 日,将西部地区进行的试点改革推广至全国。2014 年 12 月 1 日,我国将煤炭资源税由从量计征改为从价计征。随着我国进入新的发展阶段,面对新问题、新挑战,现行资源税制度日益暴露出诸多弊端。为此,2016 年 5 月 10 日,我国宣布自 7 月 1 日起,全面推进资源税改革。这次全面推进资源税改革,是我国在新的经济社会发展环境下,推出的一项重要财税改革,是应对资源环境压力的重要举措。其改革的内容主要包括:按照循序渐进的原则,分步实施、逐渐扩大资源税征收范围;根据资源品的特征,采用"从量定额"和"从价定率"并存的方式;规范税费关系,全面清理涉及矿产资源的收费基金,将全部资源品目矿产资源补偿费费率降为零,停止征收价格调节基金,取缔地方针对矿产资源违规设立的各种收费基金项目;合理确定税率,中央制定列举名称的资源品目的税率浮动范围;省级人民政府在规定的税率幅度内,考虑本地区资源禀赋、企业承受能力和清理收费基金等因素,提出具体适用税率。

总之,通过上述税费改革,对于促进资源合理开发利用、保护环境、促进生态文明建设等诸多方面,都产生了积极的效应,有利于防范生态风险。当前,我国由高速发展阶段进入高质量发展阶段,要求经济、社会、文化、生态等各领域统筹协调、全面发展,风险也呈现多领域互相作用、更加复杂的特征。这种情况下,应将宏观调控升级为宏观管理,包含经济、社会、文化、生态等各领域,把防范重大风险摆在首位,通过对短期的调控政策和对中长期规划的落实,来稳定预期和引导预期,注入确定性来减少各类不确定性及其带来的公共风险,从而体现全局性、长远性和整体性,也符合"五位一体"总体布局的要求。

第 二 篇

走向共享共富的财政

引　言

促进人的全面发展

　　改革开放以来,为促进社会进步和人的全面发展,中国财政不断改革与完善,走出了一条不平凡、不平坦的发展之路。

　　改革开放前,与高度集中的计划经济体制相适应,我国建立起城乡分治的二元财政体系,实行平均主义政策,国民整体生活水平较低,城乡、区域、行业和群体之间的差异不明显,形成了解决温饱、维持基本生存的民生模式。党的十一届三中全会开启了以经济建设为中心的发展阶段,走向"一部分人先富起来、一部分地区先富起来"的非均衡发展之路,经济持续高速增长,劳动力和家庭流动起来,社会发展开始摆脱低水平的生存型模式,转向高层次的发展型、共富型新模式。

　　实现经济与社会的统筹协调发展,是推行改革开放的重要任务之一。为适应建立和完善社会主义市场经济体制的客观需要,以效率为目的的公共财政取代了计划经济条件下的生产型国家财政,面向社会的民生财政、基本公共服务均等化等相继提出和实施,城镇化快速发展,经济与社会、城市与乡村以及不同区域之间的协调性协同性显著提高。

　　党的十八大之后,为适应我国经济社会良性循环发展,开始着手建立现代财政制度体系,以共享经济发展成果、实现共同富裕为特征的新型民生模式逐步成型。党的十九大报告庄严宣告"中国特色社会主义进入新时代","我国社会主义矛盾已经转化为人民日益增长的美好生活需要和不平衡不充分的发展之间的矛盾"①,在继续推动发展的基础上,着力解决好发展不平衡不充分问题,大力提升发展质量和效益,更好满足人民在经济、政治、文化、社会、生态等方面日益增长的需要,更好推动人的全面发展、社会全面进步,成为新时代的中心任务。

物质发展不是目的,实现人的全面发展才是根本。始终把人民利益摆在至高无上的地位,让改革发展成果更多更公平惠及全体人民,朝着实现全体人民共同富裕不断迈进,是中国共产党始终不渝的奋斗目标。中国改革开放四十年的实践,为全世界提供了促进社会发展、实现经济社会良性循环的中国方案和中国经验。

"财政乃庶政之母"。为维护和推进社会进步、公平正义的全面实现,财政要始终处理好平等与自由、公平与效率之间的关系。在平等与自由的关系上,新中国成立后,高度重视平等,曾长期推行供给制,实行平均主义的"大锅饭",由于缺少一定的自由,人失去了积极性。改革开放之后推行的一系列政策,实质上都是向自由的回归,在经济快速增长和发展的基础上重新实现平等与自由之间的再平衡。在公平与效率的关系上,中国通过改革开放四十年的持续奋斗,在经济领域取得举世瞩目的辉煌成就,在社会领域特别是扶贫减贫领域同样创造了全球公认的社会奇迹。在中国,一个 13.7 亿人口的大国,在效率基础上建立和完善了实现公平的机制和路径。

历史的经验一再证明,物质财富的高度发展并不一定给人民群众带来同样高度的幸福感。无论是经济增长,抑或社会发展,都要坚持以人民为中心。发展要依靠人,也是为了人。体现在财政上,是取之于民,用之于民。同时,还要摆脱福利陷阱,避免养懒人,消除各种社会公共风险,在统筹协调的基础上,最终实现共享共富,促进人的全面发展。

---

① 习近平:《决胜全面建成小康社会 夺取新时代中国特色社会主义伟大胜利——在中国共产党第十九次全国代表大会上的报告》,人民出版社 2017 年版,第 11 页。

第 一 章

从生存到共富的民生探索

　　民生是一个古老的概念,从字面上讲,是指人民的生活生计问题,包括衣、食、住、行、用,生、老、病、死等方面。在西方国家,民生通常被理解为福利。从内容上看,民生与福利确实有着一定程度的一致性,特别是在义务教育、失业救助、医疗保障、养老保障等方面。但从根本目的来讲,西方国家的民生是个人主义视角下的人权概念,在实践中导致了养懒汉的弊端,事实上任何一个国家的财政最终都是养不起的。在我国,改善民生一定要通过个人努力来实现,财政的定位是保障基本民生,坚决不养懒汉,通过个人和政府等多方面的合力,最终实现和促进人的全面发展。改革开放以来,我国的民生经历了生存、发展、共富三个不同水平的阶段。在生存阶段,吃住穿用构成了民生的主要内容;随着经济增长和发展水平的提高,高素质教育、高端医疗和丰富的文化生活等成为民生的重要内容;党的十八大之后,民主、法治、公平、正义、安全、环境等更广泛的民生要求日益增长。建立全覆盖、高水平的民生财政是党和国家确定的重要目标之一,但财政支出不可能在短期内满足全部的民生需求,只能有步骤、有重点地实施,逐步提高人民生活水平,确保社会主义建设的顺利实施。

第一节　为了温饱

党的十一届三中全会之后,广大人民群众长期被压抑的生产积极性开始发挥出来,形成了国民经济发展的巨大力量,为解决全国人民的温饱问题进而推动民生水平的提高提供了良好保障。

一、以经济建设为中心

经济建设既是最大的民生,也是所有民生的物质基础。

"文化大革命"结束后,中国处在经济崩溃的边缘,财政赤字严重,人民贫穷,科学技术落后,国家政局不稳。在危机关头,邓小平三度上台,尝试推进"对内改革,对外开放",改变了中国长久以来对外封闭的局面,一举扭转了经济濒临崩溃的局面,国民收入大幅提高,物质生活开始丰富起来。

1982 年 9 月,党的十二大明确提出:"从一九八一年到本世纪末的二十年,我国经济建设总的奋斗目标是,在不断提高经济效益的前提下,力争使全国工农业的年总产值翻两番,即由一九八○年的七千一百亿元增加到二○○○年的二万八千亿元左右。实现了这个目标,我国国民收入总额和主要工农业产品的产量将居于世界前列,整个国民经济的现代化过程将取得重大进展,城乡人民的收入将成倍增长,人民的物质文化生活可以达到小康水平。"①由此,中国踏上了从温饱走向小康的富裕之路。

1993 年 11 月,党的十四届三中全会通过了《中共中央关于建立社会主义市场经济体制若干问题的决定》,将"效率优先、兼顾公平"的提法正式写入中

---

①　中共中央文献研究室编:《改革开放三十年重要文献选编》上,中央文献出版社 2008 年版,第 266 页。

央文件。直至 2002 年年底,党的十六大开始强调"初次分配效率优先、再次分配注重公平",在改革开放启动后的 20 余年的时间里,经济建设始终是党和国家全部工作的重心,各级政府通力合作,采取一切可能的政策措施,以最快的速度摆脱贫穷落后的面貌。

二、生存型民生的实现

改革开放之初,我国仍然实行"票证制"和"限量供应"。在衣饰方面,颜色以蓝黑灰为主,穿衣标准是耐磨耐脏,添置新衣主要是在节日,一件衣服老大穿完给老二老三接着穿。在吃的方面,普通家庭很少吃肉,大餐是过年吃饺子,当时的北方人挖地窖储藏大白菜,整个冬天的主要食谱就是白菜。由于水果很稀少,人们更熟悉的是它另一种形式——罐头。有钱并不能随意买东西,首先要有各种票证,如布票、油票、肉票、豆腐票等。在那个年代,生存是最需要解决的问题。人们对教育、医疗、文化等依然有需求,但远不如今天这般强烈。在物质匮乏的日子里,中国建立起一套生存型民生体系,标准虽不算高,但快乐和幸福感并不稀缺。

(一) 克服困难办教育

教育是促进人的全面发展的重要途径。"文化大革命"十年中,教育事业遭受了浩劫。1977 年,中央作出恢复高考的决定,由于当年预算并没有安排这项经费,财政部门克服困难,增加有关经费拨款,使得全国各地招生工作得以顺利进行,解了燃眉之急。1980 年起,在教育事业单位和行政机关全面试行预算包干办法,提高资金使用效益,加强财务管理。随后,党中央决定教育事业发展应坚持"两条腿走路",逐步形成通过财政投入、教育费附加、对非义务教育阶段学生收取学费和对义务教育阶段学生收取杂费、发展校办产业、支持集资办学和捐资助学、建立教育基金等多渠道筹措教育经费的新体系。

1985 年中共中央颁布《关于教育体制改革的决定》,确定了"低重心"的教育发展战略,明确各级政府间教育财政的分工责任,制定了对集体、个人和其他社会力量教育投入的鼓励政策①。从当时的情况看,分级负担有利于发挥各级政府教育投入的积极性,特别是在"分灶吃饭"以后,中央财力比重下降、地方财力比重上升的情况下,促进了全国教育事业的发展。

改革开放之后,财政教育投入占全社会教育总投入的比例虽然有所下降,但仍占到70%左右。在20世纪80年代,财政收支矛盾压力很大,但仍然继续加大教育投入,从1980年的113.19亿元增长到1993年的745亿元(包括预算内教育和政府征收用于教育的税费),1993年的投入额是1980年的6.58倍。预算内教育投入占财政支出的比重也有大幅度提高,1980年为9.2%,1993年达到13.88%。教育经费总投入从1980年的124.29亿元增长到1993年的1059.94亿元,增长了7.53倍。②

当然,也应看到,由于受经济发展水平的制约和财政体制改革的影响,在改革开放初期的十几年中,财政收入占国民收入的比重逐年下降,因此财政用于教育支出的资金受到财力制约,加上我国教育事业规模庞大、教育物质基础薄弱、教育部门和学校经费不足的现象仍然普遍存在。

(二) 医疗事业在改革中发展

健康是人的全面发展的基础,关系到千家万户的幸福。我国传统的医疗保险制度由公费医疗和劳保医疗组成,国家工作人员实行公费医疗制度,企业职工实行劳保医疗制度。

1979年前,公费医疗经费属于财政预算支出中卫生事业费款的一项,由于实际开支总是超出预算定额,挤占地方卫生事业费,1980年国家财政将公费医疗经费从卫生事业费中划出,单列一款,并规定公费医疗经费专款专用、单独统一使用的原则,为保证公费医疗制度的效率性,享受公费医疗待遇的患者必须在指定的医疗机构就诊、住院。为了防止医疗经费挪作他用,医疗费用

---

① 1986年4月12日,第六届全国人民代表大会第四次会议通过的《中华人民共和国义务教育法》规定,国家实行九年制义务教育。要求省、自治区、直辖市根据该地区经济、文化发展状况,确定推行义务教育的步骤。该法于同年7月1日起施行。这是中华人民共和国成立以来最重要的一项教育法,标志着中国已确立了义务教育制度。

② 王丙乾:《中国财政60年回顾与思考》,中国财政经济出版社2009年版,第422页。

由医疗机构统一向有关单位结算。公费医疗制度基本上做到了有病能治、无病能防，有效保护了享受者的健康。

在劳保医疗方面，改革开放之后引入了承包制，将医疗费以补助形式分发给职工，看病自己支付费用。每年每人按年龄段或职务高低划定相应的医疗费用标准，就诊时自付一部分，住院费用个人负担比例低于门诊医疗费。职工全年自负医疗费在补贴额之内，节余归己，超支部分从个人收入中负担一部分，按全年算账一般不超过工资总额的 5% 或一个月平均工资，超过部分由单位支付。这一做法在保障医疗服务的前提下，摆脱了医疗费不断上升的困扰。

在大病医疗方面实现"统筹"，针对企业职工推行改革试点。主要做法是，以区县为统筹单位，按照用人单位职工工资总额的 3%—5% 筹资，有的地方按每人每月 3—5 元缴费。给付时按照病种与费用相结合的原则，由社会医疗保险机构支付医疗费的大部分，其余部分由用人单位与个人分摊。拨付起点最低为 300 元、500 元或 1000 元不等，具体标准根据当地医疗消费水平和统筹基金的承受能力等确定。这种做法将单个企业承担的疾病风险转为参加统筹单位共同承担，保障职工患病能得到及时治疗，也减轻了企业的负担。

（三）文化事业以改革求繁荣

文化是实现人的全面发展中的高层次需求。改革开放初期，由于国家财力不足，各项非生产性支出受到了压缩，但国家始终高度重视文化事业发展。1979 年，全国财政文化事业费支出为 5.85 亿元，1985 年为 11.29 亿元，1993 年达到 26.68 亿元，年均增长 11.45%，体育事业费支出由 2.9 亿元增加到 20.94 亿元，年均增长 15.17%，通信和广播电影电视事业费支出由 4.36 亿元增加到 28.47 亿元，年均增长 14.34%，为丰富人民群众的文化生活提供了物质保障。[①]

为促进文化事业的繁荣发展，1978 年，财政部批准《人民日报》等新闻单位实行"事业单位企业化管理"，由此拉开了文化事业单位改革的帷幕。1984 年，国务院批准中央电视台的预算包干方案，自 1984 年至 1986 年，三年经费

---

① 王丙乾：《中国财政 60 年回顾与思考》，中国财政经济出版社 2009 年版，第 431 页。

包干 5500 万元,一定三年不变,多了不交,少了不补。总的来说,实行定收定支,以收抵支,定额拨款,包干使用,减收超支不补,增收节支留用。这一做法逐步在文化事业单位中广泛推行开来,大大提升了财政支出效率,充分调动了文化事业单位的积极性,释放出巨大的活力。

三、国家财政的努力与成效

改革开放之后,为了尽快恢复经济增长、改善人民生活水平,国家从上到下都致力于把经济总量的蛋糕做大,财政无论是从体制安排、政策措施还是资金扶持等,都倾向于经济领域,温饱解决了,钱袋鼓起来了,社会才有可能进步和发展。在温饱尚未全面解决之前,人民群众的民生保障程度虽然标准不高,但实现了全覆盖,群体、行业、城乡和区域之间的差异很小,社会平安稳定,家庭和谐宁静,人们的脸上洋溢着满足和幸福。

在改革开放初期,通过集中各类资源用于发展经济,带来了经济的快速腾飞,与此相适应,建立和维持了一种低水平、生存型的民生,进一步创造条件和努力推动经济快速发展。在经济、社会实现即期均衡的限度内,双方会相安无事。但当均衡被打破之后,低水平、生存型的民生就成了经济增长和发展的阻碍和约束,客观上需要实现经济与社会之间新的再平衡。

第二节　富起来

2003 年春,"非典"疫情①爆发。这次社会公共卫生危机,引起党中央、国务院的高度重视,"社会这条腿短、经济这条腿长"的问题到了必须解决的时刻。为防范和化解公共风险和危机,疫情结束之后,中央宣布大幅度增加卫生

---

① "非典"疫情是指重症急性呼吸综合征(SARS)于 2002 年 11 月 16 日在广东顺德首发,并扩散至东南亚乃至全球,直至 2003 年中期疫情才被逐渐消灭的一次全球性传染病疫潮。

防疫经费投入。由此,中国进入社会快速发展的新阶段,社会领域的各项财政改革陆续推行开来。

一、经济增长与社会发展的协调

2003 年 10 月,党的十六届三中全会召开,政策上继续沿用"效率优先、兼顾公平"的提法,但提出了"以人为本"的"科学发展观"①。2005 年 10 月,党的十六届五中全会提出:"坚持从解决群众最关心的现实问题入手,推进和谐社会建设"②。2006 年 10 月,党的十六届六中全会提出:"走共同富裕道路,推动社会建设与经济建设、政治建设、文化建设协调发展"③。

2007 年 10 月,党的十七大为加快推进以改善民生为重点的社会建设明确了目标,并专门对教育、就业、分配制度、社会保障、医疗卫生、社会管理等重点的民生领域作出具体的阐述。2008 年 2 月,党的十七届二中全会提出改革的目的是保障和改善民生,既要抓经济求发展,又要处理好群众的热点、难点问题,把实现好、维护好、发展好最广泛人民的根本利益作为政府一切工作的出发点和落脚点。2010 年中共中央第十七届五中全会通过了《关于制定国民经济和社会发展第十二个五年规划的建议》提出建立健全基本公共服务体系,推进基本公共服务均等化,合理调整收入分配关系,努力提高居民收入在国民收入分配中的比重、劳动报酬在初次分配中的比重。

可以说,"非典"疫情的爆发表明,唯经济增长论、效率优先论等已经不能满足经济社会发展的客观需要,效率与公平是有机结合的整体,二者的"长短"在长时间趋势内需要保持合适的关系。从长期来看,过分追求效率而忽视公平,必然会导致收入差距拉大、民生消费不足且结构失衡,而生产体系仍要盲目扩张的话,必然会导致社会风险加剧,以及社会再生产的不可持续。经济社会协调发展,呼唤发展型民生体系的建立与完善。

---

① 《胡锦涛文选》第三卷,人民出版社 2016 年版,第 96 页。
② 《胡锦涛文选》第二卷,人民出版社 2016 年版,第 376 页。
③ 《胡锦涛文选》第二卷,人民出版社 2016 年版,第 523 页。

二、发展型民生的建立

1978 年至 2003 年间,我国 GDP 年均增长 9.3%。1998 年亚洲金融危机以来,世界各国普遍低迷,而我国经济仍保持 7%以上的增长速度。鉴于此,党的十六大报告明确提出:"在优化结构和提高效益的基础上,国内生产总值到 2020 年力争比 2000 年翻两番,综合国力和国际竞争力明显增强。"[①]这意味着随后 17 年的 GDP 增长速度平均要在 7%左右,仍然是一个高速度。经济长期快速发展的结果是人民富裕起来了,对高水平的民生需求大大增强。

(一) 公共卫生事业大发展

公共卫生是民生财政的重点保障对象之一。2003—2012 年,全国一般公共预算中财政医疗卫生支出由 831 亿元增加到 7245 亿元,年均增长 27.2%,高于同期全国财政支出的增长幅度。其中,2012 年全国财政医疗卫生支出占比当年一般公共预算的 5.8%。[②]

加强疾病预防控制体系、卫生执法监督体系和突发公共卫生应急救治体系成为公共卫生服务体系建设的重点。从 2007 年起,扩大国家免疫规划范围,将 15 种传染病纳入国家免疫规划范围,由政府免费提供疫苗,同时增加免费救治传染病病种,对艾滋病、结核病、血吸虫病、麻风病、疟疾、包虫病患者实行免费救治。为保障城市居民能够在社区享受到方便可及的公共卫生服务,2007 年起由中央财政和地方财政共同出资建立城市社区公共卫生经费保障机制,免费为城市居民提供基本公共卫生服务。

在医疗保障体系方面,2003—2008 年,中央财政共安排新型农村合作医

---

① 中共中央文献研究室编:《改革开放三十年重要文献选编》下,中央文献出版社 2008 年版,第 1249 页。

② 根据以下资料整理计算:中华人民共和国财政部编:《中国财政基本情况(2009)》,经济科学出版社 2010 年版,第 50 页;中华人民共和国财政部编:《中国财政基本情况(2010)》,经济科学出版社 2011 年版,第 75 页;中华人民共和国财政部编:《中国财政基本情况(2011)》,经济科学出版社 2012 年版,第 72 页;中华人民共和国财政部编:《中国财政情况(2012—2013)》,经济科学出版社 2013 年版,第 77、93 页。

疗补助资金 416 亿元,城镇居民医保补助资金 111 亿元①。2011 年,城乡居民参加三项基本医保人数超过 13 亿,覆盖率达到 95%以上,全民基本医保体系初步形成。

在城乡医疗救助方面,2003 年以后,相继发布了《关于实施农村医疗救助的意见》《关于建立城市医疗救助制度试点工作的意见》。2006 年,农村医疗救助制度在我国所有涉农县(市、区)全面建立。2008 年,城市医疗救助制度实现了全覆盖。

为解决大病患者的高额医疗费用负担,从 2012 年 8 月起开展城乡居民大病保险试点,将纳入大病保障试点范围的病种从儿童白血病、先天性心脏病、终末期肾病等 8 个病种扩展到了血友病、慢性粒细胞白血病、唇腭裂等 20 个病种。

在基层卫生服务体系建设方面,2006 年国家制定了《农村卫生服务体系建设与发展规划》,基层医疗卫生机构提供基本公共卫生服务所需资金由政府全额安排。2009 年人均经费标准 15 元,2011 年提高到 25 元。中央财政对西部地区补助 80%,中部地区补助 60%,东部地区按 10%—50%的不同比例补助,2009—2013 年累计安排补助资金 800 多亿元。基本公共卫生服务经费已成为基层医疗卫生机构重要的收入来源。②

此外,还建立完善财政应急保障机制、建立国家基本药物制度、推进公立医院改革、支持发展中医药技术和深化医药卫生体制改革。

(二) 教育改革攻坚

2003—2012 年间,一般公共预算安排的教育支出从 2003 年的 3352 亿元到 2012 年的 21242 亿元,翻了两番多,年均增长率为 22.7%。其中,2012 年一般公共预算安排的教育支出占当年公共预算支出的比重达到 16.8%。经过坚持不懈的努力,我国基本实现了普及九年义务教育,形成了多形式、多层次的

---

① 谢旭人:《中国财政 60 年》下卷,经济科学出版社 2009 年版,第 568 页。
② 根据下列资料整理计算得出:谢旭人:《中国财政 60 年》下卷,经济科学出版社 2009 年版,第 569 页;中华人民共和国财政部编:《中国财政基本情况(2011)》,经济科学出版社 2012 年版,第 74 页。

高等教育发展格局,少数民族教育、贫困地区教育和特殊教育等得到空前发展。[1]

2005 年 12 月,国务院发布《关于深化农村义务教育经费保障机制改革的通知》,逐步将农村义务教育全面纳入公共财政保障范围,建立中央和地方分项目、按比例分担的农村义务教育经费保障新机制。2006 年 9 月 1 日起开始实施新的《义务教育法》,规定"实施义务教育,不收学费、杂费",从法律的层面确立义务教育经费保障机制。2007 年春天,"免杂费、免书本费、逐步补助寄宿生生活费"的惠民政策实现了对全国 40 万所农村中小学的近 1.5 亿名学生的全面覆盖。2008 年秋,全国免除城市义务教育学杂费。2010 年,国务院颁布《国家中长期教育改革和发展规划纲要(2010—2020)》,启动实施农村义务教育薄弱学校改造计划,实施中小学教师国家级培训计划,推行农村义务教育学生营养改善计划,大力推进义务教育均衡发展。

在学前教育方面,2010 年中央印发《关于加大财政投入支持学前教育发展的通知》及 7 个具体操作性配套文件,支持和引导中西部农村地区增加学前教育,着力解决进城务工人员随迁子女入园问题,加强幼师建设,建立幼儿资助制度,推进学前教育快速发展。

为高等教育内涵式发展,1995 年实施"211 工程"建设,1998 年启动"985 工程"建设。同时,进一步完善中央高校预算拨款制度。对中央高校接受的社会捐赠实行财政配比,拓宽教育经费来源渠道。对学生公寓、学生食堂给予营业税、印花税、房产税优惠政策,减轻高校学生食宿负担。

为加快构建现代职业教育体系,2006 年启动了国家示范性高等职业院校建设计划。从 2009 年秋季学期起,对中等职业学校农村家庭经济困难学生和涉农专业学生逐步免除学费(艺术相关表演专业学生除外)。2010 年秋季,建

---

[1] 根据下列资料整理计算得出:中华人民共和国财政部编:《中国财政基本情况(2009)》,经济科学出版社 2010 年版,第 47 页;中华人民共和国财政部编:《中国财政基本情况(2010)》,经济科学出版社 2011 年版,第 72 页;中华人民共和国财政部编:《中国财政基本情况(2011)》,经济科学出版社 2012 年版,第 70 页;中华人民共和国财政部编:《中国财政情况(2012—2013)》,经济科学出版社 2013 年版,第 77、90 页。

立普通高中家庭经济困难学生国家资助制度。至此,我国已建立了从义务教育到高等教育各个阶段的教育资助政策体系。

（三）社会保障转轨与完善

2003—2012 年,一般公共预算安排的社会保障和就业支出从 2712 亿元增加到 12585.52 亿元,年均增长率为 18.6%。其中,2012 年一般公共预算安排的社会保障和就业支出占当年公共预算支出的比重达到 10%。[1]

为推动国有企业下岗职工基本生活保障向失业保险并轨,2003 年国务院印发《关于实施东北地区等老工业基地振兴战略的若干意见》,2004 年将完善城镇社会保障体系试点范围扩大到吉林、黑龙江两省。针对企业与机关事业单位退休人员待遇差距较大的问题,中央作出了 2005 年、2006 年、2007 年连续 3 年大幅度提高企业退休人员基本养老金的决定,3 年的月人均增加 240元左右,并重点向退休早、养老金偏低退休人员及具有高级职称的企业退休科技人员等倾斜。按照国务院统一部署,2008—2010 年连续 3 年提高企业退休人员基本养老金水平,提高幅度不低于前 3 年的水平,并继续向退休早、养老金偏低及具有高级职称的企业退休科技人员等倾斜。

在新型农村养老保险方面,2009 年年底,全国 27 个省、自治区的 320 个县（市、区、旗）和北京、天津、上海、重庆 4 个直辖市的部分地区列入首批新农保试点。同时,按照《国务院关于开展城镇居民社会养老保险试点的指导意见》（国发〔2011〕18 号）要求,在新型农村社会养老保险试点地区,同步开展城镇居民社会养老保险试点。截至 2011 年年底,两项制度试点面达到 60% 左右,累计参保人数达到 3.32 亿人。[2]

为支持实施积极的就业政策,自 2002 年起先后出台减免税费、小额担保

---

① 根据下列资料整理计算得出:中华人民共和国财政部编:《中国财政基本情况（2009）》,经济科学出版社 2010 年版,第 50 页;中华人民共和国财政部编:《中国财政基本情况（2010）》,经济科学出版社 2011 年版,第 76 页;中华人民共和国财政部编:《中国财政基本情况（2011）》,经济科学出版社 2012 年版,第 74 页;中华人民共和国财政部编:《中国财政情况（2012—2013）》,经济科学出版社 2013 年版,第 77、97 页。

② 中华人民共和国财政部编:《中国财政基本情况（2011）》,经济科学出版社 2012 年版,第 75 页。

贷款、社会保险补贴、公益性岗位补贴、提供免费就业服务、财政代偿国家助学贷款等一系列财税优惠政策,规范职业介绍补贴、职业培训补贴、社会保险补贴、职业技能鉴定补贴等就业扶持政策,拓宽贴息资金的使用渠道。此外,中央财政用于就业补助的资金规模不断扩大,积极支持大学生就业创业,通过财政补贴、奖励等形式,安排资金支持街道(乡镇)社区的劳动服务机构、就业中介机构、劳动力市场网络建设,加强就业指导和教育培训,并重点帮助困难地区、困难企业、农村劳动力增强就业能力。

为做好城市居民最低生活保障工作,各级政府不断加大资金投入力度。此外,在自然灾害生活救助、孤儿基本生活保障等方面,也完善了相关制度规定,提高了救助标准。

(四) 文化公共服务繁荣发展

2003—2012年,一般公共预算安排的文化事业支出从441亿元增加到2268亿元,年均增长率为20%。其中,2012年一般公共预算安排的文化事业支出占当年公共预算支出的比重达到1.8%。①

为推进公共文化服务体系建设,财政文化支出重点向基层、农村倾斜,重点支持实施"村村通""户户通",全国文化信息资源共享,农村电影放映,乡镇文化站设备购置等重点文化惠民工程;深入推进博物馆、纪念馆、公共图书馆等公益性文化设施向公众开放;支持地方改善公益性文化、体育、广播电视、新闻出版事业单位基础设施维修和设备购置,支持推进数字图书馆工程和基层公共电子阅览室建设计划,实施"三区"文化工作者专项计划,加强少数民族地区重点文化项目建设,加快推进广播电视节目无线数字化覆盖工程。

文化产业是推动公共文化服务体系建设的重要力量。为促进文化产业发展,2006年财政部联合出台了《关于推动我国动漫产业发展的若干意见》。

---

① 根据下列资料整理计算得出:中华人民共和国财政部编:《中国财政基本情况(2009)》,经济科学出版社2010年版,第56页;中华人民共和国财政部编:《中国财政基本情况(2010)》,经济科学出版社2011年版,第103页;中华人民共和国财政部编:《中国财政基本情况(2011)》,经济科学出版社2012年版,第79页;中华人民共和国财政部编:《中国财政情况(2012—2013)》,经济科学出版社2013年版,第77、81页。

2007年,中央财政安排"扶持动漫产业发展专项资金",重点支持动漫市场监管、优秀动漫原创产品创作生产和动漫公共技术服务体系建设等关键环节。2008年,设立国家文化产业发展专项资金,支持动漫、电影、出版等文化产业发展。2011年,我国成立首只国家级文化产业投资基金,主要对未上市文化企业进行股权投资,通过贷款贴息、项目支持等方式支持地方文化产业发展,为公共文化服务体系繁荣发展奠定了更加坚实的基础。

(五) 支持保障性安居工程建设

住有所居,是实现人的全面发展的重要保障。2003年,继《国务院关于促进房地产市场持续健康发展的通知》发布后,建设部会同财政部等部门颁布了《城镇最低收入家庭廉租住房管理办法》,初步建立了廉租住房保障制度。2007年,财政部先后印发了《关于切实落实城镇廉租住房保障资金的通知》《关于贯彻落实国务院关于解决城市低收入家庭住房困难若干意见的通知》《廉租住房保障资金管理办法》和《中央廉租住房保障专项补助资金实施办法》等办法,完善保障性廉租住房建设的配套政策。

棚户区改造也是保障性安居工程的重要内容,按照"政府主导、市场运作"的原则实施。政府除了鼓励地方实行财政补贴、税费减免、土地出让收益返还等优惠政策外,还允许在改造项目里配套建设一定比例商业服务设施和商品住房,支持让渡部分政府收益,吸引开发企业参与棚户区改造,棚户区改造工作取得了喜人的成效。

三、让公共财政的阳光普照

2003年以来,随着人民群众逐渐富裕起来,社会事业得到快速发展,民生财政也日渐丰富与成熟,与过去致力于经济建设的"生产型财政"相对,这一阶段财政的主要职能转变为提供公共服务、保障和改善民生。此时的民生不再是生存型的民生,人民群众的需求不再仅仅是满足基本的"衣食住行",而是发展到对更高质量的教育、高质量的医疗服务等的需求。

为此,财政付出了巨大的努力。与2003年之前相比,财政不仅在教育、医疗卫生事业、文化事业等方面加大了支出力度,更在保障性安居工程、环境保护、社会保障和就业等民生领域取得了显著进步。

然而,也应看到,长期以来我国政府用于民生方面的支出偏低,所占财政支出的比例低于20%,2003年后提高到了30%,但与国外比差距还很大①。因此,这一阶段用于民生方面的支出虽然增幅较大,但实际上带有还债的性质。用于民生方面的支出规模与人民群众的实际需求相比,仍然存在较大差距。

究其原因,我国作为发展中国家,原本社会事业的基础就比较薄弱,又由于人口基数巨大,因此人均收支水平很低,仅相当于发达国家人均水平的8%。我国民生保障体系需要惠及13亿多人,决定了较大的财政支出规模,仍然只能提供较低标准的民生保障水平。

不仅民生财政支出与群众需求仍存在差距,民生财政的进一步发展也面临着诸多难题。一是财政支出虽在逐年加大,但支出结构有待优化,尤其是缺乏对地方民生财政支出效率的评估体系,无法充分保证钱花到了实处;二是虽然我国民生福利和社会保障水平得到了普遍提高,但存在不充分、不均衡等问题,仍然需要一系列配套的财政体制改革,增强地方政府尤其是欠发达偏远地区基层政府财力和提供基本公共服务的能力;三是某些地区仍然对民生的重要性认识不足,GDP作为地方发展和政绩评价硬指标的思想依然占据主流,对民生财政的理解带有鲜明的"物本色彩",即使需要或者一定程度上缓解了民生领域的矛盾,也是出于政绩和上级考核的考虑。因此,全面深化改革、全面实现小康社会的任务依旧艰巨,我国民生事业的发展仍然需要继续努力。

---

① 例如,2003—2007年,我国财政教育支出占同期国内生产总值的比例为2.6%,远低于1993年中共中央、国务院颁布的《中国教育改革和发展纲要》所确定的2000年达到4%的目标,与国际一般水平有很大差距。据统计,国际平均教育投入占国内生产总值的比例为5.1%,其中,发达国家为5.3%,发展中国家为4%。从教育支出占财政总支出的比例来看,我国1996年这一比例达到17.84%,2006年下降为11.82%,远低于《中国教育改革和发展纲要》规定的15%的目标,与国际上发展中国家比较属于较低水平。又如医疗卫生,2003—2007年,我国医疗卫生支出占同期财政支出的比例为3.56%,比发达国家普遍低很多。

第三节　共享共富

　　"我们的人民热爱生活,期盼有更好的教育、更稳定的工作、更满意的收入、更可靠的社会保障、更高水平的医疗卫生服务、更舒适的居住条件、更优美的环境,期盼孩子们能成长得更好、工作得更好、生活得更好。人民对美好生活的向往,就是我们的奋斗目标。"①2012 年 11 月 16 日,习近平总书记在第十八届中央政治局常委同中外记者见面时的这段讲话,朴实亲切、饱含深情,温暖了亿万人民的心,也预示着民生必将得到全面发展以及共享共富新时代的到来。

一、全面建成小康社会

　　2013 年 11 月 9 日至 12 日,在党的十八届三中全会上,习近平总书记指出要"紧紧围绕更好保障和改善民生、促进社会公平正义深化社会体制改革,改革收入分配制度,促进共同富裕,推进社会领域制度创新,推进基本公共服务均等化,加快形成科学有效的社会治理体制,确保社会既充满活力又和谐有序"②。

　　2015 年 10 月 26 日至 29 日,党的十八届五中全会提出创新、协调、绿色、开放、共享的发展理念,并确保如期全面建成小康社会,到 2020 年全面建成小康社会。全会提出,坚持共享发展,必须坚持发展为了人民,发展依靠人民,发展成果由人民共享,作出更有效的制度安排,使全体人民在共建共享发展中有更多获得感,增强发展动力,增进人民团结,朝着共同富裕方向稳步前进。

　　2017 年 10 月 18 日,党的十九大在北京胜利召开。习近平总书记在报告

---

①　《十八大以来重要文献选编》上,中央文献出版社 2014 年版,第 70 页。
②　《十八大以来重要文献选编》上,中央文献出版社 2014 年版,第 513 页。

中将民生的重要性提升到一个新的高度,把民生作为一个发展性的工作要求。报告从七个方面专门阐释民生问题,包括优先发展教育事业,提高就业质量和人民收入水平,加强社会保障体系建设,坚决打赢脱贫攻坚战,实施健康中国战略,打造共建共治共享的社会治理格局,有效维护国家安全。同时提出人民日益增长的美好生活需要和不平衡不充分的发展之间的矛盾是新时代中国社会的主要矛盾。不平衡是发展的"水平"问题,不充分是发展的"品质"问题,两者都是在发展的差异性背景下产生的。经济发展重在效率,社会发展重在公平,坚持在发展中保障和改善民生,充分体现了效率和公平的结合,体现了共建共享的发展理念,是化解不平衡不充分进而实现共享发展的重要保障。

党的十八大以来,我国民生向着共享共富更高的层次迈进。民生进步不仅体现在人民群众享受的教育、卫生、社会保障等公共服务水平稳步提升,还要让人民更广泛地参与,提升人民的满足感和获得感。与之相对应,民生财政不再是"物本财政"的范畴,而是走向"以人为本的财政"。人本财政关注人的全面发展,财政是为人的全面发展服务,而不是单纯为"GDP"服务。

二、共富型民生的发展

把民生理念真正贯彻落实在财政工作中,不仅硬性的指标,如教育、公共卫生、环保等典型的民生支出,要跟上人民日益增长的美好生活需要,同时要把财政对民生事业的扶持真正落实到人的发展和再生产上。

(一) 教育均衡化发展

在财政教育投入方面,2016 年全国教育经费总投入是 2013 年的 1.28 倍,年均增长 7.92%。国家财政性教育经费占 GDP 比重达到 4.22%,自 2012 年以来连续 5 年保持在 4%以上,教育支出占一般公共预算支出比重达到 14.9%,为一般公共预算第一大支出。[①]

为促进学前教育发展,实施两期学前教育三年行动计划,支持各地坚持公

---

① 《十八大以来新发展新成就》上,人民出版社 2017 年版,第 168 页。

办民办并举、多种形式扩大普惠性学前教育资源,建立完善幼儿资助制度,加强幼师队伍建设。2014 年全国学前三年毛入园率达到 70.5%,提前 6 年实现《国家中长期教育改革和发展规划纲要(2010—2020 年)》确定的 2020 年达到 70%的普及目标。从 2017 年起启动实施第三期学前教育行动计划,力争到 2020 年基本建成广覆盖、保基本、有质量的学前教育公共服务体系。

为促进义务教育均衡发展,从 2016 年春季学期起统一城乡义务教育学校生均公用经费基准定额,从 2017 年春季学期起统一城乡义务教育学生"两免一补"政策,全面改善贫困地区义务教育薄弱学校基本办学条件。2016 年我国义务教育巩固率达到 93.4%,超过高收入国家平均水平,全国已有 1800 多个县(市、区)通过了义务教育发展基本均衡县评估认定。①

为加快发展现代职业教育,支持实施现代职业教育质量提升计划,推动建立完善以促进改革和提高绩效为导向的高等职业院校生均拨款制度,引导高等职业院校深化办学机制和教育教学改革;支持各地改善中等职业学校基本办学条件,建立健全中职学校生均拨款制度;促进提高职业院校"双师型"教师队伍素质。

在高等教育改革发展方面,构建科学规范、公平公正、导向清晰、讲求绩效的中央高校预算拨款制度,促进中央高校提高质量、优化结构、办出特色。中央财政对中央和地方高校采取分级支持方式,统筹推进世界一流大学和一流学科建设。整合设立支持地方高校改革发展资金,推动改革完善地方高校预算拨款制度,逐步提高生均拨款水平,促进区域间高等教育协调发展。全国高等教育毛入学率显著提高,2016 年达到 42.7%,比 2012 年提高了 12.7%。

为学生资助政策方面,我国已建立从学前教育到研究生教育各阶段全覆盖的家庭经济困难学生资助政策体系,资助方式包括奖、贷、助、补减等,每年惠及 9100 多万人次,从制度上保证了不让一个学生因家庭经济困难而失学,实现各级各类高等教育阶段学生无缝衔接,执行不留死角,资助精准发力。

(二) 建立全民医保体系

在医疗保障水平方面,基本医疗保险覆盖人数超过 13 亿,初步实现全民

---

① 《十八大以来新发展新成就》上,人民出版社 2017 年版,第 169 页。

医保。大幅提高城乡居民基本医保财政补助标准,从 2012 年的每人每年 240 元增加到 2017 年的 450 元。职工医保和城乡居民医保政策范围内报销比例分别达到 80%以上和 75%左右。① 全面实施城乡居民大病保险,实现参保人员全覆盖。对城乡参保居民因患大病发生的经基本医疗保险补偿后需个人负担的合规高额医疗费用给予不低于 50%的进一步补偿,患者的医药费用实际报销比例在基本医保报销比例的基础上再提高 10—15 个百分点。加大城乡医疗救助投入力度,支持发展多层次医疗保障体系,更好保障参保人权益,规范医疗服务行为,控制医药费用不合理增长。

为提升医疗服务能力,全面推开公立医院综合改革,支持医联体建设和家庭医生签约服务,推动医疗卫生工作重心下移、医疗卫生资源下沉,支持基层医疗卫生机构和村卫生室实施基本药物制度,推动各地加快基本药物采购配送、使用监管等方面的改革。2016 年年末每千人医疗卫生机构床位数达 5.37 张,比 2012 年增加 1.13 张。

在公共卫生服务体系建设方面,基本公共卫生服务年人均财政补助标准从 2012 年的 25 元提高到 2017 年的 50 元,服务项目扩大到 12 类,均等化水平进一步提高。覆盖城乡、功能比较齐全的疾病预防控制体系、卫生执法监督体系、突发公共卫生事件应急救治体系基本建成并正常运转。我国人均预期寿命从 2010 年的 74.83 岁提高到 2015 年的 76.34 岁,主要健康指标达到中高收入国家平均水平。②

(三) 完善社会保障和就业

在完善养老保障制度体系方面,提高基本养老保险待遇水平,企业退休人员月人均基本养老金从 2012 年的 1721 元增加到 2016 年的 2400 元左右,城乡居民基础养老金最低标准从每人每月 55 元提高到 70 元,2016 年年末月人均养老金达到 117 元。③ 推动新型农村社会养老保险和城镇居民社会养老保险两项制度合并实施,合为统一的城乡居民基本养老保险制度。全面实施机

---

① 《十八大以来新发展新成就》上,人民出版社 2017 年版,第 172 页。
② 《十八大以来新发展新成就》上,人民出版社 2017 年版,第 173 页。
③ 《十八大以来新发展新成就》上,人民出版社 2017 年版,第 170 页。

关事业单位养老保险制度改革并同步建立职业年金制度,实现了与企业职工基本养老保险统一的制度模式。明确城镇职工养老保险与城乡居民养老保险之间、机关事业单位养老保险与企业职工养老保险之间的转移接续政策。全面建立经济困难高龄、失能老人补贴制度,探索推进长期护理保险试点。支持首批 26 个城市开展居家和社区养老服务改革试点,探索形成一批符合地方实际、可供复制推广的模式,弥补养老服务业发展短板。

为促进就业创业政策体系,实施更加积极的就业政策,着力解决结构性就业矛盾,鼓励以创业带动就业。出台求职创业补贴、高校毕业生灵活就业社会保险补贴、就业创业服务补助等扶持政策,探索开展新型学徒制、一次性创业补贴等试点,允许有条件的地方通过财政出资引导社会资本投入设立高校毕业生就业创业基金。继续实施支持和促进重点群体就业创业的税收政策,企业安置残疾人员就业实际支付的工资,可按 100% 在税前加计扣除。出台失业保险稳定岗位补贴政策和失业保险职业技能提升补贴政策,更好地发挥失业保险防失业、促就业功能作用。2012—2016 年,我国城镇新增就业每年都超过 1000 万人,年末城镇登记失业率一直控制在 4% 左右。

在社会救助和优抚安置方面,全面构建起以最低生活保障、特困人员救助供养、受灾人员救助、医疗救助、教育救助、住房救助、就业救助和临时救助等制度为主体,社会力量参与为补充的"8+1"社会救助制度体系框架。推进社会救助资金统筹使用,整合设立困难群众救助补助资金,稳步提高城乡低保补助标准,2012 年以来城乡低保标准年均增幅分别达到 11% 和 16%,城乡保障水平差距明显缩小。完善救灾补助政策,大幅提高中央财政补助标准。建立优抚对象等抚恤和生活补助标准正常调整机制,保障抚恤优待对象生活水平不低于当地平均生活水平。

（四）加强基本住房保障

为推进城镇保障性安居工程建设,将城市和国有工矿棚户区改造减免城镇土地使用税、印花税、土地增值税、契税、个人所得税等税收优惠范围,扩大到国有林区、垦区棚户区改造。将廉租住房统一纳入公共租赁住房管理,实行并轨运行,并明确促进有关公共租赁住房发展的税收优惠政策。将 300 多万户城镇住房困难家庭纳入租赁补贴享受范围。出台城镇保障性安居工程贷款贴息办法,采取贷款贴息方式,鼓励社会资本参与城镇保障性安居工程工作。出台运用 PPP 推进公共租赁住房投资建设和运营管理的规定,鼓励地方开展公共租赁住房 PPP 试点。通过棚户区改造安置住房、公共租赁住房等多种保障方式,帮助近 3000 万户城镇住房困难家庭圆了安居梦。

为支持农村危房改造,在将农村危房改造试点范围扩大到全国农村地区的基础上,不断加大对重点地区、重点对象的支持力度。单独安排国家确定的集中连片特殊困难地区县和国家扶贫开发工作重点县等贫困地区危房改造任务,对每户增加 1000 元补助。支持地震设防地区结合危房改造统筹实施农房抗震改造,支持有条件的地区创新补助方式,研究制定贷款贴息等支持政策。2013—2016 年中央财政支持完成危房改造任务 1278 万户,2017 年计划完成 4 类重点对象危房改造任务 190.6 万户。①

(五) 促进文化体育事业发展

为深化文化体制改革,出台财政支持文化改革发展政策文件,督促各级财政部门建立文化投入稳定增长机制。实施有关财税政策,推进国有经营性文化事业单位转企改制和文化企业发展,支持转企改制国有文艺院团改革发展和文化部直属文艺院团实行事业单位企业化管理改革。推动传统媒体和新兴媒体融合发展,加大对重点项目支持力度。联合制定中央文化企业国有资产产权登记管理暂行办法、国有资产评估管理暂行办法等 10 多项配套制度,基本形成中央文化企业国有资产管理制度体系。推动国有文化企业改革发展,提升中央文化企业规模化、集约化、专业化水平。改革文化产业发展专项资金管理模式,实行"市场化配置+重大项目"双驱动,推动文化产业快速发展。完善中央文化企业国有资本经营预算管理方式,从项目管理向国有资本注入方式转型。

为加快构建现代公共文化服务体系,明确国家基本公共文化服务指导标准,初步建成包括国家、省、地市、县、乡、村和城市社区在内的七级公共文化服务设施和网络。支持实施农村广播电视村村通户户通、乡镇综合文化站、农村

---

① 《十八大以来新发展新成就》上,人民出版社 2017 年版,第 174 页。

电影放映、农家书屋等工程,提升农村公共文化服务能力。继续推进博物馆、纪念馆、公共图书馆等基层公共文化设施免费开放并安排相关经费,2016 年全国 3102 个博物馆免费开放,占博物馆总数的 80% 以上,年免费接待 6.23 亿人次;全国 3139 个公共图书馆馆藏 8.38 亿册,年借阅 5.69 亿人次;全国 44291 个群众文化机构开展文化活动 166.39 万场次,服务 5.48 亿人次。城乡群众文体生活日益丰富,基本文化权益得到有效保障。①

在文化遗产保护和中华优秀传统文化传承发展方面,支持世界文化遗产、大遗址、革命文物以及国家非物质文化遗产保护。大力支持"平安故宫"工程和第一次全国可移动文物普查工作顺利实施。支持中华优秀传统文化传承发展重点项目,推动中华优秀传统文化创造性转化、创新性发展。

为促进文化产品创作生产和对外文化传播,通过国家艺术基金、国家出版基金、国家电影精品专项资金等,支持引导文化产品创作生产,推出了一大批文化艺术精品。支持政府间文化交流与合作,加快建设海外中国文化中心,提升中央主要媒体国际传播能力,推动中华文化走出去。

体育事业方面,积极支持改善城乡公共体育设施条件,推动公共体育场馆向社会免费或低收费开放,在更好地满足群众体育健身需求的同时提高运营活力、实现良性发展。支持足球改革取得突破,完善足球改革发展财政投入机制,促进中国足协实质性改革脱钩,推动成立中国足球发展基金会。"十二五"期间,我国运动员共获世界冠军 595 个,创、超世界纪录 57 个;北京携手张家口赢得了 2022 年冬奥会举办权,成为第一个既举办夏季奥运会又举办冬季奥运会的城市。

(六)支持生态环保建设

为支持生态保护及环境整治,持续加大国家重点生态功能区转移支付力度,逐步将限制开发区和禁止开发区全部纳入支持范围。分别设立安排大气、水、土壤污染防治专项资金,支持落实大气、水、土壤污染防治行动计划。实施退耕还林还草、天然林保护全覆盖、草原生态保护补助奖励等政策。对湿地生

---

① 《十八大以来新发展新成就》上,人民出版社 2017 年版,第 175 页。

态效益补偿、东北地区黑土地保护利用技术、河北地下水超采区综合治理以及地下水漏斗区、重金属污染区和生态严重退化地区轮作休耕给予支持。以产业低碳化、交通清洁化、建筑绿色化、现代服务业集约化、主要污染物减量化、可再生能源利用规模化等"六化"为目标,分三批选择 30 个城市深入推进节能减排财政政策综合示范。启动实施中央财政支持北方地区冬季清洁取暖试点,开展建立国家公园体制试点、山水林田湖生态保护修复工程试点,以及蓝色海湾整治行动。

在倡导绿色生活方式方面,建立起覆盖新能源汽车消费、运营、基础设施建设研发等全方位的财政补贴体系。推动可再生能源发电政策改革,支持农村水电增效扩容改造,提高煤层气补助标准,以及落实页岩气、燃料乙醇补贴政策。制定发布节能、环保产品政府采购清单,对清单内产品实施优先采购和强制采购,节能环保产品政府采购规模占同类产品政府采购规模的比例达到70%以上。支持农村人居环境和乡村生态文明建设,开展"村庄美、产业兴、农民富、可持续"的美丽乡村建设试点。推进畜禽粪污资源化利用和田园综合体建设试点。深入开展"厕所革命",截至 2016 年年末支持新建和改扩建旅游厕所 4.66 万个。[1]

为加强生态环保制度建设,推动矿产资源权益金制度改革,明确矿业权出让和占有、矿产开采、矿山环境治理恢复等环节税费政策,维护国家矿产资源权益,营造公平的矿业市场竞争环境。加快建立流域上下游横向生态保护补偿机制,推动九洲江—汀江—韩江、东江、引滦入津等流域上下游省份建立流域横向生态保护补偿机制。深入开展排污权有偿使用和交易试点,完善排污权出让收管理、政策实施阶段性评估技术指南等配套政策措施。

三、以人为本的财政

"民惟邦本,本固邦宁"。[2] 民生一直是我们党促进人的全面发展的出发

---

① 《十八大以来新发展新成就》上,人民出版社 2017 年版,第 176 页。
② 《尚书·五子之歌》。

点和落脚点。党的十八大以来,党中央始终注重民生、保障民生,奋力铸就大国民生改善新篇章。与党的十八大之前相比,民生工作发生了多方面的重大改变。

一是理念更加自觉,将民生建设与全面建成小康社会、实现中华民族伟大复兴的中国梦有机统一起来;二是目标更加明确,把我们党的奋斗目标与人民对美好生活的向往有机统一起来;三是思路更加清晰,更有针对性,也更加务实,一再强调要托"底"、保"底",要突出"重点";四是更加注重制度建设,强调建立和完善保障民生的体制机制;五是更加注重社会公平正义,正确处理市场与效率、发展与分配的关系;六是民生财政支出规模和支出覆盖面都在不断扩大,我国民生事业各个领域都取得了重大成就。2016 年 11 月,国际社会保障协会(ISSA)在第 32 届全球大会期间,将"社会保障杰出成就奖"(2014—2016)授予中国政府,以表彰我国近年来在扩大社会保障覆盖面工作中取得的卓越成就①。

中国改革开放四十年实践表明,我国的民生不同于西方国家的福利,我们国家的民生强调"托底"和"抓重点"的概念,这也符合现阶段我国经济发展和财政工作的基本国情,托底是解决有无的问题,首先致力于建设基本全覆盖的较低水平的保障体系,保障基本民生,通过抓重点人群、重点地域、重点领域的民生问题,确保人人能享受到国家发展的福利,然后再随着国家经济发展和人民群众的现实需要,稳步提高保障水平,同时避免了拉美式的"福利赶超"。

从内容上看,我国的民生不仅是满足人民最基本的"衣食住行",而是要满足人民美好生活的方方面面的需求,高度强调人的全面自由发展。从经济学角度去理解,民生的载体是消费,改善民生就是要提升民众的消费能力,实现公共服务的供给与消费能力的匹配,改善民生同时也是缩小民众消费能力的差距,控制人民在消费过程中的风险。从社会学来看,民生所依托的消费实际上是人的发展,是社会成员素质、能力提升的过程。这不仅仅涉及物质产品

---

① 罗平汉主编:《治国理政这五年——十八大以来中国新巨变》,人民出版社 2017 年版,第 111 页。

的消费,同时还包含培养人的技能,提高人的文化素质,实现人的生产和再生产,体现的是人的全面发展的过程。

因此,我们应当牢牢把握住财政工作中"以人为本"的中心思想,明确民生财政的人本主义,是要促进人的生产和再生产,进而实现人的全面自由发展,确保人民能够通过自身的努力实现幸福生活,共享国家经济发展成果,就一定能够实现共同富裕。

第 二 章

走向动态社会的财政

城镇化是伴随工业化发展,非农产业在城镇集聚、农村人口向城镇集中的自然历史过程。改革开放以来,我国经历了世界上规模最大、速度最快的城镇化进程。从形式上看,出现了就地城镇化和异地城镇化两种模式;从内容上看,形成了土地城镇化和人的城镇化两个发展阶段。改革开放之前的相对静态的社会,渐变成为充满活力的动态社会。与之相适应,我国财政也经历了许多重大变革。

第一节 劳动力和家庭的流动

党的十一届三中全会之后,中央对城镇化规律和城镇化问题的认识逐步深化。1978 年召开的第三次全国城市工作会议提出"控制大城市规模,合理发展中等城市,积极发展小城市"的工作思路,首次明确应提高对城市和城市建设重要性的认识。1984 年,国务院颁布《城市规划条例》,以法规的形式规范城市规划、旧城区的改建、城市土地使用规划管理、城市各项建设的规划管理等。此后,城镇化进入一个新的发展阶段,出现了新中国成立以来从未有过的好形势。

一、就地城镇化和异地城镇化

20 世纪 80 年代分田到户以后,中国绝大多数农村都解决了温饱问题,但因为人多地少,农村劳动力过剩的问题一直没有解决。仅仅依靠种地,农民不能获得高的收入。乡镇企业的异军突起,成为吸收大量农村剩余劳动力的重要渠道,也极大地促进了小城镇复苏和快速发展。在一些发展较快的地区,如苏南、杭嘉湖、珠江三角洲、山东半岛等地的部分农村,已不是以农为主,而是以工为主了①。

乡镇企业的发展吸收了大量农村剩余劳动力,部分劳动人口从农村向小城镇汇集,被称为"离土不离乡",部分劳动人口有组织地定期从本乡外出工作,被称为"离乡不移户口"②。据调查,党的十一届三中全会召开后的五六年间,小城镇的实际人口与原来人口相比增加了三分之一。以江苏省为例,1982年全省的务工社员人数达到 527 万人,而全省城镇户口的劳动力总数只有606 万人。在大、中城市及小城镇从事各种非农业工作的人数中,农民工与城镇户口的工人在数量上相当接近③。

1984 年的中央一号文件明确各省、自治区、直辖市可选若干集镇进行试点,允许务工、经商、办服务业的农民自理口粮到集镇落户,1985 年的中央一号文件提出要扩大城乡经济交往,允许农民进城开店设坊,兴办服务业,提供各种劳务。这些政策措施推动了农村人口向城镇的迁移。

到 20 世纪 80 年代末,沿海工业快速发展,城市经济有了极强地吸收农村劳动力的能力,全国劳动力市场开始形成,中西部农村大量剩余劳动力开始离土又离乡,向沿海城市转移,进城打工经商收入高于一般农村农民从务农中获得的收入。自此,中国出现一波又一波农民进城打工经商潮。经济特区和沿

---

① 费孝通:《推动乡镇企业继续前进》,《瞭望》周刊 1984 年第 34 期。
② 费孝通:《小城镇 再探索(之三)》,《瞭望》周刊 1984 年第 22 期。
③ 费孝通:《小城镇 大问题(之三)——社队工业的发展与小城镇的兴盛》,《瞭望》周刊 1984 年第 4 期。

海开放区的建设,推动了沿海大批中小城镇的发展,奠定了这些地区城镇化发展的基础。

在改革开放后的城镇化进程中,乡镇企业和城市改革成为城镇化发展的主要推动力。1991年,我国的城镇化率达到26.94%,比1978年提高了9.02个百分点。1984年和1986年国家先后放宽建制市镇的标准,我国建制市镇数量大量增加,1991年城市、建制镇数量分别为479个和11882个,分别比1978年增加了286个和9706个。[1]

二、面向城镇化的财政体制机制

(一) 为城市建设和维护多方筹集资金来源

基础设施供给短缺是我国城市发展长期面临的一个严重问题,这主要是长期实行向工业倾斜的投资战略造成的。长期以来,城市基础设施投资被视为"非生产性",因而在全社会的投资安排中,只能居于次要地位。改革开放后,对于城市和城市建设愈发重视,财政用于城市维护建设的资金安排逐年提高,形成了稳定的资金来源。

改革开放后,专门用于城市的公用事业、公共设施等的维修和保养的城市维护费[2]的开征范围扩大到工业集中的县镇和工矿区,同时在47个城市中试行从上年工商利润中提取5%作为城市维护建设资金,为城市基础设施建设开辟了更多、更稳定的资金来源渠道。1981年公布的"六五"计划进一步要求"各地方政府要适当增拨资金,安排好城市公用设施建设。从工商利润中提

---

[1] 国家统计局城市社会经济调查总队编:《中国城市统计年鉴1992》,中国统计出版社1992年版。

[2] 1962年,大、中城市根据国务院决定开始征收工商业附加(即工商统一税附加1%和工商所得税附加1%)、公用事业附加和城市房地产税,由此形成城市维护费的专项资金来源。1973年,工商税制改革,将原来随同工商统一税征收1%的地方附加,改为从新的工商税收入中按月提取1%;原随同工商所得税征收的1%附加,仍由纳税单位随正税缴纳;原由城市房地产税解决的城市维护费,改为由国家预算安排,并按照每年大体增长5%的幅度由中央财政逐年列支,称为国拨城市维护费。

取的城市维护费和建设资金,必须专款专用。"1984 年,试行从上年工商利润中提取 5% 作为城市维护建设资金的城市增加到 137 个。1985 年,中国 113 个城市试行收取"市政公用设施配套费"和"城市公用设施增容费"。①

为了加强城市的维护建设,进一步扩大和稳定城市维护建设资金的来源,1984 年工商税制全面改革中设置了新税种"城市维护建设税",1985 年起对有经营收入的单位和个人征收,同时取消了工商税附加、国拨城市维护费和从工商利润中提取 5% 的规定。同年,在调整集体企业所得税税率时,停征了工商所得税附加。改革后,城市维护费的资金来源包括城市维护建设税、公用事业附加,以及中央、地方用机动财力安排的城市维护建设资金。

1989 年,财政部制定《城市维护建设资金预算管理办法》(财地字〔89〕1 号),明确城市维护建设资金的来源包括列入财政预算支出的专项拨款,按国家规定征收的城市维护建设税收入、城市公用事业附加收入、市政公用设施有偿使用收入、超标排污费收入和城市水资源费收入,以及法律、法规、规章允许地方人民政府筹集的其他用于城市维护建设的资金。

城市维护建设税用于城市的公用事业和公共设施的维护建设,所在地不在市区、县城或镇的纳税人缴纳的城市维护建设税应当专用于乡镇的维护和建设,并且根据城镇规模不同差别设置税率的办法,较好地匹配了城市建设不同程度的资金需要。

(二) 大力支持乡镇经济发展

为促进乡镇企业的健康发展,加强经济核算,提高经济效益,国家财政采取了一系列措施。

在税收政策方面,对乡镇企业和农村个体工商业户实行低税政策,并对某些企业或产品给予减税或免税的照顾。除烟、酒等国家限制发展的若干产品外,新办乡镇工业企业一般都享受了一年以上的免征流转税照顾。对生产、销售电力及为农业生产服务的化肥、农药、小农具,对以农副产品为原料的简单加工业,对农机具修理、修配和为农民加工粮棉油,对灾区从事自救性生产经

---

① 国家统计局综合司编:《中国城市统计年鉴 1986》,新世界出版社 1986 年版。

营和少数民族地区、经济落后地区等乡镇企业,国家都给予了享受减免产品税或增值税和营业税优惠的照顾。在所得税和其他税收方面,如城市维护建设税、建筑税等,也有减免优惠政策。①

在支出政策方面,从资金上扶持乡镇企业发展。1979—1991 年,国家财政用于支持乡镇企业发展的支出累计为 109 亿元。其中,1991 年达 13.7 亿元,是 1979 年的 3.9 倍。据浙江、吉林、广东等 12 个省区市初步统计,1981—1991 年,这些地区累计向乡镇企业发放周转金 193.73 亿元,扶持乡镇企业项目 18 万个,这些项目累计实现利税 49115 亿元。②

在财政贴息方面,为提高乡镇企业出口创汇能力,1988—1992 年的五年间,财政共贴息 5000 万元,吸引银行贷款 4.56 亿元,再加上企业和地方配套资金,总计投入 13.3 亿元,扶持乡镇企业出口创汇项目 671 个。据北京、天津、河北等 26 个省区市初步统计,建成的 322 个项目平均每投入 1 元人民币可增产值 9.3 元,新增创汇 1.13 美元。③

乡镇企业的兴起与发展带动了小城镇的复苏,在一些区域形成了“自下而上”市场自发的城镇化模式,财政不仅通过加大资金投入和税收优惠抵消了乡镇企业在投资、原材料、技术人员、劳动力等方面与国营企业的劣势,还规范其会计管理制度,防止企业短期行为,减少各地为阵、各自为阵的主观随意性,促进乡镇企业健康、稳步发展。与此同时,乡镇企业上缴税收有了较大幅度的增长,以乡村两级企业为例,1979—1982 年的年均上缴税金只有 32 亿元,而 1983—1987 年的年均税额达 84 亿元。其中,1987 年达到 168 亿元。在县级财政收入中,乡镇工业的工商税、产品税和所得税占了相当的比重。据上海市郊区和苏南地区的资料,上述三税一般占县级财政收入的 70%—80%。④

(三) 赋予经济特区和开发区特殊的财政体制和政策

为了有利于经济特区和沿海港口城市扩大对外经济合作和技术交流,吸

---

① 本刊通讯员:《国家财政从多方面支持乡镇企业发展》,《中国财政》1993 年第 2 期。
② 本刊通讯员:《国家财政从多方面支持乡镇企业发展》,《中国财政》1993 年第 2 期。
③ 本刊通讯员:《国家财政从多方面支持乡镇企业发展》,《中国财政》1993 年第 2 期。
④ 许建平:《财政政策与乡镇企业的发展》,《财政研究》1989 年第 1 期。

收外资、引进先进技术,中央赋予了特殊的财政体制和大量税收优惠政策,对经济特区和开发区实行特殊的财政体制,对特区和开发区企业给予大量税收优惠。

1984 年 11 月,国务院发布《关于经济特区和沿海十四个港口城市减征、免征企业所得税和工商统一税的暂行规定》(国发〔1984〕161 号),对投资兴办中外合资经营企业、中外合作经营企业、客商独立经营企业,给予减征、免征企业所得税和工商统一税的优惠。

1986 年 3 月海关总署颁布《海关总署对进出经济特区的货物、运输工具、行李物品和邮递物品的管理规定》,1988 年 4 月海关总署颁布《海关对经济技术开发区进出境货物的管理规定》,要求开发区内企业和机构,经国家规定的主管部门批准,进口供本开发区内使用货物,其关税、进口调节税和工商统一税(产品税或增值税)按规定办理免税和免征出口关税。

在沿海地区设置经济特区和开发区这种政府主导的有规划的城镇化过程中,财政发挥了重要的作用,运用特殊的财政、税收优惠政策,实行"特区特财,以特养特"的财政体制模式,其内涵是通过特殊的财政体制,用特区和开发区的财政收入及其他财力,"养"了特区和开发区的经济建设、基础设施、市政工程、文教、科技与卫生等,不仅发挥了显著的经济效应,也有力推动了周边地区城镇化快速发展。[①]

三、城乡分治的二元财政

在城镇化不断深化、动态社会逐渐形成的过程中,始终面临着一个关键难题:从农村进城或从异地迁入的劳动人口和家庭能真正在他们工作的城市安家吗? 从实际情况来看,绝大多数进城的劳动人口不能在城市定居和安家,这是新中国成立后实行城乡二元分治带来的必然结果。

在改革开放之后相当长的时间里,中国仍然实行城乡分治的二元财政,

---

① 邱华炳:《经济特区财政初探》,《厦门大学学报(哲学社会科学版)》1987 年第 2 期。

而且与户籍制度、土地产权制度、教育制度和医疗保险制度紧密结合在一起。1957 年以前,政府对城乡居民的人口迁移限制不多,人口迁移基本上是自由的,但是随着优先发展重工业战略的实施,政府对人口的控制越来越严。1958 年以后,政府实施城乡彼此封闭隔绝的二元就业制度,在城镇中实行"统包统配的低工资的就业制度",在农村实行无条件的"自然就业制度"。相应地,居民被划分为"农业户口"和"非农业户口"两大类,户籍制度安排为"农业户口"和"非农业户口",与户籍制度相联系的是城市实行统包统配的劳动就业制度、城镇生活必需品计划供应制度、城市居民系列福利制度;广大农村居民自然就业、生活必需品与福利取之于所在集体——公社、大队或乡、村。农村居民不准到城市就业,这种情况到 1984 年才废除,户籍制度却一直延续下来。

要实现城镇化,必须先实现人口的集聚。人口集聚需要一个前提条件,人口和资源必须能够自由流动。但中国现有的制度是制约人口和资源的自由流动的。其中,户籍制度是人口流动的最大障碍。尽管后来政策规定上有所放松,但这种松动也是极其有限的。如 2000 年,广东、辽宁、四川、河南、陕西、江苏、天津等省市在全省(市)或部分城区放开小城镇户口,允许农民到城镇置业落户,但附有条件是:入户的农民"在小城镇有合法的固定的住所,合法稳定的职业或者生活来源,实际住在小城镇"。可见,这种松动根本无法与农村居民的进城要求相适应,况且执行过程也是一个问题。从实际情况来看,吸引农民工最多的是大城市,但大城市仍实行严格的户籍制度,并没有向农民开放。

此外,土地产权制度、教育制度和医疗保障制度也限制了农村人口和资源的流动。农村土地产权制度是所有权归集体,经营权归家庭,所有权不能转让,承包经营权转让很不方便。如果承包经营权能够很方便地转让,不但使进城农民有了一笔资金,而且土地的利用效率也会得到提高。教育方面,高考制度是按高分录取,适当照顾少数民族,并无照顾农家子弟的规定。农村的教育资源本身就比较缺乏,城市则聚集了大量的优质教育资源,城市居民与农村居民的子女并不是在一条起跑线上竞争,极其不利于农村子弟通过考大学改变自身的命运和身份。进城农民的子女教育更成问题,也无法享受城市居民的医保制度,即使有一份稳定的工作,一旦有病,也只能自掏腰包。类似的制度因素和非制度因素的存在,使劳动力和家庭的迁移变得非常困难。

如果不给民工户口及相应的保障,他们会对自己的生存环境产生不满,疑惑于自己身份的不确定,从而产生在社会等级上被边缘化的焦虑,这会给社会安定带来一系列负面影响,比如他们的管理问题、犯罪问题等,也必然会形成城市居民与在城市中生存的民工之间巨大的区别。事实表明,打破城乡分治的二元财政,是一个相对缓慢的历史进程,城镇化及动态社会的建设不会一帆风顺。

第二节　土地城镇化

与人的城镇化相比,土地城镇化相对比较容易实现。因此,城镇化的物化建设也就自然而然地成为重点和首选。而相对较难推进的人的城镇化,只好留待未来了。

一、大中小城镇协调发展与城乡统筹发展

1992年,党的十四大正式确立了我国建立市场经济体制改革的目标。1993年,党的十四届三中全会勾画了建立市场经济体制的基本框架,提出要使市场在国家宏观调控下对资源配置起基础性作用。在遵循市场经济规律的基础上逐步认识到大城市的区域带动能力,开始放弃对控制大城市规模的强调,进而明确在城镇化发展进程中,以大中小城市和小城镇协调发展作为主要政策方向。

各级各类开发区的大发展是这一时期城市经济建设和空间结构调整的主要内容,仅1992—1993年一年的时间,国家就设立了十四个边境经济技术开发区,全国新设县级以上开发区6000多个,占地1.5万平方公里,比当时城市

建设用地总面积还多 0.16 万平方公里。① 1993、1994 年起设立武汉等 10 个经济技术开发区,设立苏州工业园区。开发区的建设推动了城市经济要素的重组和土地利用的变化,成为推动城镇化的重要载体。

我国建立市场经济体制改革的目标确立后,市场作为配置资源的主要手段成为社会的广泛共识,城市作为经济和各项活动的载体,日益按照市场来运作,城市土地市场开始建立起来。1992 年年底,全国除西藏以外的地区都开始试行土地有偿出让使用和转让制度,促进了土地的优化配置,加速了旧城改造,加快了城镇化进程。

在推进城市经济快速发展的同时,中央仍然坚持并不断推出支持小城镇发展的政策,不仅提出要充分利用和改造现有小城镇,建设新的小城镇,更明确指出发展小城镇是带动农村经济和社会发展的一个大战略,在加快我国城镇化进程,实现城镇化与工业化协调发展,小城镇占有重要的地位。这一时期,乡村基础设施建设不断加强,一批小城镇有序发展,基础较好的小城镇发展成为小城市,其他小城镇也向交通方便、设施配套、功能齐全、环境优美的方向发展,有重点地发展小城镇逐渐成为推进我国城镇化的重要途径。同时,通过城镇户籍制度改革,在小城镇已有合法稳定的非农职业或者已有稳定的生活来源,而且在有了合法固定的住所后居住已满两年的农村户口人员②,可以办理城镇常住户口,并与当地原有居民享有同等待遇。在户籍制度改革和各项保障进城务工人员权益的政策引导和工业化、城镇化快速发展的大背景下,大量农村劳动力进入城市尤其是沿海经济发达地区,出现规模庞大的"民工潮",城市人口迅速膨胀。

2003 年,党的十六届三中全会提出要按照统筹城乡发展、统筹区域发展、统筹经济社会发展、统筹人与自然和谐发展、统筹国内发展和对外开放。其中

---

①　国家统计局城市社会经济调查总队编:《中国城市统计年鉴 1995》,中国统计出版社 1995 年版。

②　包括从农村到小城镇务工或者兴办第二产业、第三产业的人员;小城镇的机关、团体、企业、事业单位聘用的管理人员、专业技术人员;在小城镇购买了商品房或者已有合法自建房的居民。

一项主要任务,就是建立有利于逐步改变城乡二元经济结构的体制。2007年,党的十七大提出要走中国特色城镇化道路,按照统筹城乡、布局合理、节约土地、功能完善、以大带小的原则,促进大中小城市和小城镇协调发展,以增强综合承载能力为重点,以特大城市为依托,形成辐射作用大的城市群,培育新的经济增长极。这一时期,我国主要的城市圈如环渤海城市圈、长江三角洲城市圈、武汉城市圈、长株潭城市圈、成渝城市圈快速发展,大都市带动周边县市的发展,各个城市间联系更加紧密,合理分工、相互协作的城镇群体逐步形成。

二、面向协调与统筹发展的财政体制机制

(一)地方政府"以地生财",筹集城市建设资金

1992 年,财政部根据国外土地管理经验以及各地的建议,对土地有偿使用收入征收管理办法做了修改,对抑制土地有偿使用收入的流失起到了一定作用。1992 年各地上缴中央和地方财政的土地有偿使用收入共 12 亿元,其中上缴中央财政 3.82 亿元,比 1991 年增长 2.47 倍,但实际上,1992 年各地纳入财政管理的土地有偿使用收入,只是实际出让土地收入的极少部分,约有90%的收入仍在各级财政的体外循环。①

1994 年实行分税制后,国有土地有偿使用收入由原来上缴中央 5%改为全部划为地方财政收入,这一变动体现了中央对地方城市建设和土地开发的支持,调动了地方政府"以地生财"的积极性,1994 年全国入缴国家金库的国有土地有偿使用收入为 33.4 亿元,比上年增长 133.7%。② 尽管土地收益有了较大幅度的增长,但由于地方城市建设资金缺口过大,地方获得的土地收入大部分没有纳入财政管理,不少地方是委托土地管理部门直接管理土地收支。为此,财政部和国家土地管理局制定了《关于进一步加强土地使用权出让金征收管理的通知》,要求进一步加强国有土地有偿使用收入的财政财务管理。

---

① 中国财政年鉴编辑委员会编:《中国财政年鉴 1993》,中国财政杂志社 1993 年版。
② 中国财政年鉴编辑委员会编:《中国财政年鉴 1995》,中国财政杂志社 1995 年版。

1998 年以来,土地出让收入占地方财政收入的比重快速上升。

(二) 加强基础设施建设,保障满足公共服务需求的重点支出

在基础设施建设领域,1998—2002 年,国家共发行长期建设国债 6600 亿元,总投资规模 32800 亿元,并将国债资金中的很大一部分通过签订中央政府与地方政府(省、自治区、直辖市、计划单列市一级)之间的转贷协议,根据"同条件转贷"的原则,转贷地方政府使用,用于农林水利投资、交通建设投资、城市基础设施和环境保护建设投资、城乡电网建设与改造。① 2002 年年底,长期建设国债累计完成投资 24600 亿元,集中力量建成了一批关系全局的重大基础设施项目,在交通、水利、城市基础设施、农村电网改造和生态环境等方面形成了一大批优质资产。

在公共服务领域,一方面,增加社会保障支出,促进社会保障体系建设。1998—2002 年,仅中央财政用于"两个确保"和"低保"支出就达 1934 亿元。其中,2002 年支出 594 亿元,是 1998 年的 6.2 倍。城市居民最低生活保障对象由 1998 年的 184 万人,增加到 2002 年年底的 2060 万人;另一方面,增加教育、科技支出,落实"科教兴国"战略。2002 年,全国财政教育事业费支出达 2640 亿元,比 1994 年增加 3.4 倍;科技支出 816.22 亿元,比 1994 年增加 3.04 倍②。

(三) 理顺县、乡镇两级财政关系,完善乡镇财政管理体制

县和乡镇是我国五级政府中最基层的两级,理顺这两级政府间的财政关系,极大地促进了小城镇的健康发展。2000 年,中央要求具备条件的小城镇,设立独立的一级财税机构和镇级金库,做到"一级政府,一级财政"。根据财权与事权相统一和调动县(市)、镇两个积极性的原则,明确小城镇政府的事权和财权,合理划分收支范围,逐步建立稳定、规范、有利于小城镇长远发展的分税制财政体制。对尚不具备实行分税制条件的小城镇,要在协调县(市)、镇两级财政关系的基础上,合理确定小城镇的收支基数。对重点发展的小城

---

① 中国财政年鉴编辑委员会编:《中国财政年鉴 2003》,中国财政杂志社 2003 年版。
② 中国财政年鉴编辑委员会编:《中国财政年鉴 2003》,中国财政杂志社 2003 年版。

镇,其地方财政超收部分的全部或大部分留于镇级财政。

2002 年,财政部提出要根据乡镇财政经济状况,合理确定乡镇财政体制。对经济欠发达、财政收入规模较小的乡镇,其财政支出可由县财政统筹安排,以保障其合理的财政支出需要;对经济较为发达、财政收入规模较大、财政收入增长能够满足自身支出需要的乡镇,实行相对规范的财政体制,以调动其发展经济和增加收入的积极性。

（四）逐步调整经济技术开发区财政收入分配政策

开发区特殊财政体制的实施,增强了开发区的自我发展能力,促进了特定区域的快速发展,但在执行过程中也出现了一些问题:一是容易引发地区间攀比,二是出现违反财政政策、挤占中央财政收入的现象。针对上述问题,经国务院同意,对开发区收入分配政策进行调整,停止执行大连、天津等十四个经济技术开发区及苏州工业园区新增收入全留政策;停止执行黑河、绥芬河等十四个边境经济合作区"两税"定额返还政策。浦东新区政策期满后,按到期返还额的 50%再补助一年;北京、乌鲁木齐等十个经济技术开发区新增收入返还政策到期后,按照到期年返还额的 75%、50%、25%的比例递减补助三年。

随着农业生产力水平的提高和工业化进程的加快,我国的城镇化进程进入快速发展时期。2002 年我国城市数量已经增加到 660 个,比 1992 年增加 143 个,平均每年增加 14.3 个;建制镇由 1992 年的 14135 座增加到 20601 座,平均每年增加 647 座;城镇人口增加至 5.02 亿人,平均每年增加 1804 万人;城镇化水平也由 1992 年的 27.46%提高至 39.09%,平均每年增加 1.16 个百分点。2000 年,城市日供水能力达到 2.18 万立方米,集中供热面积 11.08 亿平方米,城市建成区绿化覆盖率 28.1%,人均拥有道路面积 6.8 平方米。[1]

城镇化快速发展过程中,财政体制发生了重大变革,1994 年分税制改革重塑了中央政府和地方政府之间的事权和财权关系,财政在这一时期不仅为城镇化发展筹措了大量资金,更为其提供了稳定可持续的财政制度保障,尤其

---

① 国家统计局城市社会经济调查总队编:《中国城市统计年鉴 2003》,中国统计出版社 2003 年版。

是 1999 年以后,中央对开发区收入返还的政策到期后,各开发区的财政管理体制改革逐步到位,有利于进一步规范税制,理顺财政分配体系,增强中央财政收入的集中度和宏观调控能力,促进开发区及时转变理财观念,从单纯依靠优惠政策逐渐转向依靠自身优势,为更广阔地区企业公平竞争提供良好的社会环境。

（五）统筹城乡发展

统筹城乡发展是推进城镇化发展的基本原则,提高基本公共服务水平是重要抓手。2006 年 1 月 1 日,中央废止《农业税条例》,我国沿袭两千多年之久的农业税彻底终结。作为政府解决"三农"问题的重要举措,停止征收农业税不仅减少了农民的负担,增加了农民的公民权利,体现了现代税收中的"公平"原则,同时还符合"工业反哺农业"的趋势,标志着中国进入城乡统筹发展新时期。

同期,城乡居民养老保险制度全覆盖、全民基本医保体系初步形成、城乡免费义务教育全面实现、城镇保障性住房制度覆盖面逐步扩大,城乡基本公共服务水平和均等化程度明显提高。

2002—2012 年,城镇化不仅在数量上飞速发展,而且也取得了质量上的提高。2012 年年底,我国城镇人口达到 7.12 亿,比 2002 年增加 2.09 亿,城镇化率为 52.27%,比 2002 年提高 13.48 个百分点,平均每年提高 1.35 个百分点。通过引导农村富余劳动力转向非农产业,2008—2012 年转移农村人口8463 万人。[①] 农民人均纯收入持续较快增长,2010 年以来城乡居民相对收入差距逐步缩小,养老、义务教育、住房等领域基本公共服务均等化的程度不断提高。通过完善省以下财政体制,基层政府提供基本公共服务的能力有所加强,规范国有土地收支管理进一步保障了被征地农民利益。

三、向公共服务型财政转型

改革开放前,我国财政保障范围之广,几乎到了无所不包的地步。1978

---

① 国家统计局城市社会经济调查总队编:《中国城市统计年鉴 2013》,中国统计出版社2013 年版。

年后,走改革开放之路,促经济增长与发展,成为各级政府的第一要务,我国步入"黄金发展期"。与此同时,也进入了"矛盾凸显期"与"问题多发期",深化改革阻力变大,扩大开放风险骤增,资源环境制约趋紧,社会矛盾冲突加重。在这种情况下,正确处理好经济建设与公共服务供给的关系,不仅是政府解决现实问题与破除社会矛盾的重要途径,而且还能为持续增长与长远发展提供新的动力。

经济建设与公共服务供给,是一个事物的两个方面,其根本目标是一致的,都是为了满足广大人民群众日益增长的物质文化需要。然而,一定时期的社会资源毕竟是有限的,用于经济建设的多了,必然导致公共服务领域的减少。两者之间,既矛盾又统一,不能割裂开来,顾此失彼,只能相辅相成,协调发展。

党的十六大报告提出,政府主要做好四项内容:"经济调节、市场监管、社会管理、公共服务"①,这是从党的文件上第一次提出建设公共服务型政府。与之相适应,我国开始从经济建设型财政逐步转向公共服务型财政。但是,这样一个转换不是很快就能完成的,事实上在相当长的时间里我国都将处于"双型财政"阶段,既有经济建设的任务,又有公共服务的责任,但公共服务的重要性越来越突出。向公共服务型财政转型,呼唤财政收支结构的公共化和财力重心的下移。

县乡财政是国家财政的重要组成部分,是维护政权运转和社会稳定、向基层群众提供基本公共服务的物质基础。推进省以下财政体制改革,有利于发挥省级财政在省辖区域内对财力差异的调控作用,帮助缓解县级财政困难,减少财政管理级次,降低行政成本,推动城乡共同发展。2012年县级基本财力保障机制的建立,极大地调动了地方各级政府加强县乡财政建设、保障和改善民生的积极性。地方积极采取措施,加大对财政困难县的支持力度,县乡财政实力明显增强,县乡公共服务保障水平稳步提高。

---

① 《胡锦涛文选》第三卷,人民出版社2016年版,第489页。

第三节　人的城镇化

改革开放带来了中国经济的快速发展,按 GDP 总量计算,中国分别在 2000 年、2005 年、2006 年、2007 年、2010 年超过意大利、法国、英国、德国和日本,与美国这个全球第一大经济体的距离越来越近。伴随着经济高速增长和迅猛发展,土地城镇化逐步让位为人的城镇化,全面实现城镇化的时刻来临了。

一、以人为核心的新型城镇化

改革开放以来,我国城镇化经历了一个起点低、速度快的发展过程,在取得举世瞩目成就的同时,也存在一些突出矛盾和问题,如土地城镇化快于人的城镇化,建设用地粗放低效;城镇空间分布和规模结构不合理,与资源环境承载能力不匹配;城市管理服务水平不高等,阻碍了城镇化的健康发展。尤其是城乡基本公共服务差距,户籍人口与外来人口公共服务差距造成的二元结构矛盾日益凸显,依靠非均等化基本公共服务压低成本推动城镇化快速发展的模式不可持续。

党的十八大之后,我国进入全面建成小康社会的决定性阶段,处于经济转型升级、加快推进社会主义现代化的重要时期,城镇化进入深入发展的关键时期。2014 年,《国家新型城镇化规划(2014—2020 年)》发布,明确要紧紧围绕全面提高城镇化质量,加快转变城镇化发展方式,以人的城镇化为核心,有序推进农业转移人口市民化;以城市群为主体形态,推动大中小城市和小城镇协调发展;以综合承载能力为支撑,提升城市可持续发展水平;以体制机制创新为保障,通过改革释放城镇化发展潜力,走以人为本、四化同步、优化布局、生态文明、文化传承的中国特色新型城镇化道路。

2017 年,国务院印发的《"十三五"推进基本公共服务均等化规划》指出,新型城镇化推动城乡人口结构变化,对公共服务供给结构、资源布局、覆盖人群等带来较大影响,要以推进城乡基本公共服务均等化为主线,2020 年实现大体均衡。随后,新型城镇化的质量和水平不断提升,农业转移人口市民化步伐加快,户籍制度改革意见、居住证制度以及人地挂钩、支持农业转移人口市民化财政政策等关键性配套政策相继出台,推进城乡基本公共服务均等化和城镇基本公共服务常住人口全覆盖。

随着传统的省域经济和行政区经济逐步向城市群①经济过渡,城市的集聚效应日益凸显。2015 年,京津冀、长江三角洲、珠江三角洲三大城市群以 5.2%的国土面积集聚了 23.0%的人口,创造了 39.4%的 GDP,成为带动中国经济快速增长和参与国际经济合作与竞争的主要平台。在中小城市和特色小(城)镇培育方面,国家新型城镇化综合试点扩大到 2 个省 246 个城市(镇),61 个中小城市综合改革试点取得积极成效。城市基础设施网络进一步完善,2016 年全国地级市基本建成光网城市,互联网宽带接入端口达到 6.9 亿个,新一代信息基础设施更加完善,建成全球最大的 4G 网络;29 个城市开通城市轨道交通,运营总里程约 4000 公里;147 个城市、28 个县城开工建设地下综合管廊 2005 公里。②

二、面向城乡一体化的财政体制机制

(一) 均衡城乡义务教育资源

为统筹城乡义务教育资源均衡配置,2015 年 11 月国务院印发《关于进一步完善城乡义务教育经费保障机制的通知》,自 2016 年起通过"三个统一、两个巩固",建立城乡统一、重在农村的义务教育经费保障机制。具体包括:一

---

① 包括长江三角洲城市群、珠江三角洲城市群、京津冀城市群、成渝城市群、长江中游城市群、中原城市群、哈长城市群、辽中南城市群、山东半岛城市群、海峡西岸城市群、北部湾城市群、呼包鄂榆城市群、山西中部城市群、关中平原城市群、宁夏沿黄城市群、兰西城市群、天山北坡城市群、滇中城市群、黔中城市群。

② 国家统计局城市社会经济调查总队编:《中国城市统计年鉴 2017》,中国统计出版社 2017 年版。

是将原来农村学生享受"两免一补",城市学生只免学杂费、对低保家庭学生免费提供教科书和对家庭经济困难寄宿生补助生活费的政策,调整为对城乡义务教育学生全部实行"两免一补"政策;二是统一城乡义务教育学校生均公用经费基准定额;三是统一中央与地方经费分担机制;四是巩固完善农村地区校舍安全保障长效机制;五是巩固落实城乡义务教育教师工资政策。按照现行教师工资政策,中央财政将继续对中西部及东部困难地区义务教育教师工资经费给予支持。

新机制在"三个统一、两个巩固"的基础上,进一步针对义务教育薄弱环节,体现了补齐短板和促进公平的政策导向。一是投入重点向农村义务教育倾斜,向革命老区、民族地区、边疆地区、贫困地区倾斜,统筹解决城市义务教育相关问题,促进城乡义务教育均衡发展;二是对寄宿制学校、规模较小学校、北方取暖地区学校及特殊教育学校予以倾斜,在落实生均公用经费基准定额的基础上,从2016年起,国家对城乡寄宿制学校按照寄宿生年生均200元的标准增加公用经费补助,支持办好寄宿制学校;三是对民办教育"一视同仁"。切实履行政府为全体适龄儿童提供免费义务教育的职责,民办教育在"两免一补"、公用经费基准定额补助等方面均享受与公办教育一样的政策。

(二) 大力支持保障性安居工程建设

各级财政部门加大资金投入力度,完善落实各项财税政策,切实推进保障性安居工程建设。一是加大财政资金投入。统筹一般公共预算、政府性基金预算、国有资本经营预算等三本预算,支持保障性安居工程建设;二是落实各项税费优惠政策。免收各项收费基金,对建设经济适用住房、公共租赁住房(含原廉租住房)以及各类棚户区改造等,免收各项行政事业性收费和政府性基金。免收土地出让收入,对原廉租住房、棚户区改造中的安置住房、经济适用住房以及面向经济适用住房对象供应的公共租赁住房建设用地实行行政划拨方式供应,除依法支付土地补偿费、拆迁补偿费外,一律免缴土地出让收入。减免相关税收,对原廉租住房、经济适用住房、公共租赁住房建设运营管理以及各类棚户区改造,减免城镇土地使用税、印花税、土地增值税、契税等相关税收。对企业按规定用于工矿、林区、垦区棚户区改造的支出,准予在企业计算所得税前扣除。

以 2014 年为例,实际用于保障性安居工程支出 4319.5 亿元,同比增长 11.2%。其中,各级财政用于公共租赁租房(含原廉租住房)支出 1652.9 亿元,占 38.3%;用于各类棚户区改造支出 1050.8 亿元,占 24.3%;用于农村危房改造支出 372.3 亿元,占 8.6%;用于游牧民定居工程支出 12.9 亿元,占 0.3%;用于保障性住房租金补贴支出 53.0 亿元,占 1.2%;用于配套设施建设 1177.5 亿元,占 27.3%。①

在住房保障资金管理方面,从 2014 年起,将原廉租住房与公共租赁住房归并为公共租赁住房,并对"两房"并轨后的地方政府资金渠道、盘活存量资金以及严格资金使用管理等方面作出明确规定。此外,进一步明确城镇保障性安居工程贷款贴息范围、贴息率(不超过 2 个百分点)和贴息期限(不超过 15 年)、贴息资金的申请和支付程序以及贴息资金的用途,细化贷款贴息政策,鼓励社会资本参与城镇保障性安居工程建设和运营。

(三) 多渠道筹措城镇化建设和基本公共服务保障的资金

加大地方政府债券支持城镇化建设的力度。依法赋予地方政府适度举债权限,完善现行地方政府债券制度,探索一般债券与专项债券相结合的地方政府举债融资办法,允许有条件的地区通过发行地方政府债券等多种方式拓宽城市建设融资渠道,省级政府举债使用方向要向新型城镇化倾斜。

在城市基础设施建设和公共服务领域推广使用政府和社会资本合作 (PPP)模式。2014 年 9 月,财政部发文《关于推广运用政府和社会资本合作模式有关问题的通知》,提出为拓宽城镇化建设融资渠道,要尽快形成有利于促进政府和社会资本合作模式发展的制度体系。2015 年 4 月,财政部会同国家发改委等部门联合发文《基础设施和公用事业特许经营管理办法》,鼓励和引导社会资本参与基础设施和公用事业建设运营,提高公共服务质量和效率。同年,财政部还出台了在市政公用、水污染防治、收费公路、公共租赁住房、重大水利工程建设等领域推广 PPP 模式的实施意见,制定 PPP 项目财政承受能

---

① 中国财政年鉴编辑委员会编:《中国财政年鉴 2015》,中国财政杂志社 2015 年版。

力论证指引和物有所值评价指引,促进 PPP 可持续发展。

此外,财政还通过资金引导,撬动金融资本参与 PPP 模式。中央财政出资引导设立总规模 1800 亿元的中国 PPP 融资支持基金,撬动金融机构资金投入,提高 PPP 项目融资可获得性。出台 PPP 项目以奖代补政策,对符合条件的新建和存量项目给予奖励,引导 PPP 项目规范实施,促进融资平台公司转型发展。转变海绵城市、综合管廊建设和文化金融扶持计划等专项资金管理方式,对 PPP 项目重点支持,鼓励地方政府采取 PPP 模式建设、运营公共项目。同时,鼓励创新符合 PPP 模式特点的信贷评审方式,推动信贷评审重点由抵质押物向项目现金流转变。

2015 年,财政部搭建了政府和社会资本合作综合信息平台,构建了一个覆盖全国各地区、涉及公共服务各领域、贯穿项目实施各环节、服务各类市场主体的政府和社会资本合作信息网络。截至 2017 年 10 月底,全国政府和社会资本合作综合信息平台项目库已进入开发阶段的项目达 6806 个,计划投资额 10.2 万亿元,覆盖全国 31 个省区市,涉及市政、交通、环保、教育、文化、养老等 19 个行业领域,其中已落地项目 2438 个,计划投资额 4.1 万亿元。[1] 财政部会同行业部委推出四批共 1093 个 PPP 示范项目,投资额 2.6 万亿元,其中前三批已落地项目 572 个,投资额 1.5 万亿元。[2]

三、农业转移人口的市民化

2014 年开始施行的新型城镇化建设以人为核心,强调推进农业转移人口市民化,稳步推进城镇基本公共服务常住人口全覆盖。这是推进以人为核心的新型城镇化的首要任务,也是破解城乡二元结构的根本途径。财政是国家治理的基础和重要支柱,财政在新型城镇化建设过程中的重要作用不言而喻,

---

① 吴秋余:《政府和社会资本合作综合信息平台六千八百余项目进入开发阶段》,《人民日报》2017 年 12 月 10 日。

② 财政部金融司:《财政部关于公布第四批政府和社会资本合作示范项目名单的通知》,2018 年 2 月 1 日,见 http://www.jrs.mof.gov.cn/ppp/gzdtpppp/201802/t20180206_2806270.html。

通过完善转移支付制度、拓宽城市基础设施建设运营和公共服务供给的资金来源，以及加大基本公共服务的资金投入和税收优惠等，保障了农业转移人口的基本权益，大大提高了基本公共服务均等化的程度。

2016 年，《国务院关于实施支持农业转移人口市民化若干财政政策的通知》（国发〔2016〕44 号）发布，要求建立健全支持农业转移人口市民化的财政政策体系，将持有居住证人口纳入基本公共服务保障范围，创造条件加快实现基本公共服务常住人口全覆盖。这一政策的出台，标志着我国城镇化产生了质的飞跃，实现了从物的城镇化到人的城镇化的跨越。

支持农业转移人口市民化的一系列政策措施，不是几项财政补助政策的简单叠加，而是财政政策的系统重构，形成了较为完备的政策支持体系，涵盖了教育、医疗、社保、就业等基本公共服务主要领域，涉及中央和地方各级财政支出结构的重大调整。建立财政转移支付同农业转移人口市民化挂钩机制，是支持农业转移人口市民化的财政政策体系的关键。财政部门已通过完善均衡性转移支付办法，在测算各地区标准财政支出时适当考虑外来人口因素，逐步解决流动人口带来的迁入迁出地公共服务保障规模不相匹配问题。

城镇化的发展不仅需要劳动者要素的聚集，还需要各类资金资本要素的聚集。PPP 模式以重塑政府、市场、民众等多元治理主体的基本关系为切入点，以保障大多数人民群众享受优质的基础设施和高效的公共服务为出发点，成为城市基础设施和公共服务供给的"新引擎"。除此之外，地方政府债券、政府投资基金等透明规范的城市建设投融资机制也拓宽了新型城镇化建设的资金来源。

无论是人的全面发展，还是社会的公平正义，都需要适应新型城镇化建设、健全城乡一体化的公共服务供给体系。以义务教育为核心，统一城乡学生"两免一补"政策，实现"两免一补"和生均公用经费基准定额资金随学生流动可携带，一定程度上解决了农村学生大量涌入城市给城市义务教育带来的压力。通过制度机制设计，把城乡义务教育改革完善城乡义务教育经费保障机制的投入政策、投入标准、中央与地方经费的分担比例确定下来，搭建起一个全国统一的义务教育投入的制度框架。随着更多的公共服务在城乡之间实现均等化供给，我国的城镇化进程进入一个更全面、更充分的发展阶段。

第三章

区域财政的变迁

我国是一个区域地理条件差别明显、社会经济发展基础各异的国家,客观上对区域发展战略提出了较高的要求。改革开放之后,我国区域经济社会开始走向非均衡发展之路,而后调整为统筹区域发展,党的十八大之后走向整体协同发展。其中,财政在贯彻落实区域发展战略方面发挥了重要作用,通过推出一系列与之相适应的财税体制和政策措施助力全国区域战略布局的调整和优化。

第一节 非均衡发展

非均衡发展战略是在党的十一届三中全会胜利召开并对此前的区域经济均衡发展战略进行反思的大背景下提出的。新中国成立以来至改革开放前夕的三十年,我国实施的是以"加强内地建设、平衡生产力布局、巩固国防"为目标的区域经济平衡发展战略,该战略过分强调均衡,并高估了当时面临的战争风险,忽视了区域生产力布局的效率原则。邓小平同志在充分反思我国实际发展困境和国内外形势变化后,提出"和平与发展"才是时代的主题的观点,并实行对内改革、对外开放的重大决策,迎来了区域经济、社会及财政的重大变迁。

一、一部分地区先富起来

1978 年 12 月,邓小平提出:"在经济政策上,我认为要允许一部分地区、一部分企业、一部分工人农民,由于辛勤努力成绩大而收入先多一些,生活先好起来。一部分人生活先好起来,就必然产生极大的示范力量,影响左邻右舍,带动其他地区、其他单位的人们向他们学习。这样,就会使整个国民经济不断地波浪式地向前发展,使全国各族人民都能比较快地富裕起来。"①邓小平的这一表态,标志着党和国家第二代领导集体舍弃了平均主义的发展战略,把效率放在首要位置,充分尊重并发挥东部沿海地区的人才优势、地理优势、技术优势和基础设施优势,率先在东部地区实现改革开放,国家投资和政策优惠优先向东部地区倾斜,最终通过东部地区的经济增长辐射和引导中西部地区,实现全国范围内的共同富裕。

非均衡发展战略允许在发展过程中出现一定程度的差距,但其最终目的是实现全国人民共同富裕。为此,邓小平提出"两个大局"的重要思想:"沿海地区要加快对外开放,使这个拥有两亿人口的广大地区较快地先发展起来,从而带动内地更好地发展,这是一个事关大局的问题,内地要顾全这个大局。反过来,发展到一定的时候,又要求沿海拿出更多力量来帮助内地发展,这也是个大局,那时沿海也要服从这个大局。"②此后,党中央更加关注如何使沿海地区率先发展起来。"六五"计划提出"积极利用沿海地区现有的经济基础,充分发挥它们的特长,带动内地经济进一步发展"。"七五"计划则明确把全国划分为东部、中部、西部三大经济地带,提出区域经济发展要按东中西部三大经济地带梯度推移的战略思路。这种战略思路的重点在于首先发展东部沿海,并实现梯度推移,为此,中央制定了一系列对外开放政策措施支持东部沿海地区发展。

---

① 《邓小平文选》第二卷,人民出版社 1994 年版,第 152 页。
② 《邓小平文选》第三卷,人民出版社 1993 年版,第 277—278 页。

20 世纪 90 年代后,考虑到追求经济增长效率的同时必须兼顾公平,同时要建立社会主义市场经济体制,培育和统一市场,鼓励要素自由流动,开始对区域发展战略进行调整,转而推行非均衡协调发展战略。非均衡协调发展战略在承认客观发展差距的情况下,鼓励各地区充分发挥自身的比较优势,使东部地区经济增长能充分结合中西部地区的资源优势,以此来推动中西部地区发展,缩小地区发展差距。也就是说,非均衡协调发展战略的核心在于适度倾斜和协调发展相结合。

1990 年 12 月,《中共中央关于制定国民经济和社会发展十年规划和"八五"计划的建议》提出积极促进地区经济的合理分工和协调发展。1992 年邓小平同志南方谈话其实也充分体现了非均衡协调发展战略的核心思想,既要坚定不移搞好深化沿海经济区的改革开放,更要充分发挥其模范带头作用,使东部地区经济发展能切实造福全国人民。南方谈话后,我国加大了内陆、边境和长江沿岸地区的开放力度,开放了芜湖、九江、岳阳、武汉和重庆 5 个长江沿岸城市,并于 1994 年设立了三峡经济开放区。同时,国家还批准了合肥等 17 个省会为内陆开放城市,并且开放了黑河等 13 个沿边城市。以上述事件为标志,我国基本上形成了沿海、沿江、沿边、内陆地区相结合的全方位、多层次、宽领域对外开放的格局。

党的十四届五中全会明确提出坚持区域协调发展,逐步缩小地区发展差距,应当作为我国必须长期贯彻执行的重要工作方针。随后,中央加大了对中西部地区的扶持力度。其实,在"八五"期间,国家就已经开始将重点建设项目更多地安排在中西部地区,如京九铁路、三峡工程等。自"九五"后,这种发展大趋势则更加明显①。国家除了在沿海城市开设保税区,巩固经济开放成果之外,还积极在内陆城市开辟高新技术开发区和国家级经济技术开发区。

---

① 八届全国人大四次会议通过的《中华人民共和国关于国民经济和社会发展"九五"计划和 2010 年远景目标纲要》明确提出"优先在中西部地区安排资源开发和基础设施建设项目……引导资源加工型和劳动密集型产业向中西部地区转移。理顺资源性产品价格,增强中西部地区自我发展的能力……加快中西部地区改革开放的步伐,引导外资更多地投向中西部地区……加强东部沿海地区与中西部地区的经济联合与技术合作"。

1997年,党的十五大提出要促进地区经济合理布局和协调发展。东部地区要充分利用有利条件,在推进改革开放中实现更高水平的发展,有条件的地方要率先基本实现现代化,而中西部地区要加快改革开放和开发,发挥资源优势,发展优势产业。1999年,党的十五届四中全会正式作出了进行"西部大开发"的决定。经全国人大审议通过后,国务院西部开发办于2000年3月正式开始运作。九届全国人大四次会议批准的《中华人民共和国国民经济和社会发展第十个五年计划纲要》明确提出了"实施西部大开发战略,加快中西部地区发展,合理调整地区经济布局,促进地区经济协调发展"的指导方针,并按照西部、中部和东部地区的先后次序,对各地区的发展进行了总体安排,从而在根本上扭转了"七五"计划中按东、中、西部梯度推进的思想。

二、财政体制与政策的调整

为了配合改革开放的伟大事业,充分调动举国上下发展经济、发展生产,充分释放经济发展潜力,1979年4月中央正式提出对国民经济进行"调整、改革、整顿、提高"的八字方针,着手全面改革经济管理体制,并专门对财政工作作出部署,要求财政部门将工作重点转移到支持社会主义现代化建设上,并努力实现财政工作本身的现代化。

(一) 支持对外开放

改革开放之前,我国实行的是统收统支的财政体制,强调中央财政的高度集权,只给地方留下少量机动财力。党的十一届三中全会后,党中央认真总结经验,要求以扩大地方和企业的财权为起点,以财政体制改革为突破口,先行一步。秉承党中央的指示精神,1980年国务院颁发的《关于实行"划分收支、分级包干"的财政管理体制的暂行规定》开始实行"分灶吃饭"的财政体制改革,按经济管理体制规定的企业隶属关系,明确划分中央和地方收支范围,收入实行分类分成。随后我国对该体制进行了一些调整,1983—1984年我国先后实行了两步"利改税"改革,国家和企业间的分配关系也发生了根本性变化。随着经济高速增长和改革开放事业的深入推进,财政包干体制也显现出了一些弊端,但对当时解放和发展社会生产力,激发经济增长潜力,扩大对外开放,加大外资和技术的引进力度,鼓励全国尤其是沿海经济特区率先发展起到了财政体制上的"松绑"作用。

改革开放前,我国的税收制度"过度简化",尤其是工商税制被大规模减并。改革开放后,原有的税制已经不能满足社会主义商品经济日趋复杂的经济活动和日渐多元的经济主体的需要,尤其是当时在区域发展战略上,我国推行的是以沿海经济特区为龙头率先发展,最终拉动国民经济整体增长的非均衡发展战略。随着外资和外商的纷纷涌入,涉外经贸活动日趋活跃和复杂化,迫切需要国家推进税制改革。1980 年之后,逐步建立起了涉外所得税体系,并对外资企业实行广泛的优惠,力度很大,还多次对关税条例进行重大修改,使我国关税制度逐步与国际接轨。涉外税收制度秉承"税负从轻,征管从简"的原则,体现了财政支持改革,扩大开放的精神,在加强国家对涉外经贸活动的监管和扩大财政收入等方面,都起到了积极的作用。

(二) 破除地方和区域分割

经过改革开放前期的迅猛发展东部地区经济率先起飞,成为我国经济发展中最亮丽的风景,然而这种举国上下全力支持沿海开放地区发展的模式也带来了严重的弊端,加剧了区域发展差距。国家在该阶段推出的区域发展战略正是为了缩小区域发展差距,在支持东部地区发展的同时,也积极鼓励和引导中西部地区发展,扩大改革开放,构建社会主义市场经济体制,因此,需要财政工作也开创新的局面。

在改革开放初期建立的以"放权让利"思想为核心的财政包干体制,对打破大一统的计划经济体制,调动各方发展经济的积极性起到重要推动作用,然而也导致财政收入无法跟上经济增长、中央财政陷入困难等大问题。中央财政陷入困难,势必会影响其总揽大局,宏观调控的能力,不利于国家扶持中西部地区发展,缩小区域差距,构建全新改革开放大格局的区域战略的实现。同时,财政包干体制还催生了地方保护,区域间恶性竞争,市场分割,地区封锁的"诸侯经济",还造成了重复建设、盲目投资和经济发展过热的问题,形成了区域间产业结构趋同、单一的局面,为国民经济的健康发展带来了巨大隐患。为此,中央于 1993 年 12 月发布《国务院关于实行分税制财政管理体制的决定》,推行分税制财政体制改革,在合理划分事权、支出、收入的基础上,建立税收返还和转移支付制度,合理分配各地区间财力,扶持落后地区经济发展和老工业基地改造。

与 1994 年的分税制改革相匹配,我国对进出口税收制度进行了调整,建立了与社会主义市场经济体制相适应的出口退税制度。为加入 WTO 扫清障碍,我国先后多次对进口商品税收优惠政策进行系统清理,至 2000 年和 2001 年仅保留了 15 项进口税收优惠政策,并使进口税收优惠由地区优惠为主向产业优惠为主转变,对国家鼓励发展的国内投资项目和外商投资项目进口设备免征关税和进口环节增值税,对外资企业的技术开发以及对中西部地区的投资项目也制定了相应的优惠措施,极大地促进了区域发展战略的落实。

(三) 完善开发区财政体制

开发区特殊财政体制的实施,增强了开发区的自我发展能力,促进了特定区域的快速发展,但是,开发区优惠政策在执行过程中也出现了一些问题:一是容易引发地区间攀比。部分享受优惠政策的开发区要求比照惯例延长补助期限,一些未纳入优惠政策范围的开发区要求享受体制照顾。二是出现违反财政政策、挤占中央财政收入的现象。一些开发区存在区内注册、区外经营,将区外收入转作区内收入和虚报开发区"两税"收入的问题,骗取中央财政的"两税"增量返还。

因此,中央对开发区的收入分配政策也发生调整:中央对天津等 14 个沿海开放城市以及 14 个边境经济技术开发区的财政收入分配安排发生调整,由原来的新增财政收入全部留用改为以 1995 年的收入返还额为基数,按 75%、50%、25% 的比例递减补助三年,并于 1999 年起统一执行分税制财政体制。

三、区域财政的分化

改革开放之后,非均衡发展战略无疑取得了举世瞩目的巨大成就,促进了整个国民经济的高速增长。"六五"期间,全国 GDP 的年增长速度达到 9% 以上,其中,东部沿海地区的经济增长更为迅速,14个沿海开放城市工业总产值占全国总产值的23.1%,人均工业产值达到了全国平均水平的3倍。① 不难看出,财政尤其是中央财政的支持与统筹是沿海发达地区乃至全国经济快速发展的重要保障,正是中央制定的一系列财税优惠政策为特区经济的发展和改革开放的顺利进行提供了重要的制度依靠。

但是我们必须看到,这一时期的区域发展战略也带来了区域财政的严重分化。一是地区间发展差距越拉越大,中西部地区在东部地区的传递、扩散和示范效应的带动下,经济增长速度也较改革开放前有了较大提升,但是国家在支持重点区域优先发展的情况下,过度强调经济效率而忽视了区域间协调发展,导致东部地区与中西部地区的发展差距越拉越大。二是在实行一系列向东部沿海区域倾斜的财税政策的过程中,不同程度地存在着范围上、力度上和时限上的过度倾斜的状况,在追求效率的同时忽视了兼顾公平。三是在区域经济发展的过程中存在区域间的利益摩擦和冲突,出现了区域经济封锁、区域间产业结构趋同、恶性竞争和重复建设的"诸侯经济",并导致了严重的通货膨胀。

随后,区域协调发展受到了一定程度的重视,并提出了"效率优先,兼顾公平"的指导方针,同时加大了对中西部地区、内陆边境地区的重视程度和扶持力度,中西部地区无论是基础设施建设、基本公共服务还是人民生活水平在该阶段都得到了显著提高,而财政在其中是发挥了重要作用的。

首先,分税制财政体制的确立大大提高了中央财政实力,保证了中央宏观调控,协调各方,总揽全局职能的顺利履行,对于该阶段扩大沿江、内陆省会和边境城市的开放,推动中部地区发展,顺利实施西部大开发战略,扶持经济不发达地区发展和老工业基地改造等区域发展措施的贯彻落实提供了财力上的保障,同时也调动了地方政府推进产业结构调整,优化资源配置,培养税基、开辟财源的积极性。其次,国家通过适时推出和修订相关税收优惠政策,鼓励和

---

① 田书华:《中国区域经济的发展历程及发展趋势》,2014年4月17日,见http://blog.sina.cn/dpool/blog/s/blog_51bfd7ca0101e2l7.html。

引导外商投资我国重点发展产业和助力中西部地区发展,促进了对外开放和国际交流。

然而,由于中西部地区发展基础较差,而国家新增投资更多集中在基建和资源开发领域,这种带有恶补基础式的开发建设尚不足以弥补中西部地区同东部沿海地区间的发展差距,仅以人均 GDP 为例,1999 年,西部地区人均 GDP 仅为全国平均水平的 58.9%,相比 1995 年还下降了约 1 个百分点,中部地区人均 GDP 在 1995 年时约占全国平均水平的 76.3%,比之 1990 年的水平也下降了约 7 个百分点,因此,可以说我国还需要进一步调整区域发展战略,以进一步弥合区域间发展差距,真正做到协调发展。[①]

第二节 统筹区域发展

进入 21 世纪以后,党和国家逐步完成对非均衡发展战略的调整,确立了统筹区域发展的战略思路。统筹区域发展是党和国家领导人在充分分析我国各个经济区域发展现状、历史传统、存在问题和突出特色的情况下,注重各个区域差异化发展的情况下又强调相互之间的协同性和大局上的整体性,鼓励各区域间要素的自由流动,鼓励打破行政区划的局限、加速建立全国统一市场,鼓励各区域良性互动和融合共生,为国家整体发展提供强大合力。

一、"四轮驱动"发展大格局

2003 年 10 月,党的十六届三中全会把科学发展观作为指导 21 世纪我国经济社会发展的重大战略思想,明确提出"五个统筹",而统筹区域发展是其中的重要内容之一。

---

① 田书华:《中国区域经济的发展历程及发展趋势》,2014 年 4 月 17 日,见 http://blog.sina.cn/dpool/blog/s/blog_51bfd7ca0101e2l7.html。

自中央提出"实施西部大开发战略,促进地区协调发展"之后,在科学发展观的指导下,先后实施了振兴东北等老工业基地、促进中部崛起、东部率先发展等重大战略举措,形成了一整套有机结合的统一的区域整体发展战略。

中共中央、国务院于 2003 年 10 月下发《中共中央、国务院关于实施东北地区等老工业基地振兴战略的若干意见》,2006 年 4 月《中共中央、国务院关于促进中部地区崛起的若干意见》正式出台。2007 年 10 月,党的十七大决定继续实施区域发展总体战略,深入推进西部大开发,全面振兴东北地区等老工业基地,大力促进中部地区崛起,积极支持东部地区率先发展。至此,我国基本形成了"四轮驱动"发展大格局,即西部大开发、东北振兴、中部崛起、东部率先发展,相对应的四大板块的发展路径根据本地区实际情况各有不同。

为了进一步贯彻落实这一区域发展战略,2010 年底中央颁布《全国主体功能区规划》,"十一五"规划则进一步提出区域一体化战略,开展跨行政区划的经济协作、经济联合以及经济带和经济圈建设。党的十七大报告提出"遵循市场经济规律,突破行政区划界限,形成若干带动力强、联系紧密的经济圈和经济带",为我国推进区域一体化指明了方向。为了贯彻落实这个战略,我国开始不断着力发展城市群和都市圈经济,培育区域增长极。

城市群是工业化和城市化发展到一定阶段的产物,其显著特征是往往能通过产业集群和区域内高度发达的城市化水平对周边区域形成强大的向心力,不断吸收和优化配置周边乃至更大区域范围内的资源,并对它们形成强大的辐射和带动作用。长江三角洲、珠江三角洲和京津冀三大城市群是我国经济发展的龙头,并且随着城市化进程的加速、户籍制度变革和市场化深入推进,一批中等城市迅猛发展,新的城市群不断涌现,并且城市群内部一体化进程加快,形成了多个强劲的区域增长极。各个城市群内部的一体化进程,以及相互之间的分工合作公平竞争必将带动区域统筹协调发展。

二、板块发展中的财政

进入 21 世纪后,我国的区域发展思想开始强调多个区域协调合作、齐头并进、共同发展。为顺应新形势的需要,财政部相继推出了一系列政策措施,有力推动了国家区域发展战略的顺利实施。

（一）支持西部大开发

支持西部大开发自 2000 年正式提出以来,就一直是我国区域发展战略的重要组成部分,在第一个 10 年期满之后,党中央、国务院出台了第二个 10 年的西部大开发政策。其中,财政关于支持西部大开发的措施主要有:

一是增加建设资金投入,提高中央财政性建设资金投入西部地区的比例。提高对公路、铁路、民航、水利等建设项目投资补助标准和资本金注入比例;二是加大财政转移支付力度,逐步加大中央对西部地区一般性转移支付规模,加大中央财政对西部地区均衡性转移支付力度,逐步缩小西部地区地方标准财政收支缺口,推进地区间基本公共服务均等化,新能源、教育、医疗卫生、社会保障、扶贫开发等专项转移支付的分配重点向西部地区倾斜;三是实行税收优惠政策,自 2011 年 1 月 1 日至 2020 年 12 月 31 日,对设在西部地区的鼓励类产业企业减按 15% 的税率征收企业所得税;四是建立和完善艰苦边远地区津贴制度,自 2012 年 10 月 1 日起,调整提高艰苦边远地区津贴一至六类区标准,增加对西部艰苦边远地区津贴转移支付,提高西部地区行政事业单位的工资水平,逐步使其达到或高于全国平均水平;五是完善教育经费保障机制,加大中央财政和省级财政对农村义务教育的支持,新增财政收入用于支持农村教育发展的部分向西部地区农村倾斜,支持中小学校建设的中央财政专项资金继续向西部地区倾斜;六是加大各类科技计划经费向西部地区的倾斜支持力度,逐步提高科技资金用于西部地区的数额;七是加大对西部地区"三农"的投入力度,支持西部地区农业现代化建设,落实对农民的补助政策,支农专项资金继续向西部倾斜。

（二）振兴东北等老工业基地

振兴东北等老工业基地自 2003 年正式提出以来,就一直是我国区域发展战略的重要组成部分,其影响力不仅体现在统筹区域发展阶段,以习近平同志为核心的第五代中央领导集体同样高度重视这项工作的开展。财政关于振兴东北等老工业基地的措施主要有:

一是选择部分老工业基地城市进行分离企业办社会职能试点,有步骤地剥离重点大企业办社会职能;二是对部分企业历史形成、确实难以归还的历史欠税,按照规定条件经国务院批准后给予豁免;三是农业、社会保障、教育、科技、卫生、计划生育、文化、环保等领域的专项资金安排,要支持老工业基地调整改造和资源型城市转型;四是凡符合外商投资优势产业目录的东北地区外商投资项目,可享受鼓励类外商投资项目的进口税收优惠政策;五是加大对资源枯竭城市的扶持力度;六是外国投资者并购、参股改造国有企业,原国有企业历史形成、确实难以归还的欠税,按照规定条件经国务院批准后予以豁免。

(三) 促进中部地区崛起

促进中部地区崛起自 2006 年正式提出以来,也是我国区域发展战略的重要组成部分,财政关于促进中部地区崛起的措施主要有:

一是积极支持"三农"发展,完善和强化对种粮农民的直接补贴政策,支持农村要素流动和消费,安排资金支持良种补贴和农机具购置补贴;二是大力支持教育、科技、文化、社会保障、就业、医疗卫生等社会事业发展;三是国家对优势企业的联合、重组给予必要的政策支持,加大对重点企业技术改造的支持力度,通过科研投入、工程设备采购以及税收政策等,支持重大成套装备技术研制和重大产业技术开发;四是支持中部地区老工业基地振兴和资源型城市转型,选择部分老工业基地城市,在增值税转型、厂办大集体改革和社会保障等方面,比照振兴东北地区等老工业基地有关政策给予支持;五是加大对财政困难县乡的财政转移支付力度,规范县级政府经济社会管理权限,完善公共财政体制,加大对社会事业发展的支持力度,增强县级政府面向农村提供公共服务的能力;六是加大对贫困地区的扶持力度,对贫困人口集中分布地区、革命老区和少数民族地区,实行集中连片开发;七是推进基础设施建设和生态环境保护;八是加大对社会保障的投入力度。

(四) 支持东部等地区加快发展

从 2005 年 6 月上海浦东新区综合配套改革试验区获得国务院批准开始,在三年半的时间里,先后有天津滨海新区综合配套改革试验区、成渝全国统筹城乡综合配套改革试验区、武汉城市圈和长株潭城市圈全国资源节约型和环境友好型社会建设综合配套改革试验区等多个区域发展规划获得国务院批准。2006年以来,国家又陆续出台了一些促进特定区域发展的指导意见,主要有:《国务院关于推进天津滨海新区开发开放有关问题的意见》《国务院关于推进重庆市统筹城乡改革和发展的若干意见》和《国务院关于支持福建省加快建设海峡西岸经济区的若干意见》等。

2006年,为了推进滨海新区开发开放,国务院批准天津滨海新区为全国综合配套改革试验区,并要求给予天津滨海新区一定的财政税收政策扶持:对天津滨海新区所辖规定范围内符合条件的高新技术企业,减按15%的税率征收企业所得税;比照东北等老工业基地的所得税优惠政策,对天津滨海新区的内资企业予以提高计税工资标准的优惠,对企业固定资产和无形资产予以加速折旧的优惠;中央财政在维持现行财政体制的基础上,在一定时期内对天津滨海新区的开发建设予以专项补助。

2009年,国务院出台了《国务院关于推进重庆市统筹城乡改革和发展的若干意见》,要求在财政政策方面把中央财政对重庆市建设补助列入中央对重庆的体制补助基数,进一步加大中央财政转移支付、中央预算内专项资金和中央预算内投资,以及其他中央专项资金对重庆的投入力度,提高重庆市的财力水平。同年,国务院出台了《国务院关于支持福建省加快建设海峡西岸经济区的若干意见》,要求在财政政策方面加大资金投入和项目支持,促进海峡西岸经济区加快发展。

(五) 支持老少边穷地区发展

改革开放之初,国家就高度重视对民族地区的财政扶持。20世纪80年代,国家对民族地区实行定额补助,每年递增10%,并在1988年的财政包干体制改革中对五个自治区等民族地区实行超过核定收支基数的定额补助,并将1987年的补助数额固定下来,实行定额补助,虽然不再享受年增10%的补助增长,但在当时增量财政收入倾向地方财政的分配体制下,民族地区依然享受到了国家较大力度的扶持。

2000年起,中央财政设立民族地区转移支付,支持民族地区加快发展,转移支付范围为8个民族省区(5个民族自治区和青海、云南、贵州3省)以及8

省区外其他非民族省区的 8 个民族自治州。2006 年起,经国务院批准,又将非民族省区及非民族自治州管辖的民族自治县也纳入转移支付范围,实现了对所有少数民族地区的全覆盖,并建立了转移支付资金稳定增长机制。2014年中央对地方民族地区转移支付规模达到 520 亿元,比 2013 年增长 12.1%。

为支持边境地区加快发展,自 2000 年起中央财政在财政扶贫专项资金中专门安排兴边富民补助,主要用于边境乡村基础性和公益性项目建设、劳动力培训和发展特色产业,2001 年起,中央财政设立边境地区转移支付。遵循"管边控海、海陆并重"的原则,补助对象覆盖内蒙古、辽宁、吉林、黑龙江、广西、云南、西藏、甘肃和新疆等 9 个陆地边境省区以及福建、厦门、山东、广东、海南、大连、浙江、宁波等 8 个沿海省市,共 250 个县市。补助内容包括陆地边境事务补助、海洋管理事务补助等方面。2014 年中央对地方边境地区转移支付规模达到 120 亿元,比 2013 年增长 11.1%。①

为支持革命老区加快发展,中央财政自 2001 年起,设立了革命老区转移支付资金,补助对象是对中国革命作出重大贡献、财政较为困难的连片老区县(市、区)。通过彩票公益金、中央财政支出补助资金等,用于支持贫困革命地区实施整村推进,促进贫困革命老区经济社会发展,帮助贫困地区人民改善生活,增强贫困地区自我发展能力。为提高资金使用效率,规范革命老区转移支付管理,财政部于 2012 年印发《革命老区转移支付资金管理办法》,有力保障了将党中央、国务院对革命老区人民的关怀落到实处。

三、统筹发展的难题

2003 年以来,财政部门全面贯彻落实科学发展观,围绕"五个统筹"和社会主义和谐社会建设,不断优化支出结构,加大对经济社会发展的薄弱环节的投入力度,向社会主义新农村建设倾斜,向保障和改善民生倾斜,向困难地区、基层和

---

① 　中华人民共和国财政部预算司:《中央财政 2014 年革命老区、民族地区和边境地区转移支付情况》,2015 年 1 月 5 日,见 http://yss.mof.gov.cn/zhengwuxinxi/gongzuodongtai/201501/t20150105_1175872.html。

群众倾斜,财政支出的公共性不断显现,有力促进了经济社会又好又快发展。

统筹发展战略的实施,总的来看成效显著,对我国经济发展产生了深刻的影响,经济增长重心有北上西进的趋势,跨区域产业转移和重组势头强劲,区域经济一体化不断加快,跨区域经济交流与合作进一步加强,全方位对外开放格局已经逐步形成。

然而,我国毕竟是一个幅员辽阔的大国,各个区域,如东北地区、中部地区等,都有自身的特色。所以,在全国一盘棋大力发展经济建设的背景下,不同区域经济的共同发展并不意味着无特色、无差异和无重点,而应强调不同区域经济突出特色、存在差异、各有重点的共同发展。只有认识到这一点,才能真正促进各个区域齐头并进,共同发展。

当然,我们也应看到现实中存在的严峻挑战。东部地区"人口红利"的消失,土地、劳动力等要素制约日趋明显,产业结构和经济发展模式亟须调整转变,相对落后的劳动密集型、资源密集型产能亟须淘汰或转移;中西部地区资源环境压力加大,城乡二元结构仍待弥合;东北老工业基地转型之路依旧任务艰巨,全国整体国民经济增速下滑进入"新常态"。要更好地应对"新常态"下的区域发展,必然要求有适应新时代客观要求的区域新战略。

第三节　整体协同发展

党的十八大以来,以习近平同志为核心的党中央进一步布局区域协调发展战略,并结合新的国内外形势,作出了新时代的重大决策部署。展望2020年,我国正在构建起以"四大板块+三大战略"为主要内容的区域整体协同发展新格局。

一、区域整体协同发展

与传统的区域协调发展不同,新时期我国区域发展更加注重"协调东中西、平衡南北方"的整体协同发展,致力于全方位缩小区域发展差距。党中央在坚定不移继续推进"四轮驱动"的区域发展总体战略的基础上,提出了"一带一路""京津冀协同发展"和"长江经济带"三大战略,强调发挥经济带作用,促进区域一体化发展,鼓励要素自由流动,打破地区藩篱,形成区域联动、轴带引领、多级支撑的区域发展新局面。

2015 年 3 月,国家相关部委联合发布《推动共建丝绸之路经济带和 21 世纪海上丝绸之路的愿景与行动》,在我国区域发展的历史上具有里程碑的意义,有助于将国内区域协同与对外开放更紧密地结合起来,通过与周边国家基础设施的互联互通,促进我国与周边各国贸易、人才、资本的流通往来,并且通过与周边国家加强经贸合作的同时,促进我国重大装备和富裕产能走出去,为我国产业结构转型扩展国际空间,为国内区域协调发展注入新的巨大动力。

2015 年 4 月,中央发布《京津冀协同发展规划纲要》,以"一核""双城""三轴""四区""多节点"和"两翼"为基本要点的京津冀区域发展新格局初步形成①。京津冀协同发展具体落实到公共服务一体化,推出京津冀"一卡通"服务,建设"一环二航五港六放射",实现交通一体化。在环境保护方面,推动京津冀三地加强生态环境保护合作,助推三地产业协同合作,逐渐引导北京非首都功能疏解,同时带动周边地区协同发展。可以看出,京津冀一体化发展的核心是京津冀三地作为一个整体协同发展,以疏解非首都核心功能、解决北京"大城市病"为基本出发点,调整优化城市布局和空间结构,构建现代化交通网络系统,扩大环境容量生态空间,推进产业升级转移,推动公共服务共建共享,加快市场一体化进程,打造现代化新型首都圈,最终做到"平衡南北方"。

2016 年 9 月,《长江经济带发展规划纲要》正式印发,确立了长江经济带

---

① "一核":北京;"双城":北京、天津;"三轴":京津发展轴、京保石发展轴、京唐秦发展轴;"四区":中部核心功能区、东部滨海发展区、南部功能拓展区和西北部生态涵养区;"多节点":包括石家庄、保定、唐山、邯郸等区域中心城市和张家口、承德、廊坊、秦皇岛、沧州、邢台、衡水等节点城市;"两翼":北京城市副中心、河北雄安新区的区域发展格局。

"一轴、两翼、三极、多点"的发展新格局①。长江经济带覆盖了超过全国40%的人口和产值，聚集了大量优质的生产要素，是我国东中西部要素流动的重要通道。通过长江经济带的建设有利于走出一条生态优先、绿色发展之路，有助于带动中西部地区发展，培育形成一批世界级的企业和产业集群，促进经济增长空间从沿海向沿江内陆拓展，推动上中下游优势互补、协作互动，基本形成陆海统筹、双向开放，与"一带一路"建设深度融合的全方位对外开放新格局，使黄金水道真正产生黄金效益。

2017年10月，党的十九大的胜利召开，中国特色社会主义进入新时代。新时代下的区域发展战略更加重视对"老少边穷"和少数民族地区的发展，通过加大对上述地区的扶持力度，最终增强它们的"自我造血"能力，并以基本公共服务均等化为抓手，提升上述地区的公共服务水平，全方位提高其经济发展水平和人民生活质量。习近平总书记在党的十九大报告中还指出，要优化举措推进西部大开发形成新格局，深化改革加快东北等老工业基地振兴，发挥优势推动中部地区崛起，创新引领率先实现东部地区优化发展，建立更加有效的区域协调发展新机制。以城市群为主体构建大中小城市和小城镇协调发展的城镇格局，加快农业转移人口市民化。加快边疆发展，确保边疆巩固、边境安全。坚持陆海统筹，加快建设海洋强国。可以看出新时代下的区域发展战略是在原有基础上的深化，服务于新时代下的总体发展战略和规划，致力于解决新时代下的社会主要矛盾，是国家全面建成小康社会、实现中华民族伟大复兴的重要助推力量。

二、落实三大战略中的财政

"一带一路""长江经济带""京津冀协同发展"三大战略，是新时代区域

① "一轴"是以长江黄金水道为依托，发挥上海、武汉、重庆的核心作用；"两翼"分别指沪瑞和沪蓉南北两大运输通道；"三极"指的是长江三角洲、长江中游和成渝三个城市群；"多点"是指发挥三大城市群以外地级城市的支撑作用。

整体协同发展的顶层设计,为优化产业结构、转变发展方式、促进社会均衡提供了强大推动力。要真正实现"协调东中西、平衡南北方",离不开财税政策的配合与支持。

为落实"一带一路"倡议,不仅需要国内相关财政税收优惠政策,更需要与有关国家达成税收协议,避免重复征税的问题,为"一带一路"沿线国家的经贸、人员和要素流动创造有利的税收环境。截至2017年3月,我国共签署105个税收协定(包含税收安排、税收协议),其中包括与54个"一带一路"沿线国家签署的税收协定,并主动向企业宣传、解释税收协定条款,以及相互协商程序的相关规定,及时受理企业提起的相互协商申请,维护企业境外经营合法税收权益。国家税务总局共发布了36份国别指南,其中23份针对"一带一路"沿线国家,得到了"走出去"纳税人的普遍欢迎,有力促进了对外经济技术合作和人员交流,有效服务了"走出去"对外开放战略。除了税收方面的优惠,财政还在建立多元投融资体系和多边开发机构的筹建过程中发挥了重要作用,先后推动设立了亚洲基础设施投资银行、丝路基金、金砖国家新开发银行,深化了与相关国家在基础设施建设、产业结构调整、资源开发等方面的合作。

为突出区域经济增长极的引领辐射作用,自设立上海自由贸易试验区以来,通过在金融、贸易、投资、通关等领域的先行先试,已经形成一系列可推广、可复制的经验模式。国务院相继批准设立前海深港现代服务业合作区、青岛西海岸新区、陕西西咸新区等一批重要的国家级新区,分布在东西部不同发展水平的区域,目的是在这些点上通过集中政策资源和项目资金的投入,加快培育壮大一批区域经济增长极,发挥对周边区域的辐射带动和引领示范作用。2016年,国家新设广东、天津、福建等7个自由贸易试验区,12个跨境电子商务综合试验区,财政则相应的调整出口退税负担机制,清理规范进出口环节收费,除少数实行准入特别管理措施领域外,外资企业设立及变更一律由审批改为备案管理,努力稳定对外贸易,实现以改革促开放。

为推动京津冀协同发展,促进资源要素合理流动,实现京津冀地区优势互补、良性互动、共赢发展,财政的统筹是不可或缺的。京津冀三地国税、地税部门于 2014 年共同签署了《京津冀协同发展税收合作框架协议》，以深化三地税务部门战略合作，促进京津冀协同发展。根据协议，三地税务部门将加快推进税收现代化建设，构建京津冀协同发展税收工作新格局。通过税收合作，促进区域内企业、人才、资金、商品及其他生产要素的合理流动，为三地经济社会发展营造法治、公平、高效、和谐的税收环境。财政部、国家税务总局 2015 年联合下发《京津冀协同发展产业转移对接企业税收收入分享办法》，该办法规定由迁出地区政府主导、符合迁入地区产业布局条件，且迁出前三年内年均缴纳"三税"大于或等于 2000 万元的企业，纳入"三税"分享范围，并按迁入地区和迁出地区 1∶1 比例分享。以迁出地区分享"三税"达到企业迁移前三年缴纳的"三税"总和为上限，达到分享上限后，迁出地区不再分享，若三年仍未达到分享上限，分享期限再延长两年，此后迁出地区不再分享，由中央财政一次性给予迁出地区适当补助。在全面铺开"营改增"之后，财政对京津冀协同发展的支持主要以推动基本公共服务均衡化为抓手，平衡三地间财力差距，提高区域内整体公共服务水平，并安排专项资金，支持共建项目，其中重大项目通过"一事一议"方式确定三方的出资比例和财政责任。

为贯彻落实《国务院关于依托黄金水道推动长江经济带发展的指导意见》，国家税务总局于 2015 年在泛长三角区启用长江经济带税务信息共享平台，起到了打破区域间税务信息壁垒的作用，为加强跨区域税收征管协作奠定了基础。基于该平台，国家税务总局出台了《长江经济带（泛长三角区）〈外出经营活动税收管理证明〉信息交换实施意见》《长江经济带（泛长三角区）税务机关非正常户异地协作实施意见》《长江经济带（泛长三角区）纳税人跨区迁移实施意见》《长江经济带税务信息共享平台税收分析数据（泛长三角区）交换业务需求》，出台一系列服务长江经济带发展的创新措施，简化纳税人外出经营和跨区迁移涉税手续，加强泛长三角区税收征管协作，形成跨区域税收征管联动机制，在最大限度便利纳税人的同时，进一步推进跨区域国税、地税信息共享、资质互认、征管互助，为长江经济带发展营造良好的税收环境。

此外，财政还积极支持推动国家级新区、开发区、产业园区的建设，支持新兴产业发展，加快区域创新能力建设。支持资源枯竭、生态严重退化等地区经济转型发展。优化空域资源配置。推进海洋经济示范区建设,加快建设海洋强国,坚决维护国家海洋权益。并继续支持东、中、西、东北地区"四大板块"协调发展,在基础设施、产业布局、生态环保等方面支持一批重大工程落地实施。

三、加速推进区域基本公共服务均等化

党的十九大的胜利召开,不仅为新时代下我国区域协调发展指明了方向,也对新时代下的财政工作提出了具体要求。为实现新时代下的区域整体协同发展,必须进一步强化财政的公共属性,以基本公共服务均等化为重要抓手,全方位推进社会进步。

转移支付制度和税收返还制度是我国贯彻落实区域发展政策,推进基本公共服务均等化非常重要的财政工具。2003 年以来,中央对地方的财力性扶持的规模不断增长,其中转移支付规模由 2003 年的 4836 亿元,增长到 2016 年的 52573.86 亿元,增长了 10.87 倍。一般性转移支付达到 31864.93 亿元,专项转移支付达到 20708.93 亿元。2009—2015 年,中央对地方的税收返还分别为 4886.7 亿元、4993.37 亿元、5039.88 亿元、5100 亿元、5000 亿元、5200 亿元以及 5018.86 亿元,至 2016 年,该数字增长到了 6826.84 亿元,比之 2009 年增长了近 2000 亿元[①]。中央对地方财力性扶持的力度在不断增长,地方政府财力得到充实,对于地方政府行政能力的提高尤其是公共服务水平的提升具有重要意义,有力地支持了地方财力的均衡,对于贯彻落实国家区域发展总体

---

① 根据以下资料整理计算得出:谢旭人:《中国财政 60 年》(下卷),经济科学出版社 2009 年版,第 540 页;中华人民共和国财政部编:《中国财政基本情况(2009)》,经济科学出版社 2010 年版,第 75 页;中华人民共和国财政部编:《中国财政基本情况(2010)》,经济科学出版社 2011 年版,第 12 页;中华人民共和国财政部编:《中国财政基本情况(2011)》,经济科学出版社 2012 年版,第 11 页;中华人民共和国财政部编:《中国财政情况(2012—2013)》,经济科学出版社 2013 年版,第 12 页;中华人民共和国财政部编:《中国财政情况(2013—2014)》,经济科学出版社 2014 年版,第 14 页;中华人民共和国财政部预算司财政数据,见 http://www.mof.gov.cn/zhengwuxinxi/caizhengshuju/。

战略具有重要意义。

均衡性转移支付在确保辖区内纵向财力事权的匹配以及横向各级政府间的财力均衡方面发挥出积极而重要的作用。我国的均衡性转移支付以保障基层政府财力,增强基层政府公共服务水平,采用因素法进行分配,选取影响各地财政收支的客观因素,考虑地区间支出成本差异,收入努力程度以及财政困难程度,按统一公式计算。2016 年,均衡性转移支付达到 20709.97 亿元,增长了 5.3 倍,其中资源枯竭城市转移支付 186.9 亿元,县级基本财力保障机制奖补资金 2045 亿元,与 2009 年水平相比增长显著。①

除转移支付制度以外,财政还通过税收优惠、财政补贴等政策工具以及调整地方财政事权与财力分配的体制改革,有力促进了我国区域发展战略的顺利实施。通过制定税收优惠政策鼓励投资,引导产业转移,对国家重点支持产业和中西部地区等重点区域实施税收优惠如所得税减免、加速折旧、再投资返还等,有利于生产要素的集聚,加速实现新型工业化。国家对重点项目、重大技术创新等领域实行财政贴息、补贴等措施,辅以地方财政相应配套,有助于重点建设和民生项目的落实,有利于提升自主创新能力,有助于培育区域经济协调发展增长极。中央政府制定发展规划,财政则拿出相应的财税措施,引导要素向区域政策的目标区域流动。总的来说,财政尤其是中央财政为区域协调发展提供了体制、政策和资金上的支持,新时代下的区域发展战略的顺利实施离不开财政的统筹和扶持。

然而,我们也应看到,财政在支持区域发展方面还存在一定的改进空间。首先,我们应坚定不移建立全面规范透明、标准科学、约束有力的预算制度,全面实施绩效管理,推进转移支付的公开化和法制化建设,规范计算方法,杜绝转移支付分配的随意性,更要注重提高资金使用效率。其次,应加快清理整合和归并税收优惠措施,将税收优惠政策规范化,各地实施的政策必须在国家税收优惠政策的大框架内,杜绝因此可能导致的要素无序流动和恶意竞争。再

---

① 中华人民共和国财政部预算司:《2016 年中央对地方税收返还和转移支付决算表》,见 http://yss.mof.gov.cn/2016js/201707/t20170713_2648693.html。

次,应加快建立权责清晰、财力协调、区域均衡的中央和地方财政关系,这是我国财政体制的根本,只有理顺了中央与地方间权责,清晰了事权,协调了财力,理顺了政府与市场的关系,中央政府以及各级地方政府才能提高行政效率,才能充分调动两个积极性,提高财政资金支出效率,真正确保区域发展战略落到实处。最后,我们的财政政策应当加大与金融领域内的政策及监管措施的联动,以及提高财政政策制定的前瞻性,避免政策实施的孤立、滞后或盲动。

第 四 章

缩小贫富差距

　　自 1978 年中国实行改革开放以来,越来越多的人富裕起来、越来越多的地区也富裕起来,经济的快速增长协同国家扶贫政策的配合与努力,中国农村的贫困状况得到了极大的改善,农村居民收入和人民生活水平大幅度提高。但与此同时,群体、行业、城乡、区域之间的贫富差距持续扩大,社会公共风险凸显,成为令人关注的重大社会问题。

第一节　贫富差距的形成

　　长期以来,"贫富差距"与"收入差距"时常被通用,但实际上贫富差距不只体现在分配流量上,还体现在存量和能力方面,因此完整正确地理解贫富差距应从收入、财产、消费三个维度分析。

一、认识贫富差距的三个维度

（一）收入差距

　　收入差距是从流量的维度反映社会贫富状况,体现为一定时期内的收入分配结果。收入差距在短期内不影响财产差距,但影响消费差距。从长期来看,影响财产差距,因为财产差距是收入差距日积月累的结果。

基尼系数是反映收入差距的具体指标。我国居民收入的基尼系数自 1978 年以来不断上升,但在进入 21 世纪以前还处于小于 0.4 的收入差距合理区间,2000 年首次超过 0.4,此后一直处于 0.4—0.5 这个收入差距较大区间,2008 年出现历史收入差距最大后,近年来收入差距有减小的趋势。[①]

(二) 财产差距

财产差距是从存量的维度反映社会贫富状况,体现为一定时点的财富分配结果。财产包括居民拥有的金融资产、实物资产;流动资产、不动产;营利资产、非营利资产等等。严格意义上的财产是指财产净值或净财产,即财产总额减去负债总额。财产存量是收入从流量转化而来的,财产差距是年复一年的收入差距累积而成的一种结果,但又反过来影响收入差距,尤其是财产性收入的差距。很自然,财产差距同时影响消费差距。从长期来看,财产差距对收入差距、消费差距具有决定性的影响。

改革开放以前,我国居民的私人财产很少,除了基本的消费资料,没有任何其他财产。改革开放之后,随着允许一部分人先富起来的政策实行,私人财产积累的速度很快。经商、办企业、搞投资、炒股、炒房等等,都成为快速积累私人财富的重要途径。尤其是营利财产的积累,带来了居民财产性收入的增长,而财产性收入又沉淀为财产存量,进一步加快私人财富的积累。随着私人财富总量的快速增长,财产差距也快速扩大。从 20 世纪 90 年代中期以来,同收入差距相比,我国居民财产贫富差距扩大的速度更快。研究表明,1995—2002 年,我国居民的财产分布差距出现了明显的扩大趋势,居民财产分布的基尼系数从 0.4 上升到 0.55,上升幅度高达 38%。[②] 如果再将近年房价急剧上涨的因素一并考虑进去,那么我国现在的财产贫富差距就更大了。

(三) 消费差距

消费差距是从人的生存状态的维度反映社会贫富状况,属于使用价值的

---

①　陆学艺主编:《当代中国社会结构》,社会科学文献出版社 2010 年版,第 177 页。

②　石英华、刘德雄:《中国贫富差距真相——〈在发展中控制贫富差距扩大〉研究报告之一》,《新理财(政府理财)》2011 年第 1 期。

消耗,在统计意义上,是消费性支出与消费性投资的摊销支出之和。在个体的意义上,消费差距完全取决于收入差距、财产差距,但在社会公共意义上,消费差距还与公共消费的提供密切相关。所以,实际的居民消费差距是个体消费差距与公共消费差距之和。消费差距,属于人生存与发展方面的差距,与居民能力、家庭人力资本积累有内在联系,消费的差距往往决定了能力的差距,从群体层次来观察这一点更为明显。消费差距对收入差距、财产差距具有终极的决定作用。从循环的角度来看,消费不只是一个被动的结果,而是对收入差距、财产差距具有初始影响,决定起点是否公平。

从消费差距来看,贫富差距的表现比收入和财产方面的差距要大得多。我国居民实际的消费差距包括个体消费差距和公共消费差距两个方面。一方面,个体的消费差距受收入差距和财产差距的影响;另一方面,在基本公共服务均等化水平低,公共消费在城乡、区域、群体之间的差距十分显著,增加了我国居民实际的消费差距。

二、贫富差距的表现

总体而言,贫富差距不断扩大是我国改革开放以来的基本特征。具体细讲,可以从群体间差距、行业间差距、城乡间差距和区域间差距等四个方面进行分析。

（一）群体间差距

从单位所有制来看,改革开放初期,不同所有制类型单位的工资收入差距不大,随着多种所有制形式的出现和发展,不同所有制单位的职工工资收入的差距逐步扩大。2000 年,人均工资收入最高的是外商投资单位职工,最低的是城镇集体单位,倍差为 2.5∶1,绝对值为 9000 元左右。2016 年,最高工资收入的仍是外商投资单位,年人均工资是较低收入单位（城镇集体、联营、其他类型单位）的 1.6 倍左右,倍差呈下降趋势。①

---

① 中华人民共和国国家统计局编:《中国统计年鉴 2017》,中国统计出版社 2017 年版。

从岗位类型来看,单位负责人平均工资最高,商业和服务业人员平均工资最低,近年来倍差在 2.6—2.7,次高的是专业技术人员,再次的是办事人员和生产、运输设备操作人员。

不同性别、年龄、受教育程度的群体之间的收入水平也有差距。有研究表明,男性人均工资性收入比女性高出 35.54%;16—60 岁期间的工资性收入水平呈倒"U"形,其中女性在 31—35 岁达到峰值,男性在 36—40 岁达到峰值;另外一般而言,受教育程度越高,收入水平也会相对较高,且受教育程度越高的人群中,组内工资性收入差距越低。①

（二）行业间差距

随着改革开放后"大锅饭"分配制度逐渐被打破,各行业之间职工的收入差距开始加大。改革开放初期,电力、煤气及水的生产和供应业、建筑业、地质勘查业和水利管理业为高收入行业,而这一时期,金融、保险、房地产等行业的收入甚至低于全国平均水平。另外,由于当时全社会成员的总体收入都不高,所以高收入行业与低收入行业之间的收入差距并不十分明显。1978 年,最高收入行业的人均工资水平是最低收入行业的人均工资水平的 1.8 倍左右。2003 年以后,我国对行业划分进行了调整,近年来信息传输、计算机服务和软件业和金融业与其他行业的平均工资水平逐步拉大,是低收入行业人均工资水平的 4 倍左右,如果再加上工资外收入和职工福利待遇上的差异,实际收入差距更大。

（三）城乡间差距

改革开放以来,城镇和农村居民人均收入差距不断扩大,尤其是 21 世纪的前十年,城乡居民收入倍差一度超过 3,最大倍差出现在 2007 年,达到 3.33。党的十八大召开后,强农惠农政策不断完善,农村居民收入增长明显快于城镇居民,城乡收入倍差缩小。2013—2016 年,农村居民人均可支配收入年均实际增长 8.0%,快于城镇居民人均可支配收入增速 1.5 个百分点。城乡

① 李实、罗楚亮:《中国收入差距的实证分析》,社会科学文献出版社 2014 年版,第 44—45 页。

居民收入倍差从 2012 年的 2.88 降至 2016 年的 2.72。[1]

随着允许一部分人先富起来的政策实行,我国城乡居民财产开始快速积累,但积累的速度大不相同。城乡居民财产性收入的差距一定程度上可以反映财产差距,2002 年左右城乡居民财产性收入差距扩大的程度愈发严重,2012 年达到 457.9 元,尤其是 2013 年统一城镇和农村住户调查的调查范围、调查方法、指标口径后,城乡居民人均可支配财产净收入差距惊人,倍差甚至在 12—13。[2]

随着城乡居民收入水平的提高和物质生活的逐渐丰富,我国城乡居民的消费支出也不断提高,但绝对值的差距也在扩大,2016 年达到 12949 元。从相对值来看,城乡居民消费支出的倍差在 1999—2012 年处于较高水平,一度甚至超过 3,2013 年回落到 2.5 以内并继续呈逐年下降趋势。[3] 恩格尔系数在一定程度上反映了城乡居民生活水平的差距,通过对我国 1980—2016 年城乡居民家庭恩格尔系数的统计分析发现,除 1983 年和 1989 年城乡居民家庭恩格尔系数大致相同外,城镇居民家庭的恩格尔系数一直高于农村,尤其是进入 20 世纪 90 年代以来的近二十年,城乡居民食品消费支出占比差距接近甚至超过 10%,直到 2009 年这一差距缩小到 5% 以内且逐年下降,2016 年城镇居民家庭恩格尔系数仅比农村高 0.029。

如果考虑到城乡居民公共消费的差距,城乡消费差距实际更大。例如,广大农村地区在教育、公共卫生、文化服务等方面的公共服务水平低,覆盖面小,拉大了城乡之间公共消费上的差距。城乡在社会保障方面的差距进一步加剧了贫富差距。一些社会成员缺少起码的最低生活保障或者享受不到足额的、政策所规定的最低生活保障,应对风险的能力缺乏,生存条件脆弱。此外,农村基础设施建设滞后,商品流通成本高,消费环境差。在相当多的农村地区,水、电、道路、通信网络、市场设施没有形成配套网络体系,现代商品和服务消

[1] 中华人民共和国国家统计局编:《中国统计年鉴 2017》,中国统计出版社 2017 年版。
[2] 中华人民共和国国家统计局编:《中国统计年鉴 2013》,中国统计出版社 2013 年版。
[3] 中华人民共和国国家统计局编:《中国统计年鉴 2017》,中国统计出版社 2017 年版。

费条件的缺乏,严重制约着农民消费水平的提高。

(四) 区域间差距

区域间贫富差距既与自然、地理、历史传统等因素有关,也与一定时期国家、地区的宏观经济环境、经济体制和政策制度有关,区域间差距的变化受各地区的工业化、城市化程度、人口密度、受教育程度、对外开放程度、市场化程度等多方面因素的影响。在我国,区域间差距主要表现为沿海与内地、东部地区与中西部地区之间的贫富差距。

区域间收入差距。总体上看,我国东部地区居民人均可支配收入长期明显高于中部、西部及东北地区。随着西部大开发、中部崛起、振兴东北老工业基地等国家战略的实施,中西部及东北地区居民收入水平有所提高。但区域之间收入差距仍然悬殊。2005—2012 年,东部地区城镇居民人均可支配收入是其他几个地区的 1.5 倍,2000—2012 年,东部地区农村居民人均可支配收入与其他几个地区的倍差在缩小,但绝对额的差距仍然持续扩大,截至 2012 年,东部地区与中部、西部、东北地区农村居民人均可支配收入的差距分别达到 3382 元、4791 元和 1971 元。2013 年以来,东部地区与中西部地区的人均可支配收入差距的绝对额进一步扩大,2016 年分别达到 10649 元、12248 元和 8303 元,尤其是与东北地区人均可支配收入的倍差不断增加。①

区域间财产差距。以人均人民币储蓄存款这一金融资产为例,我国东部地区的北京、上海、天津、广东、浙江的居民与中西部及东北地区有较大差距。2002 年,北京、上海居民人均人民币储蓄存款年底余额分别超过 3 万元和 2 万元,大部分中西部地区在 5000 元左右,东北地区略高。近年来,各地人均人民币储蓄存款数倍增长,尤其是中西部地区,其中 2014 年贵州人均人民币储蓄存款年底余额是 2002 年的近 10 倍。但不容忽视的是,东部较发达地区和中西部、东北地区的储蓄存款差距的绝对值仍在不断扩大。如果再考虑到其他金融资产以及不动产等财产,区域间的财产差距一定还会更加严重。②

---

① 中华人民共和国国家统计局编:《中国统计年鉴 2017》,中国统计出版社 2017 年版。
② 中华人民共和国国家统计局编:《中国统计年鉴 2017》,中国统计出版社 2017 年版。

区域间消费差距。东部地区（除河北、海南外）的居民消费水平①明显高于中西部和东北地区。2005年，大部分东部地区的居民消费水平在7000—10000元，上海和北京超过了10000元，东北地区在5000—6000元，中部地区在4000—5000元，西部地区在3000—4000元。近年来，虽然各地区居民消费水平都有较大幅度上升，但这一差距的绝对值还在不断扩大。2016年，东部地区第一梯队北京和上海的居民消费水平已经接近50000元，第二梯队江苏、浙江、广东、天津的居民消费水平也在30000—35000元，而中西部和东北地区的绝大部分地区的居民消费水平只增长到15000元左右。②

第二节　努力缩小贫富差距

从经济转轨、体制转轨的大背景来观察，贫富差距扩大，不是单一因素造成的，而是多种因素交叉作用而导致的。其中，既有符合改革开放自身逻辑的成分，也有起点和过程不公平所造成的。相应地，需要有针对性地采取财政政策措施，有效缩小贫富差距。

一、贫富差距的成因

（一）经济体制和发展战略的变化形成部分合理的差距

改革开放以来，我国从计划经济体制下单一的按劳分配转向按劳分配为主、按生产要素分配为辅来进行分配，在市场竞争机制的作用下，收入差距逐渐拉大。从80年代的万元户，到90年代的百万富翁，再到现在的亿万富翁，收入、财产意义上的贫富差距迅速形成。不言而喻，随着收入差距、财产差距的扩大，消费差距也就同时扩大了。改革开放后，我国选择渐进改革、区域倾

---

① 居民消费水平是指按常住人口计算的人均居民消费支出。
② 中华人民共和国国家统计局编：《中国统计年鉴2017》，中国统计出版社2017年版。

斜、递次开放的非均衡的经济发展战略,在一定程度上也拉大了城乡与地区之间的贫富差距。贫富差距扩大也与鼓励一部分人先富起来的政策有关。

市场竞争、经济发展战略形成的贫富差距属于正常合理的贫富差距。这部分差距是资本、技术、劳动等各要素参与分配的结果,反映各要素在经济中的地位和贡献,是市场机制运行和经济发展形成的正常现象。这部分体现在收入、财产和私人消费上的差距,是调动市场主体积极性、促进经济发展效率提高的保证,也是维持市场经济活力和经济发展动力的重要因素,应该予以肯定和保护。

(二) 起点不公平是贫富差距产生和扩大的初始成因

贫富差距的产生和扩大,首先源于起点的不公平,即居民获取收入、拥有财富的机会、能力和权力不平等,不能站在同一起跑线上平等地参与市场竞争,居民的要素投入与所得报酬达不到一定的比率和动态平衡。起点不公平是导致贫富差距形成和扩大的先天性因素,会衍生或导致过程不公平、结果不公平。

起点不公平主要表现在两个方面:一是能力起点不公平。主要是公共消费引起的个人之间、群体之间获取收入或财产的能力和权力不公平。二是制度门槛。城乡二元结构造成的制度性歧视,导致农民与城市人能力和起点不同;制度上存在漏洞,导致起点不公平。如从市场准入的角度来看,对公共资源占有、使用、分享收益上存在进入政策差异,造成贫富差距扩大。制度不规范所导致的贫富差距,会带来负面的影响,产生不良的示范效应,加剧社会公众的不满,降低社会对贫富差距的容忍度,应该严格限制和干预。特别是对于非法取得的收入、财产等,要严厉打击、坚决取缔。

(三) 过程的不公平加剧和扩大贫富差距

从动态来看,居民收入、财富分配公平是起点公平、过程公平和结果公平的有机统一。从贫富差距扩大的角度来看,即使是能够做到起点公平或接近公平,如果过程不公平也难以控制贫富差距加剧和扩大的趋势。过程不公平,不仅包括再生产过程中初次分配和再分配过程的不公平,而且包括改革和发展的过程中的不公平。

一是改革过程的不公平。贫富差距问题折射出改革过程的不公平,主要表现在市场规则、机制不完善,社会规章制度没有跟上等方面。例如,我国金融的行政垄断导致金融处于抑制状态,导致居民金融资产贬值,财富缩水。

二是发展过程的不公平。在我国经济快速发展的过程中,对效率的重视程度一直高于公平。在经济发展过程中,出现资本和劳动等要素分配的不公平,分配的砝码更多地偏向资本一方,劳动者的权益没有得到有效保护等问题进一步加剧了贫富差距问题。

二、缩小贫富差距的举措

过大的贫富差距,肯定不利于经济持续发展和社会全面进步。通过税收、社保、转移支付等财税工具进行收入再分配,是现代市场经济国家的通行做法。为缩小贫富差距,财政部门不断优化制度、调整体制、改进政策,收到了一定成效。当然,我们也必须承认,迄今为止仍然有诸多问题亟待解决。这实际上意味着财税及相关领域的改革尚未取得全面成功。党的十八大之后,随着全面深化改革一系列政策举措的顺利推出,我国贫富差距状况有所改善,基尼系数有轻微减低的趋势,取得了明显而积极的成效。

一是建立个人所得税制度,在缩小贫富差距方面发挥了一定的作用,但仍有改进空间。比如,对工薪收入实行累进税率从3%到45%,而对其他收入不实行累进税率。无论是工薪收入还是资本所得,应按照相同的标准来缴个人所得税。在征管上,需要有一套更完善的管理制度,把税收标准和征管体系都规范化、合理化,以使制度良性运行。

二是普通工人的工资提高较快,农民收入增长较快,对中低收入居民收入的提高起了积极作用,某种程度上起到了缩小贫富差距的作用。首先对政府提高最低工资标准起了一定的作用。同时,前几年出现的局部地区劳动力短缺的现象,对促进工资提高也是有好处的。农村居民收入提高的原因:其一,粮价持续上升,对改善农民收入产生了一定的作用;其二进城农民工打工收入增加。另外,一些惠民政策也产生了一定作用,如对种粮农民补贴,在农村普及"低保""新农合"等。

三是推动社保制度改革,废除养老金"双轨制",医保扩大覆盖面,这些改革对缩小贫富差距产生了积极的影响,但仍然还有很大的改进空间。比如,社会养老保险,城乡并轨了,是一个进步。但相对而言,这是比较容易做到的,因为本来城市的社会养老保险和农村的基本养老保险保障水平就差不多,所以并轨很容易。但现在的最大问题是城乡社会养老保险的保障水平和职工养老保险之间的差距太大,需要进一步缩小,城乡社会养老保险水平有待提高。

四是提高国有企业上缴红利的比例,推进国企高管薪酬改革。党的十八届三中全会决议提出把国有企业上缴红利的比重逐步提高到30%。针对部分国企即使不营利,高管薪酬都很高,而且跟国际上的高管薪酬攀比的现状,采取措施控制国企的高管薪酬。

五是通过转移支付等财政工具,建立了一套财政转移支付和支持公共服务供给的制度,起到缩小区域贫富差距的作用。要多给欠发达地区提供帮助,帮助其赶上来,缩小收入差距,这样的转移支付是必要的。当然,这需要一套很复杂的设计,使之能起到逐渐缩小地区差距的作用,又不使得转移支付妨碍市场功能的正常发挥。如果通过转移支付把发达省份和不发达省份的收入水平拉平,发达地区就没有积极性了,就可能出现旧的"大锅饭"问题。所以这是个缓慢的过程,需要慢慢解决。

六是财政支出结构得到优化和改善,各级政府把工作重点转移到为社会公众提供公共服务方面来。尤其是党的十八大以来,过分强调GDP、过度依赖投资的倾向得到一定程度的改观。事实上,GDP增长主要靠市场,投资主要应由市场完成,而不是由政府来完成。政府可以起拾遗补阙的作用,市场完不成的东西,比如必要的基础设施建设,可以由政府来做,但不能过度。政府投资必须是有效投资,不能乱投一气,过去政府不问青红皂白乱投资的情况很普遍,浪费了大量资源,也是造成结构失衡的重要原因。

七是大力度的反腐败,取得了显著成效,对因腐败造成的不公平分配起到了遏制作用,在这方面党的十八大之后有明显的改善。

总体而言,我国贫富差距状况已有所改善,但贫富差距过大的局面还未根本改变,还有很多问题需要通过制度改革来解决。比如腐败问题,反腐可以刹住腐败之风,但从根本上解决问题还是要靠制度改革。制度改革到位了,才能消除产生腐败的土壤。单纯依靠改革财税制度或政策,不可能根治贫富差距过大的顽疾。所以,缩小贫富差距必须是通过综合性改革、多方面的体制改革来解决,而不是调一调薪酬、改一改个人所得税税率就能解决问题的。

第三节 财政扶贫

改革开放至今,我国扶贫减贫事业取得了举世公认的成就。据统计,以2010年农村贫困标准每人每年2300元(2010年不变价)来衡量,1978年全国农村贫困人口总数为77039万人,贫困发生率高达97.5%;而到了2016年,全国农村贫困人口总数减少到4335万人,仅为1978年贫困人口的5.6%,总计减少了72704万人;同期农村贫困发生率也从97.5%下降到4.5%,降低了92.7个百分点①。

一、农村的制度性变革

新中国成立后,我国选择暂时牺牲农村、农民、农业的利益,以便迅速动员一切可以动员的经济资源,确保工业,尤其是重工业的优先发展。由于户籍制度限制农村剩余劳动力的外流使得农业劳动生产率降低以及农业利润外流等原因,导致农村经济发展相对滞后,农民生活水平低下和农民的普遍贫困。以1978年的贫困标准衡量,当时全国贫困人口为2.5亿人,中国面临着严峻的贫困形势②。

1979年9月召开的十一届四中全会通过了《中共中央关于加快农业发展

① 中华人民共和国国家统计局编:《中国统计年鉴2017》,中国统计出版社2017年版。
② 中华人民共和国国家统计局编:《中国统计年鉴2017》,中国统计出版社2017年版。

若干问题的决定》,第一次明确提出中国存在较大规模贫困人口。1984 年 9 月,中共中央、国务院发出《关于帮助贫困地区尽快改变面貌的通知》,把反贫困列为国家的重要任务,由此制度性变革及政策改变带来的农村扶贫减贫效果极其显著,贫困人口大幅度减少,贫困地区经济情况也得到很大改善。

据统计,从 1978 年到 1985 年,农村社会总产值从 2037.5 亿元猛增到 6340 亿元,年增长率达 15.25%;截至 1985 年,粮食总产量为 37911 万吨,与 1978 年相比增长了 24.39%;人均占有的粮食、棉花、油料、肉类产量分别增长 14%、74%、176%和 87.8%[1];农村居民人均可支配收入从 1978 年的 134 元增加到 1985 年的 397.6 元。农村贫困人口从 1978 年的 2.5 亿人减少到 1985 年的 1.25 亿人,贫困发生率从 30.7%降低到 14.8%(以 1978 年的农村贫困标准来衡量)[2]。

尽管 1978 年开始的农村改革带来非常大的边际效益,但随着改革的逐步推进,经济增长对减少贫困的边际效益也开始递减,经济增长的"涓滴效应"[3]变得不再突出,主要通过经济增长辅之以少量的反贫困政策的方式已难以有效地缓解贫困。究其原因,是很多农村地区由于受到自然条件、地理位置和基础设施等众多因素的限制,并不能直接受益于农村经济改革。此外,在贫困人口大幅减少之后,有许多地区出现了人口返贫现象,根据国家统计局公布的数据,1986 年的贫困人口较之 1985 年增加了 600 万,客观上需要转变和优化扶贫方式。

二、开发式扶贫

1984 年,我国经济体制改革的中心从农村转向城市,在推进工业化和城镇化的过程中,国家经济实现了长期高速发展,为扶贫减贫创造了前所未有的良好

---

　　[1]　张磊主编:《中国扶贫开发政策演变:1949—2005》,中国财政经济出版社 2007 年版,第 5 页。

　　[2]　中华人民共和国国家统计局编:《中国统计年鉴 2017》,中国统计出版社 2017 年版。

　　[3]　涓滴效应:指在经济发展过程中并不给予贫困阶层、弱势群体或贫困地区特别的优待,而是由优先发展起来的群体或地区通过消费、就业等方面惠及贫困阶层或地区,带动其发展和富裕,或认为政府财政津贴可经过大企业再陆续流入小企业和消费者之手,从而更好地促进经济增长的理论。

机遇。针对农村从全面的制度约束导致的贫困向区域性条件约束及农户能力约束的贫困转变的特点,从 1986 年开始启动了历史上规模最大的农村专项反贫困计划。此计划的目的是采取特殊的政策和措施,促进贫困人口和贫困地区自我发展能力的提高和推动区域经济发展,从而稳定减缓和消除贫困[1]。

1986 年 5 月 16 日,国务院贫困地区经济开发领导小组(1993 年 12 月 28 日改称"国务院扶贫开发领导小组")正式成立。从此,农村扶贫工作开始进入有组织、有计划的开发式扶贫阶段,确立了开发式扶贫方针,制定了专门优惠政策,安排专项扶贫资金,核定贫困县,目标瞄准特定地区和人群等。省、自治区、直辖市和市(地)、县级政府也成立了相应的组织机构。

从 1986 年到 1994 年,中国的农村贫困人口从 1.31 亿人减少到了 7000 万人,平均每年减少 762.5 万人,贫困发生率也由 15.5%降至 7.7%(以 1978 年的贫困标准来衡量)[2]。但新的贫困问题也在不断产生,原先较贫困地区(如革命老区、少数民族聚居区)的贫困问题解决得较为缓慢。1994 年 4 月 15 日,国务院发布《国家八七扶贫攻坚计划》,并将它作为此后 7 年全国扶贫开发工作的纲领,制定国家级贫困县的新标准,加强扶贫的社会动员,落实扶贫目标责任制,逐步调整扶贫对象。据统计,从 1994 年到 2000 年,中国的贫困人口从 7000 万人减少到了 3209 万人,贫困发生率也从 7.7%降低到 3.5%(以 1978 年的贫困标准来衡量)[3]。贫困地区的基础设施条件得到了较快发展,2000 年全国贫困县通电村、通电话村、通邮村、通公路村和能饮用安全饮水村所占比重分别达到 95.4%、72.2%、75.6%、91.9%和 73.4%,均比 1993 年时有了明显的改善。贫困地区的教育、医疗和文化服务业得到了改善。到 2000 年底,贫困县内 89%的行政村有小学,26%的村开办了幼儿园,93%的行政村有医务室或乡村医生,都较 1993 年有了明显的改观[4]。

---

① 李培林、魏后凯主编:《扶贫蓝皮书:中国扶贫开发报告(2016)》,社会科学文献出版社 2017 年版,第 10 页。
② 中华人民共和国国家统计局编:《中国统计年鉴 2017》,中国统计出版社 2017 年版。
③ 中华人民共和国国家统计局编:《中国统计年鉴 2017》,中国统计出版社 2017 年版。
④ 李培林、魏后凯主编:《扶贫蓝皮书:中国扶贫开发报告(2016)》,社会科学文献出版社 2017 年版,第 14 页。

　　"九五"期间,我国采取扩大内需、调整结构和深化改革等一系列政策,促进了宏观经济和农村经济继续保持稳定增长态势,但也出现了农产品供过于求,导致价格大幅回落所致农民收入增幅下降①,一些地区出现返贫现象,给脱贫致富增加了难度。2001 年 6 月,国务院颁布《中国农村扶贫开发纲要(2001—2010 年)》,明确指出未来十年扶贫开发的主要任务②,2001 年 9 月,我国把参与式村级扶贫规划作为推动"整村推进"工作的主要理念和方法,扶贫资源倾向于到村到户。2007 年在全国范围建立农村最低生活保障制度,为农村贫困人口提供了最后的生活保障,建立了最后一道防护网③。2008 年,将扶贫标准从年人均纯收入 895 元提高到 1196 元,使得可享受扶贫政策优惠的扶贫对象增加了 3000 万人。

　　2011 年,中共中央、国务院印发《中国农村扶贫开发纲要(2011—2020 年)》,调整扶贫目标④,将连片特困地区作为扶贫开发的主战场⑤,确定了 680 个连片特困地区县⑥,2011 年将按 2010 年价格表示的扶贫标准从原来的 1274 元提高到 2300 元,提高了 80.5%,可以享受农村扶贫政策的贫困人口增加了 1 亿人。《中国农村扶贫开发纲要(2011—2020 年)》第一次明确提出将行业

---

　　①　左常升:《中国扶贫开发政策演变(2001—2015 年)》,社会科学文献出版社 2016 年版第 21 页。

　　②　一是帮助目前尚未解决温饱问题的贫困人口尽快解决温饱;二是帮助初步解决温饱问题的贫困人口进一步改善生产生活条件,巩固温饱成果,提高生活质量和综合素质;三是加强贫困乡村的基础设施建设,改善生态环境,逐步改变贫困地区社会、经济、文化的落后状态,为达到小康水平创造条件。

　　③　到 2010 年底,全国有 5214 万农村人口享受了低保,占全国农村户籍人口的 5.4%,2010 年全国农村低保受益人口平均受益 840 元。

　　④　从解决温饱问题变成解决农民的生存和发展需求;从侧重满足农民的物质需求变为同时满足农民的物质需求和社会服务基本需求;将扭转发展差距扩大趋势直接纳入扶贫的战略目标。

　　⑤　六盘山区、秦巴山区、武陵山区、乌蒙山区、滇桂黔石漠化区、滇西边境山区、大兴安岭南麓山区、燕山—太行山区、吕梁山区、大别山区、罗霄山区等区域的连片特困地区和已明确实施特殊政策的西藏、四省藏区、新疆南疆三地州是扶贫攻坚主战场。

　　⑥　其中包括 440 个扶贫工作重点县。同时对原来的 592 个重点县进行了大范围调整,调出 38 个,调进 38 个。680 个片区县和 152 个片区外重点县总共 832 个贫困县成为国家农村扶贫开发的重点对象。

扶贫、专业扶贫与社会扶贫一起,列为中国农村扶贫的三个基本方式,构筑新的综合扶贫的大格局。至此,我国农村居民的生存和温饱问题得到基本解决,贫困人口的生产生活条件明显改善,但贫困人口的分布变得更加零散,呈现出区域性、点、片、线分布的特点,剩下的贫困人口都是扶贫的硬骨头,我国农村扶贫开始进入攻坚阶段。

三、精准扶贫与精准脱贫

党的十八大提出要全面建成小康社会,使经济社会发展和改革的成果真正惠及十几亿人口。贫困人口如期脱贫,是我国全面建成小康社会的重要标志。"小康不小康,关键看老乡,关键在贫困老乡能不能脱贫"[1]。过去通过大规模开发式扶贫,让7亿多农村贫困人口摆脱了贫困,但仍然存在着具体贫困人数不清晰、针对性不强、扶贫资金指向性不足等问题。为了进一步推进扶贫工作,让扶贫资金真正惠及贫困人口,需要对现有的扶贫体制机制进行修补和完善。

2013年11月,习近平总书记首次提出"精准扶贫"的理念。2015年11月,《中共中央、国务院关于打赢脱贫攻坚战的决定》提出把精准扶贫、精准脱贫作为扶贫开发工作基本方略,要求举全党全社会之力,坚决打赢脱贫攻坚战,把调整扶贫目标为"确保我国现行标准下农村贫困人口实现脱贫,贫困县全部摘帽,解决区域性整体贫困",实施精准扶贫和精准脱贫战略(包括"六个精准"[2]、"五个一批"[3]和解决"四个问题"[4]),加快贫困地区交通、水利、电力建设,加大"互联网+"扶贫力度,加快农村危房改造和人居环境整治,重点支持革命老区、民族地区、边疆地区、连片特困地区脱贫攻坚,建立脱贫攻坚责

---

[1] 中共中央文献研究室编:《习近平关于全面建成小康社会论述摘编》,中央文献出版社2016年版,第154页。

[2] 扶持对象精准、项目安排精准、资金使用精准、措施到户精准、因村派人精准、脱贫成效精准。

[3] 发展生产脱贫一批、易地扶贫搬迁脱贫一批、生态补偿脱贫一批、发展教育脱贫一批、社会保障兜底一批。

[4] 扶持谁、谁来扶、怎么扶、如何退。

任、政策、投入、动员、监督、考核等六大体系,为打赢脱贫攻坚战提供制度保障。

精准扶贫是与粗放扶贫相对的一种扶贫方式,是指针对不同贫困区域环境、不同贫困农户状况,运用科学有效程序对扶贫对象实施精确识别、精确帮扶、精确管理的治贫方式。精准扶贫改变和创新了扶贫方式,而且在治理结构、资源的整合、配置和使用、监督和考核等多个方面带来了革命性的变化。精准扶贫的工作重点在于精准识别,开展建档立卡、精准帮扶、有效监督和规范贫困退出机制。

从 2013 年至 2016 年四年间,农村贫困人口从 9899 万人减少到 4335 万人,累计脱贫 5564 万人,每年农村贫困人口减少都超过 1000 万人;贫困发生率从 2012 年底的 10.2% 下降到 2016 年底的 4.5%,年均下降约 1.4 个百分点①。截至 2016 年,贫困地区农村居民人均收入连续保持两位数增长,年均实际增长 10.7%,居住在钢筋混凝土房或砖混材料房的农户占到 57.1%,使用管道供水的农户达 67.4%,自然村通电接近全覆盖、通电话比重达到 98.2%、道路硬化达到 77.9%,在自然村上幼儿园和上小学便利的农户分别达到 79.7%、84.9%,自然村有卫生站的比例提高至 91.4%②。此外,这一时期还完成了全部扶贫对象的建档立卡,初步建立了覆盖全部贫困县、贫困村和扶贫对象的扶贫开发信息管理系统;同时快速推进了一些重大政策的出台,并初步建立了扶贫绩效和脱贫考核机制,为保证精准扶贫、精准脱贫考核的严肃性和公正性提供了制度基础。

四、财政的作用

改革开放四十年来,财政在扶贫减贫中发挥了巨大的作用,通过专项扶贫资金、教育文化科技扶贫以及地方对口支援等方式,取得了辉煌业绩。

---

① 中华人民共和国国家统计局编:《中国统计年鉴 2017》,中国统计出版社 2017 年版。
② 中共国务院扶贫办党组:《脱贫攻坚砥砺奋进的五年》,《人民日报》2017 年 10 月 17 日。

(一) 不断加大财政扶贫的力度

财政扶贫资金是国家为改善贫困地区生产和生活条件,提高贫困人口生活质量和综合素质,支持贫困地区发展经济和社会事业而设立的财政专项资金,包括发展资金、以工代赈资金、少数民族发展资金、"三西"农业建设专项补助资金、国有贫困农场扶贫资金、国有贫困林场扶贫资金、扶贫贷款贴息资金等。

从改革开放到1984年中央发布《关于帮助贫困地区尽快改变面貌的通知》真正意义上将反贫困作为国家的重要任务,这一时期中央财政累计安排扶贫资金29.8亿元,年均增长11.76%[1]。但迫于国家经济发展刚开始起步,国家财政力量有限,财政对于扶贫的帮助主要还是在支持农业发展、补贴农产品价格和减免部分贫困地区农业税费等方面,而直接的资金支持力度并不大,并且缺乏明确的制度安排。从1984年开始,国家财政的专项扶贫项目开始增加,扶贫资金的数量也开始增加。1985—1993年,中央财政累计安排扶贫资金201.27亿元,年均增长16.91%。1994—2000年,中央财政累计安排财政扶贫资金约531.81亿元,年均增长9.81%[2]。2001—2012年,财政专项扶贫资金的投入呈现出逐步增加的趋势。

党的十八大以来,完善财政支持连片特困地区扶贫开发政策,加大财政支持扶贫开发工作力度,2013—2016年扶贫资金增长率分别为18.7%、9.99%、43.4%和30.3%,4年间年均增长率为25.6%,大大超过以往的平均增长速度。在扶贫资金监管上,2017年发布的《中央财政专项扶贫资金管理办法》也首次提出要"创新监管方式,探索建立协同监管机制,逐步实现监管口径和政策尺度的一致,建立信息共享和成果互认机制,提高监管效率",符合精准扶贫的理念。下一步,应该继续从制度本身改革,完善法律,落实责任,结合当下精准扶贫的战略核心,建立项目管理评价和奖惩机制,实现精准监管,才能保

---

① 胡静林:《加大财政扶贫投入力度支持打赢脱贫攻坚战》,2016年9月12日,见 http://theory.people.com.cn/n1/2016/0912/c40531-28708650.html。

② 胡静林:《加大财政扶贫投入力度支持打赢脱贫攻坚战》,2016年9月12日,见 http://theory.people.com.cn/n1/2016/0912/c40531-28708650.html。

证扶贫资金高效运作与使用,真正发挥扶贫资金的扶贫作用,造福于人民群众,从而顺利实现 2020 年现行贫困标准下农村贫困人口全部脱贫,全面建成小康社会的奋斗目标。

此外,财政还通过政策和资金来引导社会各方参与扶贫,积极调动市场主体及社会力量投身扶贫事业的积极性和主动性,发挥出更大更显著的作用。

(二) 东西对口扶贫协作

东西对口扶贫协作源于改革开放初期党和国家动员发达地区对口支援少数民族地区加快发展的对口支援政策。在早期,经济较发达地区主要是以道义的方式向少数民族和贫困地区输送必要的救助资金和生活物资,以缓解这些地区的贫困现象。20 世纪 80 年代中期,对口支援开始由单纯的救济转向以经济协作为主的开发式扶贫。据统计,截至 1990 年底,仅上海与云南、宁夏、新疆、西藏,江苏与广西、新疆共完成对口支援的项目就已经高达 17900 多个,为贫困地区培训各种人才共计 20850 人。国家组织 9 省市援助西藏 43 项工程也都如期完成①。

1996 年,《关于组织经济较发达地区与经济欠发达地区开展扶贫协作的报告的通知》确定由北京市与内蒙古自治区,天津市与甘肃省,上海市与云南省,广东省与广西壮族自治区,江苏省与陕西省,浙江省与四川省,山东省与新疆维吾尔自治区,辽宁省与青海省,福建省与宁夏回族自治区,大连、青岛、深圳、宁波市与贵州省,开展扶贫协作。通过东西扶贫协作,帮助贫困地区培训和引进人才,引进技术和资金,传递信息,沟通商品流通渠道,促进物资交流,开展经济技术合作、劳务合作,发动社会力量参与到扶贫事业中来,目前已形成 9 省(市)、5 个计划单列市和 4 个大城市对口帮扶西部 10 个省(区、市)的工作格局。据统计,20 年来东部省(市)向西部 10 个省(区、市)提供财政援助资金 132.7 亿元,动员社会力量捐助款物 27.6 亿元,引导企业实际投资 1.5 万亿元;东部省市共帮助西部贫困地区援建学校

---

① 张国荣:《加强民族团结,推动边疆建设,全国对口支援工作成效显著,促进发达地区和不发达地区共同繁荣》,《人民日报》1992 年 9 月 28 日。

7325 所,卫生院(所)1690 个,资助贫困学生 42.6 万名,帮助修建农村公路
2.15 万公里①。

(三) 定点扶贫和行业扶贫

定点扶贫和行业扶贫是中国特色扶贫开发事业的重要组成部分。30 多
年来,我国通过定点扶贫和行业扶贫,利用各部门、各行业在人力、物力、财力
方面的优势和掌握的资源,提高了贫困地区在公共教育文化、公共卫生健康、
公共培训等方面的公共消费能力,缩小了公共消费差距,增强了贫困人口的能
力发展,提升了整个社会的平等性和均衡度。

定点扶贫始于 1986 年,当时仅有 10 个中央国家机关部门参与,定点扶
贫单位通过选派干部挂职、基础设施建设、产业化扶贫、劳务培训和输出、引
资扶贫、生态建设扶贫、救灾送温暖等多种形式帮扶国家扶贫开发工作重点
县。党的十八大以来,中央国家机关各部门坚决贯彻中央定点扶贫决策部
署,目前参与定点扶贫的中央单位已达到 320 个,帮扶国家扶贫开发工作重
点县 592 个,实现了扶贫资源和贫困县两个全覆盖。其中,中央国家机关工
委负责牵头联系的 89 个中央国家机关部门和单位全部参加了定点扶贫工
作,定点帮扶 173 个贫困县。据统计,2012 年至 2016 年,中央国家机关累
计向定点扶贫县协调和投入帮扶资金、物资约 67 亿元,助力定点扶贫县脱
贫攻坚。②

行业扶贫始于 20 世纪 80 年代,2002 年召开的党的十六大提出“以工促
农、以城带乡”方针后,各行业部门利用本部门支配的相关资金向贫困地区或
扶贫对象群体的倾斜进一步增加。《中国农村扶贫开发纲要(2011—2020
年)》明确各行业部门要把改善贫困地区发展环境和条件作为本行业发展规
划的重要内容,在资金、项目等方面向贫困地区倾斜,并完成本行业国家确定
的扶贫任务,进一步提高了贫困地区的公共消费能力。具体包括:一是基础设
施建设扶贫,二是教育文化扶贫,三是能源和生态环境建设扶贫,四是公共卫

---

① 林晖:《深化帮扶 精准聚焦——东西扶贫协作谋划新布局》,2016 年 7 月 22 日,见
http://www.xinhuanet.com/fortune/2016-07/22/c_1119266410.htm。

② 本刊记者:《中央国家机关:定点扶贫“各显神通”》,《紫光阁》2016 年第 12 期。

生扶贫,五是科技扶贫,六是社会保障扶贫。各行业部门从不同的方面,努力改善相关领域的条件,极大地促进了贫困地区的经济发展和社会进步,实现了扶贫和脱贫的目标。

第 三 篇

重构与约束财政权的改革

引　言

走向财政法治

　　财政权是国家权力的重要部分,是人民主权的重要体现。中国改革开放四十年,一定程度上是中华人民共和国成立到改革开放前公有化和非税化逆向改革探索,是经济主体多元化和"税利费债"渠道并行格局逐步确立、财政权重构中不断规范和约束强化的四十年。

　　财政权的重构演变是一个多维合力的结果。从法治视角看,它涉及公民权利实现,改革开放以来法律学者因我国财政权在重塑过程中缺乏实质性约束而多有批评;从经济视角看,聚焦社会主要矛盾,塑造利益主体,调动各方积极性,促进经济发展和生产力提升,财政权适应改革需要进行重塑,"摸着石头过河"一度成为中国增长奇迹的模式特征。把握财政权重塑与约束,既要理解法律学者基于现代化、财政民主化价值判断而进行的批评,也要看到"先改革后立法规范"的改革模式、着力解决短缺矛盾、极大促进物质丰富和生产力发展的效果。因此,理解改革开放四十年来财政权的重塑与约束,须放在当时社会主要矛盾和据此确定的国家战略格局中把握。

　　经济和法治改革都要服从国家战略,脱离了经济发展,法治建设将成为"无源之水",只有经济社会发展到一定程度,法治化要求才凸显出来;无规矩不成方圆,法治又为政府、市场、社会各主体行为确立规范,经济社会改革尚未定型时,法治建设也缺乏规范约束对象和内容,改革取得阶段性经验,又需要法治来规范。再者,从法律形式和法律实质看,"仓廪实而知礼节",在贫穷吃不饱的情况下单方面追求法治建设,难免事与愿违。改革开放基于解决短缺问题,决定生产力优先发展,改革开放和财政权重塑约束必然要"摸着石头过河",人大赋权政府先改革再规范的路径,党的十九大报告明确社会主要矛盾变化,法治化进入实质性提升阶段。

改革开放初期我国进行了"放权让利"改革。经济转轨实现从单一主体、高度集权的计划经济体制向多元主体、权责明晰、法治保障的市场经济体制转变,财政权也步入重构和规范的过程,由改革开放初的以"利"为主,转变为以"税"为主、税费利债权并行的收入权格局,然后递次推进,实现从行政性分权、到市场化分权、再到国家治理现代化条件下的分权转型,财政权也于 20 世纪末以收入管理为主转向以支出管理为主。随着以人为本理念和人民权利意识的提升,人大作为人民权利的实现途径,实质性归位呼声不断高涨,人大、政府、司法的财政权归位及政府内部财政权责的明晰化,为国家治理能力和治理体系现代化以及现代财政制度建设奠定了坚实基础。财政权力来源于人民、为了人民福祉的目标性趋向越来越鲜明,物质丰裕到权利实现,核心都是化解公共风险,实现人民幸福、民族复兴之目标。

政权作为一个"权力束",重塑具有多层次性。首先是政府与市场、社会主体之间的权力关系的重塑,奠定市场经济体制基础;其次是财政权在人大、政府和司法之间的横向配置,是法治有效性的机制保障;再次是政府间财政关系的明晰,是调动地方积极性的基础;还有政府部门主体间关系重塑,使权责细化、明晰,形成治理的基础。不同利益主体间的权责明晰与保障,基于行为主义的改革路径,通过试点改革、总结经验、推广实施等实践过程,完成财政权重构,再通过立法来保障财政权的实现。通过财政权分割和赋权,形成不同利益主体,再通过横向和纵向赋权,配以多层次、立体化的监督体系,形成既分工制约,又合作共进的中国特色的财政法治。

更好地理解财政权的重构与约束演变,还要理解财政权重构与规范目标的多维性。筹集财政收入并按相应程序支出满足国家运转需要是财政权的基本职能,同时,由于财政权的"取"涉及市场主体公平环境,财政权的"予"涉及社会主体的公平,还涉及宏观经济平稳运行等保障,还要服务经济改革发展和社会转型需要,是一个多重目标的统筹推进的历程。

第 一 章

财政权力约束的探索

现代国家政治架构起源于财政征税权,实质反映的是财政与经济(社会)的关系,体现了社会共同体和个体之间的关系。财政权力约束是人类社会文明进步的要求和结果,是我国改革开放中利益主体多元化的必然结果。在我国传统的计划经济时期,财政权没有分割,也谈不上约束。随着改革深化和经济社会发展,基于调动积极性之动因需要塑造不同利益主体,国家(政府)、企业和个人的关系处理自然提上日程,发挥中央和地方两个积极性,财政权重构与约束登上前台。我国经济转轨过程中,从打破传统统收统支的计划经济体制,走到利益主体多元化分权改革,体现了政府职能和角色的重大转变,财政权的重构与约束成为改革开放重要的一环。从法治视角看,改革开放四十年,贯穿其中的是从为了改革开放而采取的人大对政府的授"权"到治理现代化管理需人大对政府授权的收回归位,是财政权重塑和约束互为推动、螺旋式提升的四十年,重塑了财政收支要素和管理的架构,奠定了财政法治的基础,为市场经济和现代国家治理的推进提供了坚实的保障。

第一节 财政权力的重构

财政权是一个多维范畴。它既是人民主权在宪法层面的表现,也可以作为国家权力横向划分为财政立法权、财政行政权和财政司法权,还可以是政府权力层次上的财政行政权。财政权力重构,是与利益主体塑造相辅相成的,是法治财政的必然要求。针对统收统支体制造成了积极性和效率低下的情况,为加快解决短缺问题,改革开放以来,我国逐步完善条件向市场经济转轨,市场经济作为财政与经济关系的处理机制,成为财政退出建设领域的逻辑指引,多元利益主体塑造,财政由"国家财政"向"公共财政"转变,"国家预算"变为"政府预算"。

财政权重构大致经历三个阶段,第一阶段是改革开放初期到1992年实行市场经济体制,着力实现对旧体制的"破",适应改革和开放格局需要,重塑财政收入权要素格局,基于多元主体的利益关系,厘清所有者、管理者和经营者的角色作用,建立管理者收税(费)、所有者得利,再配以适度举债权,形成适应市场经济要求的财政收入体系格局;同时,明确中央和地方财政关系,并不断探索完善。第二阶段是实行市场经济体制以来到2012年党的十八大的召开,适应市场经济要求,在收入权要素格局既定基础上进行适应性调整,重点在政府间和政府内部财政预算权配置格局的定型,央地关系通过分税制实行经济性分权,明确权责、稳定关系,预算权随着财政能力的壮大而日益得到重视,相应权力要素主体、权责不断明确,收支约束机制逐步形成。第三阶段是党的十八大以来,随着以人为本执政理念的践行,财政权来源于人民、服务于人民的权力观念日益突出,财政立法权、行政权和司法权职责日益归位,财政权法定进程不断推进。

总体来说,我国的财政权重构是基于中国特色改革的实践探索:"摸着石头过河",先改革后立法规范。中国改革开放四十年,承载财政权重构的财政改革,非西方制度主义强调的先立法明确行为规范,后推进改革。我国的改革,围绕当时社会主要矛盾,在经济发展落后的背景下实现发展超越,需要经济体制转轨,利益主体、法治规则、法治意识等等都缺乏基础,如果按照制度主义要求等条件具备完善立法后再推进改革,就会拉长改革进程,甚至错过机会,难以体现中国特色社会主义之优越性,不能满足由中国特色社会主义建设之需要。我国尝试了一条基于行为主义的改革路线,财政改革在既有法治基础和社会经济条件下,先突破条条框框约束,实行创新试点,积累经验并推广开来,再总结实践经验,上升为法律以保障改革的效果和奠定后续改革的基础。计划经济影响以及改革的人大授权,导致强势政府特征明显,财政权重构,既是政府作为国家代言人对经济无所不包管理的收缩,也是基于利益主体权利扩张到一定程度的规范约束,从这个意义上说,中国财政改革的过程就是财政权重塑和约束的过程。

第二节　财政权力的约束

正如孟德斯鸠所言:"任何掌权者都倾向于滥用权力,他会一直如此行事,直至受到限制。"①建立法治财政仅靠道德内修为主的内生约束来避免腐败、寻租和滥用公权力的发生,在市场经济条件下,就显得羸弱甚至有些许滑稽。财政权的约束过程,是一个从抽象到具体的过程,其间迫切需要相应制度和权力的规范约束,以保障财政权既不受到侵害,也不要随意干预其他利益主体的行为,形成对私权的侵害,保证财政权规范运行。

财政权力的约束,实际是完成一个赋权和约束的过程。整个过程主要是处理政府与政府之外利益主体的关系以及政府内部不同部门之间的关系,与财政权重塑相对应,财政权约束也分三个阶段,首先是从政府"全权所有"到"取之有道",着力进行收入权的约束,其次是预算支出程序化、技术化管理完善,强化支出权约束,再次是立法、行政、司法各司其职、相互促进和约束。财政权力的约束,需要将依法治国的理念和原则渗透到对财政权的控制中,财政权必然成为宪法和法律约束的对象。

财政收入权的约束,先是经过"利改税"和"利税分流"实现了"税利费债"收入格局重塑;后分税制形成地方预算硬约束,地方政府历经公共收费、土地收益和债权扩张突破与约束,完成了财政收入权的规范,形成了相对规范

---

① ［法］孟德斯鸠:《孟德斯鸠论中国》,许明龙译,商务印书馆2016年版。

的税收、公共收费、土地所有者收益和举债权并行、以税为主的收入权格局。

　　财政预算支出权的约束,则从放权让利改革中的强化财经纪律约束,到分税制后预算权形式上逐步统一、预算改革促进财政与部门在"事"与"钱"权责关系上的明晰,到国家治理现代化目标改革下人大、政府、司法逐步归位的财政预算权的全面规范统一,体现公民主权和资金合规、有效的现代预算支出权不断完善。财政监督权则伴随着不同时期财政的主要任务,不断完善监督主体体系、监督范围和方式等,制约互动机制日益成型。随着实践进展,上述财政权要素逐步经过法定化得以保障。

第三节　财政行为的规范

　　财政行为的规范,是财政权重塑和约束的目的和结果,改革开放以来财政行为的规范是全方位的,重要方面包括对举债、税收征管、收费管理、预算、财政行政复议等行为的规范。

　　行政性分权改革阶段,财政行为主要基于政府管理而动,多涉及政府与政府以外的主体关系,立法层次较低,财政权约束较弱,追责规定不明确,很多行为是依靠检查纠正。改革开放的前 20 年,我国财政管理重点在收入管理方面,政府"怎么取"和"取多少"的自由裁量权不断降低,企业、个人也不能随意侵蚀收入权的基础,各方行为都不断规范;财政预算行为的规范主要集中在严肃财经纪律、厉行节约等服务于解决财政困难方面,现代预算管理机制下的财政行为规范没有实质性进展。

　　随着市场化取向的财政法治改革推进,我国适应社会主义市场经济体制的财政法治框架体系逐步建立,分税制规范了财权和支出范围划分,规范了政府间财政关系。随着 20 世纪 90 年代末财政转向支出管理,通过部门预算、国库集中收付、政府采购等一系列改革,规范了部门预算行为。改革中,随着预算编制的细化、程序化,人大、审计和社会力量不断参与到政府预算管理中来,并成为越来越重要的约束力量,政府预算行为约束机制不断规范,在促进效率、提高积极性、发展生产力方面取得了巨大进展。但是,由于传统行政管理方式难以彻底改变,财政预算管理处于重塑阶段,加上法律法规的出台尚需要整体法治意识的提升等,这个阶段,财政改革进展迅速,然而财政法治相对于完善的市场经济而言滞后,管理中人为因素仍然较多,体制的不稳定性仍然比较强,预算约束力不够强,发展过程也是片面追求增长而整体的现代化治理机制不够健全。

　　2012 年党的十八大提出"五位一体"的总体布局,2013 年党的十八届三中全会提出全面深化改革,2014 年第十二届全国人大常委会第十次会议通过《全国人民代表大会常务委员会关于修改〈中华人民共和国预算法〉的决定》,揭开了国家治理现代化改革的大幕。2015 年《立法法》对税收立法权加以规定,审批权回归人大,同时,税收法定、预算法定等都进入实质性推进之中,财政行为的法治化程度不断提升,财政行为的规范化程度也不断提升。

第 二 章

收入权的规范化过程

公共收入,是制约财政运行、衡量政府公共资源和宏观调控能力的重要标志,也是保证政府公共经济活动的物质基础。为了履行国家公共职能,政府必须取得收入。同时,公共收入也是以公共权力为标志的多种权力运行的结果。对收入权的规范化过程,是防范和化解公共风险的过程。

一般来看,政府主要凭借两种权力取得公共收入,即政治权力和经济权力,政治权力是国家所独有的,凭借该权力,国家可以强制性、无偿性与固定性地取得税收收入。经济权力则主要涉及国家对自然资源、国有资产、国有资本,以所有者或出资者身份取得收入。再者,政府在进行社会规制和提供公共服务等行为过程中,也会产生一定的行政收费。此外,国家还可以利用政府信用发行公债,有偿取得收入。

可见,国家公共收入主要来源于租税、行政收入、公债和公产公业等方面。取得上述公共收入的权力形态,分别可对应为国家的征税权、公共收费权、举债权和公产权,在权力与收入之间具有一定的匹配关系,这在根本上取决于一个国家的经济基础和与之匹配的上层建筑。

第一节　征税权

征税权,也称课税权,是指由宪法和法律赋予政府开征、停征税收及减税免税、退税、补税和管理税收事务的权利与权力的总称。从字面意义理解,征税权是宪法和法律赋予的,即税收法定,是指由立法者决定全部税收问题的税法基本原则,而所谓的立法者,在西方国家即为议会,在我国则为全国人民代表大会。税收法定原则一般认为其肇始于英国,1215 年英国贵族胁迫约翰国王签署了《大宪章》,确立了"非赞成,毋纳税"及"议会课税权"税收法定初始框架。其后,在法治发达国家,"无代表不纳税(No taxation without representation)",成为公认的法律原则。这不仅存在于宪法或法律文本之中,也根植于人们的观念之中,任何违反或背弃都有可能造成极其严重的政治后果。如英国光荣革命、法国大革命、美国独立战争,虽然都有各自的历史背景,但是不合法的征税是其中很重要的导火索。

税收法定,之所以排除政府的税收立法权,而是将征税的权力保留在议会,不仅仅在于形式上的职能分工,更与其中的财政民主代议制度息息相关。税收法定主义强调财政民主,其所追求的其实就是纳税人的同意权。正因为如此,"无代表不纳税"才成为税收法定主义的另一种表达。

一、税收授权立法的演进

我国是社会主义公有制国家,《宪法》第二条明确规定:"中华人民共和国的一切权力属于人民。人民行使国家权力的机关是全国人民代表大会和地方各级人民代表大会"[1]。征税权属于极为重要的国家权力,自然也只能由人民通过其代表组成的议会才能行使。政府不足以代表全体人民的意志,不能行使课税权。如果政府希望课税以满足其财政开支的需要,则必须要经过议会的审批和同意,这种审批和同意的过程就是税法制定的过程,审批和同意的结果就是其所制定的税法。制定税法的过程,本身就汇集了纳税人的意志,可以有效规范和制约政府的征税意愿,防止政府过度侵犯公民的财产权以及自由。税法的正当性、合法性根植于此。

---

① 《中华人民共和国宪法》,中国法制出版社 2018 年版,第 9 页。

改革开放以来,税收领域的授权立法在我国特色鲜明,绝大部分的税都是全国人大授权国务院直接开征的。截至 2015 年《立法法》修改之前,我国税法体系中经由全国人大或其常委会制定的法律只有四部,即称之为税收实体法的《个人所得税法》《企业所得税法》《车船税法》和称之为税收程序法的《税收征收管理法》。18 个税种中有 15 个将其合法性建立在行政法规之上,以各种条例的形式存在。

改革开放初期,考虑到税收制度的建立和完善面临的错综复杂的情况,同时缺少相关经验,全国人大及其常委会依据宪法第八十九条关于全国人大及其常委会可以授予国务院其他职权的规定,于 1984 年出台《全国人民代表大会常务委员会关于授权国务院改革工商税制发布有关税收条例草案试行的决定》①(已于 2009 年 6 月 27 日废止),授权国务院在实施国营企业利改税和改革工商税制的过程中,拟定有关税收条例,以草案形式发布试行;1985 年出台《全国人民代表大会关于授权国务院在经济体制改革和对外开放方面可以制定暂行的规定或者条例的决定》②,授权国务院对于有关经济体制改革和对外开放方面的问题,包括税收方面的问题,必要时可以根据宪法,在同有关法律和全国人民代表大会及其常务委员会的有关决定的基本原则不相抵触的前提下,制定暂行的规定或者条例。国务院根据有关授权决定颁布实施了一系列的税收暂行条例。这些税收暂行条例适应了改革开放的需要,与几部税法一道构建了适应社会主义市场经济需要的税收制度,为保障改革开放和社会主义市场经济体制的建立发挥了重要作用。

然而,授权立法虽然具有机动灵活、适应改革时期特殊需要的优点,但并不符合税收法定原则。2013 年全国人民代表大会期间,32 位代表联名提交议

---

① 《全国人民代表大会常务委员会关于授权国务院改革工商税制发布有关税收条例草案试行的决定》,见 http://www.npc.gov.cn/wxzl/gongbao/2000-12/06/content_5004450.htm。

② 《全国人民代表大会关于授权国务院在经济体制改革和对外开放方面可以制定暂行的规定或者条例的决定》,见 http://www.npc.gov.cn/wxzl/gongbao/2000-12/06/content_5004458.htm。

案,要求全国人大收回对国务院制定税收行政法规的授权①,激起了新闻媒体和社会公众的广泛关注。

二、税收法定原则的落实

2013 年 11 月 12 日,党的十八届三中全会通过《中共中央关于全面深化改革若干重大问题的决定》②,明确提出"落实税收法定原则",这是税收法定原则首次写入党的重要文件。第八部分"加强社会主义民主政治制度建设"提出,"推动人民代表大会制度与时俱进'完善中国特色社会主义法律体系'落实税收法定原则。"

2015 年 3 月 15 日,党的十二届全国人大三次会议审议通过了修改《立法法》的决定,明确规定"税种的设立、税率的确定和税收征收管理等税收基本制度"③只能制定法律,为实现宪法确立的税收法定原则,提供了制度保障。

2015 年 3 月 25 日,为全面落实依法治国基本方略,加快建设社会主义法治国家,党中央审议通过了全国人大常委会法工委牵头起草的《贯彻落实税收法定原则的实施意见》。该实施意见明确,开征新税的,应当通过全国人大及其常委会制定相应的税收法律,同时对现行 15 个税收条例修改上升为法律或者废止的时间作出了安排。待全部税收条例上升为法律或废止后,提请全国人民代表大会废止《全国人民代表大会关于授权国务院在经济体制改革和对外开放方面可以制定暂行的规定或者条例的决定》④。这是对贯彻落实税收法定原则进行的具体部署,体现了中央对落实税收法定原则的高度重视,将通过周密安排和严谨步骤,把法律条文付诸实践,加快建立完善税法体系,严格规范约束政府征税

---

① 赵冬苓:《关于终止授权国务院制定税收暂行规定或条例的议案》,2013 年 3 月 8 日,见 http://politics.caijing.com.cn/2013-03-08/112574279.html。

② 《中共中央关于全面深化改革若干重大问题的决定》,人民出版社 2013 年版。

③ 《中华人民共和国立法法》,法律出版社 2013 年版。

④ 《贯彻落实税收法定原则的实施意见》,2015 年 3 月 25 日,见 http://www.xinhuanet.com/legal/2015-03/25/c_1114763794.htm。

行为。这也是全面落实依法治国基本方略,加快建设社会主义法治国家的一项重要部署。通过这些具体安排,基本的税收形式法定初步完成。

形式法定,仅仅是落实税收法定的第一步,完成税收法定的"原始积累",需要进一步迈向税收的实质法定。其主要表现为,由"规范法律形式"向"规范法律实质"跨越,税收基本问题不仅要有法可依,而且要追求"良法善治",推动实现税收立法、执法、司法和守法的全过程动态法定;法定原则,贯穿在税收的收、支、管等不同环节。在这一过程中,不仅需要税收法定,更要彰显税收自身的实质理性,体现税收法治的实质要义。①

第二节　公共收费权

公共收费,是政府向公民提供特定服务或实施特定管理所收取的规费,以及政府对其所提供的公共产品和服务而直接向使用者或受益者收取的使用费。可见,公共收费权力属于政府。从市场经济国家通行做法以及建立健全我国公共财政体制来看,公共收费作为政府非税收入的重要组成部分,在相当长时间内存在并在政府财政收入体系中居补充或辅助地位。

在我国,公共收费主要分为三类:一是行政事业性收费,包括行政管理类收费、资源补偿类收费、证照类收费、鉴定类收费、考试类收费、教育类收费、惩罚类收费等;二是政府性基金;三是罚没收入。其中,罚没收入是罚款与没收收入的统称,是指法律、法规和规章授权的执行处罚的部门依法对当事人实施处罚取得的罚没款以及没收物品的折价收入。因数额较小,在公共收费中占比不高,在此不作为重点阐述。

一、行政事业性收费权

行政事业性收费,是指按照法律法规等有关规定并按照国务院规定程序

---

① 刘剑文、侯卓:《税收法定原则如何落实》,《光明日报》2015 年 3 月 30 日。

批准,在实施社会公共管理,以及在向公民、法人或者其他组织提供特定公共服务过程中,向特定对象收取并纳入财政管理的费用。

1987年以前,行政事业性收费项目和标准的管理权限是由财政部负责,收费项目较少,只是一些规费收入,基本上处于财政管理权限监督之下。1987年,国务院发布《中华人民共和国价格管理条例》,在条例附则中要求将行政事业性收费权限比照价格管理。由于把政府部门行为作为经营行为对待,管理松弛,致使收费项目越来越多,收费数额越来越大,加重了企事业单位和城乡居民的经济负担。

由于行政事业性收费与财政收支关系密切,收费的大量存在,既侵蚀了税基,弱化了财政职能,也扰乱了国家正常的社会分配秩序,削弱了国家宏观调控能力。为了扭转这种局面,加强财政职能,规范管理权限,逐步理顺政府分配秩序,改善宏观投资环境,1991年,国务院决定重新调整收费管理权限,规定收费审批权集中在中央和省两级,由财政部门会同物价部门审批。

1999年,财政部发布《财政部关于统一归口管理中央部门和单位的行政事业性收费及政府性基金等问题的通知》[1],规定中央部门和单位凡涉及行政事业性收费的有关事务,包括申请立项、调整收费标准、购领票据,以及与之相关的财务收支活动,统一由中央部门和单位的财务机构归口管理。至此,对于行政事业性收费的管理权限统一由中央部门管理。

2003年5月30日,《财政部、国家发展和改革委员会、监察部、审计署关于加强中央部门和单位行政事业性收费等收入"收支两条线"管理的通知》[2]规定,过去经财政部、国家计委批准,目前已不再具有政府公共管理和公共服务性质,且体现市场经营服务特征的行政事业性收费,需要转为经营服务性收费的,必须按照规定程序报经财政部会同国家发展改革委批准。未经财政部会

---

[1]　《财政部关于统一归口管理中央部门和单位的行政事业性收费及政府性基金等问题的通知》,1999年6月25日,见 https://www.lawxp.com/statute/s555283.html。

[2]　《财政部、国家发展和改革委员会、监察部、审计署关于加强中央部门和单位行政事业性收费等收入"收支两条线"管理的通知》,2003年5月30日,见 http://www.chinaacc.com/new/63/64/79/2003/.htm。

同国家发展改革委批准,有关部门和单位不得自行将行政事业性收费转为经营服务性收费,更不得将国家明令取消的行政事业性收费转为经营服务性收费继续收取。

2006年3月27日,为加强国家机关和事业单位的收费管理,规范收费标准管理行为,国家发展改革委、财政部以发改价格〔2006〕532号印发《国家发展改革委、财政部关于印发〈行政事业性收费标准管理暂行办法〉的通知》①。该办法分总则、收费标准的申请和受理、收费标准的审批、收费标准的公布和管理、法律责任、附则6章38条,自2006年7月1日起执行。该办法所称行政事业性收费(以下简称"收费"),是指国家机关、事业单位、代行政府职能的社会团体及其他组织根据法律法规等有关规定,依照国务院规定程序批准,在实施社会公共管理,以及在向公民、法人提供特定公共服务过程中,向特定对象收取的费用。收费标准实行中央和省两级审批制度。即由国务院和省级政府的价格、财政部门按照规定的权限审批收费标准。

二、政府性基金征收权

政府性基金,是指各级人民政府及其所属部门根据法律、行政法规和中共中央、国务院文件规定,为支持特定公共基础设施建设和公共事业发展,向公民、法人和其他组织无偿征收的具有专项用途的财政资金。政府性基金种类繁多,与一般税、特殊类型税、规费、受益费等有着明显区别,其基本特征表现为特别政策性、被课征群体特定性、特殊的法律关联性、非对待给付性和专款专用性。1982年开征的能源交通重点建设基金,1989年开征的预算调节基金,1992开征的三峡工程建设基金,都属于政府性基金。

1990年以前,国家对基金的管理权限没有明确的规定。1990年,在治理"三乱"期间,按照党中央、国务院的统一部署,财政部负责清理基金,并将基

---

① 《国家发展改革委、财政部关于印发〈行政事业性收费标准管理暂行办法〉的通知》,2006年3月27日,见 http://www.law-lib.com/law/law_view.asp? id=155078。

金的审批权限集中在财政部,由财政部会同有关部门审批,重要的报国务院批准。

1993 年,财政部发布了《财政部关于制止和纠正擅自征收各种基金的通知》①,要求地方停止越权征收并清退各种基金。1995 年,根据《国务院办公厅转发财政部、审计署、监察部对各种基金进行清理登记意见的通知》,财政部会同有关部门对各种基金进行了清理整顿,陆续取消了一批不合法、不合理的基金项目。

关于政府性基金预算管理,早在 1996 年,财政部会同有关部门全面清理整顿基金,逐步改革原先的预算外资金管理制度,将预算外管理的基金纳入财政预算管理。2002 年,财政部将公布保留的 33 项基金全部纳入预算管理。2006 年12 月 26 日,国务院发布《国务院办公厅关于规范国有土地使用权出让收支管理的通知》②,首次明确土地出让收支的管理问题,规定从 2007 年 1 月 1 日起,国有土地出让收入全部缴入地方国库,支出一律通过地方基金预算,实行彻底的"收支两条线"管理。2008 年,彩票收益金等纳入基金预算管理。

2010 年 9 月 10 日,为加强政府性基金管理,进一步规范审批、征收、使用、监管等行为,切实保护公民、法人和其他组织的合法权益,财政部制定了《关于印发〈政府性基金管理暂行办法〉的通知》③,明确政府性基金属于政府非税收入,全额纳入财政预算,实行"收支两条线"管理。

第三节　举债权

公债,是指政府或者其设立的公共机构,以政府信用和公共财政收入为担

---

① 《财政部关于制止和纠正擅自征收各种基金的通知》,1993 年 9 月 23 日,见 ht-tp://www.chinalawedu.com/falvfagui/fg22016/27345.shtml。

② 《国务院办公厅关于规范国有土地使用权出让收支管理的通知》,2006 年 12 月 26日,见 http://www.chinalawedu.com/falvfagui/fg22016/230092.shtml。

③ 《关于印发〈政府性基金管理暂行办法〉的通知》,2010 年 9 月 27 日,见 http://www.gov.cn/zwgk/2010-09/27/content_1710645.htm。

保,向国内外金融机构、社会公众举债,并承诺在未来某个时点依照约定偿还债务本息的金钱之债。国家信用是举借公债的主要依据,如果过度使用则会带来各种不利后果。布坎南认为国家举债不仅是国家利用货币发行权而配置、调剂税收征收周期的一项权力,而且是一个实质性税收。"政府的举债权是一种创造动产的权力,它使政府承担着未来周期如数偿还这种资产政府债券持有人的义务,这笔还债的钱可能来自未来周期征到的税。"①在凯恩斯革命之前,国家举债权一般只在战争时期为筹集巨额的战争经费而行使。自从凯恩斯主义在西方经济学家和政治学家之间达成共识之后,为了刺激经济,克服危机,政府开始大肆举债,以财政赤字政策弥补有效需求的不足。

公债有如下特点。第一,公债的债务人为公法人,从法律上,政府是举债的主体。第二,以税收或其他财政收入为担保。第三,公债的发行和使用均出于公共目的。第四,属于强制为"第三人"设定的法律义务。公债属于"附第三人义务之契约",它是由政府或其设立的公共机构与攻占的购买者之间签订的金钱借贷契约,但由于跟该债务本息的偿还系于未来的政府所能获取的税收或者其他财政收入,因此其本质上的偿还主体是不特定的未来之纳税人②。

从上述公债的法律特征可以看出,公债虽然是政府及其附属公共机构作为举债人与私法主体所订立的,以政府一般财政收入或特定公共收入为担保的金钱之债,但它与纯粹的平等主体之间的民事借贷行为不同,其性质属于带有公法性质的契约。因此尽管公债发行仍是基于自由意志的购买行为,然而其内在的权力性特征仍比较明显,这也是公债必须接受公法控制的原因所在。

我国对于公债举债权的法律规范主要包括国债和地方债。无论国债还是地方债,其权力的制定都应是遵循法律的规范。政府举债是一种重要的经济行为,会对经济、社会乃至政治产生一定的影响,政府举债权同样要遵循法定原则,举债权和预算权、征税权一样都是政府不可或缺的,大多数国家都把举

---

① [澳]布伦南、[美]布坎南:《宪政经济学》,冯克利等译,冯克利、冯兴元统校,中国社会科学出版社 2004 年版,第 123—125 页。
② 冉富强:《论公债的法律特征》,《公民与法（综合版）》2011 年第 1 期。

债权写入宪法,至少在有"经济宪法"之称的《预算法》中有所体现。举债权涉及未来的税收以及债务还本付息等行为,因此举债权和征税权、预算权是联系在一起的;举债权还涉及民众的财产权、纳税人的权利,因此为了保障民众或纳税人的权利,要通过法律程序来防止举债权的不当使用,举债权必须法定。为此,对于中央与地方政府、立法机关与行政机关、国有企业或事业单位等不同主体、不同类型的举债权,以及各类举债权的横向与纵向分配,必须在法律上作出明确规定,给出清晰的法律条文,以此规范举债主体的行为。此外,举债权事关全国人大及其常委会、国务院及财政部、地方政府和人大等多重权力配置,稍有不慎就会带来巨大风险甚至诱发公共危机,因此必须在法律上严格明确举债权归属、审批、使用、监督等以减少债务风险累积。

一、国家举债权

新中国成立后,为迅速恢复国民经济,1950 年中国政府发行了"人民胜利折实公债"。随后在 1953—1957 年第一个五年计划期间,分 5 次累计发行了34.45 亿元的"国家经济建设公债",相当于同期国家预算经济建设支出总额862.2 亿元的近 4%。1968 年公债全部偿清后,中国出现了一段"既无外债,又无内债"的时期。改革开放后,随着经济体制改革深入和国民收入分配关系调整,1979 年和 1980 年中央财政连续两年出现赤字。为平衡财政预算、改变困难局面,中国政府决定重新启用国债工具。继 1979 年恢复举借外债后,中国政府从 1981 年开始恢复内债发行,即开始以发行国债的方式筹集财政收入。

1981 年恢复国债发行之后,我国一直实行国债年度发行额度控制。这种控制方式不能全面反映国债规模及其变化情况,不利于国债结构优化,不利于控制融资成本,不利于国债市场的发展。2005 年 12 月 16 日,党的十届全国人大常委会第四十次委员长会议通过《全国人大常委会预算工作委员会关于实行国债余额管理的意见》①，决定从 2006 年实行国债余额管理制度。经过改革开放四十年的发展，目前中国国债发行制度日趋完善，国债筹资能力不断增强，国债市场持续稳定健康发展，国债管理在国家宏观调控中的地位明显提高。

二、地方政府举债权

1994 年《预算法》第二十八条规定："地方各级预算按照量入为出、收支平衡的原则编制，不列赤字。除法律和国务院另有规定外，地方政府不得发行地方政府债券。"②2014 年新《预算法》第三十五条规定："地方各级预算按照量入为出、收支平衡的原则编制，除本法另有规定外，不列赤字。经国务院批准的省、自治区、直辖市的预算中必需的建设投资的部分资金，可以在国务院确定的限额内，通过发行地方政府债券举借债务的方式筹措。举借债务的规模，由国务院报全国人民代表大会或者全国人民代表大会常务委员会批准。"③因此，可以说在 2014 年修改《预算法》之前，我国法律上规定的仅是中央的举债权，在法律上并未直接赋予地方政府举债权，即地方政府不能成为举债权的主体。之所以没有下放举债权到地方，主要为了防控债务风险，保证财政经济秩序，避免出现财政金融危机。但在现实中，随着地方政府事权的增加和财政收支缺口的加大，其举债需求越发强烈。

地方政府年度预算形式上平衡不列赤字，实际上大量的政府性债务在体外循环，《预算法》因此被架空，形同虚设，这对法治是一个严峻的挑战。从文义上讲，1994 年《预算法》原则上禁止地方政府发行债券。2014 年《预算法》，限定了只有经国务院批准的省、自治区、直辖市的预算中必需的建设投资的部分资金，才能在国务院确定的限额内发行地方政府债券。即使在 1994 年《预算法》适用的时期，实践中，地方政府为了达到举债目的，有足够手段可以规

---

① 石国胜：《我国将实行国债余额管理制度》，《人民日报》2005 年 12 月 19 日。
② 《中华人民共和国预算法》，中国法制出版社 1994 年版，第 11 页。
③ 《中华人民共和国预算法》，中国法制出版社 2014 年版，第 34 页。

避这一限制,从审计署 2013 年底披露的信息看,政府性债务的类型,包括银行贷款、BT(建设—移交)工程、到期债券,应付未付款项、信托融资、其他单位或个人未付款,垫资施工、延期付款,证券、保险业和其他金融机构融资,财政转贷,融资租赁、集资。在政府负有偿还责任的超过 10 万亿的债务中,政府债券和财政转贷所占比例不到 8%,其余都属于地方政府的变相举债。如果再将或有债务计算进来,情况会更加严重。① 这也就是为什么 2010 年国务院要集中清理地方融资平台,党的十八届三中全会《中共中央关于全面深化改革若干重大问题的决定》②要求建立地方债风险防控机制,以及中共中央要求将治理地方债务作为 2014 年六项重点工作之一的原因。

　　然而,地方债并非地方政府单方面催生的,它的存在和发展既有体制本身的原因,也是特定历史时期经济发展的必然结果。就财政体制而言,1994 年实施分税制以后,政府间收入分配界限虽然较为明确,但是支出责任划分并不清晰。进入 21 世纪之后,日益增长的城市建设社会保障,公共基础设施建设,让地方政府不堪重负,入不敷出,特别是 2008 年之后,为应对经济危机,刺激经济发展,地方政府更是不断地增加投资。从 2000 年开始,中央财政支出占全国财政支出的比例持续下降,地方财政支出的比重则逐年增加。地方政府举债不仅符合地方政府的利益,也为完成全国经济指标作出了贡献。同时,受地方政府官员任期制的影响,只要没有制度风险,稍具"理性"的地方官员都会倾向于举债建设,以便在创造经济总量后顺利升迁,至于债务风险问题,通常不在其考虑范围之内。

　　地方债本来是一个地方性问题,地方政府借钱,地方政府用钱,地方政府还钱,形式上与中央政府没有任何关联,特别是 2009 年以来,直接以地方政府名义发行的债券,法律关系似乎更加清楚,中央并不是直接债务人。但是,由于政府间的财政关系不够清晰,导致地方政府的法律地位不明确,中央对地方债务到底是否应该负责? 如果是,负有何种责任? 这个问题并不

---

　　① 《全国政府性债务审计结果》:2013 年第 32 号《审计结果公告》,2013 年 12 月 30 日,见 https://www.wenku1.com/news/754CB27C41606DE3.html。

　　② 《中共中央关于全面深化改革若干重大问题的决定》,人民出版社 2013 年版。

是很容易回答。简单地主张"谁举债，谁负责"是不切实际的。"中央不救助原则"[①]能否形成稳定的预期，打破预算软约束和刚性兑付的困境还有待时日。从另外一个角度看，近年来地方债问题之所以如此严重，与政府间财政关系失衡息息相关。当地方政府财政收入有限，却要承担过宽的支出责任时，举债是自然而然的选择。如果不能发行地方政府债券，其他政府性债务就会取而代之。因此从长远来看，要解决好地方债问题，必须理顺中央与地方的财政关系，明确地方政府的财政权限和职责，塑造相对独立的地方财政主体。

第四节　公共产权

公共产权不同于国家的征税权，它是国家基于公共财产所有者的身份，通过产权交易或营运而取得的各种收入。古罗马著名政治学家、法学家和哲学家西塞罗，在其代表作《论共和国》中，为国家下了一个流传千古的定义："国家是人民的事务，人民不是偶然聚集一处的人群，而是为数众多的人民根据公认的法律和共同的利益聚合起来的共同体。"在西塞罗生活的时代，罗马私法明确区分公共财产与私人财产。例如公共财产即所谓的国家财产，可以是共有土地、海岸、可浇灌河流的堤岸。在这里，财产所有权的意识十分明确，私人是无权拥有公共财产的。[②]

以公有制经济为主体，多种所有制经济共同发展，是我国基本经济制度的内涵。这意味着，在我国的社会产权结构中，公共产权是主体。尽管在流量层面，如国民生产总值中民营经济占比重超过60%，但在存量层面，如在包括土地、矿产等自然资源的国民财富中，公共的依然占主体，或者国有，或者集体所有。在理论研究中，以税收作为国家财政主要来源的国家被称为"税收国

[①]　《国务院关于加强地方政府性债务管理的意见》（国发〔2014〕43号），2014年10月2日，见 http://www.gov.cn/zhengce/content/2014-10/02/content_9111.htm。

[②]　王乐理：《国家、政体与财政权》，载侯建新主编：《经济　社会史评论》（第四辑），生活·读书·新知三联书店2008年版，第120—121页。

家"，以国家所有权收益作为国家财政主要来源的国家被称为"所有者国家"。

一、所有者国家向税收国家的演变

在当今世界，没有纯粹的税收国家和所有者国家。照理来说，我国存在"所有者国家"与"税收国家"并立的经济基础，而现实的变化却在向"税收国家"演变。我国自改革开放以来，尤其是 1992 年市场化改革以来，在财政收入筹集上，日渐偏好税收方式，非税的收入形式渐渐地被打入另册。如"清费立税"一直是 20 世纪 90 年代"费改税"以来坚持的原则。治理乱收费无疑是正确的，但若转向"唯税论"，则会使财政制度变迁与产权制度脱节。在我国现实条件下，这种背离蕴藏着相当大的公共风险——加速贫富分化。而我国一个最大国情是，基本经济制度与国外市场经济国家不同，公共产权广泛存在，其固有的"收益权"一旦隐性放弃，其对分配产生的影响远远超出了市场竞争所带来的"马太效应"。这也致使出现了这样一种局面：一方面，我国坚持公有制经济为主体；另一方面，却出现了日益严重的分配公平问题。

二、对公共产权规范的三个层面

基于所有者国家而言，我国对于公共产权的规范大体来讲包括三个层面：一是经营性国有资产收益，二是行政事业单位国有资产收益，三是资源性国有资产收益。我国 20 世纪 80 年代和 90 年代的公共产权制度改革，重心放在国企方面，通过 80 年代扩大企业自主权和利润留成制度，利改税、税利分流和国家、企业分配关系的规范，以及 90 年代试行国有资产收益管理和其后的试行国有资本经营预算、建立国有资产管理新体制等，对经营性国有资产收益产权进行了一定程度的规范。

行政事业单位国有资产，在改革开放以前，在统收统支模式下，没有资产收益的概念。改革开放后，行政事业单位部分资产加入到创收行列，转为经营性资产，对其收益权的管理经历了一个逐步规范的过程。20 世纪 80 年代，行政事业单位设施陈旧,经费严重不足,其经营性资产收入都留给单位,弥补财政经费不足,也未纳入财政管理。进入 90 年代后,在财政部和国家国有资产管理局的主导下,制定了相应的规章制度,逐步将这部分收入纳入财政预算外资金管理,先是专户储存,后列入财政预算,成为财政非税收入的一部分。这部分收益的收缴和管理随着公共财政框架的建立而逐步走向规范化。

资源性国有资产收益的概念是在国有企业改革深入到产权改革阶段而提出来的。这部分收益主要是国家凭借对国有资源的所有权而取得的,如对特许经营权收取的特别收益金,依据国家信誉以政府名义接受的捐赠收入、铸币税、彩票发行公益金、国有矿产、森林、滩涂开采费收入,国有土地有偿使用收入等。这类资产收益,是宪法赋予的财产权如资源性资产所有权所带来的。

总体来说,这三类公共产权的规范,经营性国有资产收益进行得较早,也较为重视,相对比较完善,但早期忽略了大量公共自然资源和社会领域资产的产权改革,前者如土地、矿产资源、海滩、河流等;后者如科研、文化、教育、医疗等社会领域传统事业单位的公共产权改革。在一个相当长的时期内,我国对公共资源的配置、利用和保护基本采用行政手段,造成公共资源的产权缺乏市场化机制,缺乏流动性和结构化,最终导致所有者的所有权虚化。突出表现在所有者的收益权没有得到有效保护,国家所有权在经济上没有实现。大量公共资源的收益没有通过制度化的途径实现全民共享,而是被少数人攫取和占有,转化为私人财富。一部分人暴富,贫富差距迅速扩大,与此有很大关系。产权改革缺失,不但造成资源配置扭曲,也会导致严重的社会不公。

此外,改革开放四十年来,国家对于公共产权问题缺乏系统的法律规制。由此导致在公共产权的结构化、市场化过程中已经滋生了腐败、权力滥用和国有财产流失等现象。这种潜在风险正在日益显性化。

第 三 章
预算笼子的打造

"概一国之法治,莫重于规范国家权力的运作,限权之关键,首当是对国家财权的掌控,而控财之要义,则在于支配国家钱包的预算"。① 预算是各方主体博弈下的公共资源的配置机制,决定政府行为的范围、方向和政策。预算笼子打造的过程,实质上是预算的法治化过程以及预算权的规范化过程。2014 年 8 月 31 日,十二届全国人大常委会第十次会议以 161 票赞成、2 票反对、7 票弃权表决通过全国人大常委会关于修改预算法的决定,国家主席习近平签署第 12 号主席令予以公布。至此,酝酿十年、跨越三届人大、历经四次审议,素有"经济宪法"之称的预算法实现了出台 20 年后的首次大修。随着新预算法的出台,"把权力关进预算的笼子"成为当时流行的用语。其间,经历了改革开放初期因财政不断减税让利导致两个比重持续降低,财政越来越困难,只能通过给予各个部门和地方政府收费权限出台收费政策的方式,导致乱收费、小金库等盛行,各个部门预算外资金越来越多;到通过对"三乱"整顿和预算外资金的管理和规范,到收支两条线,再到取消预算外资金,所有财政资金均要纳入预算管理,实行全口径预算管理,并在新预算法中予以明确,我国对于预算笼子完成了形式上的打造,即预算的完整性在形式上实现了统一。但预算实质上的统一尚未真正实现,还需进一步规范。

---

① 徐志雄:《现代宪法论》,元照出版股份有限公司 2004 年版,第 360 页。

第一节 从财政困难没钱给政策到"三乱"整顿

改革开放初期,为缓解中央财政收入紧张的局面,提倡各地各部门自求预算平衡,相应出台了一系列收费政策,形成了各种预算外和制度外收入。随着收费的规模越来越庞大,出现了收费越位和税费倒挂现象,且有些收费不受预算约束,也没有明确的制度依据和法规范围,带来了一系列经济和社会问题。1990 年,党中央、国务院在全国范围内开展了治理"三乱"工作。

一、中央不给钱给政策,各地各部门自求预算平衡

改革开放之初,随着统收统支财政体制的打破和放权让利措施的实施,特别是 1984 年利改税,中央财政收支明显失衡。在这种情况下,为缓解中央财政收入紧张的局面,保证中央财政收支平衡,提倡中央给政策不给钱,各地各部门自求预算平衡,并相应出台了一系列的收费政策,从而形成了各种五花八门的预算外和制度外收入。这是在财政无力靠国家预算内资金来满足和维持其职能和事业之运转以及各行政事业单位最基本的需要之时,不得不采取变通措施,转而向行政事业部门提供一种特殊的制度供给来替代资金供给,使政府在制度外收入上想办法。一是增设预算外资金收入项目,以保证重点事业建设。二是允许行政事业单位创收,在预算外资金列收列支,改变完全由财政供给资金的格局。从 1980 年起,财政对行政事业单位实行"预算包干",《中共中央、国务院关于节约非生产性开支、反对浪费的通知》规定:"一切有条件组织收入的事业单位,都要积极挖掘潜力,从扩大服务项目中,合理地组织收入,以解决经费不足的问题"①。1989 年财政部颁布的《关于事业单位财务管

---

① 中共中央、国务院:《中共中央、国务院关于节约非生产性开支、反对浪费的通知》,1980 年 1 月 24 日,见 https://www.lawxp.com/statute/s1044946.html。

理的若干规定》①,进一步明确,对事业单位实行全额拨款、差额拨款、自收自支三种形式,从而进一步让行政事业单位走上"创收"之路。

这些由各地各部门自求预算平衡而形成的收入,或来自政府部门,或来自事业单位,或来自社会团体的各类收费,并由他们直接支配,不受财政预算约束。且这些收入用途广泛,不仅用于经济建设,而且用于事业发展、政权建设、社会保障,还形成了改善公职人员生活费、发放津贴福利的"小金库"。这些不受预算约束的收入的筹措机制,并没有明确的制度依据和法规范围,很多情况下都出自部门或地方政府的权益性、变通性和应急性安排,很容易滋生"三乱"。

收费越位、膨胀产生的原因有以下几个方面。第一,20 世纪 80 年代以后,我国政府系统在处理诸多历史欠账及启动体制改革的经济现代化宏大工程时所面临的巨额资金需求,不可能通过预算内投资的骤然扩张来满足,这必然迫使各级政府走多渠道筹资道路;第二,分权式的改革激活了原先受压抑的部门、地方局部利益和事权财权化意识,在事权扩张的同时,提供了通过预算外筹资扩张财政的动力和机会;第三,原体制下政府间财力分配的不规范,造成政府各级次各系统的彼此猜疑戒备,促成地方、部门尽可能扩大不纳入体制分配的资金;第四,通过非规范手段筹措预算外、制度外资金增长乏力,也促使各级政府、各部门、各权力环节,在本位利益驱动下通过尽可能的扩张提供可供他们掌握支配的非规范财力,来寻求自身福利的最大化。

客观地说,中央在放权、分权的过程中不可能把握得那么精准,在探索的过程中充满了不确定性,也有风险。在财政困难时期,中央不给钱给政策,各地各部门自求预算平衡的做法,在当时的历史条件下,出台的一些收费政策措施对于解决财政收入困难确实起到了一定的积极作用,但随着时间的推移,收费和项目的规模越来越庞大,而且征收的费用也越来越多,收费增长过快过乱,出现了税费倒挂,税收缺位,收费越位的现象,带来了一系列的经济和社会

---

① 财政部:《关于事业单位财务管理的若干规定》,1989 年 1 月 26 日,见 https://baike.sogou.com/v142629924.htm。

问题。

第一,政出多门的各种收费,使大量政府收入,游离于预算之外,侵蚀税基,弱化了税收在调节收入分配和促进经济持续稳定发展中的作用。据统计,截至1998年,全国行政事业性收费和政府性基金有6000多项。其中属于全国性和中央部门的行政事业性收费有近300项,地方收费项目各省情况不一,最多的省有400多项。全国各种政府性基金有近500项,其中除了40多项是经国务院或财政部批准设立的之外,其余基金项目均为各地区、各部门越权设立。据不完全统计。1998年全国各类收费(基金)规模达4500多亿元(不包括社会保障基金收入),相当于我国同期财政收入的46%①。

第二,政府部门收入机制不规范,各种乱收费的蔓延,造成收入分配渠道混乱,增大公众负担。据统计,当时国有工业企业的各种不合理负担大体占到其当年实现利润和税收之和的20%,有的企业甚至超过了当年实现的税利。政府乱收费,不仅不能为企业创造平等的竞争环境,也不利于企业的发展。另据农业部统计,1997年农民缴纳的各类农业方面的税收总额为421.44亿元,而同年全国农村的三提五统,总额达703亿元,其中农业直接负担的部分为645.5亿元,各种收费、集资罚款等,社会负担240亿元。按上述资料计算,1997年全国农民人均直接承担的税费总额为154元,占全年农民纯收入的8.5%,其中农业税仅占2.53%,而收费占了5.97%②。

第三,各种收费资金不实行规范化财政管理,既不纳入预算,也不上交财政专户,成为“制度外资金”和“小金库”③,使这部分财政性资金失去必要的监督和控制,弱化了地方政府预算约束,极易引发政府部门不规范行为,也极易滋生腐败行为。

有鉴于此,清理整顿收费、加强收费管理势在必行,必须建立规范的收费

---

① 谢旭人主编:《中国财政改革三十年》,中国财政经济出版社2008年版,第154页。

② 数据来源:《中国统计年鉴1997》。

③ 根据《中共中央办公厅国务院办公厅印发〈关于深入开展“小金库”治理工作的意见〉的通知》以及《中央纪委、监察部、财政部、审计署、国务院国资委印发〈国有及国有控股单位“小金库”专项治理实施办法〉的通知》规定,“小金库”是指:违反法律法规及其他有关规定,列入而未列入符合规定的单位账簿的各项资金(含有价证券)及其形成的资产。

管理机制和政府财经秩序,维护政府预算的统一性和完整性。在九届全国人大一次会议的记者招待会上,朱镕基同志用老百姓的"负担不堪,民怨沸腾"来形容当时收费混乱、费大于税的状态,并明确表示必须进行整顿和改革①。在九届全国人大二次会议上所作的政府工作报告中,朱镕基同志再次指出,要进一步完善财税体制改革,重点是全面清理和规范收费,逐步实施费改税,从而使整顿收费改革成为国内外关注的焦点。

二、"三乱"整顿

1990 年,中共中央、国务院发布了《中共中央、国务院关于坚决制止乱收费、乱罚款和各种摊派的决定》②,在全国范围内开展了治理"三乱"工作。1993 年,针对一些地方和部门利用职权和垄断地位乱收费的问题,中共中央办公厅、国务院办公厅转发了财政部《关于治理乱收费的规定》③,在全国再次开展了治理乱收费工作,取消了一批不合法、不合理的收费项目。与此同时,国务院还责成教育、交通、农业等部门,分别开展了治理中小学乱收费、公路乱收费乱罚款和减轻农民负担工作。

从 1995 年起,开始对乱收费情况进行了清查摸底和整顿工作。1996 年,中共中央、国务院发布了《中共中央、国务院关于切实做好减轻农民负担工作的决定》④,规定了清理农村"三乱"、减轻农民负担的一系列政策。1997 年,为了加快国有企业改革步伐,为企业发展创造一个良好的外部经营环境,中共中央、国务院发布了《中共中央、国务院关于治理向企业乱收费、乱罚款和各

---

① 引自《九届全国人大一次会议举行记者招待会朱镕基总理等答中外记者问》,"目前存在的一个问题是费大于税。很多政府机关在国家规定以外征收各种费用,使老百姓负担不堪,民怨沸腾,对此必须整顿和改革。"《人民日报》1998 年 3 月 20 日。

② 中共中央、国务院:《中共中央、国务院关于坚决制止乱收费、乱罚款和各种摊派的决定》,1990 年 9 月 16 日,见 http://www.people.com.cn/item/flfgk/gwyfg/1990/112901199042.html。

③ 财政部:《关于治理乱收费的规定》,1993 年 10 月 9 日,见 http://www.110.com/fa-gui/law_100.html。

④ 中共中央、国务院:《中共中央、国务院关于切实做好减轻农民负担工作的决定》,1996 年 12 月 30 日,见 http://www.chinalawedu.com/falvfagui/fg22016/12305.shtml。

种摊派等问题的决定》①,要求坚决取消不符合规定的,面向企业的行政事业性收费、罚款、集资、基金项目和各种摊派;今后所有新增面向企业的行政事业性收费项目和标准,必须按隶属关系分别报财政部、国家计委或省级人民政府审批,重要的报国务院审批;各省级人民政府审批的收费项目和收费标准,要分别征得财政部和国家计委同意。

第二节 预算外资金从产生到取消

预算外资金,是根据国家财政制度和财务制度的规定,不纳入国家预算,由地方各部门,各企事业单位自收自支的资金。预算外资金,从产生到取消,是一个预算权的约束的过程,也是对财政行为规范的过程。

一、预算外资金规模随放权让利各项政策的出台而不断扩大

预算外资金在新中国成立之初就存在,但规模一直不大。在财政体制统收统支之大背景下,预算外资金调动了地方、部门、企事业单位的积极性。改革开放之后,以放权让利为特征的财税改革直接导致预算外资金规模的扩大。20世纪80年代初期,全国只有少量收费项目,如农业税附加、养路费、中小学杂费,年收费额约100亿元。1980年,《中共中央、国务院关于节约非生产性开支、反对浪费的通知》打破了事业单位开支由财政包起来的传统模式,为减轻财政负担、增加事业发展资金开辟了一条新渠道,但也使得行政事业单位收费大大增加,主要有:养路费、隧道车辆通行费、港口费、环境保护费、排污费,以及名目繁多的管理费、注册登记费、审批费、检验费、防疫费、教育附加费等。

1980年6月—1981年2月,财政部、国家经委先后发布征收国营工交企

---

① 中共中央、国务院:《中共中央、国务院关于治理向企业乱收费、乱罚款和各种摊派等问题的决定》,1997年7月7日,见 http://www.law-lib.com/law/law_view.asp? id = 104429。

业固定资产、国拨流动资金有偿占用费的暂行办法和补充规定。1982 年 12 月,国务院颁布征集国家能源交通重点建设基金的通知和办法,规定国营企事业单位、机关团体、部队和地方政府的预算外资金,以及城镇集体企业缴纳所得税后的利润,按 10% 征收。1983 年 6 月,中央工作会议把征收比例提高到 15%,把征收范围扩大到城镇小集体企业和农村社队企业(征收比例为 10%)。1989 年 2 月,国务院颁发国家预算调节基金征集办法,范围与能源交通建设基金相同,征集比例为 10%。1993 年 6 月,国务院开始筹集三峡工程建设基金。

与此同时,随着农村家庭联产承包责任制的实行和人民公社的逐步解体,为了满足县乡政府履行职能需要,满足农村公共服务需求,农村收费也日益增加,收费方式主要有:村提留、乡统筹、摊派、收费、派购、克扣、罚款等。尽管中央三令五申要减轻农民负担,但农民的负担却与日俱增,有的地方对农民的收费达 100 多种,仅与婚姻登记有关的收费就有 10 多种。

1983 年 2 月 28 日,财政部颁发《预算外资金管理试行办法》①要求加强预算外资金管理,搞好财政信贷综合平衡,提高经济效益。根据该办法,预算外资金是指地方财政部门管理的各项附加收入和集中的各项资金;地方和事业单位管理的不纳入预算的资金;国营企业及其主管部门管理的各种专项资金;地方和中央主管部门所属的不纳入预算的企业收入。财政部要求,对未经国务院、财政部批准,由各地自行设定的预算外资金项目,进行一次性清理整顿,同时加强预算外资金收支计划管理,管好用好预算外资金,特别是控制预算外资金用于基本建设。

在这一时期,虽然国家加强了管理,预算外资金规模还是以较快的速度扩大。预算外资金在促进经济和社会发展的同时,也存在一些问题,如化预算内收入为预算外收入;又如用预算外资金乱上计划外项目,扩大固定资产投资规模,影响调控;再如未按规定用途使用资金,挪用生产发展基金发放奖金、实物

---

① 　财政部:《预算外资金管理试行办法》,1983 年 2 月 28 日,见 https://baike.sogou.com/v167818426.htm。

和搞福利等。

1986 年,国务院发出《国务院关于加强预算外资金管理的通知》(国发〔1986〕44 号)①,要求切实加强预算外资金管理,搞好社会财力综合平衡,更好地发挥其在国民经济建设中的作用。即便这样,这一阶段的预算外资金规模的扩大仍无法避免。1992 年,预算外资金达到 3854.92 亿元。规模庞大的预算外资金中有相当部分是国有企业和主管部门收入,1992 年,该类预算外资金收入达到 2878.59 亿元,占全部预算外资金收入的 74.67%②。

二、对预算外资金的重新界定与规范

1996 年,针对一些地方、部门和单位将财政预算资金转为预算外资金,擅自设立收费基金项目,导致国家财政收入流失,预算外资金不断膨胀,预算外资金使用脱离财政管理,私设"小金库",用于集体消费或个人消费,甚至行贿受贿,挥霍浪费等问题,国务院发布了《国务院关于加强预算外资金管理的决定》③,首次明确了预算外资金是国家财政性资金,不是部门和单位的自有资金,必须纳入财政管理;重申了收费和基金的审批管理政策。其主要内容包括:禁止将预算资金转移到预算外;将部分预算外资金纳入财政预算管理;加强收费、基金管理;严格控制预算外资金规模;预算外资金要上缴财政专户,实行收支两条线管理;加强预算外资金收支计划管理;严格预算外资金支出管理,严禁违反规定乱支挪用;等等。其中,将部分预算外资金纳入财政预算管理的规定最为引人注目。该决定还规定地方财政部门按国家规定收取的各项税费附加,从 1996 年起,统一纳入地方财政预算,作为地方财政的固定收入,不再作为预算外资金管理。该决定提出今后要积极创造条件,将应当纳入财

---

① 国务院:《国务院关于加强预算外资金管理的通知》,1986 年 4 月 13 日,见 http://www.chinalawedu.com/falvfagui/fg22016/3849.shtml。

② 数据来源:《中国财政统计年鉴 1992》。

③ 国务院:《国务院关于加强预算外资金管理的决定》,1996 年 7 月 11 日,见 http://www.chinaacc.com/new/63/73/157/2006/2/ti574122345142260027040-0.htm。

政预算管理的预算外资金逐步纳入财政预算管理。这说明最终取消"预算外资金"已成为改革努力的方向。据此,各地区、各部门要将财政部已经规定的83项行政性收费项目纳入财政预算。

与《国务院关于加强预算外资金管理的决定》配套,财政部1996年颁布了《预算外资金管理实施办法》①,重新界定了预算外资金的范围。预算外资金,是指国家机关(即国家权力机关、国家行政机关、审判机关和检察机关)、事业单位和社会团体、具有行政管理职能的企业主管部门(集团)和政府委托的其他机构为履行或代行政府职能,依据国家法律、法规和具有法律效力的规章而收取、提取和安排使用的未纳入国家预算管理的各种财政性资金。因此,资金是否属于预算外资金,要看是否与为履行或代行政府职能有关。在这一阶段,预算管理以收入管理为主。这与1994年财税改革之初财政困难有着密切关系。而当财政收入稳定增长之后,特别是收入结构从以企业收入为主转向以税收收入为主,提供税收收入的非国有经济所占比例越来越大的情形出现之后,对大部分预算支出简单地切块的粗放式归口管理做法就不能适应社会发展的需要。

同年,财政部印发《政府性基金预算管理办法》②,规范政府性基金管理。从1996年起,将养路费、车辆购置附加费、铁路建设基金、电力建设基金、三峡工程建设基金、新菜地开发基金、公路建设基金、民航基础设施建设基金、农村教育事业附加费、邮电附加、港口建设费、市话初装基金和民航机场管理建设费13项数额较大的政府性基金(收费)纳入财政预算管理。

1997年,为了加快国有企业改革步伐,为企业发展创造一个良好的外部经营环境,中共中央、国务院发布了《中共中央、国务院关于治理向企业乱收费、乱罚款和各种摊派等问题的决定》③,要求坚决取消不符合规定的,面向企

---

①　财政部:《预算外资金管理实施办法》,1996年11月18日,见http://www.34law.com/lawfg/law/6/1187/print_463817248917.html。

②　财政部:《政府性基金预算管理办法》(财预字〔1996〕435号),1997年1月1日,见https://www.wenku1.com/news/ECDD11A1AB1F82E3.html。

③　中共中央、国务院:《中共中央、国务院关于治理向企业乱收费、乱罚款和各种摊派等问题的决定》,1997年7月7日,见http://www.law-lib.com/law/law_view.asp? id=104429。

业的行政事业性收费、罚款、集资、基金项目和各种摊派;今后所有新增面向企业的行政事业性收费项目和标准,必须按隶属关系分别报财政部、国家计委或省级人民政府审批,重要的报国务院审批;各省级人民政府审批的收费项目和收费标准,要分别征得财政部和国家计委同意。

实际上,将国有企业和主管部门收入视为预算外资金,与企业改革将企业视为自主经营、自负盈亏的主体是存在矛盾的。1993 年,随着《企业财务通则》和《企业会计准则》的推行,再将国有企业和主管部门收入视为预算外资金已不合时宜。《企业财务通则》和《企业会计准则》通过之后,国有企业税后留用资金不再作为预算外资金管理。事业单位和社会团体通过市场取得的不体现政府职能的经营、服务性收入,不作为预算外资金管理,收入可不上缴财政专户,但必须依法纳税,并纳入单位财务收支计划,实行收支统一核算。事实上,从 1993 年开始,预算外资金已不包括国有企业和主管部门收入。

三、预算外资金彻底取消,进入"历史的博物馆"

2010 年 6 月,财政部制发《关于将按预算外资金管理的收入纳入预算管理的通知》[①],规定自 2011 年 1 月 1 日起,中央各部门各单位的全部预算外收入纳入预算管理,收入全额上缴国库,支出通过公共财政预算或政府性基金预算安排。地方各级财政部门要按照国务院规定,自 2011 年 1 月 1 日起将全部预算外收支纳入预算管理。相应修订《政府收支分类科目》,取消全部预算外收支科目。至此,预算外资金进入了"历史的博物馆",也为预算"笼子"的打造创造了条件。

2014 年 8 月 31 日通过的《预算法》修订案明确规定"政府的全部收入和支出都应当纳入预算"[②],从法律上确立了政府全口径预算的基本原则。

---

① 财政部:《关于将按预算外资金管理的收入纳入预算管理的通知》(财预〔2010〕129号),2010 年 12 月 22 日,见 http://www.czj.sh.gov.cn/zys_8908.shtml。

② 《中华人民共和国预算法》,中国法制出版社 2015 年版。

第三节　预算的笼子从形式上打造出来

1979 年,我国预算管理制度开始恢复重建,在此之后的四十年里,一直在致力于打造财政预算的"笼子",即打造预算的完整性。历经《预算决算暂行条例》——《国家预算管理条例》——《预算法》——新《预算法》的发展过程,至此,搭建了预算法治的基本框架,预算"笼子"从形式上已经打造出来。

一、预算报告与批准制度的恢复及《国家预算管理条例》发布

早在 1951 年,政务院就发布了《预算决算暂行条例》,对预算的基本原则、预算的编制及核定、预算的执行、决算的编造及审定等作了规定。1954 年《宪法》所规定的全国人民代表大会行使的职权就包括审查和批准国家的预算和决算。受多种因素的影响,我国预算管理制度曾长期处于不正常的运行状态。直到改革开放之后的 1979 年,我国才正式恢复编制并向全国人民代表大会提交国家预算报告,由全国人民代表大会审议批准后执行的做法。1979年 6 月 21 日,时任财政部部长张劲夫在全国人大五届二次会议上作《关于1978 年国家决算和 1979 年国家预算草案的报告》。1980 年 8 月 30 日,时任财政部部长王丙乾在全国人大五届三次会议上作《关于 1979 年国家决算、1980 年国家预算草案和 1981 年国家概算的报告》,预算报告制度从此恢复。

为适应预算审查的需要,1983 年 3 月,第六届全国人民代表大会第一次会议决定设立全国人大财政经济委员会。这是一个在全国人大及其常委会的领导下审查预算报告和预算草案的机构。为适应审计监督的需要,中华人民共和国审计署于 1983 年 9 月 15 日正式成立。其主要职责包括:向国务院总理提出年度中央预算执行和其他财政收支情况的审计结果报告;受国务院委托向全国人大常委会提出中央预算执行和其他财政收支情况的审计工作报告、审计发现问题的纠正和处理结果报告;向国务院报告对其他事项的审计和

专项审计调查情况及结果；等等。

1991 年，《预算决算暂行条例》在"暂行"了四十年之后，已不能适应现实发展需要。为加强国家预算管理，强化国家预算的分配、调控和监督职能，促进经济和社会的稳定发展，国务院发布了《国家预算管理条例》①（以下简称《条例》），并于 1992 年 1 月 1 日起施行。《条例》覆盖各级人民政府和实行预算管理的各部门、各单位（包括国家机关、社会团体、全民所有制企业事业单位等），对国家预算管理作了全面规定。按照《条例》，国家预算实行统一领导、分级管理、权责结合的原则；国家预算应当做到收支平衡；国家设立中央、省（自治区、直辖市）、设区的市（自治州）、县（自治县、不设区的市、市辖区、旗）、乡（民族乡、镇）五级预算，且区分了中央预算和地方预算。《条例》要求：各级人民政府、各部门、各单位应在每一预算年度之前按照规定编制预算草案；国家预算按照复式预算编制，分为经常性预算和建设性预算两部分。关于各级预算收入和支出的编制，《条例》规定：各级预算收入的编制，应当坚持积极可靠、稳定增长的原则；按照规定必须列入预算的收入，不得隐瞒、虚列，不得将上年的一次性收入作为编制预算收入的依据；各级预算支出的编制，应当坚持量入为出、确保重点、统筹兼顾、留有后备的原则；在保证经常性支出合理需要的前提下，安排建设性支出；各级政府预算应按本级政府预算支出额的1%—4%设置预备费，用于解决当年预算执行中难以预料的特殊开支；各级政府预算应当设置一定数额的预算周转金。

《条例》还对地方预算草案和中央预算草案的审查和批准作了规定。地方各级财政部门根据本级人民政府的指示和上级财政部门的部署，具体布置本级各部门和下级财政部门编制预算草案，并负责汇总编制本级总预算草案，由本级人民政府审定后，提请本级人民代表大会审查和批准。财政部将中央预算草案和地方预算草案汇编成国家预算草案，由国务院审定后，提请全国人民代表大会审查和批准。

---

① 国务院：《国家预算管理条例》，1991 年 10 月 21 日，见 http://www.360doc.com/content/14/0113/16/8250588_344881777.shtml。

总体来说,从改革开放到 1994 年分税制以前,我国财政工作重点在收入管理,预算支出权约束不强。按照宪法规定,预算支出权的审查和监督在全国人大,政府执行,司法部门负责审判。但是,改革开放到市场经济体制建立,甚至更长一些时间,财政权重构的重点在财政收入方面,主要是适应国家和企业以及中央和地方关系重构收入体系,在财政预算支出方面尚无实质性推进。由于改革开放初期人大常委会对政府的赋权,加上预算编制体系和细化程度制约,导致全国人民代表大会的预算审查权和监督权虚置,法律确定的财政预算执行和审计报告的定期报告制度作用有限。同时,由于收费赋权以后,收费标准在财政部管理,但执行中越来越部门化、地方化,导致与收费相关的资金预算管理也呈现部门化、地方化,并且收费收入不纳入预算管理,导致有的单位将预算内转到预算外,"预算权"严重被肢解。预算权在人大层面的虚置和在部门化、地方化层面的肢解并存。

二、《预算法》出台

随着社会主义市场经济体制改革目标的提出,建立与市场经济相适应的预算管理制度成为主旋律。1994 年 3 月 22 日,全国人大八届二次会议通过《中华人民共和国预算法》(以下简称《预算法》),决定从 1995 年 1 月 1 日起施行。预算立法已由行政法规上升到法律层面,加强了人大对政府预算行为的监督和制约。与此同时,《国家预算管理条例》废除。1995 年 11 月 2 日,国务院第三十七次常务会议通过《预算法实施条例》①,并于 11 月 22 日颁布实施。这与市场经济条件下立法机构加强预算监督的要求是一致的。

《预算法》要求各级政府预算按照复式预算编制。根据《预算法》及《预算法实施条例》,全民所有制企业(即国有企业)的预算包括在国家预算之内。《预算法》所涉及的企业界定为本级政府财政部门直接发生预算缴款、拨款关系的企业,较好地适应市场经济发展的需要。

---

① 《预算法实施条例》,法律出版社 1995 年版。

《预算法》对全国人大及其常委会和地方各级人大及其常委会、国务院和地方各级政府、国务院财政部门和地方各级财政部门的预算管理职权作了明确规定；对人大及其常委会的包括预算的审查、批准、调整、监督等在内的预算管理职权作了分工。

《预算法》规定了预算调整的条件。只有增支或减收，破坏原批准的预算平衡或债务增加，才要进行调整。关于预算外资金管理，《预算法》仍只作原则性规定，即各级人民政府、各部门、各单位应当加强对预算外资金的管理，但授权国务院另行规定预算外资金管理办法，且赋予各级人民代表大会监督预算外资金使用的权力。

《预算法》将预算区分为中央政府预算和地方政府预算。中央政府提交全国人大审查的不再是单一的国家预算。《预算法》还规定，各级人大可以撤销本级政府和下一级人大及其常委会关于预算、决算的不适当的决定、命令和决议，但是全国人大批准的只是中央政府的预算及其执行情况；地方各级政府的预算草案、预算执行情况的报告，由同级人大审查批准。

国家实行中央和地方分税制。这一点在 1994 年的财政体制改革中就已得到明确。《预算法》首次将分税制财政管理体制写入法律。

《预算法》有"经济宪法"之称，是规范财政行为的重要法律。1994 年预算法及实施条例的颁布结束了我国政府预算收支活动长期无法可依的状态，对于强化预算管理，增强预算透明度，加强预算管理监督，实现政府预算管理法制化具有奠基作用。预算权的管理，从 20 世纪 90 年代末开始的治理三乱到清理整顿公共收费到收支两条线管理，已经涉及预算权问题，通过对公共收费从专户管理到收支两条线（1996 年始）再到全部纳入预算管理（2010 年），预算内容形式上实现了统一。1998 年开始，财政权管理由收入管理转向支出管理。财政预算管理进行了一系列改革，包括部门预算、政府收支分类改革等的预算编制改革，国库集中收付、政府采购等预算执行改革，强化财政监督、绩效评价等系列的财政监督改革，为完善财政预算权奠定了基础，为人大强化预算审查监督和发挥审计、社会监督作用奠定了技术条件。

其间，部门预算改革实现了一个部门一本预算，反映部门财政预算资源的全貌,便于人大审查和监督。始于 2008 年的政府信息公开条例,到 2009 年的政府预算公开,并不断扩大,到 2012 年的三公经费公开,预算公开透明程度提升,为财政权的合理配置创造条件。通过财政和审计定期报告制度,以及公开发挥社会监督的作用,不断强化财政预算支出权的约束和监督。

三、新《预算法》修订并实施

《预算法》自 1995 年实施后,对于规范预算管理,推进依法理财,加强国家宏观调控,促进经济社会发展,发挥了重要作用。但随着我国社会主义市场经济体制和公共财政体制的逐步建立,原《预算法》已不能完全适应形势发展的要求。2004 年《预算法》纳入第十一届全国人大修法规划,历时十年、跨越三届人大、历经四次审议,于 2014 年 8 月 31 日,终获第十二届全国人民代表大会常务委员会第十次会议审议通过,自 2015 年 1 月 1 日起实施。其中,2012 年 7 月 6 日,预算法修正案(草案)二审稿在全国人大常委会二审一周后,在网上公开征求意见。历时一个月,二审稿草案征求 33 万多条意见,远超出此前的“冠军”——个人所得税法修正案(草案),仅次于同期征求意见的劳动合同法修正案(草案)。对预算法律的社会关注度之高,也是前所未有。

新《预算法》与原《预算法》相比,由七十九条修改为一百零一条,体现出许多创新性的亮点,总体可以概括为以下几个方面的创新:

(一)明确预算法的本质

新修改的预算法将原法“强化预算分配好监督职能”修改为“规范政府收支行为,强化预算约束”,将“健全国家对预算的管理”修改为“加强对预算的管理和监督”,预算法从过去的“政府管理法”转变为“规范政府法、管理政府法”,从过去的“帮助政府管钱袋子”转变为“规范政府钱袋子”,政府从管理监督的主体,同时也转变为被管理、被监督对象。这是一个值得肯定的重大变化。

(二)首次明确政府全部收支纳入预算,完善全口径预决算体系

原《预算法》实施以来,预算改革不断深化,预算外资金已经取消,所以新

《预算法》明确规定"政府的全部收入和支出都应当纳入预算"（第四条第二款），"各级政府、各部门、各单位应当按照本法规定，将所有政府收入全部列入预算、不得隐瞒、少列"（第三十六条第二款）；支出也要涵盖政府的所有活动，"各级政府、各部门、各单位的支出必须以经批准的预算为依据，未列入预算的不得支出"（第十三条第二款），这实际上确立了政府全口径预算的基本原则。

（三）改进预算控制方式，建立跨年度预算平衡机制

原《预算法》规定预算审查的重点是收支平衡，同时要求预算收入征收部门完成上缴任务。新《预算法》将审核预算重点由平衡状态向支出预算和政策拓展，收入预算从约束性向预期性转变。同时强调"各级政府应当建立跨年度预算平衡机制"（第十二条第二款）。

（四）透明预算首次入法，从源头上防治腐败

新《预算法》将预算决算公开首次写入法律，从公开内容、时间和主体方面作出了明确规定（第十四、二十二、八十九条），形成刚性的法律约束，是修改的重要进步，有利于确保人民群众的知情权、参与权和监督权，从源头上预防和治理腐败。

（五）规范地方政府债务管理，严控债务风险

多年来，原《预算法》规定不列赤字，地方政府出于发展需要多方融资，形成了较大规模的未纳入预算管理的地方政府债务，脱离人大监督，存在一定的风险隐患。新《预算法》在加强地方政府性债务管理，解决"怎么借、怎么管、怎么还"的问题上作出了明确规定（第三十四、三十五、四十八、九十四条）。这些规定既坚持了从严控制地方政府债务的原则，又适应了地方经济社会发展的需要。

（六）首次规定财政转移支付制度，推进基本公共服务均等化

在实际执行中，财政转移支付存在专项设置过多、资金规模偏大、配套资金压力过大、下达不及时等问题。新《预算法》对财政转移支付制度进行了比较系统的规范（第十六、三十八条），有利于优化转移支付结构，减少"跑部钱进"现象，推进基本公共服务均等化。

（七）勤俭节约入法，硬化预算支出约束

新《预算法》删除原法"厉行节约"、"勤俭建国"的规定，统一为"勤俭节约"原则，并在预算编制、执行、监督及调整环节作出明确规定（第三十七、五十七、六十七至七十、九十四条）。这些规定为硬化预算约束，规范预算调整提供了法律保障。

（八）首次较系统地细化审查重点，完善预算审查监督制度

新《预算法》在预决算草案细化、预决算批复、预决算及预算调整草案初步审查、预决算审查重点等诸多方面加以完善（第四十四至四十六、四十八、四十九、五十二、六十九、七十五、七十八至八十、八十八条），明确了人大、政府、财政部门预算监督职能的同时，进一步细化了监督的内容和重点。

（九）预算绩效首次入法，强化预算绩效管理

新《预算法》首次以法律形式明确了我国公共财政预算收支中的绩效管理要求，并将绩效的思维贯穿于预算编制、预算执行、决算以及预算审查的各个环节之中。

（十）严肃财经纪律，强化违法违纪责任追究

针对原《预算法》仅就擅自变更预算、擅自支配库款、隐瞒预算收入等3种情形设置了法律责任，且规定比较模糊的问题，新《预算法》重新梳理了违法违纪情形，将法律责任增加到五条二十五款（第九十二至九十六条），加大了责任追究力度。

总之，新《预算法》秉承现代预算的理念，总结吸收了改革开放以来，特别是1994年分税制财政体制改革以来我国预算管理实践的经验，全面体现了党的十八大和十八届三中全会全面深化改革的精神，融入了《深化财税体制改革总体方案》①的基本要求。新《预算法》围绕建立现代预算制度，着力推进预算治理，引领预算改革，强化预算约束，对规范政府行为，推进财税体制改革，强化权力制约与监督，促进国家治理体制和能力现代化具有重要而深远的

---

① 中共中央政治局：《深化财税体制改革总体方案》，2014年7月1日，见http://www.360doc.com/content/14/0701/09/8783822_391143863.shtml。

意义。至此,预算"笼子"的打造有了法律的约束,预算的完整性从形式上得以实现。然而,但预算实质上的完整与统一,依然任重道远,需要在未来的改革中继续前行。

第 四 章

财政权的监督

第一节　监督财政权的变迁

　　财政权的监督,与我国改革开放和财政权的重构与约束紧密相连。服务于改革开放、经济发展和财政改革的主要任务,财政权的重构与监督也紧扣这个"任务"而不断发展,大致经历了三个阶段:改革开放到 1994 年市场经济体制改革,再到 2012 年党的十八大以来的国家治理现代化改革。

一、财政权监督的重塑

　　改革开放之前,财政权及其监督是国家乃至政府内部工作环节的事务,作用并不凸显。随着改革开放以调动积极性解决经济短缺的主要矛盾为基础,利益主体的塑造和财政支出的巨大需求,使这个阶段财政权监督着力围绕组织和保障财政收入为重点展开,虽然宪法对人大、社会公民监督权在 1982 年宪法中都有规定,但这时人大、审计、社会监督因为财政预算的技术、透明度以及监督主体自身能力等原因,功能有限,主要体现为财政内部监督的发展,即财政管理企业、个人和部门的财政财务活动,机构重建和职能恢复、财政监督制度建立健全以及系列财政内部监督检查深化为基础的财政权监督工作,为保障分配秩序和财政收支合规有效发挥了重要作用。

二、财政权监督体系的完善与监督的实质性提升

1994 年市场经济体制改革开启,我国推行了一揽子改革,财政权方面包括分税制、税制等改革,配合着《预算法》《预算法实施条例》《审计法》《会计法》和企业"两则"等系列立法完成,对财政监督、人大监督、审计监督和社会监督等都进行了不同程度地赋权规定,相应的监督机构和职能进一步明确,财政监督成立财政监督司,人大成立预算工作委员会,审计法颁布实施以及财政审计步入正轨,无论从机构还是职能等方面都有了明显提升。特别是 1999 年开始的系列预算管理改革,为监督财政权提供了技术基础和现实需要,财政权监督有了实质性地提升,财政监督在这个阶段也由原来的安全性、合规性检查变为安全合规与绩效并重的监督,人大监督从专项检查变为介入预算管理的全过程,引入预算听证制度,并确定了预算执行等相关问题的定期报告制度,随着预算细化和公开透明程度的提升,审计监督、社会监督的作用不断提升,财政社会监督也由原来的内部监督为主,转变为内外结合的监督,监督体系不断完善,监督工作也有了实质性地提升。

三、国家治理现代化与财政监督的法定化

党的十八大以来,特别是 2013 年党的十八届三中全会召开,明确国家治理能力和体系现代化的目标,财政也成为国家治理的基础和重要支柱,我国法治建设进入了新阶段。这个时期,以 2014 年通过的新修订的《预算法》,第一次从财政基本法的角度对财政预算管理从七个方面进行了明确,特别对全国人民代表大会及其常务委员会的财政监督权进行了赋权细化,使我国财政权的监督除了《宪法》中的原则规定外,又进一步细化明确,为财政监督提供了坚实的法律基础,人民主权和全国人民代表大会代表人民行使权利的意识不断强化,对财政权约束以使财政权的活动符合人民最根本利益的能力不断

提升。

第二节　财政监督

　　财政监督,是具有财政监督权的主体,根据财政活动客观职能的要求,依照法定的权限和程序,对行政机关、企事业单位及其他组织执行财税法律法规和政策情况,以及财政资金运动及其所体现的经济关系的监督检查。财政监督是财政管理的重要组成部分,是促进财政职能发挥和国家宏观调控目标实现的重要手段。财政监督的基本功能是构筑起财政资金使用的安全网。

　　改革开放四十年来,随着财政管理体制改革的不断深入,财政监督体制也经历了一个恢复重建、改革完善过程,财政监督的发展基本上经历了三个阶段:财政监督的重建与恢复(1978—1993 年)、财政监督的全面发展(1994—2011 年)、财政监督的新时代新发展(2012 年至今)。财政监督的发展与财政改革的深化紧密相联,直接影响各项财政改革成效的发挥。在发展的不同阶段,财政监督始终服务于财政工作大局,适应各阶段财政改革重点和发展需要,体现财政改革的整体要求和财政政策着力点,推动财政管理水平的提升。党的十八大以来,以习近平同志为核心的党中央高度重视我国的财政改革,准确把握中国社会经济经过改革开放四十年高速发展而面临重大转折的客观趋势,明确提出具有转折性、引领性和里程碑意义的时代任务和发展目标,我国财政监督体制也进入新时代新发展的新阶段。

一、财政监督重建与恢复

　　1978 年改革开放初期,财政改革以"放权"和"让利"为主要特征,打破了长期以来实行的财政统收统支体制,各地方、部门、单位、企业和个人的利益主体意识逐步形成,对强化财政监督提出了客观要求,在此期间,财政监督在艰难探索中为各项财政改革保驾护航。税收、财务、物价大检查以及中央企业财政驻厂员工作对财政改革、强化企业管理、严肃财经纪律起到了十分重要的推动作用。

(一) 恢复建立专职机构

新中国成立初期,财政部就设立了监督机构。"大跃进"和"文革"期间,财政监督机构被撤销,财政监督工作被迫中断和停顿。1978年8月经国务院批准,财政部恢复建立财政监察司(与监察部派驻财政部监察局合署办公,承担财政监督与行政监察两项任务),各地也相继恢复了财政监察专门机构、配备人员。主要职责是监督检查国家机关、社会团体、企业和事业单位执行财政政策、法令、制度的情况,办理有关违反财政、税收、会计制度和纪律的案件。经过几年的发展,监督机构不断健全,人员日益充实。

随着财政监督机构的重建与恢复,财政监督工作也得以恢复发展,查处了一大批重大违法乱纪行为,维护了财经秩序,保障了国家财经法纪的执行。仅1980年全国财政监督机构就检查了各种违反财经纪律的案件12000多件,查出挤占、挪用的资金达6.8亿元,为"文革"结束后的财经秩序恢复作出了积极贡献①。

(二) 组织开展税收财务物价大检查

20世纪80年代初期,由于规范财经秩序的法律、法规严重滞后,财经监督机制和监督力量比较薄弱,财经秩序比较混乱,财政收入"跑、冒、滴、漏"等现象非常严重,偷逃骗税、截留收入、挥霍浪费等问题十分普遍,严重影响了改革开放和经济建设的顺利进行。针对这种情况,1985年8月,国务院设立非常设机构——税收、财务大检查办公室(1986年更名为税收、财务、物价大检查办公室,以下简称"大检办"),同时要求各地层层设立"大检办"。从1985年开始,在全国范围内开展税收财务物价大检查。这项工作由国务院和地方各级政府统一领导,人大、政协参与,财政部门牵头,全国税务、计划(物价)、审计等部门共同组织,每年第四季度开展一次。"大检查"对严肃财经秩序、规范经济秩序发挥了重要作用,为促进日常监督机制的形成和我国财经监督

---

① 谢旭人主编:《中国财政改革三十年》,中国财政经济出版社2008年版,第395页。

体系的形成与发展提供了宝贵的实践经验。大检查是在特定历史条件下,为整顿经济秩序而采取的一种特殊措施。随着财政、税务、审计、计划(物价)和社会审计机构经济监督体系的初步形成,日常监督检查力度不断加大,大检查转变为规范化的日常监督检查势在必行。

(三) 实行中央企业财政驻厂员制度

这一时期我国财政改革的重点是通过放权让利提高企业的经营积极性,提高财政收入能力,改革在促进经济发展、搞活企业的同时,也使各地的中央企业财政出现监管"真空"。改革开放之前,我国曾实施过财政驻厂员制度。为了切实加强国营大中型企业的财经纪律,改善经营管理,提高经济效益,1982年各地相继恢复了财政驻厂员制度,1986年,成立中央企业财政驻厂员处,在地市设立中央企业财政驻厂员组,作为财政部的派出机构对中央企业财务收支实施就地监督,组织开展异地交叉检查,为健全财务管理制度和加强宏观调控提供了大量有价值的经济信息,成为财政监督战线上的一支重要力量,为后来财政监察专员办事机构的设置奠定了基础。

(四) 制定财政监督规章制度

1980年国务院颁布《国务院批转财政部关于财政监察工作的几项规定的通知》,这一法规性文件对于财政监督机构的重建与恢复给予了有力的推动,开启了财政监督工作新纪元。1987年6月,国务院发布了《国务院关于违反财政法规处罚的暂行规定》,同时,财政部下发了《关于加强财政监察工作的若干意见》,1992年财政部制发了《财政监察工作规则》。随着规章制度的不断完善,有力地促进了财政监督业务工作的深入开展。

总之,为保证以放权让利为特征的财政改革的顺利推行,财政管理的主题是实现财政平衡,财政工作的重心是千方百计保收入,与之相适应的财政监督工作,目的主要是查补国家财政收入,平衡财政收支,严肃财经纪律,治理整顿经济秩序;监督的重点是财政收入;监督的对象和内容是企业的财务收支活动;采取的监督手段是检查企业财务账目;监督方式主要是专项检查、事后检查,以查办案件和查补收入为主;监督特点是着眼于企业的财务收支,注重财政收入监督,大力开展专项检查和突击性检查,具有鲜明的检查特征。

二、财政监督全面发展

1994年以来,国家实施了以"分权""规范"为主要特征的财政改革,分税制改革、《预算法》颁布实施以及会计、审计制度对微观市场经济主体会计工作不断规范,与逐步规范的财政改革相适应,财政监督工作逐步确立了"专项检查、财税大检查、日常监管"的基本格局,积极探索从一年一度的大检查逐步向以日常监督管理为主转变,财政监督的重心逐步转移到财政收支监督上来,财政监督工作由此进入新的发展阶段。

(一) 进一步健全财政监督机构

财政部在1994年政府机构改革时成立了财政监督司,由以前的财政监察司、商贸司中企处和税收、财务、物价大检查办公室三个机构合并而成,进一步加强了指导和协调全国财政监督的具体工作。主要职责是监督各地区财政收支和各部门的财务活动,检查财政税收政策、法令和财务会计制度的执行情况。财政监督司的成立,不仅理顺了关系,统一了监督力量和对监督工作的领导,而且强化了财政监督职能。为了适应分税制财政管理体制改革的需要,强化中央财政监督,1995年1月1日国务院批准财政部将驻各地的原中央企业财政驻厂员机构改建为财政监察专员办事机构(以下简称"专员办")。业务工作及人、财、物由财政部垂直管理,人员编制3000人,监督的权威性与独立性进一步加强[1]。专员办作为财政部的派出机构,就地履行中央财政监督职能,是中央财政监督管理的延伸。1998年政府机构改革,专员办在职能上也作了较大转变和调整:一是不再直接开展以中央企业财务收支为对象的监督检查;二是减少具体审批事项,把工作重点放在加强对财税执法部门和中央预算支出的监督上来,提高监督层次;三是建立事前审核审批、事中监控和事后检查稽核相结合的中央财政收支日常监管机制,突出财政管理特色。地方各级财政部门也按照国务院关于强化财政监督的要求,重新核定人员编制、明确工作职

---

① 谢旭人主编:《中国财政改革三十年》,中国财政经济出版社2008年版,第398页。

责,进一步强化了财政监督专门力量。

财政监督机构队伍建设迈上新台阶,全面提升了财政监督能力和监督成效。截至 2008 年,全国已形成了以中央财政和地方各级财政部门专职监督机构为主体覆盖全国的专职财政监督体系。

(二) 财政监督制度框架初步建立

财政监督法制建设更加完备和健全。2005 年 2 月 1 日施行的《财政违法行为处罚处分条例》,将涉及财政资金收支活动的单位和个人均纳入其调整范围,进一步明确财政违法行为的主体、客体和法律责任,使财政监督的执法地位和执法手段得到强化,标志着财政监督事业在法制化进程中迈出了一大步。随后,《财政检查工作办法》等一批监管规章制度相继出台,规范了监管行为。同时,地方财政监督立法也迈出了实质性的步伐,截至 2008 年,有多地以地方人大立法的形式出台了财政监督条例,以政府令的形式制定了财政监督办法,上述这一系列法规政策的出台,标志着财政监督法制建设取得重大突破。

(三) 完善财政系统内部监督制约机制

财政内部监督,是一种预防机制和自我纠正机制,具有"减震器"和"免疫"作用,是反腐工作重点转到预防环节。从 1999 年起,各级财政部门在常规检查的基础上,通过检查促进被查单位健全内控制度,注重消除违规问题发生的条件,取得了很好的效果。内部监督检查已形成制度,内部监督的目标从单一的监督或以监督为主向监督与服务并重转变;工作重点由一般性财务检查向监督内部制度、内控程序上转变,由合规性为主向合规性和效益性并重转变,由微观监督为主向微观监督与宏观分析相结合转变,财政内部监督日益制度化和规范化,在加强财政管理、保障资金安全、提高资金效益等方面越来越发挥着重要作用。

(四) 财政监督检查工作进一步深化

针对这一时期出现的偷逃税收、截留收入、私设"小金库"、预算外资金管理混乱、挥霍浪费国家资财等违反财经法纪问题,先后组织开展了一些与财政管理密切相关的专项检查。加强税收征管质量和预算执行情况的监督,特别是针对税收征管和擅自越权减免税问题进行了检查纠正;加大专项资金检查力度;做好常规财政监督工作,征收监缴非税收入、审核剔除违规申报资金,节约财政支出。

改革越深入,财政监督越重要。从 1999 年开始,与这一时期的财政改革相适应,财政监督主动适应公共财政体制建设要求,紧紧围绕促进财政管理、深化财政改革、落实财税政策和维护财经秩序这一中心,不断调整和完善监督职责,进一步拓展监督范围,更新监督理念,突出监督重点,强化监督保障财政政策执行效果,促进财政改革和管理,强化财政收支监督,财政监督与财政管理更加紧密融合,为严格预算分配、保障政策执行、加强增收节支、维护财经秩序作出了积极贡献。充分发挥财政监督在健全财政政策体系、深化财政体制改革、优化财政支出结构、推进税制改革推进依法理财等方面的保驾护航作用。财政监督工作呈现出蓬勃发展、不断深化的良好局面,逐步走上了规范化、制度化和科学化的发展道路。

总的看,有效的财政监督是财政运行的"监测器"。与分税制改革初期构建适应和推动社会主义市场经济体制发展的财政改革,以及 21 世纪前后开启的预算管理改革和"民生"财政政策相适应,财政监管着力在收入、支出、管理、政策等方面不断健全,并对金融风险和内部监督管理不断深入,逐步形成全面开展收入、支出、金融、会计、内部监督检查的格局。将财政支出监督和内部监督放到突出位置,初步建立了实时监控、综合稽查、整改反馈、跟踪问效的财政监督机制,实现了收支并举、内外并重。努力构建财政监督理论和制度框架,全面提升财政监督能力和成效。同时,财政日常监督逐步建立,实现从企业财务到财政、从收入监督向"收支并举"转变,初步建立了内外监督相结合,行政监督和社会监督相结合,事前、事中、事后监督相结合,日常监督和重点检查相结合的多层次、全过程财政监督检查机制,理念上实现了从检查型监督向管理型监督、从"纠错"型监督向"预防"型监督转变,监督目的上从安全性和合规性监督向效益性监督转变。财政监督的这些转变适应了公共财政体系的建立和完善,有力地促进了财政管理水平和依法理财水平的提高,促进了财政管理规范化、法制化、科学化、精细化和信息化进程。

三、法制化对财政监督的新要求

党的十八大报告中明确提出了"全面深化经济体制改革","加快改革财税体制"①,"加强对政府全口径预算决算的审查和监督"②,"确保决策权、执行权、监督权既相互制约又相互协调"③,"让权力在阳光下运行"④等新任务、新目标,这标志着我国财政监督体制进入新时代新发展的新阶段。

(一)　制定《财政部门监督办法》,规范财政部门监督行为

财政部为规范财政部门监督行为,加强财政管理,保障财政资金安全规范有效使用,维护国家财经秩序,制定了《财政部门监督办法》(2012 年 2 月 23 日财政部令第 69 号,以下简称《办法》),自 2012 年 5 月 1 日起施行。《办法》包括总则、监督机构和人员、监督范围和权限、监督方式和程序、法律责任、附则 6 章,共计 29 条。其对财政部门实施监督的对象、原则、监督机构及其职责、监督范围、监督权限、监督方式和程序等方面内容作了全面规定,是一部综合性的财政监督管理制度。

专员办定位和监督机制进一步明确。2012 年 12 月 25 日,2012 年第 14 次部长办公会议审议通过了《关于进一步加强和改进财政监督工作的若干意见》,并以财监〔2013〕1 号文正式印发。明确了专员办的定位,财政部专员办是财政部派驻各地对中央企事业单位进行纵向监督的机构,完善职能机制构建收入、支出、金融、会计、预算五位一体重点推进的监督格局和单位内部会计监督、注册会计师审计监督、政府会计监督"三位一体"的监督体系。同时,明确要求建立健全覆盖所有政府性资金和财政运行全过程的监督机制,促进完善预算编制、执行和监督相互制衡、相互协调的财政运行机制。

为了规范对监督结果的运用,防止财政部门滥用权力,2013 年 1 月 4 日

---

① 《十八大以来重要文献选编》上,中央文献出版社 2014 年版,第 16 页。
② 《十八大以来重要文献选编》上,中央文献出版社 2014 年版,第 20 页。
③ 《十八大以来重要文献选编》上,中央文献出版社 2014 年版,第 191 页。
④ 《十八大以来重要文献选编》上,中央文献出版社 2014 年版,第 128 页。

财政部发布了《财政部门行使行政处罚裁量权指导规范》(财法〔2013〕1号),指导财政部门依法合理行使行政处罚裁量权。

2012年出台的《行政单位财务规则》进一步充实了行政单位财务监督的内容,具体规定了财务监督的主要内容、监督机制和内外部的监督制度。强化单位财务监督,夯实财政监督基础。

(二) 保障财政部门审核检查,充分发挥财政监督职能作用

落实2012年5月1日起施行的《财政部门监督办法》和《关于进一步加强和改进财政监督工作的若干意见》的有关规定,加强预算编制、执行、决算监督检查力度。预算编制时抽查一级预算单位部门预算及财务并提出预算编制改进建议;预算执行时通过预算指标管理系统和国库监控系统平台,动态监控预算执行及国库资金、政府采购执行等,及时会同相关部门实地检查异常情况;强化中央专项转移支付预算执行监督检查并实施绩效监督,加强重大支出、民生专项资金重点和专项核查;监督结果与预算编制和资金分配挂钩,完善监管效应机制。监督方式采取重点检查和综合监管相结合,如一级预算单位及所属二级单位预算及资产财务上下联动检查,部门项目支出重点检查等。监督内容扩展,全覆盖单位预算、资产、财务等,推动完善相关财政管理制度,初步确立监管工作制度建设效应和功能。监督手段网络化、信息化,如通过建立预算单位财政财务信息数据库,采集分析预算、国库、行政事业单位预算、资产等信息,实时监控并结合针对性的现场监督检查,及时发现并解决问题,促进预算单位完善内部管理,提高财政资金使用效益和预算单位财政管理水平。

(三) 加强财政监督检查,保障中央重大决策部署贯彻落实

保障中央重大决策以及重大财税政策的贯彻落实,是财政监督的中心工作。党的十八大以来,监督检查局组织的各种专项检查,都紧紧围绕中央重大决策和财税政策来展开。2013年,监督检查局组织开展了营业税改征增值税试点政策执行情况专项调查,针对调查发现的有关问题,研究提出改进建议,为进一步完善政策提供了有价值的依据和参考。这个阶段,监督检查局还针对交通、农业、教育、社会保障等涉及民生的多个行业的民生政策和资金使用情况开展检查和调研,凸显了财政监督的保障作用。

第三节　审计监督

审计监督作为财政权监督的一种重要形式,是完善国家治理体系的重要一环。《宪法》第九十一条规定:"国务院设立审计机关,对国务院各部门和地方各级政府的财政收支,对国家的财政金融机构和企业事业组织的财务收支,进行审计监督。"《中华人民共和国审计法》第一章中第一条和第二条规定,审计机关负责对国家财政收支和法律法规规定属于审计监督范围内财务收支的真实、合法和效益依法进行审计监督,维护国家财政经济秩序,提高财政资金使用效益,促进廉政建设,保障国民经济和社会健康发展。此外,在 2015 年,中共中央办公厅和国务院办公厅印发《关于完善审计制度若干重大问题的框架意见》,提出到 2020 年基本形成与国家治理体系和治理能力现代化相适应的审计监督机制。对财政权的审计监督,具体可分为以下几个阶段。

一、财政权审计监督的探索

(一) 结合"三查"进行审计

1983 年中华人民共和国审计署成立,至 1989 年《中华人民共和国审计条例》颁布实施前为第一阶段。在这一阶段,由于审计法律法规不够健全和完善,审计依据不够充分,对财政权的审计监督工作还难以完全展开。当时各级审计机关的审计工作,主要是根据国家经济财政发展需要,配合和协助财政、税务、物价部门开展"税收、财务、物价大检查",即"三查"。审计的主要目标是增加财政收入,通过揭露和查处偷漏税款、骗取国家出口退税、隐瞒侵占应交财政的利润和收入等违法违规行为,维护国家财经纪律的严肃性,确保财政收入任务的完成。

(二) 财政审计的探索

从 1989 年《中华人民共和国审计条例》颁布到 1995 年《中华人民共和国

审计法》正式实施前为第二阶段。在这一阶段,国家审计机关依据《中华人民共和国审计条例》的规定,独立开展对财政权的审计监督,积极探索对省以下地方政府财政收支决算情况的审计(即"上审下"),初步摸索出了审计工作的路子。由于当时我国财税体制改革刚刚起步,分税制尚未完全建立,国家和地方的税收收入主要通过分级次划解的方式分配,在执行中混淆预算级次、挤占截留中央和上级财政收入的问题屡屡发生。在此背景下,这一阶段财政审计的主要目标依然是维护国家财政收入,促进提高"两个比重"(即财政收入占国内生产总值的比重和中央财政收入占全国财政收入的比重)。但这一阶段后期,审计机关也开始探索和实践对宏观财政政策的贯彻执行情况、税收征管质量等方面的审计,并取得一定的成效。

二、财政审计步入正轨

1995 年《中华人民共和国审计法》颁布实施至 2012 年,是审计监督发展的第三阶段。《中华人民共和国审计法》对审计对象、目标、方式等进一步作出了明确具体的规定,财政审计一改过去单纯的"上审下"审计模式,开始实行"同级审"与"上审下"相结合的监督方式,进入了法制化、规范化、经常化的轨道,审计领域不断扩大,审计力度不断增强,审计目标不断丰富。这一阶段,财政审计的中心工作主要是围绕"两个报告"展开,即各级审计机关向本级政府提出预算执行情况审计结果报告、受政府委托向本级人大常委会提出预算执行和其他财政收支情况审计工作报告。与之相适应,财政审计的监督重点内容逐渐由收支并重转向财政支出(预算执行)审计和绩效审计并重。

三、以审计推进国家治理现代化

2013 年党的十八届三中全会召开至今,包括财政体制、审计体制在内的诸多制度都进行了大刀阔斧的改革,对财政权审计监督的改革也不断深化,审计监督的深度和范围亦不断深入。同时随着社会环境和技术发展,互联网、大数据、人工智能等技术也都逐渐融入审计工作。可以说，审计监督进入了一个全新的历史发展阶段，着眼国家治理现代化，对规范财政资金的使用，促进国民社会经济发展提供了新的助力。

回顾我国审计监督的发展历程，在每一个特定的历史阶段，财政审计的目标和内容都是与当时的政治经济中心工作需要相适应的，具有鲜明的时代特征。总体上看，我国的财政审计工作，在整顿经济秩序，严肃财经纪律，保证财政收入，加强预算管理，深化财税体制改革，促进国民经济持续稳定发展等方面发挥重要作用。

第四节　人大监督

1982 年宪法明确了人大常委会预算监督权并第一次明确审计机关的宪法地位及其在预算监督制度中的作用。人大预算监督权力真正的成长是伴随我国预算管理制度的变革而发展的。人大预算监督权力基本上经历了权力运行的基本制度化、权力的实质化发展和权力的强化三个阶段。

一、人大预算监督权力运行的基本制度化

20 世纪 80 年代末以前，预算制度具有典型的计划经济特征，预算收支管理分散、预算编制粗放，政府根本无法向人大提交完整全面、一致且细化的政府预算，人大难以有效地履行预算监督的职能。财政民主的价值目标要求财政权在立法、行政与司法机关之间进行适当分工，人大制度通过强调人大的财政立法权和财政监督权，试图实现人大权力相对于行政权力的最高性和权威性。但总体而言，20 世纪 80 年代末以前的财政体制和预算管理体制显然无法支持这一财政民主目标的实现，人大预算监督权力在这一阶段仍不断成长：即在财政民主机制和预算监督体制在新中国成立初期就已宪法化的前提下，改革开放以来，人大的组织结构、监督程序、审查方式以及地方预算的立法，有

不同程度的发展，为预算监督权的行使提供基本的制度支持。从宪法原则规定到具有可操作性制度安排是财政监督权力成长的重要表现。

（一）设立财政经济委员会

财政经济委员会的设立标志着各级人大行使预算监督权的专门机构的出现。1982年《宪法》颁行以前，全国人大在开会时就设立预算委员会，但并不是常设机构。自1982年《宪法》颁行起，全国人大设立专门委员会作为人大及其常委会的常设工作机构，其中包括财政经济委员会。其主要职能是审查国家计划、预算及其执行情况的报告，提出审查意见；审议和处理全国人大及其常委会交付审议的有关财经方面的审议起草并提出经济法律议案，组织或联系国务院有关经济立法起草部门，督促法律起草工作；就重大财政经济问题调查研究，检查经济法律的执行情况，向全国人大或常委会提出建议。财经委员会在预算监督工作中发挥了重要作用，它不仅是预算草案的初审主体，而且还通过调研、调查、执法检查等手段，与政府财政部门保持着紧密的联系，随时发挥监督的功能。1986年修改的《地方组织法》规定省、自治区、直辖市、自治州、设区的市的人大根据需要，可以设立若干专门委员会。地方人大陆续仿照全国人大做法设立专门委员会，其中包括财政经济委员会。

在法律上，关于人大财政法的规定比较简略且抽象。在现行宪法中只有两处涉及，一是第六十二条第十款，即全国人大"审查和批准国民经济和社会发展计划和计划执行情况的报告"；二是第六十七条第五款，即全国人大常委会"在全国人民代表大会闭会期间，审查和批准国民经济和社会发展计划、国家预算在执行过程中所必须作的部分调整方案"。第九十九条第二款规定县级以上的地方各级人民代表大会审查和批准本行政区域内的国民经济和社会发展计划、预算以及它们的执行情况的报告。

（二）完善人大议事规则

人大议事规则的制定和完善标志着预算监督权力行使的程序化。1987年，全国人大议事规则对预算初步审查、审查和调整提出要求。1989年通过的《全国人民代表大会议事规则》规定"全国人民代表大会会议于每年第一季度举行"，会议时间的确定对于财政预算、决算案的审查具有重要意义。议事规则第三章还专门就审查和批准国民经济计划和国家预算的程序作了具体规定。要求政府部门应当在审议之前就必须将报告草案送交代表;而且每年第三季度,由国务院向人大常委会分别作计划、预算执行情况的报告。

(三) 发展地方人大预算法制

20世纪80年代,许多地方人大及其常委会根据本地方实际,制定了预算监督方面的有关规范性文件,或在有关规范性文件中规定预算监督的具体内容。

二、预算监督权力的实质化发展

20世纪90年代,为了适应市场经济发展的要求,我国财政体制和预算管理制度有了重大变化,其突出表现为分税制、复式预算编制制度、加强预算外资金管理等。从财政权力运行的角度看,其突出特点是地方预算权力的实质化、政府预算权力的规范化与人大预算监督权力发展空间的扩展、人大加强预算监督权力的理论呼声和社会压力增强。

(一) 地方预算权力的实质化

1994年起我国全面实行分税制财政管理体制,各级政府都有了预算权,地方逐步成为一级具有自主性的利益主体。20世纪90年代,地方的立法权、人事权、经济管理权、财政权以及社会管理职能和公共服务职能都明显地增强。根据现代公共权力运行法治化的要求,权力的扩张势必伴随着权力监督的加强,使中央与地方以及同一层级不同类型的权力之间保持适度的平衡。地方各级人大及其常委会通过行使立法权、决定权、监督权等深入地参与预算改革各个层面,构成财政民主机制的核心要素。可见,地方人大预算监督权力的加强是地方权力特别是财政权力加强的必然要求。

(二) 政府预算权力规范化与人大预算监督权力发展

新中国成立以后,国家预算一直采取单式的编制方法,一个预算表简明地反映财政收支全貌,与传统统收统支的财政体制是相适应的。1991年国务院通过的《国家预算管理条例》规定从1992年起政府预算采用复式预算的编制办法,将各项财政收支按照不同的经济性质分解为经常性预算和建设性预算两大部分。根据 1995 年《预算法实施条例》,复式预算分为政府公共预算、国有资产经营预算、社会保障预算和其他预算,预算编制的科学性增强。1994年《预算法》对预算管理的基本原则、预算管理级次、预算组织体系、预算年度、预算管理职权和预算收支范围等预算基本问题以及预算编制、预算审查和批准、预算调整、决算、监督等环节作出了明确规定。预算法制取得了重大进展。预算会计制度开始完善,1998 年财政部《财政总预算会计制度》《事业单位会计准则》《行政单位会计制度》对预算会计制度进行了改革,强化了财政预算管理的基础。国务院还加强了对预算外资金的管理。1996 年国务院《国务院关于加强预算外资金管理的决定》将预算外资金严格定义为财政性资金,要求各部门向财政部门报送预算外资金收支计划,并提出"收支两条线"的基本管理模式,为预算外资金管理指明了基本方向。财政部制定了《预算外资金管理实施办法》《中央预算外资金财政专户管理暂行办法》等配套文件。政府预算权力的规范化和科学化实现了对政府预算权力的合法和合理限制,人大预算监督权力因此有了更充分的发展空间。

（三） 加强人大预算监督权力的理论呼声和社会压力增强

20 世纪 90 年代,我国宪法学界对宪法监督制度和人大监督权力的研究处于理论高潮。如何使宪法从文本走向现实既是重大理论问题也是关乎中国法治发展方向的重大实践问题。在此背景下,加强人大的预算监督权面临着理论与实践的双重压力。各级人大积极探索行使监督权力的有效方式,如提前介入,及时了解预算编制信息;做好初审工作,提高审批质量;完善预算草案的审查工作,坚持全面审查突出重点的原则;加强对预算执行情况的审查;加强对决算的监督等。

三、人大预算监督权力在财政改革中不断强化

1999 年我国政府启动了预算管理改革,体现了财政权的集中统一,预算的编制和执行也更科学和规范,这就为人大预算监督提供了基础性条件。从

税收国家走向预算国家的元素不断形成,人大预算监督权不断强化。党的十六大报告中强调要"加强对权力的制约和监督",这其中以国家最高权力机关对最高国家行政机关的监督最为根本。

（一）人大预算监督的法律和法规进一步完善

各级人大对其他公权力机关的监督不到位是不争的事实,自 20 世纪 80 年代以来如何完善我国的宪法监督制度(或人大监督制度)一直是法律理论界持续的热点。在此理论与实践背景下,2006 年全国人大常委会通过《监督法》,将审查和批准决算、听取和审议国民经济和社会发展计划、预算的执行情况报告,听取和审议审计工作报告专列一章,就听取和审议的时间、审议和审查的内容、预算调整的审查和批准,审议意见的处理,审议、审查情况以及结果的公开等作了规定。《监督法》明确了预算监督的重点内容:预算收支平衡情况;重点支出的安排和资金到位情况;预算超收收入的安排和使用情况;部门预算制度建立和执行情况;向下级财政转移支付情况;本级人民代表大会关于批准预算的决议的执行情况。同时,全国人民代表大会常务委员会还应当重点审查国债余额情况;县级以上地方各级人民代表大会常务委员会还应当重点审查上级财政补助资金的安排和使用情况。《监督法》还就各级人大常委会预算监督的形式、程序和步骤等作了规定。

《监督法》在预算法的基础上重点解决了预算法没有明确的四个问题:一是何时审,二是审什么,三是审了以后要报告处理结果,四是要向社会公开,接受人民群众的监督。《监督法》实施以来,地方各级人大常委会特别是省级人大常委会采取了许多有效措施予以贯彻。如北京、浙江、安徽、青海等省市重新修订了预算审查监督条例,福建、湖北、贵州、新疆等省或自治区则通过制定省级人大常委会监督条例或《监督法》的实施办法,对预算监督问题作出了符合《监督法》的规定。2018 年 1 月 22 日,中共中央印发《关于建立国务院向全国人大常委会报告国有资产管理情况制度的意见》,至此,预算审查、监督的财政资源更加完整、全面。

（二）人大预算监督能力全面加强

首先,各级人大预算监督的专门化程度加深。1998 年 12 月全国人大常委会(九届人大二次会议)设立预算工作委员会,其后,地方人大常委会也开始设立预算工作委员会,担负预算执行监督的重任。作为预算执行的专门监督机关,其在实际中的主要职责是为人大及其常委会审批预算和监督预算执行服务,协助人大及其常委会审查财政预算、决算、审查预算调整、监督预算执行,实施财税法律、法规检查,为代表和常委会组成人员提供财政预算的专业咨询服务,承办常委会、主任会议交办的有关事项。其次,监督手段在法制框架内寻求创新。预算改革以来,在人大预算初审领域已涌现出各种各样的创新。如福建省、厦门市、深圳市人大常委会通过重点监督来加强人大预算审查的深度和力度;河北省人大尝试在预算初审中引入公民听证。最后,预算监督信息的获得日益充分。人大与政府之间开始建立信息共享制度。信息共享制度有利于弥补人大由于信息不足导致监督力弱化的缺陷。

1. 人大监督权力与预算改革的互动

预算制度的改革涉及行政权力运行方法和手段的规范,对行政权力的规范和限制本身就意味着人大监督权力的加强。人大通过主动行使财政决策权,推动了新一轮预算改革。1999年全国人大常委会酝酿制定预算监督的决定。1999年6月,在审议审计署代表国务院向全国人大常委会作《关于1998年中央预算执行情况和其他财政收支的审计报告》时,要求中央政府改进政府预算编制,编制部门预算,实质上是要求政府实现财政上的集中统一,从而编制并提交一个完整、全面而且详细的政府预算,以便人大进行审查。1999年财政部向国务院报送《关于落实全国人大常委会意见改进和规范预算管理工作的指示》,经国务院批准,财政部提出了《关于改进2000年中央部门预算编制的意见》,开始着手实施部门预算改革。1999年全国人大常委会通过《关于加强中央预算审查监督的决定》,着力加强对中央预算的审查监督,依法规范政府预算行为,逐步建立预算审查监督体系,就进一步改进预算管理工作提出了明确要求,由此拉开了20世纪90年代末期中国公共预算改革的序幕。

2. 地方人大成为预算改革的积极行动者

地方预算改革,大体形成了"制度规范型"和"阳光财政型"两大主流模式。在地方预算改革中,通过各级人大对预算管理流程的全方位介入,按照依法理财的原则,以预决算审查报告为制度平台,已经初步构建起了预算编制、执行、监督相互分离又相互制衡的、与具体国情相适应的地方预算监督制衡机制。人大内设专门的预算监督机构、制定监督法规、发展预算监督手段等都体现了人大预算监督能力的增强,此即"钱袋子"权力的兴起。

河北省是我国部门预算改革的发源地。1999 年,该省人大率先引入预算监督,在人大预算审查方面,采取了程序性审查和实质性审查并进的策略。在2004 年和 2005 年的人大预算审查中引入预算听证制度,并已被许多地方所接受。加强对预算执行和调整的监督,许多地方人大都积极地行使权力,并取得了良好的效果。目前,参与式预算改革也在地方积极开展起来。具体做法是将预算全部向社会公开并接受公众监督,发挥人大的作用,在预算编制执行的过程中起到重要的审议、质询、决策和监督的作用。

21 世纪以来,为缓解收支压力,回应社会对"政府的钱花到哪里,效果怎么样"的诘问,建设阳光财政,我国开始推行财政支出绩效评价。2003 年,党的十六届三中全会要求"建立预算绩效评价体系";2004 年,广东省财政厅在全国率先成立绩效评价处,统筹与组织省级财政绩效评价工作。

2007 年 1 月 1 日起施行的《中华人民共和国各级人民代表大会常务委员会监督法》中的第三章比较详细地对各级人民代表大会常务委员会的财政监督权进行了规定,其中也包括了审查和批准决算、听取和审议国民经济和社会发展计划以及预算的执行情况报告、听取和审议审计工作报告等内容。

3. 对政府"财政责任"的强调

计划经济时期,财政权力主要由行政机关掌控,人大的权力特别是监督权力没有得到很好的发挥。改革开放以来,人大监督权力的行使都正在使财政责任从文本走向现实。作为人大监督手段的询问、质询、听取和审查工作报告、执法检查、调查等都可以用来作为追究财政责任的手段。这个阶段,环境、教育、农村社会保障制度、地区经济的平衡发展等问题既是重大的社会问题,又是财政资源的再分配问题,人大在这些领域的监督正在加强。与财政内部监督一道,共同对财政政策、支出绩效强化监督。2011 年,财政部的预算绩效管理被列入全国政府绩效管理试点范畴。

四、人大监督权力法制化、实质化

2013年，党的十八届三中全会明确提出"建立现代财政制度""改进预算管理制度"。2014年，全国人大通过新修订的《预算法》，把政府从预算管理者变为管理对象，开启了"控制和规范公权力"的现代预算制度新纪元。《预算法》的全面修订，就是要按照提升国家治理能力的要求，建立全面规范、公开透明的预算制度，确保预算成为约束、规范政府各项收支行为的手段。要做到"以预算法定来约束政府预算行为"，就必须确定预算公开、预算权力制衡的现代法治预算标准，来保障人大的预算权力，实现国家治理体系和治理能力现代化目标。

新修订的《预算法》为落实预算制度现代化而作出的创新性贡献突出体现在七个方面，七个方面的制度创新，都是通过向人大赋权来实现从"政府管理预算"向"人民监督政府预算行为"的转变。新修订的《预算法》是对原有《预算法》的全面修改，在全口径预算、预算公开透明、地方政府债务、转移支付制度，以及预决算编制、审查和批准、执行和调整，各方面均对赋予各级人大预算权力作出了回应。我国现代预算制度的建立过程，是人民代表大会代表人民享有预算权力的过程。

特别是对人大监督机制进行了具体规定，明确了预算报告初步审查制度，建立人大对预算、预算调整、执行、决算的审查监督机制。新修订的《预算法》在总则部分，第十四条明确规定，"经本级人民代表大会或者本级人民代表大会常务委员会批准的预算、预算调整、决算、预算执行情况的报告及报表，应当在批准后二十日内由本级政府财政部门向社会公开"，赋予了人大、社会公众监督政府预算全过程的法律依据。新修订的《预算法》进而在预算编制部分第四十一至四十六条，预算审查和批准部分第四十七至五十二条，预算调整部分，第六十七至七十三条，决算部分第七十七至八十二条，预算监督部分第八十三至八十六条，明确规定了各级人大参与预算的权力，通过建立人大对政府预算的审查监督机制，向社会公众公开预算分配的标准、依据以及结果，从而来依法约束政府的预算行为，切实保障人民的监督权、知情权以及参与权。

第五节　社会监督

财政社会监督,是国家机关以外的社会组织和公民对政府财政活动的合法性、有效性实施的监督活动。我国 1982 年《宪法》就明确公民的监督权,但是,改革开放以前,由于人民主权意识不强以及保密规定等要求,财政信息自由裁量权大,信息公开有限,社会监督难以发挥作用。随着社会监督主体能力、公民参与广度和深度、财政透明度以及制度化保障和要求等因素不断完善,我国财政社会监督经历了一个逐步健全、完善的过程。

一、社会监督的形式化阶段

改革开放以来,市场化对法制化的要求以及利益主体重塑和公民权力意识的提升,政府财政权监督的基础初步确立。党的十三大报告就提出,要加强社会政治组织和人民团体在社会监督中的作用,使之成为真正代表特定社会阶层的特殊利益、对国家机关活动进行强有力监督的政治组织和团体。但直到 21 世纪预算改革以前,受转轨过程中制度完善进程的制约,预算编制技术问题和信息公开程度受限,社会监督并没有实质性地进展。

二、社会监督的实质化阶段

1999 年以来,财政部在人大推动下启动了部门预算、国库单一账户、政府采购、收支分类改革等一系列改革,为预算的统一和信息公开奠定了技术基础。2004 年开始,地方人大在审查预算时引入预算听证制度,公众开始参与到预算审查中,为公众监督财政预算权开启了方便之门,之后参与式预算逐步展开,促使财政权的人大监督和社会监督不断推进。

有效的财政监督是建立在真实信息的基础上的,因此,要根本实现预算监督和民生财政还取决于预算的公开性和透明度。2008 年,《政府信息公开条例》出台,第一次以法规形式对政府信息公开提出要求,为社会公众获得财政信息提供了法律依据,明确了政府信息公开的范围和方式,政府信息公开开始由"被动"转向"主动",由"随意"转向"规范",由"粗放"转向"细化",由"单向平面"转向"多维立体",同时,社会公众对预算公开的呼声也不断提高。2009 年财政部在向人大提交的预算报表中,4 张表向社会公开,2010 年公开的报表由 4 张扩展到 10 张,预算透明度不断提升。2010 年 9 月 1 日,财政部《关于加强财政监督基础工作和基层建设的若干意见》提出,进一步提升财政监督科学化水平。要建立完善财政监督信息披露和公告制度,将监督结果与预算编制和资金分配挂钩,并向中央部门和地方通报或向社会公告。2012 年 7 月 19 日,随着中国地震局在其官网上公布 2011 年决算书,备受关注的新一轮中央部门"三公"经费公开正式拉开大幕。2013 年,97 个中央部门公开了部门预算,98 个中央部门公开了部门决算,80 个部门首次公开了行政经费支出统计数据。

推动"三公"经费的公开,社会监督可以说是功不可没。与预算信息公开同时展开的,是公众和社会媒体监督力量的不断强化。其实,《预算法》和《政府信息公开条例》都没有对"三公"经费的明确规定,但是 21 世纪以来学者和社会各界对此议论甚多,要求公开的呼声很高,舆论的大部分直指"三公"经费,在舆论的"逼迫"下,使得公开提前了。这是社会各界通过网络媒体和平面媒体推进财政权监督的一个例证。

三、社会监督的法制化阶段

保证人民意志和公共利益从始至终被正确、顺畅、高效率地表达,须建立科学的、权威的、宽泛的监督机制,否则一切制度都将瓦解。党的十八届三中全会提出:"让人民监督权力,让权力在阳光下运行,是把权力关进笼子的根本之策。"①建设服务型政府和推进政府绩效管理改革强调政府要对人民负

---

① 《十八大以来重要文献选编》上,中央文献出版社 2014 年版,第 531 页。

责,离不开群众评价、群众参与和群众监督,强调人民的监督主体地位是实现人民民主权利的根本路径。

我国 2014 年政府工作报告提出了打造阳光财政的工作理念,不仅要增强财政监督工作的透明度,还要促进财政监督工作顺应人民意志,保障人民的参与权。建立包括巡视制度、信访制度、举报制度、申述制度等一系列群众监督机制,可以有效避免政府官员滥用职权等违纪违法行为,确保执法的合理性。广泛吸收社会舆论监督和群众监督的参与,从而使监督工作形成一个有机整体,形成全民监督的良性循环。

社会监督入法。新修订的《预算法》第九十一条规定:"公民、法人或者其他组织发现有违反本法的行为,可以依法向有关国家机关进行检举、控告。接受检举、控告的国家机关应当依法进行处理,并为检举人、控告人保密。任何单位或者个人不得压制和打击报复检举人、控告人。"

党的十八大报告明确提出"保障人民知情权、参与权、表达权、监督权"[1]"推进权力运行公开化、规范化"[2]等,法治、公开透明、让权力在阳光下运行等原则成为时代标志。"实施全而规范、公开透明的预算制度",为监督约束权力、将权力关进制度笼子奠定了基础。

---

① 《十八大以来重要文献选编》上,中央文献出版社 2014 年版,第 22 页。
② 《十八大以来重要文献选编》上,中央文献出版社 2014 年版,第 23 页。

第 五 章

财政行为的规范

　　财政行为的规范,是政府为了履行职能,依法运用一定手段,对财政收支行为及相关经济活动过程进行决策、计划、组织、协调和监督等的行为和方式的规范过程。财政改革四十年,是财政管理模式不断创新的四十年,也是财政行为方式逐渐规范的四十年。通过对举债行为、税收征管行为、收费管理行为、预算执行行为等的不断规范,反映了财政改革的基本要求,有效地促进了各个时期各项财政改革的不断深入,对于转变财政职能、规范财政行为、实现依法理财、民主理财和科学理财,以及国民经济持续健康发展和各项社会事业进步,起到了积极的推动作用。

第一节　举债行为的规范

　　改革开放以来,我国对于举债行为的规范随着财政体制的变迁和财政改革的深化而逐步演变,包括对国债和地方债的规范。

一、对国债发行行为的规范

(一) 国债发行额管理阶段(1981—2005 年)

　　自 1981 年恢复内债发行起至 2005 年,我国一直采用控制国债年度发行额的方式管理国债。每年3月初,由国务院报请全国人民代表大会审议新财年预算报告,经审议批准后,发行规模一般成为刚性指标,财政部按照债务预算制定国债年度发行计划。国债发行规模由当年财政赤字和以前年度发行的到期国债本金构成。财政部于3月底将制订完成的发行计划上报国务院,经批准后,由财政部组织国债发行工作。在每年财政预算报告批准前的第一季度,国债发行额度控制在此期间国债到期还本付息额度内。

这一时期,我国采用控制国债年度发行额的方式管理国债规模,与当时我国国民经济的发展状况、筹资规模和市场发育程度相适应。但随着国民经济持续快速发展、国债筹资规模的不断扩大和国债市场的发展完善,国债发行额管理的弊端也逐渐显现,如不能有效控制和全面反映国债规模及其变化情况,不利于降低国债筹资成本和国债市场的发展,不利于财政政策和货币政策的有效配合等,需要进行改革。

（二）国债余额管理阶段（2006年至今）

为了适应新形势下债务管理的需要,2005年12月,十届全国人大常委会第四十次委员长会议审议通过了国务院关于实行国债余额管理的建议,决定从2006年起改国债年度发行额管理为余额管理,实现了国债管理方式的重大变革。

国债余额是指中央政府历年财政预算收支差额之和,我国国债余额包括中央政府历年财政预算赤字和盈余相互冲抵后的赤字累积额、统借统还外债累积额和经全国人大常委会批准发行的特别国债累积额,是中央政府必须偿还的国债价值总额。国债余额管理是指每年全国人民代表大会及其常委会为当年年末国债余额规定一个限额指标,当年中央政府可在该限额指标内自行决定国债品种结构、期限结构和发债节奏。

我国国债余额管理制度主要包括以下内容:1.在每年向全国人民代表大会作预算报告时,报告当年年度预算赤字和年末国债余额限额,全国人民代表大会予以审批。2.在年度预算执行中,如出现特殊情况需要增加年度预算赤字或发行特别国债,由国务院提请全国人大常委会审议批准,相应追加年末国债余额限额。3.当年年末国债余额不得突破年末国债余额限额。4.国债借新还旧部分由国务院授权财政部自行运作,财政部每半年向全国人大有关专门委员会书面报告一次国债发行兑付情况。5.每年第一季度在中央预算批准以前,由财政部在该季度到期国债还本数额以内合理安排国债发行数额。

实行国债余额管理是提高我国财政透明度的有效措施,有利于加强财政管理和防范财政风险。国债余额管理,既能增强全国人民代表大会及其常委会对政府债务的控制能力,又能增加国务院灵活调整国债品种和期限结构的回旋余地,有利于形成较为合理的国债品种和期限结构,扩大国债投资需求,促进国债顺利发行以及国债市场的发展和完善。

二、对地方举债行为的规范

(一) 第一阶段:20 世纪 80 年代至 1993 年

1981 年,广东省最先在我国发掘出"贷款修路、收费还贷"①的政策,通过当地政府筹集资金促进当地基础设施建设发展,这被看作是地方政府融资的前身。同一时期的上海,为尽快摆脱城市功能老化、基础设施落后、工业设备陈旧和产业结构不合理等诸多困境,向中央提出采用自借自还的方式,利用外资来加快上海改革开放步伐。1986 年,经国务院 94 号文件批复同意,上海市可筹措外资 32 亿元,用于基础设施、旅游和第三产业、工业生产和技术改造三面的项目建设。为此,第一家政府投融资平台公司上海久事公司注册成立,开创了政府借助平台公司实施市场化融资之先河。为防范债务风险,加快上海的城市建设,上海市城市建设投资开发总公司 1992 年注册成立,是全国第一家专业从事城市基础设施投资建设的综合性投融资平台公司。

(二) 第二阶段:1994 年至 2007 年

1994 年我国实施了影响深远的分税制改革,中央政府上收部分财权,但地方政府仍承担着经济建设和提供公共服务等事权。同时,"以 GDP 增长论

---

① 贾玉韬:《政府新建收费公路告别"贷款修路、收费还贷"模式》,《人民日报》2017 年 7 月 13 日。

英雄"、城市形象工程的政绩观与考核制度推动下,各地多成立了"建设开发小组"的组织,筹划和指挥当地建设,以期促进当地的经济发展。政府资金逐步开始大规模地投向资金需求大、建设期和回收期长的基础设施建设项目中,地方政府财政收支不平衡日益加剧,债务融资需求不断扩张。然而,1994 年 3 月颁布的《预算法》第二十八条明确规定:"除法律和国务院另有规定外,地方政府不得发行地方政府债券"①。上位法层面的明文禁止使得地方政府发行债券融资从一开始就呈"隐性化"特征,在模式上呈现出两个方向的演变:一个方向是发债方式"显性化",在不突破地方政府不能自主发行债券的大框架下,中央政府通过国债转贷和地方政府债券试点等方式不断进行探索地方政府融资模式;另一个方向是发债主体"隐性化",地方政府通过搭建投融资平台替代其作为发债主体,城投债券方兴未艾。

1997 年出现亚洲金融危机之后,政府开始增加投入以提振经济。在 1998 年启动了积极财政政策,财政部采取国债转贷给地方的方式,部分满足了地方债务融资的需求。从 1998 年到 2005 年,国家共发行国债 9900 亿元,共转贷地方政府国债资金 2450 亿元②,等额增加了地方政府的直接显性债务。由于国债项目一般需要配套资金,在一定程度上也诱发了地方政府扩大举债问题。地方政府财力紧张条件下,通过政府控制的投资公司之类的经济实体从多渠道融资来完成配套,相应形成了或有显性债务。再者,在中央政府投资扩张的示范效应下,地方不顾本地财力举债搞建设行为极为盛行,致使债务迅速膨胀。此外,1998 年,国家推行以"敞开收购、顺价销售"③为特征的粮食流通体制改革,政府难以区分粮食企业的政策性亏损和经营性亏损,加之粮食企业的国有经济属性,形成巨额的粮食企业财务挂账,也给地方政府背上了沉重的包袱。据统计,截至 2007 年 6 月底,粮食企业政策性挂账达到 3200 亿元④。

---

① 《中华人民共和国预算法》,中国法制出版社 1995 年版,第 11 页。

② 数据来源:财政部信息公开数据。

③ 国务院:《当前推进粮食流通体制改革的意见》(国发〔1998〕35 号),1998 年 11 月 7 日,见 http://jiuban.moa.gov.cn/zwllm/zcfg/flfg/200601/t20060123_540355.htm。

④ 数据来源:中华人民共和国农业部。

(三) 第三阶段:2008 年至今

2008 年中国启动了 4 万亿元经济刺激计划来应对国际金融危机,其中,中央安排资金 1.18 万亿元,其余由地方政府配套解决。同时在 2009 年政府工作报告中首次提出安排发行地方政府债券 2000 亿元,以期部分缓解 4 万亿元投资计划中地方政府的配套资金压力,正式开启了我国地方政府债券之门。自此,对地方债的规范经历了从"代发代还"到"自发代还"再到"自发自还"三个时期。

第一个时期,"代发代还"地方政府债券。2009 年 2 月 28 日,财政部印发《2009 年地方政府债券预算管理办法》。该办法第二条即明确所谓"地方政府债券,是指经国务院批准同意,以省、自治区、直辖市和计划单列市政府为发行和偿还主体,由财政部代理发行并代办还本付息和支付发行费的 2009 年地方政府债券"[1]。在此种模式下,地方政府债券实质上仍是国债转贷的延伸和拓展。首先,地方政府债券的发行主体只能是省一级(含计划单列市)地方政府。其次,债券的发行和还本付息均由中央财政进行。再次,全国地方政府债券发行的总额度必须经全国人大批准,而各地方政府发行债券的额度需报请国务院批准同意。2009—2011 年,全国人大每年批准的地方政府债券额度均为 2000 亿元。最后,该地方政府债券发行的收入"可以用于省级(包括计划单列市)直接支出,也可以转贷市、县级政府使用"[2]。

2009 年后地方融资平台发展迅速。如不加以规范,则可能酿就财政金融危机。2010 年,《国务院关于加强地方政府融资平台公司管理有关问题的通知》[3],要求加强平台公司管理。财政部、国家发改委、中国人民银行、银监会联合发出《关于贯彻国务院关于加强地方政府融资平台公司管理有关问题的

---

① 财政部:《2009 年地方政府债券预算管理办法》,2009 年 2 月 28 日,见 http://www.chinanews.com/cj/gncj/news/2009/03-19/1609132.shtml##1。

② 财政部:《2009 年地方政府债券预算管理办法》,2009 年 2 月 28 日,见 http://www.chinanews.com/cj/gncj/news/2009/03-19/1609132.shtml##1。

③ 国务院:《国务院关于加强地方政府融资平台公司管理有关问题的通知》,2010 年 6 月 13 日,见 http://www.gov.cn/zwgk/2010-06/13/content_1627195.htm。

通知相关事项的通知》①,要求抓紧清理核实截至 2010 年 6 月 30 日的融资平台公司债务,实行分类管理,即因承担公益性项目建设运营举借、主要依靠财政性资金偿还的债务;因承担公益性项目建设运营举借、项目本身有稳定经营性收入并主要依靠自身收益偿还的债务;因承担非公益性项目建设运营举借的债务。

第二个时期,"自发代还"地方政府债券。2011 年,国务院批准上海、浙江、广东、深圳试点在国务院批准的额度内自行发行债券,但仍由财政部代办还本付息;其余地区的地方政府债券仍由财政部代理发行、代办还本付息。此次改革后,虽《财政部代理发行 2011 年地方政府债券发行兑付办法》第二十条明确规定:"地方财政部门未按时足额向中央财政专户缴入还本付息资金的,财政部采取中央财政垫付方式代为办理地方债还本付息"②,中央政府仍对地方政府债券偿还有实质的担保责任;但地方政府债券的发行端开始放开。地方政府可以就债券期限、发行数额、发行时间等要素与财政部协商确定,债券定价机制也由试点省(市)自行确定(包括承销和招标)。

2012 年,财政部、国家发改委、中国人民银行和银监会联合印发《关于制止地方政府违法违规融资行为的通知》③,严禁地方政府直接或间接吸收公众资金违规集资,切实规范地方政府以回购方式举借政府性债务行为,加强对融资平台公司注资行为管理,坚决制止地方政府违规担保承诺行为。此外,财政部依托地方政府性债务管理系统,建立了地方政府性债务月报、季报和年报制度,全面动态监控地方政府性债务。

2013 年,在 4 省、市"自发代还"地方政府债券试点 2 年后,国务院批准新

---

① 国务院:《关于贯彻国务院关于加强地方政府融资平台公司管理有关问题的通知相关事项的通知》,2010 年 8 月 19 日,见 http://www.china.com.cn/policy/txt/2010-08/19/content _20746423.htm。

② 财政部:《财政部代理发行 2011 年地方政府债券发行兑付办法》,2011 年 4 月 7 日,见 https://www.lawxp.com/statute/s1108821.html。

③ 财政部、国家发改委、中国人民银行、银监会:《关于制止地方政府违法违规融资行为的通知》(财预〔2012〕463 号),2012 年 12 月 31 日,见 http://www.gov.cn/gzdt/2012-12/31/ content_2302905.htm。

增江苏和山东成为"自发代还"地方政府债券试点地区,发行和还本模式仍采用之前规定,并首次提出"试点省(市)应当加强自行发债试点宣传工作,并积极创造条件,逐步推进建立信用评级制度"①。除发行方式改革试点外,在地方政府日益旺盛的融资需求推动下,2011—2013年地方政府债券的发行总额分别为2000亿元、2500亿元和3500亿元,规模日益扩大。

第三个时期,"自发自还"地方政府债券。2013年党的十八届三中全会通过的《决定》中,提出"建立规范合理的中央和地方政府债务管理及风险预警机制"②。在党中央十八届三中全会《决定》和国务院《2014年政府工作报告》等重大纲领性改革文件的指导下,2014年5月22日,财政部印发《2014年地方政府债券自发自还试点办法》③,继续推进地方政府债券改革。其一,在前期自行发行的基础上,在还本付息上从财政部代行突破至发债地区自行还本付息;其二,在前期6个试点地区的基础上,再次增加直辖市北京、计划单列市青岛以及中西部省份江西、宁夏为试点地区;其三,将债券期限由2013年的3年、5年和7年拉长至5年、7年和10年;其四,明确提出"试点地区按照有关规定开展债券信用评级"。当然,在《预算法》尚未修订的情况下,试点地区发行政府债券仍"实行年度发行额管理,全年发行债券总量不得超过国务院批准的当年发债规模限额",且"2014年度发债规模限额当年有效,不得结转下年"④。

2014年8月31日,全国人大常委会审议通过了《预算法》修正案,对中央与地方政府举借债务作出限制性规定:"经国务院批准的省、自治区、直辖市的预算中必需的建设投资的部分资金,可以在国务院确定的限额内,通过发行

---

① 国务院、财政部:《2013年地方政府自行发债试点办法》(财库〔2013〕77号),2013年6月25日,见 http://www.360doc.com/content/14/0207/16/15124117_350478645.shtml。

② 《十八大以来重要文献选编》上,中央文献出版社2014年版,第522页。

③ 财政部:《2014年地方政府债券自发自还试点办法》(财库〔2014〕57号),2014年5月19日,见 http://gks.mof.gov.cn/redianzhuanti/guozaiguanli/difangzhengfuzhaiquan/201405/t20140521_1082114.html。

④ 财政部:《2014年地方政府债券自发自还试点办法》(财库〔2014〕57号),2014年5月19日,见 http://gks.mof.gov.cn/redianzhuanti/guozaiguanli/difangzhengfuzhaiquan/201405/t20140521_1082114.html。

地方政府债券举借债务的方式筹措。举借债务的规模,由国务院报全国人民代表大会或者全国人民代表大会常务委员会批准。省、自治区、直辖市依照国务院下达的限额举借的债务,列入本级预算调整方案,报本级人民代表大会常务委员会批准。举借的债务应当有偿还计划和稳定的偿还资金来源,只能用于公益性资本支出,不得用于经常性支出。"

2014 年 9 月,国务院发布《国务院关于加强地方政府性债务管理的意见》(国发〔2014〕43 号,以下简称"43 号文"),提出"修明渠、堵暗道",赋予地方政府依法适度举债融资权限,加快建立规范的地方政府举债融资机制。同时,坚决制止地方政府违法违规举债。对地方政府债务实行规模控制,严格限定政府举债程序和资金用途,把地方政府债务分门别类纳入全口径预算管理,实现"借、用、还"相统一。"防范风险。牢牢守住不发生区域性和系统性风险的底线,切实防范和化解财政金融风险"①。同年 10 月,财政部印发《地方政府存量债务纳入预算管理清理甄别办法》的通知(财预〔2014〕351 号),部署各地清理存量债务,甄别政府债务,并要求地方各级政府及时将政府存量债务分类纳入预算管理。②

新《预算法》和 43 号文实施以后,地方各级政府加快建立健全规范的举债融资机制,防范化解财政金融风险,对地方政府举债行为的规范取得了积极成效。截至 2016 年末,我国地方政府债务 15.32 万亿元,地方政府债务率(债务余额占综合财力比重)为 80.5%。加上纳入预算管理的中央政府债务 12.01 万亿元,两项合计,我国政府债务 27.33 万亿元。按照国家统计局公布的我国 2016 年 GDP 初步核算数 74.41 万亿元计算,我国政府债务负债率(债务余额占 GDP 比重)为 36.7%③,低于主要市场经济国家和新兴市场国家水平,风险总体可控。

---

①　国务院:《国务院关于加强地方政府性债务管理的意见》(国发〔2014〕43 号),2014 年 9 月 21 日,见 https://baike.sogou.com/v83065894.htm。

②　财政部:《地方政府存量债务纳入预算管理清理甄别办法》(财预〔2014〕351 号),2014 年 10 月 23 日,见 http://yss.mof.gov.cn/zhengwuxinxi/zhengceguizhang/201410/t20141028_1154561.html。

③　数据来源:国家统计局。

与此同时,一些地方政府违法违规举债融资问题仍时有发生,部分金融机构对融资平台公司等国有企业提供融资时仍要求地方政府提供担保承诺,部分政府和社会资本合作(PPP)项目、政府投资基金等存在不规范现象。这些不规范的举债行为,扰乱了市场秩序,积聚了财政金融风险。

针对上述问题,2017年4月,财政部会同国家发改委、司法部、中国人民银行、银监会、证监会专门印发《关于进一步规范地方政府举债融资行为的通知》(财预〔2017〕50号),严格依据法律法规和制度规定,坚持问题导向,重点在组织清理整改地方政府融资担保行为、切实加强融资平台公司融资管理、规范政府与社会资本方的合作行为、进一步健全规范的地方政府举债融资机制、建立跨部门联合监测和防控机制、大力推进信息公开等六个方面,明确了规范的举债融资行为的政策边界和负面清单,正面引导地方政府履职尽责,坚决制止违法违规举债担保行为。① 2017年全国金融工作会议上,习近平总书记指出:"各级地方党委和政府要树立正确政绩观,严控地方政府债务增量,终身问责,倒查责任"②。同年底召开的全国财政工作会议也指出,"要有效防控地方政府债务风险。各地要对本地债务负责。继续坚决制止违法违规融资担保行为,严禁以政府投资基金、政府和社会资本合作(PPP)、政府购买服务等名义变相举债"③。对于地方政府举债融资行为的规范取得了阶段性成效。

第二节　税收征管行为的规范

改革开放以来,我国对于税收征管行为的规范伴随着税制改革的进程和税收征管模式的变迁,先后经过了五大模式。随着税制的不断完善,对税收征

---

① 财政部、国家发改委、司法部、中国人民银行、银监会、证监会:《关于进一步规范地方政府举债融资行为的通知》(财预〔2017〕50号),2017年4月26日,见 http://www.gov.cn/xinwen/2017-05/03/content_5190675.htm。

② 《习近平谈治国理政》第二卷,外文出版社2017年版,第280页。

③ 孙韶华:《明年继续实施减税降费政策　加快财税制度改革》,《经济参考报》2017年12月29日,见 http://news.eastday.com/c/20171229/u1a13545201.html。

收管理行为的规范也在不断地适应形势的发展和变化,科学严密的税收征管体系日渐成熟,确保了税收各项职能作用的充分发挥。

一、"一员进户,各税统管,征管查合一"模式

这一模式始于 20 世纪 50 年代新中国成立初期,终于 80 年代。主要特点是,以专管员为核心,实行专户管理,征管查合一,是一种全能型的管理制度。该模式下,征评管核查等事项由专管员一人承担,按经济成分、行业等设置征管工作岗位,由税务专管员上门收税。这与计划经济条件下经济性质单一、企业分工简单、经济规模较小、税制结构简单、征管专业化水平不高相适应。随着经济类型、经济结构与税制结构的变迁,该制度的问题逐渐暴露。例如,税收征管各环节的涉税事项全部由专管员一人完成,其自身业务素质决定了征管质效;专管员行政裁量权过大,缺乏监督制约机制,征纳双方权利义务不清;随着纳税人数量的不断增加,仅靠增加专管员数量已难以满足征管现实需要。

二、"征、管、查分离"模式

这一模式始于 80 年代中后期,终于 90 年代初。该模式先后经历了两个不同阶段,即征收管理与检查两分离和征、管、查三分离的管理模式。为了克服税务专管员专责管理模式的缺陷,1989 年,国家税务局印发《关于全国税收征管改革的意见》①。据此意见,1990 年全国征管工作会议确立了"征收、管理、稽查三分离或征收(管)、检(管)查两分离"的征管模式,随后开始在全国推广。分离模式是由全能型向按征管职能分工的专业化管理转变。分设征收、管理和稽查三个不同的职能部门,各自具有各自不同的职责权限。从组织内部而言,根据人员的不同特点、专长配置三个岗位,优化了组织结构,形成了

---

① 国家税务局:《关于全国税收征管改革的意见》,1989 年 12 月,见 http://www.chinaacc.com/new/287/292/338/2007/3/sh97583225516237002l0051-0.htm。

分权制衡机制,提高了税源管理质效;从组织外部而言,分离模式适应了当时中国市场经济改革不断深入、纳税人数量增多、市场分工和专业化水平不断发展的形势。但是,该模式未将管理方式由"管户"变为"管事",那些本该由纳税人承担的涉税事项依然由税务人员包揽着,税务机关人手不够的矛盾没有得到根本性解决,部分地区的矛盾反而更加突出了。

党的十一届三中全会以后,随着对外开放、对内搞活经济政策推行,经济主体出现多元化趋势,税收征收管理出现了许多新特点:一是纳税户急增,由1978年的162万户增加到1985年年中的720万户①,这还未包括为数众多的无证商贩。二是税种增加,经过1983年、1984年两步利改税政策的相继实施,税种由原来的一两个,增加到20多个。三是税源更加分散,由主要对国营、集体企业征收,变为面向成千上万的个体工商业户征收。四是税收征管难度大大增加,税收与纳税人利益关系日益密切,各种偷税、欠税、抗税现象不断出现。同时,某些税收征管人员素质不高,在缺乏约束机制的情况下,出现了许多以税谋私、执法违法等问题。税收征管工作以及税收征纳行为亟待规范,税收征管改革被提上议事日程。

1986年4月,国务院发布《中华人民共和国税收征收管理暂行条例》②,成为我国第一部税收征管的行政法规。但这只是一部行政法规,本身也存在一些不完善的地方,再加上社会经济的不断发展变化,其弱点逐步显现。比如,条例仅适用于国内税收的征收管理,内外政策不统一,不利于实际执行;对纳税人出现的新经营方式,缺乏必要的控管措施;行政执法权缺位,对抗拒不缴税者,没有直接的强制执行措施;法律效力不高,不能适应对外开放的要求等。因此,从1989年开始,当时的国家税务局便着手研究通过立法解决税收征管中存在的问题,国家税务局于1992年提请全国人大常委会审议并通过了《税收征管法》。

毋庸置疑,《税收征管法》的颁布实施是我国税收程序法制建设的里程

---

① 数据来源:国家税务局。

② 国务院:《中华人民共和国税收征收管理暂行条例》,1986年4月21日,见 http://www.chinalawedu.com/falvfagui/fg22016/216293.shtml。

碑,使税收征管工作在更高的层次上运行,标志着依法治税前进了一大步,对于促进改革开放和经济建设具有重要的意义。

三、30字征管模式

这一模式始于1994年,终于2003年。1994年,我国开始实行分税制财政管理体制,为了适应分税制的需要,税收管理机构随之改革。从1994年1月1日起,中央设立国家税务总局,是国务院直属机构;省及省以下税务机构分设为国家税务局和地方税务局两个系统。在机构分设过程中,要稳定现有税务队伍,保持税收工作的连续性,保证及时足额收税。1995年,国家税务总局提出了"以纳税申报和优化服务为基础,以计算机网络为依托,集中征收,重点稽查"[1]的30字征管模式。为实现这一模式的要求,1997年国家税务总局在《关于深化税收征管改革方案》提出了建立"一个制度,四个体系"的总体改革目标。一个制度,就是建立纳税人自行申报纳税制度。四个体系,就是建立以税务机关和社会中介组织相结合的服务体系、以计算机网络为依托的管理监控体系、人工与计算机结合的稽查体系和以征管功能为主的机构设置体系。实践证明,这一时期的税收征管出现了"责任淡化、疏于管理"的问题,旧的制度(专管员制度)已经取消,新的制度(纳税人自行申报与"征、管、查"三分离)又带来新的问题,致使税收征管工作陷入尴尬境地[2]。

四、34字强化征管模式

这一模式始于2004年,终于2011年。国家税务总局于2003年提出税收管理要走"科学化、精细化"道路,这一工作思路引领了2004年至2011年的税

---

[1]　郭东:《税源管理与税收分析、预测》,2011年1月17日,见 http://www.360doc.com/content/11/0117/21/74563_87226622.shtml。

[2]　国家税务总局:《关于深化税收征管改革方案》(国税发〔1997〕27号),1997年2月27日,见 http://www.chinaacc.com/new/63/67/158/2006/2/ti3386192131122600 29599-0.htm。

收征管改革。2004年,国家税务总局在原30字强化征管模式中加入了"强化管理",变成了34字强化征管模式。在具体做法上,同时采取恢复老办法与尝试新办法两种改革路径。

恢复老办法,就是建立税收管理员制度。2005年国家税务总局制定了《税收管理员制度(试行)》①(国税发〔2005〕40号)。这一时期的税收管理员工作职责范围更广,职责是当好"十员",即当好政策宣传员、办税辅导员、户籍管理员、调查核实员、催报催缴员、信息采集员、评估约谈员、日常检查员、档案管理员、文书(资料)送达员。税管员不直接征收税款、不直接审批减免税、不开展税务稽查和不直接进行税务行政处罚的"四不管"。

尝试新办法,就是在纵向(纳税服务、纳税评估、风险管理等)与横向(选择部分地区进行税源管理专业化改革试点)上同时推进多项改革举措。

一是建立与完善纳税服务制度。2003年国家税务总局征管司下设纳税服务处;2005年出台《纳税服务工作规范(试行)》②;2008年,国家税务总局成立独立的纳税服务司,将原税收征管司、办公厅、信息中心的纳税服务职能进行整合。2012年,国家税务总局出台了《"十二五"时期纳税服务发展规划》。这一时期的纳税服务主要通过办税服务厅、税务网站、"12366"纳税服务热线三个平台加以实现。③

二是建立纳税评估制度,引入风险管理理念,推行税源专业化管理。2005年国家税务总局出台《纳税评估管理办法(试行)》;2009年引入风险管理理念,制定了《大企业税务风险管理指引》④。2010年10月国家税务总局决定在安徽国税、广东国税、江苏国税、河南国税、上海国税、青岛国税、广东地税、

---

① 国家税务总局:《税收管理员制度(试行)》(国税发〔2005〕40号),2005年3月11日,见 http://www.chinatax.gov.cn/n810341/n810765/n812188/n812940/c1200856/content.html。

② 国家税务总局:《纳税服务工作规范(试行)》(国税发〔2005〕165号),2005年10月16日,见 http://www.chinatax.gov.cn/n810341/n810765/n812188/n812905/c1199068/content.html。

③ 国家税务总局:《"十二五"时期纳税服务发展规划》(国税发〔2011〕78号),2011年8月1日,见 http://www.chinatax.gov.cn/n810214/n810626/c1106086/content.html。

④ 国家税务总局:《大企业税务风险管理指引》(国税发〔2009〕90号),2009年5月5日,见 http://www.chinatax.gov.cn/n810341/n810765/n812166/n812607/c1086907/content.html。

山东地税等 8 家单位开展税源专业化管理试点。国家税务总局印发了《国家税务总局关于开展税源专业化管理试点工作的指导意见》①。2010 年 12 月全国税务工作会议提出必须坚持税源专业化管理工作方式。至此,税源专业化管理已由基层税务部门自发开展的探索实践上升为国家税务总局推进全国新一轮税源管理改革的战略决策部署。

三是加快信息化建设。一个平台、两级处理、三个覆盖、四个系统的金税工程是我国税收征管信息化的代表性成果。在信息化建设过程中,特别注重加强信息资源整合,包括现有信息资源的整合与利用以及信息数据的集中处理。

四是初步明确纳税人的权利与义务。2011 年,国家税务总局发布《国家税务总局关于纳税人权利与义务的公告》②。明确了纳税人(或扣缴义务人)的十四项权利与十项义务。

五、风险管理和全面规范模式

这一模式从 2012 年至今。2012 年 7 月全国税务系统深化税收征管改革会议提出了深化税收征管改革的总体战略部署,"围绕服务科学发展、共建和谐税收的工作主题,构建以明晰征纳双方权利和义务为前提、以风险管理为导向、以专业化管理为基础、以重点税源管理为着力点、以信息化为支撑的现代税收征管体系。"2012 年 11 月,国家税务总局出台《税源管理办法(讨论稿)》《关于进一步深化税收征管改革的方案(讨论稿)》《十二五时期税收征管工作规划(讨论稿)》三个文件的讨论稿。2012—2013 年,国家税务总局出台了《国

---

①　国家税务总局:《国家税务总局关于开展税源专业化管理试点工作的指导意见》(国税发〔2010〕101 号),2010 年 10 月 18 日,见 http://www.chinaacc.com/new/63_64_201011/12su2356518076.shtml##1。

②　国家税务总局:《国家税务总局关于纳税人权利与义务的公告》[公告 2009 年第 1 号],2009 年 11 月 6 日,见 http://www.china.tax.gov.cn/n810341/n810765/n812166/n812607/c1086907/content.html。

家税务总局关于规范税务行政裁量权工作的指导意见》①《国家税务总局关于加强纳税人权益保护工作的若干意见》（税总发〔2013〕15 号）②的规范性文件。

2014 年,针对纳税人反映的纳税服务不规范、办税标准不统一等问题,国家税务总局制定了《全国县级税务机关纳税服务规范(1.0)》③并于当年 10 月 1 日起试行,规范了 9 大类 212 小类 1120 个工作流程,做到了"服务一把尺子、办税一个标准,全国纳税服务走向统一、规范和文明",赢得了纳税人的广泛好评。

2015 年,为进一步规范税收征管行为,国家税务总局制定了《全国税收征管规范(1.0)版》并于 5 月 1 日起试行,以最大限度规范税务人、最大限度便利纳税人。《全国税收征管规范(1.0)版》对 11 大类 152 小类 612 个具体税收征管事项的操作标准、处理流程、办理时限以及 1087 张表证单书等税收征管基础性和事务性工作进行了规范,涉及税收政策法规与规范性文件 1125份,形成了税收征管业务的基本体系架构,涵盖税收征管各项法律法规、涵盖税收征管各项业务、涵盖国地税各级机关。其后,国家税务总局于 2016 年制定《全国税收征管规范(1.1)版》、2017 年制定《全国税收征管规范(1.2)版》④,进一步对税收征管行为进行规范。

第三节　收费管理行为的规范

改革开放以来,我国公共收费在总体上呈现出迅速增长的态势。对促进经

---

① 国家税务总局:《国家税务总局关于规范税务行政裁量权工作的指导意见》(国税发〔2012〕65 号),2012 年 7 月 3 日,见 http://www.chinatax.gov.cn/n810341/n810765/n812151/n812406/c1082977/content.html。
② 国家税务总局:《国家税务总局关于加强纳税人权益保护工作的若干意见》(税总发〔2013〕15 号),2013 年 2 月 8 日,见 http://www.law-lib.com/law/law_view.asp? id=412614。
③ 国家税务总局:《全国县级税务机关纳税服务规范(1.0)》(税总发〔2014〕98 号),2014 年 8 月 28 日,见 http://www.shui5.cn/article/84/74570.html。
④ 国家税务总局:《全国税收征管规范(1.2)版》(税总发〔2016〕133 号),2016 年 12 月 20 日,见 http://www.shui5.cn/article/a8/109354.html。

济建设和社会事业发展起到了一定作用,但也逐渐出现了部分领域收费失控的乱象。按照完善社会主义市场经济体制和建立公共财政制度的要求,我国逐步加强了对收费的制度改革和管理控制,清理取消了大量不合法、不合理的收费项目,加大了收费资金管理力度,努力将公共收费纳入规范化管理轨道。

从改革开放初期到 20 世纪 90 年代末大规模治理整顿收费以前,我国公共收费基本上处于扩张阶段。1995 年以前一系列政策规定的出台,主要是遏制"三乱"扩张的势头,但未从根本上制约"三乱"行为。从 1996 年开始,我国逐步拉开了全面治理整顿收费和进行税费改革的序幕。

一、规范公共收费管理行为

(一) 全面部署清理整顿收费工作

从 1995 年开始对乱收费情况进行了清查摸底和整顿工作。1996 年,针对一些地方、部门和单位将财政预算资金转为预算外资金,擅自设立收费基金项目等问题,国务院发布了《国务院关于加强预算外资金管理的决定》[①],规定行政事业性收费要严格执行中央、省两级审批的管理制度,收费项目按隶属关系分别报国务院和省(自治区、直辖市)人民政府财政部门会同价格主管部门批准;确定和调整收费标准,按隶属关系分别报国务院和省(自治区、直辖市)人民政府价格主管部门会同财政部门批准;重要的收费项目和标准制定及调整,应报请国务院或省级人民政府批准,省级以下各级人民政府及其部门无权审批设立行政事业收费项目或调整收费标准。

(二) 清理取消不合法、不合理的收费基金项目

从 1996 年起,分期分批取消了大量不合法、不合理的收费项目。一是坚决取消不符合国家收费审批管理规定,由地方或部门越权设立的收费项目。二是重新甄别现有收费的合理性,区分不同情况进行处理。对属于政府一般

---

① 国务院:《国务院关于加强预算外资金管理的决定》(国发〔1996〕29 号),1996 年 7 月 6 日,见 http://www.china.com.cn/law/flfg/txt/2006-08/08/content_7059621.htm。

性管理职能、收费养人的管理费,予以取消,所需经费由财政预算统筹安排;对国家为筹集资金支持某些重要事业发展或重点工程建设而设立的基金,已规定征收期限的,征收期满即停止征收,到时确有必要延长征收期限的,重新报国务院审批。三是合并或取消重复设置的收费项目。对一些部门和地方重复设置的收费,结合机构改革和部门职能及政府事权的合理划分,分别予以合并或取消。四是降低某些过高的收费标准。

1996 年国家计委、财政部公布取消了 48 项涉及建设项目的收费,分别涉及建筑、工商行政管理、文化、环保等 14 个部门。1997 年,财政部会同国家计委对国务院各部委、各直属机构及其系统内的行政事业性收费进行了清理,分两批公布取消了 49 项行政事业性收费,分别涉及工商、建设等 13 个部门。同年,财政部、国家经贸委、国家计委、审计署、监察部、国务院纠风办公布取消了第一批基金(附加、收费)项目,共计 217 项。1998 年,财政部会同有关部门公布取消了第二批基金项目,共计 147 项。同时,地方各级政府对本行政区域出台的收费基金也进行了清理。据统计,到 1998 年 3 月底,各省、自治区、直辖市取消的收费基金项目共计 2028 项。

1998 年以后,财政部门会同有关部门进一步加大了对乱收费的治理力度。1998—2003 年,共取消收费项目 1805 项,并降低了 479 个项目收费标准,减轻社会负担 1417 亿元。[①]

(三) 建立健全收费管理制度

一是实行收费基金目录管理。为了提高收费政策的透明度,保护公民、法人和其他组织的合法权益,财政部会同有关部门每年向社会公布《全国性及中央部门和单位行政事业性收费项目目录》。凡未列入收费目录的行政事业性收费项目,公民、法人和其他组织有权拒缴。同时,财政部每年向社会公布《全国政府性基金项目目录》。各省、自治区、直辖市每年也编制本行政区域的行政事业性收费项目目录。

二是对行政事业性收费实行统一归口管理。1999 年,财政部发布《关于

---

① 数据来源:《中国财政统计年鉴 2003》。

统一归口管理中央部门和单位的行政事业性收费及政府性基金等问题的通知》①,规定中央部门和单位凡涉及行政事业性收费的有关事务,包括申请立项、调整收费标准、购领票据,以及与之相关的财务收支活动,统一由中央部门和单位的财务机构归口管理。

中央部门和单位凡申请设立、变更行政事业性收费项目或调整收费标准,一律统一归口由中央部门的财务机构负责提出,并以部(委、局)级公文形式报财政部、国家计委审批。中央部门和单位经批准收取的行政事业性收费,收入由中央部门和单位的财务机构统一集中管理,并按照财政部规定,分别上缴中央国库或财政专户;支出时由中央部门的财务机构按照财政部规定编制预算,经批准后,由财政部统一核拨给中央部门的财务机构,并按规定用途使用。中央部门和单位的行政事业性收费收支预决算以及有关财务收支报表,由中央部门的财务机构统一汇总后报送财政部。

三是加强行政事业性收费票据管理。根据财政部印发的《行政事业性收费和政府性基金票据管理规定》②,国家机关、事业单位、社会团体及其他组织在收取行政事业性收费时,必须使用行政事业性收费票据。收费票据是单位财务收支的法定凭证和会计核算的原始凭证,是财政、审计部门进行监督检查的重要依据。收费票据分为通用票据和专用票据。收费票据与税务发票不能互相串用,不得使用税务发票收取行政事业性收费,不得转让、转借、代开收费票据。收费单位不按规定使用收费票据的,被收费单位或个人有权拒绝付款,财务部门不得作为报销凭证。

财政部门是收费票据管理的主管机关,负责收费票据的印制、发放、核销、稽查及其他监督管理工作。收费票据由省级以上财政部门统一监(印)制,收费单位应按财务隶属关系购领和使用财政部或省级财政部门统一监(印)制

---

① 财政部:《关于统一归口管理中央部门和单位的行政事业性收费及政府性基金等问题的通知》(财综字〔1999〕103号),1999年6月25日,见 http://www.chinaacc.com/new/63/73/157/1999/6/ad14575011152699919804.htm。

② 财政部:《行政事业性收费和政府性基金票据管理规定》,1998年9月21日,见 http://www.law-lib.com/lawhtm/1998/14109.htm。

的票据。收费票据实行分次限量购领制度。收费单位首次购领收费票据,必须向同级财政部门提出申请,同时提交批准收取行政事业性收费的文件。申请收费票据的单位,应属于财务独立核算单位,有健全的财务会计制度,经同级财政部门审查符合规定后,发给"票据购领证",收费单位凭证购领收费票据。收费单位再次购领收费票据,应出示"票据购领证",并提交前次使用票据的情况,包括票据的册数、号码、收取资金的数额等,经同级财政部门审核后,方可继续购领票据。撤销收费单位或取消收费项目,应办理"票据购领证"变更或注销手续,部门和单位已购领未使用的收费票据,由部门或单位登记造册报同级财政部门批准后销毁。

此外,按照国库管理制度改革的要求,已实行收入收缴改革试点的部门和单位,收取有关行政事业性收费,应按规定使用缴款凭证与收款收据合一的《非税收入一般缴款书》。

四是杜绝擅自将行政事业性收费转为经营服务性收费。1999 年国务院、财政部等六部门印发的《中介服务收费管理办法》[1]和财政部、国家计委《关于事业单位和社会团体有关收费管理问题的通知》[2]规定,中央部门和单位所属事业单位、社会团体和其他组织,代行政府职能强制实施具有垄断性质的仲裁、认证、检验、鉴定收费,以及中央部门和单位授权或委托的事业单位,根据法律法规和部门规章等规定开展各类强制性培训(包括面向社会和面向系统内部的培训)收取的培训费,不得作为经营服务性收费管理。

2003 年财政部、国家发改委、监察部、审计署《关于加强中央部门和单位行政事业性收费等收入"收支两条线"管理的通知》[3]规定,过去经财政部、国

---

[1]　国务院、财政部等:《中介服务收费管理办法》(国经〔1999〕2255 号),1999 年 12 月 22 日,见 https://baike.sogou.com/v1166244.htm。

[2]　财政部、国家计委:《关于事业单位和社会团体有关收费管理问题的通知》(财规〔2000〕47 号),2000 年 10 月 24 日,见 http://www.chinaacc.com/new/63/74/2000/10/ad6721225011142010002 12012.htm。

[3]　财政部、国家发改委、监察部、审计署:《关于加强中央部门和单位行政事业性收费等收入"收支两条线"管理的通知》(财综〔2003〕29 号),2003 年 5 月 30 日,见 http://www.chinaacc.com/new/63/64/79/2003/5/ad52302920111035300212760.htm。

家计委批准,目前已不再具有政府公共管理和公共服务性质,且体现市场经营服务特征的行政事业性收费,需要转为经营服务性收费的,必须按照规定程序报经财政部会同国家发改委批准。未经财政部会同国家发改委批准,有关部门和单位不得自行将行政事业性收费转为经营服务性收费,更不得将国家明令取消的行政事业性收费转为经营服务性收费继续收取。

(四) 实行"收支两条线"管理

"收支两条线",是指国家机关、事业单位、社会团体以及政府授权的其他经济组织,按照国家有关规定依法取得行政事业性收费等政府非税收入,收入全额缴入国库或者财政专户,支出通过编制预算由财政部门统筹安排,并通过国库或者财政专户拨付资金。"收支两条线"管理制度,是规范财政资金管理的一种有效方式,是从源头上预防和治理腐败的一项重要措施。

从 20 世纪 90 年代初提出"收支两条线"概念以来,"收支两条线"管理经过了不断充实、完善和发展的过程。2000 年以后,围绕预算管理制度改革和国库管理制度改革,进一步深化了"收支两条线"管理。一是将预算外管理的收费逐步纳入预算管理;二是实行"收支脱钩"管理;三是实行收入收缴管理改革;四是规范中央预算单位银行账户设置;五是开展"收支两条线"专项检查。在上述措施的促进下,"收支两条线"改革顺利推进,改革预期目标基本实现。

二、推进相关税费改革(以农村税费改革为例)

推进税费制度改革,就是要规范政府行为,依照公共财政的原则,在对各项收费进行清理整顿的基础上,用相应税收取代一些具有税收特征的收费,通过深化财税体制改革,逐步建立适应社会主义市场经济发展要求的以税收为主、少量必要收费为辅的政府收入分配体系,规范政府参与收入分配的行为,维护市场秩序。

税费改革工作按照总体规划、分步实施的原则进行。对问题较多、影响较大的领域率先规范。比如,通过农村税费改革,理顺农村分配关系,切实解决农民负担过重问题;通过交通和车辆税费改革,有效遏制交通领域的"三乱"现象,规范道路建设资金的筹资渠道。对一些利益关系复杂、涉及面宽、问题积累较深领域的税费改革工作,本着积极稳妥的原则,先试点,后推开。

在此,我们以影响最大、意义最为深远的农村税费改革为例,对税费改革做一梳理。

(一) 2000年率先在安徽以省为单位进行局部试点

农村税费改革是一项长期的、艰巨的、复杂的系统工程。农村长期积累形成的问题非常复杂,中央决定按照"积极稳妥、量力而行、分步实施"①的原则,先行试点,积累经验,完善政策,逐步推进。2000年4月中旬,时任国务院副总理温家宝同志赴安徽检查指导农村税费改革试点工作。2000年,除安徽全省试点外,河北、内蒙古、吉林、黑龙江、河南、湖南、甘肃、陕西八省也选择了34个县(市)进行了局部试点。2001年,除安徽继续进行全省试点外,江苏依靠自身财力自主实施了全省试点,其他省份共选择了102个县(市)进行局部试点。

(二) 2002年改革试点范围扩大到全国20个省份

2002年3月,国务院办公厅发布《关于做好2002年扩大农村税费改革试点工作的通知》②,决定2002年新增河北、内蒙古、吉林、黑龙江、江西、山东、河南、湖北、湖南、四川、重庆、贵州、陕西、甘肃、青海、宁夏16个省份进行扩大改革试点,并同意浙江、上海等沿海经济发达省份依靠自身财力自主进行改革,同时对扩大试点工作中试点范围、农村税费改革转移支付资金、"三个确保"、配套措施等提出了明确要求。截至2002年底,农村税费改革试点工作已在全国20个省份展开,其余11个省份继续在53个县(市)进行局部试点。

---

① 国务院:《关于做好2002年扩大农村税费改革试点工作的通知》(国办发〔2002〕25号),2002年3月27日,见 http://www.chinatax.gov.cn/n810341/n810765/n812203/n813164/c1209724/content.html。

② 国务院:《关于做好2002年扩大农村税费改革试点工作的通知》(国办发〔2002〕25号),2002年3月27日,见 http://www.chinatax.gov.cn/n810341/n810765/n812203/n813164/c1209724/content.html。

（三）2003 年改革试点工作在全国范围内全面铺开

党的十六大以后,党中央提出了"工业反哺农业、城市支持农村"[1]的科学论断和"多予、少取、放活"的基本方针。为贯彻落实中央关于农村工作一系列决策部署,进一步减轻农民负担,在总结三年改革试点经验基础上,国务院于 2003 年 3 月 27 日下发了《国务院关于全面推进农村税费改革试点工作的意见》[2],并于 4 月 3 日召开了全国农村税费改革试点工作电视电话会议,对全面推进农村税费改革试点工作进行部署,明确提出了农村税费改革实现三个确保的要求。当年新增试点省份有北京、天津、山西、辽宁、福建、广东、广西、海南、云南、西藏、新疆 11 个省份,至此,农村税费改革在全国范围内全面铺开。因受"非典"突发事件影响,为切实加强对改革的督导,2003 年 9 月中旬,国务院召开了新增改革试点省份农村税费改革工作座谈会,会后下发了《国务院办公厅关于进一步加强农村税费改革试点工作的通知》[3],及时分析形势,指出了改革工作中存在的突出问题,要求各地适当加快试点工作进度,确保圆满完成当年的改革任务。截至 2003 年年底,全面取消了屠宰税,以及乡统筹费、农村教育集资、农村劳动积累工和义务工等专门面向农民的负担项目;调整农业税和农业特产税政策,农民除缴纳不超过 7% 的农业税和 1.4% 的农业税附加外,不再承担其他任何费用;村内生产公益事业投入实行村民会议一事一议,上限控制。

（四）以取消农业税为主要内容,深化农村税费改革工作

2004 年,温家宝总理在《政府工作报告》中作出了"五年内取消农业税"的庄严承诺。农村税费改革围绕支持发展粮食生产、促进农民持续增收两大主题,进入了取消农业税的新阶段。2004—2005 年,国务院先后下发《国务院

---

① 韩长赋:《工业反哺农业　城市支持农村》,《人民日报》2008 年 11 月 3 日。

② 国务院:《国务院关于全面推进农村税费改革试点工作的意见》(国发〔2003〕12 号),2003 年 3 月 27 日,见 http://www.chinalawedu.com/falvfagui/fg22016/11827.shtml。

③ 国务院办公厅:《国务院办公厅关于进一步加强农村税费改革试点工作的通知》(国办发〔2003〕85 号),2003 年 9 月 30 日,见 https://www.gov.cn/zhengce/content/2008-03/28/content_2016.htm。根据《国务院关于宣布失效一批国务院文件的决定》(国发〔2015〕68 号),此文件已宣布失效。

关于做好 2004 年深化农村税费改革试点工作的通知》①和《国务院关于 2005 年深化农村税费改革试点工作的通知》②,对深化农村税费改革、进行农村综合改革试点工作作出部署、提出要求。

一是全面取消除烟叶外的农业特产税。2004 年在全国全面取消除烟叶外的农业特产税,农业税计税土地上生产的农业特产品,按调整后的农业税税率征税,实施免征农业税试点的地区不再改征农业税;非农业税计税土地上生产的农业特产品,不再征收农业特产税,也不改征农业税。2006 年 4 月 28 日,国务院颁布实施《中华人民共和国烟叶税暂行条例》,将烟叶特产税改为烟叶税,标志着农业特产税的全面取消。

二是逐步取消农业税。按照国务院统一部署,2004 年在黑龙江、吉林两省进行免征农业税改革试点,河北、内蒙古等 11 个粮食主产省(区)的农业税税率降低 3 个百分点,其余省份农业税税率降低 1 个百分点。农业税附加随正税同步降低或取消。当年,北京、上海、天津、浙江、福建等省市自主免征农业税。2005 年,扩大农业税免征范围,加大农业税减征力度,明确全面取消牧业税;在 592 个国家扶贫开发工作重点县实行免征农业税试点;进一步降低其他地区农业税税率。当年,全国免征农业税的省份达到 28 个,只有河北、山东、云南 3 个省在 247 个县(市)暂时保留征收税率在 2% 以下的农业税。2005 年 12 月 29 日,十届全国人大常委会第十九次会议决定,从 2006 年 1 月 1 日起废止《农业税条例》,这标志着在我国延续了 2600 年农民缴纳"皇粮国税"历史的终结,农业税正式退出了历史舞台。原定五年取消农业税的目标提前两年实现。

三是深化国有农场税费改革。由于国有农场管理体制的特殊性以及与农

---

① 国务院:《国务院关于做好 2004 年深化农村税费改革试点工作的通知》(国发〔2004〕21 号),2004 年 7 月 21 日,根据《国务院关于宣布失效一批国务院文件的决定》(国发〔2015〕68 号),此文件已宣布失效,见 https://www.gov.cn/zhengce/content/2016-09/18/content_5109014.htm。

② 国务院:《国务院关于 2005 年深化农村税费改革试点工作的通知》(国发〔2005〕24 号),2005 年 7 月 11 日,见 http://www.gov.cn/gongbao/content/2005/content_64331.htm。

村地区收费政策管理存在差异,取消农业税后,国有农场农业职工负担较重问题凸显。2005 年,《国务院关于 2005 年深化农村税费改革试点工作的通知》①提出,要积极推进国有农场税费改革,按所在地政策同步减免农(牧)业税,将农场土地承包费中类似农村"乡镇五项统筹"的收费全部免除;按照因地制宜、分类指导、属地管理、积极稳妥的原则,开展以剥离国有农场办社会职能、减少管理层次为主要内容的国有农场管理体制改革试点,促进国有农场政企分开,并按市场规则组建产业化、集团化、股份化经营管理企业。2006 年下发了《国务院办公厅关于深化国有农场税费改革的意见》②,对深化国有农场税费改革进行部署。目前,深化国有农场税费改革政策基本落实,国有农场农工负担明显减轻。初步统计,全国国有农场税费改革惠及农工 1856 万人,免除国有农场农工负担约 62 亿元,人均减负 332 元,亩均减负 36 元。从 2006年起,中央财政每年安排国有农场税费改革补助资金 46.7 亿元③。

四是开展减轻大湖区农民负担综合改革。针对取消农业税和"两工"(农村义务工和劳动累计工)后,洞庭湖、鄱阳湖、洪湖、巢湖、洪泽湖等大湖区农民,还要承担一定数量的提防维护和排渍排涝费、负担依然偏重的问题,经国务院同意,开始开展大湖区涉农收费的专项清理,坚决取消"两工"以工折资收费及违规设立收费项目,逐年降低"共同生产费""排涝费"收费标准,原则上 2009 年全面取消"共同生产费""排涝费"等专门针对大湖区的排渍排涝收费,取消以任何名义向农民收取的堤防费、水利工程费,公益性排渍排涝费用纳入公共财政保障范围,同时积极推进大湖区水管体制改革和省以下财政管理体制改革。通过改革,进一步减轻大湖区农民负担约 23 亿元,惠及农民2616 万人,人均减负约 89 元,中央财政为此每年安排 8.07 亿元资金④。

---

① 国务院:《国务院关于 2005 年深化农村税费改革试点工作的通知》(国发〔2005〕24号),2005 年 7 月 11 日,见 http://www.gov.cn/gongbao/content/2005/content_64331.htm。

② 国务院办公厅:《国务院办公厅关于深化国有农场税费改革的意见》(国办发〔2006〕25 号),2006 年 3 月 31 日,见 http://www.gov.cn/zwgk/2006-04/07/content_248282.htm。

③ 数据来源:《中国统计年鉴 2006》。

④ 数据来源:《中国财政统计年鉴 2009》。

（五）农村税费改革的历史性成效

农村税费改革取得了重大的历史性成效，为促进农民减负增收、加快农村经济社会发展、维护农村社会和谐稳定发挥了重要作用。

一是理顺了农村分配关系，维护了农民的合法权益。农村税费改革坚持从规范制度入手，通过"三减免、三补贴"（即减免农业税、取消除烟叶以外的农业特产税、全部免征牧业税，对种粮农民实行直接补贴、对部分地区农民实行良种补贴和农机具购置补贴）等一系列政策措施，使得农村分配关系和农民负担管理进一步规范化、法制化，农民负担大幅度减轻，有效调动了农民的积极性，促进了农民持续增收，保障了农民的合法权益。据统计，2006年全面取消农业税后，与改革前的1999年相比，全国农民减负总额约1250亿元，人均减负约140元。加上2006年以来陆续实施的粮食直补、良种补贴、农机具购置补贴等政策措施，国家与农民之间的分配关系由过去"多取少予"开始向"少取多予"转变，农民负担问题开始由"减负"向"增收"转变，进一步解放和发展了农村生产力。

二是完善了公共财政职能，加快了统筹城乡发展步伐。在减轻农民税费负担的同时，加大对基层组织运转和有关社会事业投入的保障力度。实现农村义务教育由政府和农民共同办学向政府投入办学的历史性转变，农村免费义务教育改革稳步推进。全面取消农业税，不再开征专门面向农民的税种，打破了城乡二元税制结构。明确把农村五保供养、民兵训练、乡村道路修建等社会公益事业纳入财政保障范围，财政在农村公共服务方面的职能明显加强，初步形成了全方位、多层次向农村倾斜的投入格局，统筹城乡发展取得实质性进展。

三是带动了农村相关改革，促进了乡村治理深刻变革。在推进农村税费改革中，各地按照中央要求，积极开展了乡镇机构、农村义务教育和县乡财政管理体制等配套改革试点。在转变基层政府职能，精简乡镇机构人员，合理调整乡村区划，推进农村义务教育经费保障机制改革，实施省直管县财政管理体制和乡财县管财政管理方式改革，积极清理化解乡村债务，加强村级组织建设，保证村级运转等方面，做了大量卓有成效的工作，带来了乡村治理等领域的深刻变革,农村发展环境、农业生产经营方式、农村经济社会结构也因此产生了一系列积极变化。

四是有效缓解了农村矛盾,促进了社会主义和谐社会建设。农村税费改革以减轻农民负担为首要目标,通过减轻农民负担,规范了政府行为,减少了干群摩擦,密切了干群关系,涉农负担的群体性事件明显减少,恶性案件基本杜绝。通过增加农村投入,改善了农民生产生活条件,发展了农村社会事业,让广大农民真正分享到改革的成果,促进了社会公平。通过完善农村民主议事制度,推进村务公开和民主监督,增强了农民法制意识和参与意识,促进了基层干部思想观念和工作方式的转变,巩固了党在农村的执政基础。

第四节　预算执行行为的规范

预算执行管理,是实现政府预算收支任务的重要环节,是预算管理工作的重要组成部分。不仅关系到党和国家方针政策的贯彻执行、国民经济和社会发展规划的全面实现,而且涉及面广,是一项经常的、细致的、复杂的重要工作。改革开放四十年来,预算执行管理制度和手段的创新,既为整体管理创造了基础条件,又直接助推了行政管理改革的逐步深化。

预算执行行为涉及内容较多,包括政府采购、国库集中支付、收支两条线、政府收支分类改革、政府会计管理,以及预算绩效管理等。在此,我们以政府采购行为规范、国库支付管理规范为例,对预算执行行为的规范作出梳理。

一、政府采购行为的规范

自 1996 年以来,我国对政府采购行为的规范历经研究探索、试点初创、全面试点和全面实施四个阶段,采购范围和规模不断扩大,制度建设不断完善,管理体制不断创新,政府采购行为逐步规范,政策功能得到了有效发挥。

（一） 对政府采购行为进行规范的背景

在计划经济体制下，政府所需物资主要是通过计划配置，不具备竞争条件。实行市场经济改革后，市场商品日益丰富，为政府采购提供了空间。20世纪 90 年代中期以前，我国政府采购是由各支出单位进行，这有利于各支出单位根据各自的实际情况进行采购，但做法粗放，使数额巨大的国家财政支出化整为零，不能形成合力，没有形成规模效应，并脱离了财政监督，政府采购制度的问题越来越突出。一是预算资金使用效益不高。各部门和单位的预算一经确定，财政基本上就对资金行使监督职能，出现盲目购置、重复购置的现象。二是政府采购中存在腐败现象。三是政府采购中存在不公平交易。受地方、部门利益机制的驱动，一些地方政府常常强制本地区的支出单位购买本地区产品，大型工程也由本地区自行承担，行业采购也存在类似问题。导致政府采购价高质次，抬高了政府公共产品供给成本，阻碍了统一市场的形成，限制了资金和商品以及劳务的自由流通。规范政府采购行为，制度改革迫在眉睫。

（二） 对政府采购行为的规范进程

我国对政府采购行为的规范过程大体上经历了研究探索、试点初创、全面试点和全面实施四个阶段。

1. 对政府采购行为规范的研究探索阶段（1996—1997 年）

在广泛深入研究国外先进政府采购规则的基础上，财政部于 1996 年 10月提出了把推行政府采购制度作为财政支出改革方向的政策建议，1997 年正式向国务院提出制定政府采购条例的请示。在财政部加强研究政府采购制度的同时，上海市、河北省、深圳市等地陆续开展了政府采购试点活动，为推进政府采购制度改革提供了宝贵的经验。

2. 对政府采购行为规范的试点初创阶段（1998—1999 年）

1998 年国务院赋予财政部"拟定和执行政府采购政策"①职能，标志着政

---

① 财政部：《财政国库管理工作三十年回顾与展望》，见 http://gks. mof. gov. cn/zhengfuxinxi/gongzuodongtai/200808/t20080807_61475.html。

府采购制度改革正式开始。1999 年 4 月,财政部制定发布了有关政府采购的第一部部门规章,即《政府采购管理暂行办法》①,明确政府采购试点的框架体系。此后,全国政府采购范围不断扩大,政府采购规模由 1998 年的 31 亿元扩大到 1999 年的约 130 亿元。

3. 对政府采购行为规范的全面试点阶段(2000—2002 年)

2000 年 6 月,财政部在国库司内设立了政府采购管理处,负责全国政府采购的管理事务。2002 年全国政府采购规模突破了 1000 亿元,同时在政府采购规范化管理和透明度建设等方面也迈出了坚实的步伐:一是加强规范化建设。确立采购模式,强化采购规程,从制度上、管理上和操作上规范采购行为。二是加大推行政府采购制度的力度。三是进一步加强透明度建设。丰富了政府采购信息指定发布媒体,明确政府采购信息发布内容及程序,改进了政府采购统计体系。四是会同有关部门研究拟定中央国家机关全面推行政府采购制度的方案。五是探索适合政府采购要求的招标方法,确立并推广了政府采购协议供货制度。六是积极参加政府采购立法活动,推动政府采购法出台。

4. 对政府采购行为规范的全面实施阶段(2003 年至今)

为了规范政府采购行为,提高政府采购资金的使用效益,维护国家利益和社会公共利益,保护政府采购当事人的合法权益,促进廉政建设,2002 年 6 月 29 日,第九届全国人民代表大会常务委员会第二十八次会议通过《中华人民共和国政府采购法》,于 2003 年 1 月 1 日正式实施。根据 2014 年 8 月 31 日第十二届全国人民代表大会常务委员会第十次会议《关于修改〈中华人民共和国保险法〉等五部法律的决定》修正。《政府采购法》的出台,标志着我国对于政府采购行为的规范纳入了法治的轨道,全国政府采购工作步入新的发展时期。

(三) 政府采购行为规范取得成效

一是政府采购范围和规模不断扩大,经济效益和社会效益大幅提高。政

---

① 财政部:《政府采购管理暂行办法》,1999 年 4 月 17 日,见 https://www.ccgp.gov.cn/zcfg/hongtou/201410/t20141022_4653608.htm。

府采购范围已由单纯的货物类采购扩大到工程类和服务类采购,且工程采购的比重呈现上升趋势。政府采购资金从最初的预算内资金,扩展到包括预算内资金外、自筹资金在内的各种财政性资金。一些公益性强、关系民生的采购项目纳入政府采购范围,民生项目成为政府采购规模扩大中的亮点。政府采购规模由 2002 年的 1009.6 亿元增加到 2016 年的 25731.4 亿元(2016 年,全国政府采购规模为 31089.8 亿元,剔除一些地方以政府购买服务方式实施的棚户区改造和轨道交通等工程建设项目相关支出 5358.5 亿元,全国政府采购同口径规模为 25731.4 亿元),15 年间增长 25 倍。2016 年全国政府采购规模占全国财政支出和 GDP 的比重分别为 11% 和 3.5%[①]。

二是政府采购制度的法律框架基本形成。自 2003 年《政府采购法》正式实施以来,我国相继出台了《政府采购货物和服务招标投标管理办法》[②]、《政府采购信息公告管理办法》[③]、《政府采购供应商投诉处理办法》[④]、《政府采购代理机构资格认定办法》[⑤]、《政府采购评审专家管理办法》[⑥]、《集中采购机构监督考核管理办法》[⑦]等配套规章和规范性制度 30 多个,初步建立了以政府采购法为统领的政府采购法律制度体系。

三是政府采购管采分离的管理体制初步建立。按照政府采购法关于政府采购管理职能与操作职能相分离的要求,全国政府采购管理机构与操作机构

---

① 数据来源:《中国财政统计年鉴 2016》。

② 财政部:《政府采购货物和服务招标投标管理办法》(财政部令 18 号),2017 年 10 月 1 日,见 http://www.ccgp.gov.cn/news/201707/t20170718_8540959.htm。

③ 财政部:《政府采购信息公告管理办法》,本办法自 2004 年 9 月 11 日起施行。财政部 2000 年 9 月 11 日颁布实施的《政府采购信息公告管理办法》(财库〔2000〕7 号)同时废止,见 http://tfs.mof.gov.cn/zhengwuxinxi/caizhengbuling/200806/t20080602_44437.html。

④ 财政部:《政府采购供应商投诉处理办法》(财政部〔2004〕20 号),2004 年 8 月 11 日,见 http://www.ccgp.gov.cn/wiki/flfg/201311/t20131101_3590587.htm。

⑤ 财政部:《政府采购代理机构资格认定办法》(财政部〔2010〕61 号),2010 年 10 月 26 日,见 http://tfs.mof.gov.cn/zhengwuxinxi/caizhengbuling/201011/t20101105_346129.html。

⑥ 财政部:《政府采购评审专家管理办法》(财库〔2016〕198 号),2016 年 11 月 18 日,见 http://www.ccgp.gov.cn/news/201611/t20161128_7640759.htm。

⑦ 财政部、监察部:《集中采购机构监督考核管理办法》(财库〔2003〕120 号),2003 年 11 月 17 日,http://www.ccgp.gov.cn/zcfg/hongtou/201410/t20141022_4653583.htm。

分离工作取得了积极进展。2007年底,中央、省、市、县四级政府基本上在财政部门设立了政府采购管理机构,政府采购管理机构、采购单位和集中采购机构的工作职责分工日趋合理,"管采分离、机构分设、政事分开、相互制约"①的工作机制基本形成,初步建立了采购管理机构统一监督管理下的集中采购机构和采购单位具体操作执行的采购管理体制。

四是政府采购政策功能实施取得重大突破,实现了由单一管理目标向政策目标的转变。随着政府采购制度改革的逐步推进,发挥政府采购的政策功能作用越来越成为深化改革的重点。尤其是近年来,支持节能环保和促进中小企业发展等政策功能得到较好发挥。2016年,全国强制和优先采购节能产品规模达到1344亿元,占同类产品采购规模的76.2%。全国优先采购环保产品规模达到1360亿元,占同类产品采购规模的81.5%。政府采购合同授予中小微企业的总采购额为24036.2亿元,占全国政府采购规模的77.3%。其中,授予小微企业的采购额为10193.9亿元,占授予中小微企业总采购额的42.4%②。

五是集中采购工作逐步加强,分散采购比重呈上升趋势,公开招标规模比重下降明显。2016年,政府集中采购、部门集中采购、分散采购规模分别为16446亿元、6131.9亿元、8510.8亿元,占全国政府采购规模的比重分别为52.9%、19.7%和27.4%。分散采购比重较上年上升6.7个百分点,主要是一些地方落实简政放权要求,调整政府集中采购目录,集中采购项目相应减少。公开招标规模为19935.3亿元,占全国政府采购规模的64.1%,公开招标仍占主导地位,但所占比重较上年下降13.6个百分点,主要是不少地方提高公开招标数额标准,相应减少了公开招标项目数量。同时,各级预算单位根据采购项目不同特点,选择非招标采购方式的项目逐步增加。

六是对外交流不断拓展,应对政府采购国际化能力不断提高。随着我国财经外交推进,政府采购的国际化进程不断加快,领域也不断扩大。先后建立

---

① 胡雪琴:《我国政府采购市场将对发达国家空前开放》,《中国经济周刊》2009年2月23日。

② 数据来源:《中国财政统计年鉴2016》。

了中国—欧盟政府采购对话机制、中国—美国政府采购技术性磋商机制;参加了 APEC 政府采购专家组、联合国贸易法委员会政府采购工作组会议,并以观察员身份参加 WTO 政府采购委员会活动;先后与澳大利亚、新西兰和韩国,在自贸区框架下开展政府采购谈判。2007 年底启动了加入 WTO《政府采购协定》(GPA)谈判,至 2016 年底,中国多次对出价进行修改,并已提交了六份出价清单。利用这些交流合作机制,我国积极宣传政府采购制度改革成效,有针对性地了解国际政府采购制度及改革动态,熟悉并参与国际规则制定。

二、国库管理行为的规范

财政国库是我国各级政府预算资金的收纳和库款拨付的唯一机构。在改革开放的前二十年,我国财政改革的重点是改革政府收入统筹制度和财政体制,国库管理基本沿用计划经济体制下的管理模式。自 2000 年以来,我国加大财政国库管理制度改革步伐,对国库管理行为不断规范,取得了长足进展。

(一) 对财政国库管理行为进行规范的背景

随着社会主义市场经济体制的建立和发展,特别是按照我国建立公共财政体制的目标要求,传统体制下形成的财政资金缴拨方式的弊端日益突出。一是重复和分散设置账户,导致财政资金活动透明度不高,大量预算外资金游离于预算管理之外,不利于实施有效管理和全面监督。据统计,在国库管理制度改革之前的 1999 年,全国预算外资金收入达 3385 亿元,其中有 907 亿元未缴入财政专户管理,截留、坐支应缴未缴财政专户资金的现象相当严重。二是财政收支信息反馈迟缓,难以及时为预算编制、执行分析和宏观经济调控提供准确依据。三是收入预算执行中征管不严,退库不规范,财政收入流失问题时有发生。四是支出预算执行中资金分散拨付,相当规模的财政资金滞留在预算单位,难免出现截留、挤占、挪用等问题,既降低了资金使用效率,又容易诱发腐败现象。因此,传统资金缴拨方式已不适应新形势下加强预算管理的需要,也不适应规范政府行为、改革收入筹措制度的要求,必须从根本上进行改革。

(二) 财政国库管理行为规范的实践进程

1. 财政国库管理行为规范准备阶段(2000—2001 年)

2000 年 6 月,经中编办批准,财政部设立国库司,同时开始进行财政国库管理制度改革,建立国库集中收付制度。2000 年 8 月,财政部向国务院呈报了《关于实行国库集中收付制度改革的报告》①,汇报了建立现代财政国库管理制度的必要性和基本构想。根据国务院领导指示,中央财政从 2000 年 10 月起,对山东省、湖北省、河南省和四川省的 44 个中央直属粮库建设资金实行财政直接拨付。从 2001 年 1 月起,又对黑龙江省、江苏省、海南省、云南省、山西省和新疆维吾尔自治区的车辆购置税交通专项资金实行财政直接拨付到建设项目或用款单位。在此期间,地方财政积极进行了国库管理制度改革试点,包括实行财政供养人员工资由财政统一发放,对基本建设投资、政府采购支出等大额支出实行财政直接支付。这些工作标志着财政国库管理制度改革已经开始起步。

2. 财政国库管理行为规范试点阶段(2001—2005 年)

2001 年 3 月,国务院批准了《财政国库管理制度改革方案》②,财政国库管理制度改革正式开始实施。改革的基本目标是建立以国库单一账户体系为基础、资金缴拨以国库集中收付为主要形式的现代财政国库管理制度。改革的主要做法是,建立国库单一账户体系基础上的国库集中收付运行机制,收入收缴的资金及时进入国库单一账户或财政专户,资金支付按照规范程序,支付到供货商或最终收款单位,取消中间环节,使财政资金在未支付到收款人之前一直保存在国库。为保证试点工作顺利进行,财政部、中国人民银行制定发布了《中央单位财政国库管理制度改革试点资金支付管理办法》③,并选择水利

---

① 詹静涛、林燕、娄洪、王东伟:《关于实行国库集中收付制度改革的报告》,2005 年,见 http://gks.mof.gov.cn/zhengfuxinxi/guojijiejian/201007/t20100721_329032.html。

② 财政部、中国人民银行:《财政国库管理制度改革方案》,2001 年 3 月 16 日,见 http://www.mof.gov.cn/news/20050304_1871_5476.htm。

③ 财政部、中国人民银行:《中央单位财政国库管理制度改革试点资金支付管理办法》(银发〔2002〕216 号),《中国人民银行　财政部关于印发〈中央单位财政国库管理制度改革试点资金银行支付清算办法〉的通知》(银发〔2001〕259 号)同时废止。

部、科技部、财政部、法制办、中国科学院、国家自然科学基金会等部门作为第一批试点单位。2001 年 8 月,新成立不久的财政部国库支付中心拨出了改革试点的第一笔资金,标志着改革进入实质性操作阶段。

2002 年,实行国库集中支付改革的中央部门增加到 38 个。同年,财政部、中国人民银行联合制定发布了《预算外资金收入收缴管理制度改革方案》①和《中央预算单位预算外资金收入收缴管理改革试点办法》②,启动了收入收缴制度改革,并分两批对 15 个中央部门实施了收入收缴改革。各地也积极推进国库集中支付改革。在四川、安徽两省于 2001 年 11 月在全国率先进行了国库集中支付改革试点后,2002 年全国已有十几个省份进行了集中支付改革试点,有十几个省份进行了收入收缴改革试点。为顺利推进改革,财政部与中国人民银行联合发布了《国库存款计付利息管理暂行办法》③,开始实行国库存款计息,这是新中国成立以来财政资金首次按照货币市场化计价。

2003 年,中央实施国库集中支付改革的部门增加到 80 个,收入收缴改革试点范围也不断扩大。在大力推动中央部门进行改革的同时,财政部也努力推进地方国库管理制度改革。2003 年 7 月财政部发布《财政部关于深化地方财政国库管理制度改革有关问题的意见》④,要求地方于 2005 年全面推行财政国库管理制度改革。

2004 年,中央实施国库集中支付改革的部门达到 140 个。为进一步提高支付效率,财政部对国库司、国库支付中心机构职能进行了整合,按照资金管理规范、安全、有效的原则,设计了一条尽可能短的资金拨付流水线,极大优化了支付流程。

---

① 财政部、中国人民银行:《预算外资金收入收缴管理制度改革方案》(财库〔2002〕37 号),2002 年 6 月 28 日,见 http://gks.mof.gov.cn/redianzhuanti/guokujizhongzhifuguanli/200806/t20080618_46173.html。

② 财政部、中国人民银行:《中央预算单位预算外资金收入收缴管理改革试点办法》(财库〔2002〕38 号),2002 年 6 月 28 日,见 http://www.xa.gov.cn/websac/cat/494451.html。

③ 财政部、中国人民银行:《国库存款计付利息管理暂行办法》(财库〔2002〕62 号),2002 年 12 月 12 日,见 http://www.cnki.com.cn/Article/CJFDTOTAL-YSKJ200302009.htm。

④ 财政部:《财政部关于深化地方财政国库管理制度改革有关问题的意见》(财库〔2003〕68 号),2003 年 7 月 28 日,见 http://gks.mof.gov.cn/zhengfuxinxi/guizhangzhidu/200805/t20080524_35032.html。

截至 2005 年年底,所有 160 多个中央部门均实施了国库集中支付改革,70 多个有非税收入的中央部门全部纳入非税收入收缴制度改革范围;36 个省、自治区、直辖市和计划单列市也全面推行了国库集中支付改革,如期实现了国务院确定的"十五"期间全面推行改革的目标,基本形成了新型的预算执行管理运行机制。

3. 财政国库管理行为规范深化完善阶段(2006 年至今)

在 2005 年国库集中收付制度改革基础上,财政国库管理制度改革进一步向纵深发展。2006 年,专项转移支付资金实行国库集中支付取得突破,率先对农村义务教育专项资金实行国库集中支付。专项资金由中央财政拨付到省级财政后,省级财政按规定在几个工作日内将资金支付到收款人或支付到市县财政,再由市县财政支付到收款人,财政部通过监控系统,实时监控专项资金的流向,发现问题可及时核查处理。

随着改革的不断深入,原来滞留在预算单位账户上的闲置现金集中到国库单一账户,库款余额大幅度上升,为开展国库现金管理提供了条件。经国务院批准,2006 年,我国开始实施中央国库现金管理,在确保国库现金支出需要的前提下,通过买回国债、商业银行定期存款和减少国债发行等方式,降低财政筹资成本,获得收益。

2007 年,财税库银税收收入电子缴库横向联网工作正式启动。横向联网是指财政部门、税务机关、国库、商业银行利用信息网络技术办理税收收入征缴入库等业务,税款直接缴入国库,实现税款征缴信息共享的缴库模式,是我国税收征缴管理制度和信息共享机制的重大变革。同年,公务卡改革启动,"刷卡支付、消费有痕"[1]使公务消费置于阳光之下。

截至 2007 年年底,中央所有部门及所属 9300 多个基层预算单位实施了国库集中支付制度改革;全国 36 个省、自治区、直辖市和计划单列市本级,300 多个地市,1300 多个县(区),超过 23 万个基层预算单位实施了改革。实施改革的资金涵盖一般预算资金、专项转移支付资金、政府性基金和国有资本经营预算资

---

① 李丽辉:《财政支付少走"弯"路》,《人民日报》2011 年 1 月 10 日,见 http://www.tex-index.com.cn/Articles/2011-1-10/226602.html。

金等各类财政性资金,形成了包括预算指标管理、用款计划控制、支付申请及审核、支付结算及资金清算、会计核算、资金支付动态监控、代理银行考核等各环节紧密相连的国库集中支付管理体系。财税库银税收收入电子缴库横向联网稳步实施,有10多个横向联网试点省份取得初步成效;中央近50个部门,地方大多数省份的省本级、近200个地市、1000多个县(区)、超过18万个执收单位实施了非税收入收缴改革。此外,100多个中央预算部门推行了公务卡管理试点,地方一些省份也积极开展公务卡管理试点,并取得初步成效。

2006年建立中央预算稳定调节基金。为更加科学合理地编制预算,保持中央预算的稳定性,中央财政建立了中央预算稳定调节基金,专门用于弥补短收年份预算执行中的收支缺口,应对不时之需。中央财政可根据预算的平衡情况,在安排年初预算时调入并使用该项基金。中央预算稳定调节基金单设科目,安排基金时在支出方反映,调入使用基金时在收入方反映,基金的安排使用纳入预算管理,接受全国人大及其常委会的监督。从2008年起,年度执行中如有超收,超收除按照法律法规和财政体制规定增加支出,以及用于削减财政赤字、解决历史债务、特殊一次性支出等必要支出外,原则上不用于当年支出,一律转入中央预算稳定调节基金,在以后年度经过预算安排使用。当年预算执行中确有需要增加安排的支出,使用中央预备费解决。因特殊原因需要在总预算之外增加收支的,要通过法定程度调整预算。这有利于规范预算管理,增强预算的约束力;有利于提高预算的透明度,提高依法行政和依法理财的水平;有利于全国人大及其常委会和广大人民群众对超收收入安排的监督。建立中央预算稳定调节基金反映了稳健理财、周期平衡、控制风险的理财观念,为中央政府应付突发事件提供了物质保障。2008年,为应对我国南方的冰冻灾害和汶川特大地震带来的增支压力,中央财政调用中央预算稳定调节基金并调整支出科目,统筹安排抢险救灾和灾后恢复重建基金,既有力保障了抗灾救灾工作,又保持了当期预算平衡。

(三) 财政国库管理行为规范取得较大成效

1.国库集中收付制度的优越性充分展现

国库集中收付制度改革是公共财政管理的基础性、机制性的变革,是财政管理的根本性创新,其优越性集中体现为四个方面:一是体现了科学理财和依法理财的观念。国库集中收付制度所确立的一整套管理流程,对预算执行的各环节都有严格的规范化、程序化要求。极大增强了各单位财政财务管理水平,科学理财、依法理财的观念有了机制保障。二是增强了财政宏观调控能力。国库现金流量由过去各单位分散持有转变为财政部门统一持有和管理,从根本上改变了财政资金调度能力,较好地保证了重点支出和预算的正常执行,还为实施国库现金管理、增强财政理财功能、加强财政政策与货币政策的协调实施以及加强宏观调控奠定了基础。三是加强了预算执行过程的监督控制。以国库单一账户体系为基础建立的电子化监控系统,实现了对中央9300多个预算单位用款的零余额账户的每一笔支付交易实时智能化动态监控,从根本上加强了事前和事中监督,创新了财政监控模式。中央财政自2001年建立财政国库动态监控机制以来,预算单位违规比例逐年持续下降,成效明显。四是提高了预算执行管理信息的透明度。预算执行信息的生成机制发生了较大变化。在收入收缴方面,税收收入实行财税库银电子缴库横向联网,使得税收收入信息从相关部门汇总获取转变为从纳税环节直接获取;非税收入信息从各部门层层汇总后获取转变为从缴款环节直接获取。在支出支付方面,从对一级部门批发式拨款获取支出信息转变为从各基层预算单位最终付款环节获取。这为预算执行信息的准确性和及时性提供了机制保障,为预算执行的管理和分析提供了可靠的信息基础。

2. 预算的执行行为规范不断强化

在预算执行方面,优化整合财政国库管理机构职能、业务流程和信息系统,简化了审核事项,缩短了审核时间,进一步优化资金支付管理流程,提高了预算执行管理效率。在预算执行分析方面,经过几年的努力,预算执行分析报表报送的及时性、准确性大大提高,分析内容向多因素、相关性、政策效应和趋势分析拓展,前瞻性分析能力进一步增强,分析报告已经成为财政经济决策管理的重要参考依据。

3. 总预算会计管理基础得到加强

一是财政资金专户管理得到规范,清理归并一批财政资金专户,实现了财政资金专户归口财政国库部门统一管理。二是各级财政部门的资金安全防控意识和内部控制机制等进一步强化,建立了科学、严密的总会计业务流程。三是建立了国库现金流量预测系统,资金调度的及时性、准确性和预见性逐年提高,确保了重点资金及时均衡拨付。四是及时修订完善总预算会计科目,以适应国库集中收付制度改革、政府收支分类改革、津补贴改革、国有资本经营预算管理等财政重大改革的需要。进一步改革对账制度,确保总预算会计账的真实性、完整性。此外,2003 年我国启动了政府会计改革研究,在研究国内外政府会计基础上,目前已完成《我国政府会计战略框架问题研究报告》,并在抓紧制定相关改革方案。

4.国库现金管理有效降低了财政筹资成本

2006 年 8 月,我国首次实施中央国库现金管理操作。截至 2007 年年底,通过回购国债、商业银行定期存款及减少国债发行等方式进行操作,在确保国库支付需要和国库现金绝对安全的前提下,为中央财政增加净收益(或减少支出)近 29 亿元,在降低财政筹资成本和与货币政策协调方面取得了显著成效。

5.财政国库动态监控效果日渐显现

国库集中收付制度改革实施后,财政部门建立了以国库单一账户体系为基础的电子化监控系统,实现了对中央预算单位用款的零余额账户的每一笔支付交易实时智能化动态监控,创新了财政监控模式,并建立了财政资金实时监控、综合核查、信息披露、整改反馈、跟踪问效的财政国库动态监控管理机制,从根本上加强了事前和事中监督,预算单位规范使用资金的意识明显增强,违规行为大大减少。

第五节　财政行政复议行为的规范

财政行政复议,源于行政复议。行政复议是与行政行为具有法律上利害关系的人认为行政机关所作出的行政行为侵犯其合法权益,依法向具有法定权限的行政机关申请复议,由复议机关依法对被申请行政行为合法性和合理性进行审查并作出决定的活动和制度。行政复议是行政机关实施的被动行政行为,兼具行政监督、行政救济和行政司法行为的特征和属性。它对于监督和维护行政主体依法行使行政职权,保护相对人的合法权益等均具有重要的意义和作用。

《中华人民共和国行政复议法》(以下简称《行政复议法》)在 1999 年 4 月 29 日第九届全国人民代表大会常务委员会第九次会议上通过,由 1999 年 4 月 29 日中华人民共和国第 16 号主席令公布,自 1999 年 10 月 1 日起实施,共计七章四十三条。

一、对财政部财政行政复议的规范

为了规范财政行政复议和应诉工作,1999 年 11 月 2 日,财政部颁布《财政部行政复议和应诉工作规则》①,主要规范财政部的行政复议和应诉工作,并统一了法律文书格式。规则明确规定,财政部条法司具体办理行政复议和应诉事项,履行下列职责:受理行政复议申请;向有关组织和人员调查取证,查阅文件和资料;审查申请行政复议的具体行政行为是否合法与适当,拟订行政复议决定;处理或者转送对《行政复议法》第七条所列有关规定的审查申请;对财政机关违反《行政复议法》规定的行为依照规定的权限和程序提出处理建议;办理因不服财政部具体行政行为和行政复议决定提起行政诉讼的应诉事项;法律、法规规定的其他职责。

其后,为了保证准确、公正地办理财政行政复议案件,财政部制发了《重大案件集体研究工作规则》②,对重大的、复杂的复议案件实行集体研究的制度,特别是对被申请人为财政部的复议案件,以及拟作出撤销、变更具体行政

---

① 财政部:《财政部行政复议和应诉工作规则》,1999 年 11 月 2 日,见 http://www.chin-alaw.edu.com/falvfagui/fg21752/31060.shtml。

② 财政部:《2007 年法规信息反映第一期》,2007 年 1 月 12 日,见 http://tfs.mof.gov.cn/zhengwuxinxi/faguixinxifanying/200806/t20080603_44522.html。

行为或者确认具体行政行为违法的复议决定,都坚持集体研究决定。

为了全面、准确地掌握财政部门行政复议、行政应诉和行政处罚工作情况,进一步改进和完善财政立法和执法,2000年10月,财政部制发了《财政部关于建立和完善财政行政复议、行政应诉和行政处罚案件统计报告制度的通知》①,建立起行政复议、行政应诉和行政处罚案件统计报告制度,定期进行案件总结分析。

专栏3-5-1　财政部首次败诉政府采购案

据《经济参考报》报道,北京北辰亚奥科技有限公司(以下简称"亚奥公司")不服财政部作出的政府采购投诉处理决定,于2006年2月向北京市第一中级人民法院提起行政诉讼。7月28日,北京市一中院一审判决,以事实不清为由,撤销了财政部的投诉处理决定。据悉,这是财政部第一次在政府采购案件中败诉。

2005年6月,卫生部委托中化国际招标有限责任公司(以下简称"中化公司")就政府采购某项目进行公开招标,亚奥公司参加了其中第16包医用制氧机的投标。7月5日,中化公司公布江苏鱼跃医疗设备有限公司(以下简称"鱼跃公司")中标。7月20日,亚奥公司向中化公司书面质疑鱼跃公司的投标资格,中化公司7月26日作出答复。亚奥公司不满答复,于8月4日向财政部投诉,请求确认鱼跃公司不具备投标资格。9月15日,财政部作出的《关于亚奥公司投诉事项的处理决定》认为,鱼跃公司提供的证明材料有效,确认亚奥公司投诉无效。亚奥公司不服处理决定,向财政部申请行政复议。复议后,财政部维持了处理决定。亚奥公司不服行政复议结果,遂向北京市一中院提起了行政诉讼。

法院判决认为,根据《投诉处理办法》第十七条的规定,财政部门受理政府采购供应商的投诉后,应当对投诉事项全面进行审查,依法作出相应处理决定。本案中,亚奥公司认为鱼跃公司此次投标不符合投标资料中的两款规定,但财政部的处理决定仅对其中一款的相关规定进行了认定,却对另一款规定的投诉事项未予评述,即认定原告投诉无效,属于事实不清,因此判决撤销财政部的投诉处理决定。

资料来源:2006年8月1日大洋网—广州日报,http://finance.sina.com.cn/g/20060801/13522781965.shtml。

二、对地方财政部门财政行政复议行为的规范

2003年,为加强对地方财政部门行政复议和应诉工作的指导,财政部制

---

① 财政部:《财政部关于建立和完善财政行政复议、行政应诉和行政处罚案件统计报告制度的通知》,2000年10月30日,见http://www.law-lib.com/lawhtm/2000/72832.htm。

发了《财政机关行政复议和应诉工作指导意见》①,对地方财政机关行政复议和应诉工作进行全面规范。

　　财政行政复议实施以来,形成了一套较为完善的行政复议工作机制和工作方式,妥善解决了许多行政争议,促进财政部门行政执法水平不断提高,树立了财政机关依法行政、依法理财的良好形象。

---

　　①　中国法制信息网:《财政部在国务院行政复议工作座谈会上的发言》,2017 年 8 月 13 日,见 http://s.yingle.com/w/xz/214001.html。

第 四 篇

大国财政和全球治理

引　言

端起历史的望远镜看大国财政与全球治理

　　中国一直以来都是我们这个世界上举足轻重的国家。时光荏苒、世事兴衰，一部中国史也是半部世界史：无上的荣光在这个曾经占据全球二分之一经济总量（GDP核算）的国家头上环绕了上千年，汉唐盛世、宋明繁华，聚集了世界上最大的都市、最繁忙的港口、最富活力的市场和最耀眼的科技；世界经济格局和国际经济秩序也曾由这个国家主导了上千年，丝绸之路、朝贡体系、郑和下西洋，形成了全球最早的纸币，缔结了国际上最早的市场交易规则（贸易惯例），创造了世界上最大的信用汇兑体系，形成了商儒一体的商帮文化；当然，屈辱和落后也成为这个国家百余年挥之不去的梦魇，鸦片战争、甲午战争、八国联军侵华战争等等，坚船利炮的威胁、毫无信义的讹诈，中国沦为了半殖民地半封建国家，在世界格局中成为毫无尊严的落后国、下等国；抗日战争的胜利，全国解放战争的胜利，新中国的成立成为中国复兴的重要基础和转折点，而改革开放则是中国现代化建设进程中的重要加速器和推进器，久经磨难的中华民族迎来了从站起来、富起来到强起来的伟大飞跃，迎来了实现中华民族伟大复兴的光明前景。站在今天，我们的背后是四十年改革开放所积累的巨大物质成果，我们的前面是"两个一百年"的宏伟蓝图，大国财政展示了我国经济成就和天下情怀，"一带一路"开启了我国参与全球治理的新起点。历史是一个"万花筒"，但更是一个"望远镜"，让我们用"凹镜"来延伸视野，用"凸镜"来观察事件，从而站在世界的高度为中国的财政改革，为大国财政和全球治理的不断提升、演进而撰记。

中国财政的开放进程与改革进程基本同步。1980 年，我国恢复了在国际货币基金组织和世界银行集团中的合法席位，并与美国建立中美经济联合委员会，标志着我国财政开放事业翻开了崭新的一页，中国与世界各主要经济体在财经领域的对话、交流与合作从无到有、逐步加强。四十年来，我国在财政开放和国际财经合作领域取得了一系列重大的成果，逐步从国别合作走向区域合作，从经贸关系走向了全球化的贸易、投资和金融关系，从财经问题参与走向了全球经济治理。大国财政的特征愈加显著，国际治理的色彩逐步突出，在分化的世界中提倡和推动"命运共同体"的构建。1999 年，中国以创始成员国身份参加二十国集团（G20）财长和央行行长会议，并在其中发挥积极作用；2004 年 10 月，中国首次与西方主导的七国集团（G7）财长开展对话；2005 年，中国作为二十国集团（G20）主席国，引导 G20 进程，首次成功地将国际经济治理架构改革问题纳入了对话框架；2006 年 12 月，首次中美战略经济对话召开，由中美两国国家元首倡导建立的这一机制成为中美间增进战略互信、开展务实合作的重要平台；2014 年 11 月，亚太经合组织（APEC）北京峰会确定了以经济改革、新经济、创新增长、包容性支持、城镇化作为五大支柱，加强财政政策协调的安排；2016 年 9 月，在 G20 杭州峰会的议程中，时任财政部部长楼继伟代表中国财政部主持了多场外围对话，并与各国达成了关于防范税基侵蚀和利润转移问题等一系列共识；2017 年 5 月，在北京召开的首届"一带一路"国际合作高峰论坛期间，财政部主导提出了《"一带一路"融资指导原则》，并获得了 27 个国家的核准①，成为重要的国际区域共同行动规则。

1978 年以来，我国对外开放事业不断取得新成就，并成为全球经济增长的重要引擎和国际经济秩序的重要建构和改革力量。从贸易的情况看，1980 年，在短短的 3 年之内，我国出口贸易总额在全世界上升到第 26 位；而随后的 1989 年，尽管遭遇了不利的国际环境，我国的出口贸易总额仍上升到世界第

---

① 新华社通稿：《27 国核准融资指导原则 调动各路资金投入"一带一路"建设》，2017 年 5 月 16 日。

14 位;1999 年,我国的出口总额再上新台阶,在全球跃升到第 9 位;2001 年,我国正式加入了世界贸易组织(WTO),一方面享受着更好的国际贸易环境,另一方面也肩负着更为重大的开放经济的使命;2007 年,我国成为第三大世界贸易国;2013 年,我国已经成为全球货物贸易的第一大国和最大的出口国。与贸易扩张和机制拓展相并行的是投资的开放情况:1980 年,我国首次批准了 3 家外商投资企业,至 1985 年年底,累计引进的外资达到 60 多亿美元;1997 年底,党中央、国务院召开了全国利用外资工作会议,提出了进一步扩大对外开放,提高利用外资水平的指导思想;到 2017 年为止,我国已经连续 25 年成为引进外商直接投资最大的发展中国家,其中 2013 年和 2015 年超过美国成为引进外资的第一大国①。

国际公共风险成为推动全球化发展和大国财政作用不断提升的重要动力。1973 年"美元危机"的反复出现和布雷顿森林体系的解体将全球货币体系和金融市场带进了风险区间。在牙买加体系成立以来,仅因为各国货币竞相贬值而导致的区域性金融风险和危机就有数十起,而因为无度举债并由于汇率波动导致债务危机的事件也多达数十起,甚至拉美的主要国家都发生过类似的危机。受到国际大宗商品市场价格波动的影响,许多发展中国家特别是单一商品国在这一阶段也发生了多次重大宏观经济波动,甚至转变为经济危机:国际粮食价格波动导致了西南非洲和南美洲的部分国家濒临破产;国际铁矿石价格的波动,导致了智利、巴西的国际收支急剧恶化,甚至如澳大利亚这样的发达经济体,也出现了国民经济的巨大风险;国际石油价格的巨大调整,导致部分用油国和产油国出现了通货膨胀和收入紧缩的风险,苏丹、委内瑞拉等国家甚至还由此导致了社会动荡。这些国际公共风险,既要求世界各国采取联合有效的机制共同行动,共担风险、共享收益,打造人类命运共同体;也要求具有世界影响力的大国积极承担国际责任,提升大国财政的风险管控能力和化解能力,解决人类社会所面临的共同压力和风险。

大国财政一直是支撑我国开放事业不断向纵深发展的重要支柱。在

---

① 据中国商务部和美国经济分析局的统计数据。

1980 年贸易形势取得初步改善的情况下,财政部门主动根据国际惯例,推出了出口退税制度,对外贸经营企业实行了承包经营责任制,并支持相关的专业银行和金融机构开办了出口信贷业务;在投资领域,财政部门在 1980 年就开始着手建立涉外税法和税制,先后制定了《中华人民共和国中外合资经营企业所得税法》、《中华人民共和国个人所得税法》和《中华人民共和国外国企业所得税法》等三部重要的法律和实施细则,并在 1986 年根据有计划商品经济的发展情况,给予外商投资企业以更好的待遇。在 20 世纪 90 年代对外贸易的快速发展阶段,我国财政主动配合外贸配额制度和通关制度的改革,并完善出口退税政策,运用出口信贷、出口信用保险等国际通行手段支持外经贸发展;在外资领域则通过给予更加规范的税收优惠政策的引导和政府对基础设施投入的支持,扩大市场准入,引导外资流向重点扶持产业。

进入 21 世纪以来,财政部门则积极落实我国在加入 WTO 时候的对外承诺,大幅度减让关税,并推动最惠国待遇和国民待遇在财税领域的深化和拓展,积极开展公平贸易管理,支持重要的实体经济企业和金融企业参与国际贸易、投资和金融合作,坚决落实"一带一路"倡议中所提出的各项任务和要求,加强与重要国际经济组织和世界主要经济体的发展互动,支持南南合作及在区域经济发展领域突破现有的范式,形成更具开放性、自主性、协同性和包容性的世界经济治理新格局。

第 一 章

全球化进程中的中国财政改革

2014 年,习近平总书记在中央全面深化改革领导小组第三次会议上明确指出,"财税体制改革不是解一时之弊,而是着眼长远机制的系统性重构。"[①]对外开放也是一种改革,这种改革既强调借鉴外部经验,又强调尊重中国国情。财政是国家治理的基础和重要支柱,大国财政是国家提供国际公共产品,维护国际经济秩序和推动外向型经济发展的重要基础和支撑。中国的财政改革就是在对外开放的进程中不断提升和完善,在全球化的浪潮中不断维护共同利益,传播好中国的声音。

第一节　不断融入全球化的中国

经济全球化是我们这个时代的国际潮流,浩浩荡荡,不可逆转;经济全球化也是我们所处时代的重要主题,是重大战略机遇期的核心构成;同时,经济全球化也在放大着经济运行风险,并给我国经济的稳定运行带来新的挑战。我国正在不断推进对外开放的进程。不断融入全球化的中国,强调有序引入

---

① 习近平:《财税体制改革非解一时之弊　而是着眼长远》,2014 年 6 月 6 日,见 ht-tp://www.chinanews.com/gn/2014/06-06/6254036.shtml。

国际上的经济贸易惯例来补充我国的市场经济规则,有效借鉴世界上其他国家的经验做法来完善我国市场经济机制,积极拓展外部市场和资源来弥补我国经济的短板和瓶颈,同时,也在积极作为,有效应对或处置国际经济风险的传递和蔓延。

一、国际商品贸易取得巨大发展

改革开放初期,对外贸易被看成是社会主义扩大再生产的补充手段,局限于互通有无、调剂余缺,并依然实行高度集中的指令性计划管理,由国营外贸公司集中统一经营,对外贸易远远不能适应经济发展的需要。20世纪80年代,随着对外开放的不断扩大,外资企业和国际竞争客观上要求更加透明、更加公平的贸易环境,外贸体制进行了多次重大改革,也获得了财政政策的主动响应和大力支持。如:通过增设对外贸易口岸和下放外贸经营权,改变了高度集中的外贸经营管理体制;通过实行外贸减亏增盈分成制度和地区差别的外汇分成制度以及出口退税政策,有力地促进了出口;通过实行承包经营责任制,激发了外贸企业经营活力;通过运用价格、汇率、利率、补贴、出口信贷等经济手段调控对外贸易,改变了单一的计划管理体制。沐浴着改革开放的春风,我国对外贸易发展的活力不断增强,实现了外贸发展的第一次飞跃。到1989年,我国出口在世界的排名由1980年的第26位上升到了第14位。

20世纪90年代,按照统一政策、放开经营、平等竞争、自负盈亏、工贸结合、推行代理制的原则,国家对外贸体制进行了重大改革,并获得了财政政策等宏观政策的进一步支持。主要有:建立了有管理的单一浮动汇率制度,实行银行结售汇制度,取消了外汇留成;取消了进出口指令性计划,对部分出口商品配额实行公开招标;逐步放开了外经贸经营权,推进外经贸经营权由审批制向登记制过渡;积极推动外经贸企业转换经营机制,进行股份制试点;完善出口退税政策,运用出口信贷、出口信用保险等国际通行手段支持外经贸发展;改革口岸体制,提高通关效率;加强外经贸中介组织建设,强化服务、协调职能。这一时期,根据国内外形势的变化,先后提出了"以质取胜"战略、"市场多元化"战略、"大经贸"战略、"科技兴贸"战略,财政政策也相应地对安排资金和完善税制予以支持,我国对外贸易实现了第二次飞跃,1990—1999 年间出口年均增长 14%,1999 年出口在世界的排名跃升至第 9 位。

　　进入 21 世纪以来,我国抓住加入世贸组织和全球范围内新一轮产业结构调整的重大机遇,保持鼓励扩大出口政策的稳定性和连续性,改革出口退税机制,建立健全外贸促进体系,完善检验检疫制度,实施"大通关"等贸易投资便利化措施。国家财政也进一步降低关税总水平,大幅减少非关税措施,使对外贸易得到了快速发展。2000—2007 年对外贸易实现了年均 24.3% 的快速增长,2007 年我国对外贸易总额历史性地突破 2.1 万亿美元大关,成为世界第三大贸易国。

　　2008 年,肇始于美国的全球金融危机导致了整个世界经济运行态势的急剧下挫,国际贸易规模萎缩,增速明显下滑。为有效应对全球金融危机下的外部需求萎缩所导致的国内产能过剩和库存积压等问题,我国启动了以扩张内需、提升产业竞争力和调整产业结构和布局的"四万亿"财政扩张计划。在"四万亿"财政扩张计划的推进支持下,我国保持了国内生产经营形势的基本稳定,有效地推动了企业去库存进程,并为世界经济增长和国际贸易形势的平稳运行提供了重要支撑。2010 年,在全球贸易增长仍在低位运行的条件下,我国已经成为世界上最大的出口国和第二大贸易国。而到了 2013 年,我国已经超过美国,在继续蝉联世界上第一大出口国的情况下,又成为世界上最大的贸易国家[①]。中国对世界经济的影响举足轻重,中国的贸易促进政策体系、中国的贸易战略支撑体系和中国的出口导向发展模式越来越为世界上的发展中国家所学习和效仿。而其中,由财政政策所主导的公平贸易措施、出口信贷和再保险措施、提升通关效率措施、生产性补贴[②]和税收激励措施等都发挥了重要的支撑作用。

---

　　①　据中国国家统计局和美国经济分析局的相关数据并根据年平均汇率折算成美元后比较。

　　②　这里所指的是符合 WTO 规定中可以使用或可以在一定限度内使用的生产性补贴,包括制造业的生产性补贴和农产品的生产性补贴等。

二、世界市场领域和规模不断拓展

在全球化浪潮的推进下,世界市场的范围、领域、规模和机制都在不断扩展,并成为我们这个时代的鲜明主题。财政政策一方面要促进世界市场的不断扩张,另一方面也要支持提升我国在世界主要商品市场上的话语权。

根据"世界贸易组织/关贸总协定"①的统计,1979 年世界贸易总额为16255 亿美元,而 1989 年则达到 31000 亿美元,尽管年均增速超过 6%,但年度贸易增长处于波动状态。1986 年,关税及贸易总协定(GATT)在乌拉圭的埃斯特角城启动第八轮贸易谈判,并在 1994 年达成了一系列重大成果,包括关税及贸易总协定(GATT1994)、服务贸易总协定(GATS)和与贸易有关的知识产权协定(TRIPs)等三个基本协定和一系列的细则协议,并着手成立世界贸易组织(WTO)。

WTO 成立后,世界商品贸易规模保持更快的速度扩张,并在商品结构上体现出一系列新的特点。1999 年,世界货物贸易总额达到约 49000 亿美元,中国在出口大国中排名第九,在进口大国中排名第十,进入到国际贸易的第一集团。2009 年,在国际金融危机的冲击下,世界贸易增长态势出现了一定的波动,但总额仍然达到 12.55 万亿美元,10 年规模扩大了 1.5 倍。2017 年的世界贸易总额预计将达到 16.22 万亿美元,增速约为 4% 左右②,在国际金融危机中,继续保持扩张的态势,为世界各国经济的发展提供了重要的支撑。

在货物贸易市场得到了快速扩张的同时,服务贸易也得到了快速的成长。1980 年,世界服务贸易总额达到 4036 亿美元③,主要贸易额发生在发达国家之间,约占世界服务贸易总额的 85% 左右。随着 1994 年服务贸易总协定(GATS)的签署,世界服务贸易的发展也进入到快车道,1995 年世界服务贸易

---

① 1995 年关税及贸易总协定(GATT)改组为世界贸易组织(WTO),其组织制度在继承原有关贸总协定的基础上,进一步扩大到知识产权贸易、服务贸易和贸易争端解决。
② 根据 WTO 在 2018 年 1 月 31 日的会议文件整理。
③ 本段的相关数据均来自于世界贸易组织/关贸总协定的统计数据库。

总额达到 11952 亿美元,发展中国家在世界服务贸易中的地位和作用出现一定程度的上升。2001 年 12 月 11 日中国加入 WTO,当年世界服务贸易总额达到 14822 亿美元,主要的增量即是由发展中国家支撑的;而在中国正式加入 WTO 之后,经过短短两年,2004 年的世界贸易总额达到 21457 亿美元,首次超过 2 万亿美元,中国对世界服务贸易的贡献巨大。2012 年,在国际金融危机风险刚刚平定,世界服务贸易环境逐步恢复的情况下,世界服务贸易总额达到 41523 亿美元,为世界市场的稳定和拓展创造了良好的条件。

在国际大宗商品市场上,我国的地位和影响力也举足轻重,但话语权缺失和定价能力不足的风险一直是我国在大宗商品市场上的切肤之痛。以铁矿石和原油为例,2016 年,我国进口铁矿石 10.24 亿吨,增长 7.5%,居全球第一位;原油 3.81 亿吨,增长 13.6%,超过美国居全球第一位[①],我国在大宗商品市场中的地位极为突出。但在另一方面,我国在大宗商品定价权和市场话语权方面却与我国的地位极不相称,甚至在一定的阶段内成为加剧我国通货膨胀和导致净贸易条件恶化的重要原因。

为有效应对大宗商品价格波动和话语权缺失的风险,国家财政积极支持相关部门组建有关的机制和推出相应的产品,如自 1993 年起,国家财政采取符合市场机制的渠道和措施,支持我国石油公司在泰国邦亚区块获得石油开发作业权,并迅速推进到海湾、北非和中非地区布局原油开采、购买石油区块或建设大型炼厂,2013 年,中石油的海外石油产量超过 1 亿吨,国外石油开采和原油进口成为我国石油供给的重要来源。再如,国家财政积极支持证监会、上海国际能源交易中心等单位开展原油期货的研究和试点推行,2018 年 3 月 26 日,原油期货正式在上海国际能源交易中心挂牌,一方面开启了国际原油人民币计价的历史进程,另一方面开始提升我国在国际原油市场上的话语权。

铁矿石定价权和市场交易的争夺也走过类似的历程,2003 年,我国成为世界第一大铁矿石进口国,进口铁矿石上涨 40.5% 左右,进口依存度上升至

[①]　据海关总署 2016 年进出口情况的新闻公报,2017 年 1 月 13 日。

50%;而至 2016 年,我国铁矿石进口量达 10.24 亿吨,约占全球铁矿石贸易的 70%①,矿石价格和运费水平均随之上涨,从而导致我国钢铁生产成本高企,影响行业的增加值率和积累水平。为控制风险,增强市场的话语权,2009 年武钢 4 亿美元入股巴西铁矿石企业,并迅速带动了国内钢企一轮跨境并购和投资潮,如中铝入股力拓、湖南华菱钢铁入股澳大利亚福特斯克金属集团(FMG)、五矿收购澳大利亚矿业公司(OZ Minerals)等等;2013 年 10 月,在国家财政的支持下,我国铁矿石期货正式登陆大连商品交易所,并采用人民币计价,2018 年 2 月决定向海外人民币开放;2018 年 1 月 26 日,我国在铁矿石的定价权争夺战中取得新成绩,澳大利亚矿石生产商必和必拓确认,在与中国客户的合同续约中,其采用了中国的 Mysteel 铁矿石指数。中国对铁矿石的话语权和影响力明显增强。

三、世界投资格局发生重大变化

中国改革开放四十年期间,我国经历了两轮世界投资的高峰浪潮:第一轮是 20 世纪 60 年代末到 80 年代初期的第三轮产业转移和投资浪潮,世界投资格局由水平型转向垂直型,发展中国家依托自身的开放优势极大地参与进来,并借此形成了"出口导向"和"进口替代"两个基本类型的国民经济发展模式;第二轮是 21 世纪初到目前的第四轮产业转移和投资浪潮,世界投资格局由发达国家对发展中国家的单向投资开始转向发达国家与发展中国家的双向投资,产业链重组和价值链管理成为新的投资对象,参与式合作和全链式创新成为新的世界投资主题和各国产业发展的关注所在,其中我国在世界投资格局中处于举足轻重的地位。

(一) 中国成为国际直接投资的首要目的地国家

改革开放初期,我国吸收外商直接投资处于起步阶段。1979 年颁布了《中华人民共和国中外合资经营企业法》,1980 年批准了第一批 3 家外商投资

---

① 据铁矿网统计数据库。

企业。此后,我国先后对经济特区、沿海开放城市和沿海经济开放区内吸收外资实行一些特殊政策,扩大地方外商投资的审批权限,发挥了各地利用外资的积极性。截至 1985 年底,我国累计实际使用外商投资 60 多亿美元。外资主要来自港澳地区,以劳动密集型的加工项目和宾馆、服务设施等第三产业项目居多,主要集中在广东、福建和其他沿海省市。1986 年,国务院颁布了《关于鼓励外商投资的规定》,对外商投资设立产品出口企业和先进技术企业给予更为优惠的待遇,随后又制定了一系列配套法规并采取了相应鼓励措施,改善了投资环境,推动了吸收外资的发展。1986—1991 年,全国累计实际利用外资 190 亿美元,年均 31 亿美元,是前 6 年的 3 倍多。吸收外商投资的结构也有较大改善,生产性项目及产品出口企业大幅增加。

1992 年,邓小平同志视察南方并发表重要谈话,明确了大胆利用外资是一项全新的事业,吸收外资势头大大加快。1992 年当年全国新批合同外资金额超过前 13 年的总和,1993 年实际吸收外资比 1992 年增长 1.5 倍。此后,中央确定了积极合理有效利用外资的方针,在扩大规模的同时,拓宽利用外资领域,采取更加灵活的方式,引导外资投向基础设施、工业、农业和部分服务业,我国吸收外资进入了高速发展的新时期。1997 年底,党中央、国务院召开了全国利用外资工作会议,总结了 20 年来我国吸收外资的经验,提出了进一步扩大对外开放,提高利用外资水平的指导思想。从 1996 年到 2000 年,我国实际吸收外资保持在年均 400 亿美元以上的规模。

加入 WTO 以来,我国按承诺开放了包括金融、电信、建筑、分销、法律、旅游、交通等在内的众多服务领域。制定、修订、废止了 3000 余件法律、行政法规和部门规章,加强知识产权保护,规范外商投资的税收、补贴等财政优惠政策,投资环境进一步完善,利用外资的规模继续扩大,连续 25 年居发展中国家首位,实际利用外资平均每年超过 600 亿美元。在继续保持吸收外资相当规模的同时,吸收外资工作与国民经济整体发展更紧密地结合,更加注重优化吸收外资的产业、地区结构,对我国产业结构调整和技术进步作出新的贡献。

2013 年以来,我国利用全球金融危机逐步平定、国际经贸合作浪潮再度兴起的有利时机,大胆地抓住国际战略机遇期,在引进外资领域迈出了新的步伐。2013 年新引进外商直接投资 1176 亿美元,2014 年和 2015 年引进外商直接投资的规模均超过美国,分别达到 1196 亿美元和 1263 亿美元,位居世界第一。2017 年,我国引进外商直接投资的规模超过 1300 亿美元,财政政策在税收安排、政府性基金管理和财政支出等方面给予支持,并全面落实《国务院关于扩大对外开放积极利用外资若干措施的通知》(国发〔2017〕5 号)和《国务院关于促进外资增长若干措施的通知》(国发〔2017〕39 号)等文件的要求,推进中国引进外商直接投资稳中有进,增长超出预期。

（二）我国对外直接投资迅速增长并成为新兴大国

改革开放前,我国的对外工程承包和劳务输出主要是配合对外援助工作。改革开放为我国企业"走出去"创造了条件,但 20 世纪 80 年代初,对外投资规模很小,投资目的地局限于美、日、英、德和我国香港等少数国家和地区,投资领域主要为贸易、海运代理和餐饮等,投资主体基本上是国有外经贸企业,对外工程承包和对外劳务合作的经营主体、业务规模和领域十分有限。

20 世纪 80 年代后半期,我国的对外投资规模有所扩大,领域延伸到工业、工程、渔业等方面,投资地域扩展到主要发达国家、南亚、中东和部分非洲国家,投资主体出现多元化,少数大型国有生产企业开始尝试境外投资,地方政府和国务院各部委纷纷在港澳及欧、美、日设立"窗口"企业;对外承包工程和对外劳务合作业务规模逐步扩大,经营领域日益拓宽。20 世纪 90 年代,我国对外承包工程和对外劳务合作业务成倍增长,合作地域遍及 180 多个国家和地区,合作领域涉及各个行业。

1999 年,党中央根据国内外形势的发展变化,从我国发展全局和战略的高度,明确提出了"走出去"战略。按照中央的部署,各地区、各部门共同努力,加快建立"走出去"战略的促进体系、保障体系、监管体系和服务体系,大力发展境外投资办厂加工装配、境外资源开发、对外工程承包与劳务合作等。党的十七大报告提出,要"创新对外投资和合作方式,支持企业在研发、生产、销售等方面开展国际化经营,加快培育我国的跨国公司和国际知名品牌。积极开展国际能源资源互利合作"。努力推动各类企业"走出去",多层次、宽领域地参与国际经济合作,已经成为我国新时期拓展对外开放广度和深度,提高开放型经济水平的重要内容。

2012 年,党的十八大报告明确指出,要"加快走出去步伐"①,并在党的十八届三中全会中确定了"扩大企业及个人对外投资,确立企业及个人对外投资主体地位,允许发挥自身优势到境外开展投资合作,允许自担风险到各国各地区自由承揽工程和劳务合作项目,允许创新方式走出去开展绿地投资、并购投资、证券投资、联合投资等"②的基本要求。2017 年,党的十九大报告指出:"创新对外投资方式,促进国际产能合作,形成面向全球的贸易、投融资、生产、服务网络,加快培育国际经济合作和竞争新优势。"③这些重大战略都要求财政部门采取新的有效措施来有序推进和战略性鼓励对外投资的发展,并在关键的国家和区域集中形成产业链的有效布局,以投资带动贸易,以贸易强化合作,以合作推进人民币国际化和金融全球化的发展。2017 年,在加强调控管理的前提下,我国实现非金融类的对外投资规模为 1201 亿美元,成为世界排名前列的对外投资大国。

四 、金融全球化在应对风险中取得了重大发展

1976 年 1 月,国际货币基金组织(IMF)在牙买加首都金斯敦举行会议,讨论 IMF 的相关货币体系的改革条款,并在同年 4 月,国际货币基金组织理事会通过了《IMF 协定第二修正案》,从而形成了新的国际货币体系。在"牙买加体系"下,美元不再与黄金挂钩,实行浮动汇率制,并增强特别提款权的作用。金融全球化发展自此进入一个新的阶段。

金融全球化以服务基础设施投资和产业投资作为基础环境和条件,并随着"马歇尔计划"等国家投资计划和跨国公司等产业投资活动而迅速的拓展到全世界。1980 年,全世界国际金融市场的资金规模超过了 3 万亿美元,在

---

①　《十八大以来重要文献选编》上,中央文献出版社 2014 年版,第 19 页。

②　《十八大以来重要文献选编》上,中央文献出版社 2014 年版,第 525—526 页。

③　习近平:《决胜全面建成小康社会　夺取新时代中国特色社会主义伟大胜利——在中国共产党第十九次全国代表大会上的报告》,人民出版社 2017 年版,第 35 页。

支持国际投资、贸易发展的同时,也给国际金融市场的稳定和金融全球化的拓展带来了变数。从1980年到2017年,因为部分主导国家金融自由化进程的失序和国际游资的冲击,先后发生了四次重要的区域性金融危机和一次全球性的金融危机,给金融全球化的稳定发展带来了巨大的影响,但国际金融市场依然在不断地壮大。随着后工业化产业结构调整,经济向以服务业为重心转移,实体经济对融资的需求不复以往那么大。金融机构的业务重心也更多向消费类金融、财富管理和大宗商品证券化等领域倾斜,越来越呈现出"脱实入虚"的趋势。这导致金融相当程度去实体化倾向的出现,经济发展也在相当程度上依靠透支消费驱动。至2015年末,IMF估计的国际金融市场上的资金规模约为10万亿美元以上,其中短期资金(游资)超过7万亿美元。

自2008年全球金融危机以来,人们一直在努力寻找全球经济新增长动力。旨在推动全球基础设施互联互通的投资建设,被视为一个很好的增长引擎,这其中欠发达地区基础设施投资更被赋予实现倍增效益的厚望。人们认为欠发达地区的经济发展将为世界经济带来新的机遇,为发达和新兴经济体提供广阔的市场,拉动投资的需求,进而增加全球的总需求,推动全球经济的可持续增长。巨大的投资机遇同时意味着巨大的投资缺口。据东盟秘书处估算,从现在到2020年,亚洲地区每年基础设施投资需求将达到7300亿美元,未来的金融全球化潜力空间巨大。

我国于1980年4月恢复了国际货币基金组织的合法席位。同年9月,国际货币基金理事会决定将中华人民共和国列为单独选区,并增加一名中国执行董事,中国人民银行行长为国际货币基金组织理事会理事,代表中国政府参加活动。随着我国在国际货币基金组织合法席位得到恢复后,世界银行理事长麦克纳马拉等人专程来华商谈恢复我国在世界银行代表权问题。经双方努力,在许多友好国家支持下,1980年5月15日,世界银行执行董事会正式决定恢复中国在世界银行、国际开发协会和国际金融公司的代表权。财政部代表中国政府参与世界银行理事会事宜。中国参与金融全球化的进程正式拉开序幕。

中国金融业的改革和发展,为我国改革开放和经济社会的长期稳定发展作出了重大贡献。与 1997 年相比,2017 年我国银行业总资产已从 9.5 万亿元上升到 252 万亿元。其中,商业银行核心一级资本充足率为 10.75%,一级资本充足率为 11.35%,资本充足率为 13.65%,资产利润率为 0.92%,资本利润率为 12.56%。商业银行不良贷款余额为 1.71 万亿元,不良贷款率为 1.74%,商业银行贷款损失准备余额为 3.09 万亿元,拨备覆盖率为 181.42%,贷款拨备率为 3.16%。2017 年 12 月,中国银监会在《积极稳妥推进银行业对外开放》的通知中指出,2018 年要进一步放宽对除民营银行外的中资银行和金融资产管理公司的外资持股比例限制,实施内外一致的股权投资比例规则;进一步放宽外国银行商业存在形式选择范围,促进国内金融体系多样化发展;进一步扩大外资银行业务经营空间,取消外资银行人民币业务等待期,支持外国银行分行从事政府债券相关业务、放宽外国银行分行从事人民币零售存款要求,支持外资银行参与金融市场业务,提高金融体系活力;进一步优化监管规则,调整外国银行分行营运资金管理要求和监管考核方式,引导其发挥经营优势,提升竞争力。

财政政策为推进我国金融开放事业进行了全面的支撑。既以"双紧"的搭配治理严重的通货膨胀,又以"松紧"的搭配缓解通货紧缩,化解历史形成的金融风险和应对国际金融危机,支持经济稳定较快增长发挥了非常重要的作用。在财政政策、货币政策和宏观审慎政策的共同治理下,中国金融业已成为推动中国开放事业发展的核心经济力量。

第二节 中国财政的全球化进程

在参与全球化进程的过程中,我国也积极地融入、推进和创新国际经济秩序与规则,推动中国财政改革和制度建设的国际化、规范化进程,并在海外服务和援助体系建设、保持全球行动能力、参与国际经济组织、建设国际基础设施、提供国际公共产品等方面取得了一系列的成绩。具体有:

一、形成海外服务体系和援助体系

国家的海外服务体系主要包括领事服务和法律服务；而援助体系则包括前述的无偿援助和国际开发投入两个部分。国家财政为推进海外服务体系的建设与发展提供了重要的服务和支撑，并为中国对外援助的发展提供了坚实的基础和保障。

（一）财政推进海外服务体系

领事保护服务是海外服务体系的首要领域。领事保护指一国的领事机关或领事官员，根据本国的国家利益和对外政策，于国际法许可的限度内，在接受国内保护派遣国及其国民的权利和利益的行为。我国的领事保护制度建立的时间较早，但传统上的服务对象是针对公务出行团队和国有企业的海外项目公司，针对一般公民、旅行团队的领事保护一直受到成本和费用的限制，而未能有效地进行。

随着中国不断深化改革和扩大开放，越来越多的中国公民和企业走出国门。统计数据显示，1949 年至 1979 年，内地居民出国共计只有 28 万人次，但仅在 2017 年，内地居民出境的已经达到 1.29 亿人次，另有 3 万多家中资企业遍布世界近 200 个国家和地区①。走出国门的中国公民和企业对领事保护与服务的刚性需求呈井喷式增长。

由于我国出境人员数量持续上升的势头明显，公民和企业在境外的活动范围遍布世界各大洲，海外利益有所交集且日益复杂化，这些在客观上加大了我国公民在海外人身及财产安全受侵害的风险系数。另外，因自然灾害、意外事故、社会动荡、恐怖活动等非传统安全因素引发的重大领保案件频繁发生，海外安全问题多元化使我国的领事保护工作面临巨大挑战。当前，中国领事保护必须面对的现实是：平均每天发生上百起领保案件。中国已经进入全球多点同时爆发各类领事保护案件的特殊时期，且有常态化的趋势。在未来 10

---

① 国家统计局：《2017 年国民经济和社会发展统计公报》。

年,中国还将在海外增设领事机构,做到我们的公民走到哪里,我们的领事保护和服务就能跟到哪里,为我们走出去的公民实现全覆盖。

为支持我国领事保护服务的发展,国家财政积极配合外交部门组建专门的领事保护机构,设立专项的保障基金,加大对领事保护基础设施的建设,加强与驻外企业、施工项目、中籍船舶和旅行团队的有效联系渠道建设。从近年来的情况看,我国领事保护支出的规模不断增长,以 2016 年为例,包括领事保护服务在内的驻外机构支出规模达到 83.77 亿元,超出年初预算 6.1 个百分点(而全年外交支出的规模只为预算数的 92.3%),较 2015 年增长 14.1%。

在传统的加强对领事保护服务支持之外,国家财政还积极推动领事保护服务与现代信息技术的发展不断融合。近年来,国家财政全力支持外交部门的"能力升级"战略,并取得了显著成效。如 2011 年开通的外交小灵通已拥有数百万"粉丝",该平台发布相关的领事保护信息受到了各大企业、旅行团队的广泛关注。在国家财政和外交部门的共同努力下,2014 年 9 月我国正式启动的"外交部全球领事保护与服务应急呼叫中心",构建了海外中国公民和祖国之间的一条领事保护与服务的绿色通道,是一条"亲情热线",身处世界任何角落的中国公民在遭遇困境时都可以通过拨打"12308"向祖国寻求领事保护和协助。

法律服务是海外服务的核心层次。随着我国对外贸易规模的不断扩大,海外投资的不断增多,国外经营的企业数量和规模的不断增长,法律服务的需求也越来越大。国家财政积极配合外交、外经部门和其他民间商事团体和行业协会开展法律服务业务,并提升法律服务的质量和效率。

应对国际贸易争端,开展国际贸易救济,建设专业的公平贸易法律援助团队是国家财政支持的重点。由于我国在加入 WTO 的时候仍处于市场经济发展进程中的国家,美国、欧洲和日本等发达国家成员对我国的市场经济地位的认定作出了保留,在我国对外贸易迅速发展的环境下,反倾销、反补贴、保障措施等所谓的"公平贸易"条款在我国的正常出口中出现了一定程度的滥用。为此,国家财政积极支持商务部门、司法部门和相关的行业协会组建"公平贸易"争端解决的法律服务团队,并取得了一系列的维权成果和诉讼胜利。

2016 年 10 月,在中国法律团队的支持下,经过三年长跑,中国针对美国 13 项反倾销起诉终于胜诉,WTO 宣布,支持中国主要诉讼请求,裁定美国 13 项反倾销措施违反世贸规则。

服务"一带一路",推动相关的经贸团体和行业协会为企业提供海外的法律服务。根据中央的部署和"一带一路"倡议推进中的相关要求,国家财政支持中国贸促会及相关的行业协会为参与"一带一路"的中国企业提供法律服务。在《关于开展支持中小企业参与"一带一路"建设专项行动的通知》中明确提出,要"完善涉外法律服务","建立健全中小企业风险预警机制,帮助中小企业有效规避和妥善应对国际贸易投资中潜在的政治经济安全和投资经营风险。"按照这一要求,国家财政支持中国贸促会和相关的行业协会开通中小企业涉外法律咨询热线,及时解答企业涉外法律问题并提供解决方案;建立健全中小企业涉外法律顾问制度,提供一体化综合法律服务;组织经贸摩擦应对,帮助中小企业依法依规解决国际经贸争端,维护海外权益;深入实施中小企业知识产权战略推进工程,提升中小企业知识产权创造、运用、保护和管理能力;完善知识产权管理和专业化服务,降低中小企业知识产权申请、保护、维权成本,推动知识产权转化;帮助中小企业开展境外知识产权布局,妥善应对涉外知识产权纠纷等等。

(二) 财政支持海外援助体系

在国家财政的支持下,我国援外持续发展,其规模、内涵和涉足的领域明显扩展。一是援助金额迅猛增长。根据《中国的对外援助》白皮书,截至 2009 年底,我国累计对外提供援助金额 2562.9 亿元人民币,而 2010 年至 2012 年,我国对外援助金额已达 893.4 亿元人民币,占此前我国数十年援助总额的 1/3 强。这表明近年我国对外援助明显提速。二是援助手段和项目增多。由传统的项目建设、提供实物和派遣专家等,延伸到多种金融援助、技术援助、人力资源开发合作、派遣援外医疗队和志愿者、提供紧急人道主义援助以及减免受援国债务等。近年来又陆续增加一批新的援助项目,如 2010 年我国在贝宁、莫桑比克、老挝等国援建的"农业技术示范中心",2003 年起在亚、非多国启动的"光明行"医疗卫生项目。三是参与主体更加多元。我国援外主体已经由政府向企业、个人、民间组织等拓展。

受援国对我国援助的要求更加多样化。受援国对我国经济的重要性显著提升。中国与美、日、欧等发达国家的贸易额占中方的比例从 2000 年的 50%降为 2013 年的 34%,而同期作为我国受援国主体的发展中国家占比则从 23%增至 50%。2013 年我国与前者的贸易总额为 1.4 万亿美元,与后者的贸易总额达 2 万亿美元。广大受援国不仅是我国海外能源、矿产资源的主要供应地,还成为我国企业、产品与投资流向的新兴地。以非洲为例,目前我国对非各种投资存量累计达 1000 亿美元。在经济援助之外,苏丹、埃塞俄比亚、肯尼亚等国还明确表示愿意学习我国治国理政的经验,要求我国增加对其党政官员培训和执政技能援助。

2016 年至 2020 年,我国将进一步完善和深化对外援助项目和机制,将向发展中国家提供"6 个 100"项目支持,包括 100 个减贫项目,100 个农业合作项目,100 个促贸援助项目,100 个生态保护和应对气候变化项目,100 所医院和诊所,100 所学校和职业培训中心;向发展中国家提供 12 万个来华培训和15 万个奖学金名额,为发展中国家培养 50 万名职业技术人员;设立南南合作与发展学院,向世界卫生组织提供 200 万美元的现汇援助。

二、保持全球和区域行动能力

作为具有全球意义的大国,我国有必要维持在全球的行动能力,并为中国公民和企业,以及地区性和世界性的公共服务和产品予以提供和保障。国家财政大力支持我国军事、外交和海外企业增强对突发事件的应对能力,对风险的管控能力和对矛盾的处置能力。

2010 年以来,利比亚撤侨案、波士顿马拉松爆炸案、我渔船在几内亚被撞沉案、中国工人在苏丹遭反政府武装绑架案、我登山队员在巴基斯坦遇袭身亡,以及中国海军舰艇编队奔赴也门亚丁港执行撤侨任务等事件时刻牵动着国人的敏感神经,这些全球和区域事件属于波及面广、影响范围大、政治敏感性高的大案要案,须得到妥善的应对和有效的处置。针对此类重大、突发性的海外华人遇袭事件,党和政府高度重视,国家财政坚决落实和支持,采取了强有力的国家行动,适时启动中央、地方、驻外使领馆、企业和公民个人"五位一体"的应急联动处置机制,国家财政和相关各部门密切配合,举国家之力来救助、援助在海外身处险境的中国公民。

正是以中国日益增长的国家实力和财政支撑力为坚强后盾,海外的中国公民才能享有与世界第二大经济体地位相匹配的保护与服务。以国家名义开展的一次次海外救援行动更深层次的意义还在于,进一步增强了全国人民对中国特色社会主义的道路自信、制度自信,增强了民族自豪感。

三、参与国际经济与发展组织

自1980年我国恢复在世界银行和国际货币基金组织的合法席位以来,我国陆续加入了国际农业发展基金、亚洲开发银行(以下简称"亚行")、全球环境基金(GEF),并先后与欧洲投资银行(EIB)、经济合作与发展组织(OECD)、联合国开发计划署(UNDP)等多个机构建立了政策对话与合作关系。近四十年来,我国与国际机构的合作广度与深度是不断拓展的,表现为多形式、多层次的各种合作与政策对话。根据我国与经济合作与发展组织的合作重点领域和关键条款,分为发展减贫、环境资源、知识技术等三大领域。

(一) 发展减贫领域的合作

世界银行是世界上最主要的多边开发机构之一,其使命是与贫困作斗争,帮助发展中国家提高生产力,促进经济发展和社会进步,改善和提高人民生活水平。自建立合作关系以来,我国与世界银行的五个成员组织[国际复兴开发银行(IBRD)、国际开发协会(IDA)、国际金融公司(IFC)、多边投资担保机构(MIGA)、国际投资争端解决中心(ICSID)]进行了全方位、广泛而深入的合作,有力地支持了我国的经济发展。亚洲开发银行成立于1966年11月,是亚洲和太平洋地区最大的多边开发金融机构,其宗旨是促进亚太地区的减贫和发展。我国和亚行的合作内容之一,就是亚行为中国的公共投资项目提供急需的资金。GEF赠款资金发挥了重要的杠杆作用,不仅弥补了我国财政资金投入的不足,而且带动了大量的国际资源和国内民间资本的投入。

在我国与国际金融组织的贷款合作中,仅 2006 年,我国利用世界银行、亚洲开发银行、国际农业发展基金、全球环境基金(GEF)等国际金融组织贷款约达 30 亿美元,赠款近 3000 万美元,支持了交通、农村发展、能源、城建和环境、教育、卫生等领域 20 多个项目的建设。2007 年,我国利用欧洲投资银行 5 亿欧元气候变化框架贷款、世行 2.86 亿美元贷款以及全球环境基金 2470 万美元赠款,支持国内可再生能源开发,支持高耗能企业提高能源利用效率,支持节约型社会政策研究和机制建设,支持国内节能减排事业。

2013 年 7 月,国务院批准了我国利用世界银行贷款 2014—2016 财年贷款备选项目规划。规划中共安排 42 个项目,贷款额 54.95 亿美元。其中:农业(农林水)项目 8 个,贷款额 10.5 亿美元;交通项目 7 个,贷款额 13 亿美元;能源项目 4 个,贷款额 3.8 亿美元;城建环保项目 19 个,贷款额 24.3 亿美元;社会发展项目 4 个,贷款额 3.35 亿美元。中西部地区和东北地区等老工业基地贷款额占 82.8%;东部地区贷款和其他约占 17.2%。备选项目规划内新安排贷款项目 14 个,贷款额 17 亿美元,主要为农业、交通、能源、城建环保、社会发展等领域的项目。国际经济组织和外国政府的贷款(含赠款)在国家财政的积极担保和有效组织下,成为我国落后地区开发和重要基础设施建设的资金供给来源。

(二) 环境资源领域的合作

1994 年,我国作为创始成员国、捐资国和受援国参加了全球环境基金(GEF)。GEF 通过向符合条件的成员国提供赠款和优惠贷款,共同资助那些以保护全球环境和促进可持续经济发展,主要涉及生物多样性、气候变化、国际水域、有机污染物、土地退化和臭氧层保护等领域的项目和计划。

世界银行和亚洲开发银行都将生态环境问题视为援助战略的重点,致力于积极推动中国从资源掠夺型向资源保护型发展转变。早在 1997 年世界银行出版了题为《中国:碧水蓝天》的报告,帮助中国计算环境污染的人力资本损失。这是中国第一份综合性的环境保护的研究报告。亚行也一起致力于帮助我国重视和保护生态。到 2002 年底,亚行已为改善环境提供了 27 亿美元的贷款。其中,大约有 21 亿美元用于解决"黑色"污染问题,有 6 亿美元用于解决"绿色"问题。与环境相关的项目贷款数量约占亚行对中国贷款总量的四分之一。

GEF 已成为我国利用多边优惠资金开展环境保护工作的重要渠道之一。过去 20 多年来,中国以创始成员国、捐资国和受援国的身份,积极参加、支持 GEF 的发展,并与 GEF 开展了富有成效的合作。截至 2015 年,GEF 总共支持了 143 个中国国别项目,涉及 11 亿美元赠款,是 GEF 成员国中获得赠款最多的国家。同时,2014 年,中国政府向 GEF 第六次增资捐款 2000 万美元,比上期增长 33%,在发展中国家捐资国中继续名列第一①。

此外,其他国际金融组织也在努力促进我国的生态保护问题。如,2007 年 7 月,欧洲投资银行(EIB)执董会讨论通过了对华气候变化框架贷款(China Climate Change Framework Loan)项目,总额为 5 亿欧元,主要用于避免或减少温室气体和其他污染物排放的项目。该笔贷款得到了良好的执行,截至 2016 年底,我国共实施了 8 个 EIB 的贷款项目,累计总投资 72.27 亿元人民币,其中 EIB 贷款 4.5 亿欧元,各级配套资金 34.65 亿元人民币,新增造林面积 12.78 万公顷②。

（三） 知识技术领域的合作

通过与世行、亚行等国际金融组织合作,积极利用其智力资源,为我国经济社会建设和改革开放献计献策,其中不少政策建议得到党和国家领导人的高度重视,并融入国家的有关重要政策文件之中。

我国与世界银行合作的一项重要内容是经济分析、政策咨询、技术援助等知识合作活动。截至 2014 年底,世行相继向中国提供了 6 期技术援助贷款安排,合计为 21 笔技术援助项目,总金额达 5.3 亿美元左右③。并且,我国与世界银行合作完成了 200 多篇经济和部门研究报告,这些报告针对我国宏观经济、地方经济、财政金融、社会保障、企业改革、投资环境、农村发展、扶贫开发、

---

① 据财政部国际财金合作司业务数据库资料整理。
② 据财政部国际财金合作司业务数据库资料整理。
③ 据财政部国际财金合作司业务数据库资料整理。

教育卫生、交通运输、能源水利、环境保护等多个领域进行专门研究,为我国的宏观经济管理和行业部门改革提出了具有参考价值的意见和建议,推动了我国重大体制创新,为我国建立和完善社会主义市场经济体制作出了积极贡献。

亚行也在农业和自然资源、能源、环境、金融、政府治理、宏观经济、交通和城市发展等领域积极向我国提供知识型产品。截至 2016 年 12 月底,亚行执董会共批准对华技术援助项目约 730 个,总金额约 3.5 亿美元,中国已成为亚行技术援助赠款的累计第一大使用国①。亚行对华技术援助项目涉及交通通信、能源、农业、金融改革、环境保护、扶贫减灾、自然资源、环保、城建、社会发展等领域。这些项目很好地结合了国际经验和中国国情,有效针对了中国发展中的现实问题,实现了国内外知识信息资源的整合。亚行的资金和智力资源在帮助中国加快经济建设,特别是改善能源、交通等基础设施方面起了积极的作用。

2000 年,联合国开发计划署在英国政府、世界银行和国际货币基金组织的大力支持下,积极筹措资金 260 万美元,支持中国财税改革。该项目,分四年执行,合作内容包括公共支出管理(细化预算分类,合理预算编制和建立国库单一账户)、税收政策(设计税收优惠和社保税)和省级公共支出研究,有力推动了我国当时的财税改革进程。

2002 年,我国政府在北京承办了全球环境基金(GEF)第二次缔约方大会,通过了《北京宣言》,会议取得了圆满成功,至今仍受到缔约方国家和 GEF 秘书处的高度评价。财政部作为 GEF 的政治联络官和业务联络官,深入研究 GEF 业务运行规则,充分参与 GEF 理事会决策。同时,围绕我国可持续发展战略,积极协调国家有关部委和地方政府,为履行相关国际公约规定的义务,在战略、政策、项目领域与 GEF 开展了广泛和密切的合作,促进了一批与可持续发展有关的国家法律、法规的建设,引进了先进的管理理念和方法,研究开发了一大批具有前瞻性、可持续性和推广性的项目概念,取得了显著的国家效益和全球效益。

---

① 据财政部国际财金合作司业务数据库资料整理。

2004年,财政部应邀以观察员身份加入经合组织财政事务委员会。虽非正式成员,但可以观察员身份参与国际税收合作的对话过程,充分发挥引导权和话语权,使发达国家主导的全球税收等宏观经济政策向着有利于广大发展中国家的方向发展。同时,通过与世行、亚行等国际金融组织合作,还宣传了中国改革开放的伟大成就,宣传了中国的发展政策和发展理念,为人类发展事业作出积极贡献。

四、建设重大国际基础设施

我国参与国际基础设施建设的时间较早,但在改革开放前主要是依托国家间的外交关系和重要的国家战略而展开,对于国际基础设施的建设较少从全球化的视角和国际化的融资安排的角度予以推进。国家财政在一定阶段是我国参与国际基础设施建设的唯一的资金渠道来源,这也影响了我国财政资金的使用效率、效果和带动及撬动能力。

改革开放以来,我国对国际基础设施的参与主要通过国际工程承包、国家对外援助和履行世界发展组织的援助性义务而进行展开。这种国际基础设施的建设安排虽然不再过度依赖国家财政的支持,但项目多数局限于东道国国内,又多数项目属于被动性安排,难以成为真正意义上的国际基础设施的建设。而且,从项目所涉及的领域来看,多为交通基础设施项目,少部分为能源基础设施项目,对于通信基础设施和其他的市政基础设施的项目则较少涉及。

(一) 支持"一带一路"倡议下的国际基础设施建设

"一带一路"倡议的提出是我国真正大规模开展国际基础设施建设的起点。"一带一路"的核心内容之一是促进基础设施建设和互联互通,对接各国政策和发展战略,深化务实合作,促进协调联动发展,实现共同繁荣。"一带一路"国际合作高峰论坛期间,习近平主席宣布,中国国家开发银行、中国进出口银行将分别提供2500亿元和1300亿元等值人民币专项贷款,用于支持"一带一路"基础设施建设、产能、金融合作。并对"丝路基金"等新型金融投资主体增加注资1000亿元人民币,以提升"丝路基金"的投资能力和保障实力。

"丝路基金"是以中长期股权投资为主,配合多种投融资手段的基金,在"一带一路"框架下推进合作项目,特别是基础设施、产能合作等项目,投资规模较大,投资和回报期限较长,需要股权投资的支持。截至 2017 年底,"丝路基金"已经签约 17 个项目,承诺投资约 70 亿美元,支持的项目所涉及的总投资额达 800 多亿美元①。从目前的情况来看,"丝路基金"可通过提供较小比例的股权资本支持,撬动更多资金的投入,既可以对投资项目起到增信作用,也有助于投资项目具备更加合理的融资结构,支持中长期基础设施等项目的可持续发展。

作为丝路基金的出资人,国家财政一直对丝路基金坚持市场化、国际化、专业化运作原则,不是政策性基金和援助性基金。要求丝路基金投资于有效益的项目,追求一定的投资回报和中长期财务可持续,只有坚持市场化定价原则,风险防控和退出安排,保持基金自身的中长期财务可持续,丝路基金才能为"一带一路"建设提供长期的资金支持,服务于"一带一路"建设的可持续发展。

世界银行指出,未来基础设施建设需要兼具创新和创造两个角色,创新指的是基础设施融资方面;创造指的是降低成本、绿色建筑和智慧城市的发展,以及将公共的和私营的资金融汇一通。

(二) 发起组建多边金融机构推进国际基础设施建设

由中国作为发起国家的亚洲基础设施投资银行(AIIB)和金砖国家新开发银行(NDB)的组建和发展是提升国际基础设施建设,完善国际基础设施投融资体系的重要举措,也是我国真正意义上进入世界基础设施投资核心国家的重要标志。

2013 年 10 月,由习近平主席倡议,以亚洲国家为基础,筹建亚洲基础设施投资银行(AIIB),以促进本地区互联互通建设和经济一体化进程,向包括

---

①　据国家发改委宏观经济研究院研究报告:《"一带一路"建设 2017 年进展及 2018 年展望》。

东盟国家在内的本地区发展中国家基础设施建设提供资金支持。AIIB 将同域外现有多边开发银行合作，相互补充，共同促进亚洲经济持续稳定发展。

2014 年 10 月，首批 22 个意向创始成员国代表签署了《筹建亚洲基础设施投资银行备忘录》。2015 年 6 月，50 个意向创始成员国代表共同签署了《亚洲基础设施投资银行协定》，另外 7 个国家随后在年底前先后签署。2015 年 12 月，《亚洲基础设施投资银行协定》达到法定生效条件，亚投行正式宣告成立。

成立之后的 AIIB 将肩负以下四个基本使命：第一，AIIB 奉行开放的区域主义，同现有多边开发银行相互补充，应该以其优势和特色给现有多边体系增添新活力，促进多边机构共同发展，努力成为一个互利共赢和专业高效的基础设施投融资平台，在提高地区基础设施融资水平、促进地区经济社会发展中发挥应有作用。第二，亚洲基础设施融资需求巨大，是一片广阔的蓝海，新老机构互补空间巨大，可以通过开展联合融资、知识共享、能力建设等多种形式的合作和良性竞争，相互促进，取长补短，共同提高，提升多边开发机构对亚洲基础设施互联互通和经济可持续发展的贡献度。第三，AIIB 结合国际发展领域新趋势和发展中成员国多样化需求，创新业务模式和融资工具，帮助成员国开发更多高质量、低成本的基础设施项目。AIIB 以发展中成员国为主体，同时包括大量发达成员国，这一独特优势使其能够成为推进南南合作和南北合作的桥梁和纽带。第四，AIIB 按照多边开发银行模式和原则运作，并充分借鉴现有多边开发银行在治理结构、环境和社会保障政策、采购政策、债务可持续性等方面好的经验和做法，取长补短，高起点运作。

为支持 AIIB 的组建和发展，我国将作为第一大出资国和最大的股东出资 298 亿美元①，并作为理事会主席国和重大决议的决策国而发挥作用。此外，中国作为 AIIB 倡议方，还将向银行即将设立的项目准备特别基金出资 5000 万美元，用于支持欠发达成员国开展基础设施项目准备。

AIIB 开业一年来，按照经济可行和绿色发展原则，积极支持亚洲发展中

---

① 截至 2017 年底，中国的第一期出资已足额到位。

国家的基础设施建设。2016 年全年共计为 7 个亚洲发展中国家的 9 个项目提供了 17.27 亿美元贷款,撬动公共和私营部门资金 125 亿美元①。这些项目的投资建设,对改善借款国的城市设施、交通、能源供给能力和使用效率,帮助其提升产业承载能力、加快工业化和城镇化进程,推进国际产能合作,促进区域互联互通具有积极意义。

五、参与和改进国际经济秩序

20 世纪 90 年代以后,在经济全球化背景下,为了实现合作共赢,世界各国,特别是发达国家与主要新兴市场国家,加强了财政政策、货币政策和汇率政策的宏观经济政策对话与交流。

随着我国的经济实力、综合国力和国际地位不断提高,世界各国对中国宏观经济政策走向的关注程度和对中国的期望值也越来越高,愿意加强与中国的交流与合作。另外,国际市场波动与主要国家的政策调整对我国经济可能造成不利影响的风险也在加大。相关国家与我国在资源、贸易等问题上的摩擦日益增多,我国经济面临着较大的外部挑战和风险。财政部作为国家宏观经济调控的重要部门,根据我国总体外交布局和国内经济发展态势,积极通过双边对话机制加强与各主要经济体的宏观经济政策对话。通过相互交流对本国和世界经济形势的看法与分析,增强全球宏观经济政策的协调,应对国际经济面临的风险和挑战,促进了全球经济的稳定,也为我国自身经济建设创造了良好的外部环境。

近年来,按照国家外交总体布局"大国是关键""周边外交战略"的部署,积极与世界主要经济大国和经济体有效地开展双边、多边财金对话,中国与各主要经济大国和经济体之间的财经合作日益加强。目前,与我国建立双边财金对话合作机制的有美国、英国、欧盟、日本、加拿大、法国、俄罗斯、印度、巴西和印尼 10 个国家和经济体;建立起多边对话机制的有二十国集团(G20)财金

---

① 据财政部国际财金合作司业务数据库资料整理。

渠道、金砖国家财长和央行行长会、亚太经合组织财长会议（APEC）、10+3 财金合作、中日韩财金合作、上海合作组织财长会议等 6 个主要机制。

（一）中美财经关系与财金合作

2006 年起，中美启动"战略经济对话"，"战略经济对话"每年举办两次，到 2008 年 12 月共举行五次，集中讨论具有战略层面的经济议题，成为中美经贸关系发展史上的开创之举。

2009 年 4 月 1 日，时任中国国家主席胡锦涛与美国前总统奥巴马在伦敦参加 G20 金融峰会期间举行首次会晤，双方一致同意把"战略经济对话（SED）"与 2005 年启动的"中美战略对话（SD）"加以整合，建立新的"中美战略与经济对话（S&ED）"机制。首轮"中美战略与经济对话"于 2009 年 7 月 28 日在华盛顿举行，到 2016 年夏季共举行八次，对全球金融危机阶段的大国互动和全球治理作出了重要贡献。

特朗普当选总统后中美关系面临新形势新考验。2017 年 4 月，习近平主席与特朗普总统在美国佛罗里达海湖庄园会晤，双方宣布建立外交安全对话、全面经济对话（CED）等四个对话机制。2017 年 7 月，习近平主席在 G20 汉堡峰会闭幕后再次会见特朗普总统，商定首轮全面经济对话于 7 月 19 日举行。作为落实两国元首达成重要共识之举，首届中美全面经济对话如期举行，从传承与创新两个方面彰显中美经济关系通过协商对话谋求合作双赢的发展主线。首轮全面经济对话成功举行，体现世界第一和第二两大经济体通过对话管控分歧与谋求合作的持久努力与最新突破，有助于为两国议题性与功能性合作引入机制性长效因素，夯实两国关系长期稳定健康发展的基础。

（二）中英财经关系与财金合作

中英经济财金对话自从 2008 年以来已经举办了八次，截至 2017 年底，双方达成的成果有 300 多项①，既包括双方在一些方面的共识，也包括很多具体的项目，不仅增强了两国在宏观经济、社会经济治理、宏观调控等方面的交流，也切实推进了两国共同发展经济合作建设项目，取得了非常务实的进展。中

---

① 据财政部国际财金合作司业务数据库资料整理。

英经济财金对话是一个很好的平台,中方对此非常重视,并希望不断注入新内容,这不仅将把两国合作推向新高度,也将有助于给世界其他地区带来积极效应。

以2016年10月第八次中英经济财金对话为例,双方就宏观经济形势和政策、贸易投资和市场准入、金融服务与金融市场发展、基础设施和产业战略等议题进行了深入探讨并达成多项成果与共识,这为中英两国关系"黄金时代"注入了更多实质性内容,为今后两国合作拓展了更加广阔的空间。引人关注的是,这次对话是在英国"脱欧"背景下的一次重要的双边对话,对英国未来的经济发展和市场繁荣的意义重大。中国承诺加强金融服务合作和市场准入,支持伦敦继续成为世界领先的离岸人民币中心;双方同意将就"沪伦通"开展相关操作性制度和安排的研究与准备;中方决定给予符合条件的英国银行在中国银行间债券市场牵头承销熊猫债券的资格等等;支持中国国家开发银行在伦敦开设该行在西方发达国家的第一个代表处,并积极参与包括欣克利角核电项目在内的英国基础设施项目投资。

(三) 中国与其他国家的财经关系与财金合作

中日财长对话机制建立,开启两国交流新渠道。为落实胡锦涛主席2005年4月提出的关于推动中日关系健康稳定发展的五点主张,经中央同意,2005年6月第六届亚欧财长会议期间,中日两国财长举行了会谈,并共同签署《中日财政合作备忘录》。在当时中日关系极为紧张的情况下,此举向外界释放了积极信号。2006年3月25日,第一次中日财长对话会在北京举行。这一对话机制的建立,开通了中日政府之间的又一交流渠道,对稳定中日关系具有积极的意义。

截至2017年底,共举办了六次中日财长对话会议。第六次中日财长对话于2017年5月6日在日本横滨举行,时任日本副首相兼财务大臣麻生太郎和中国财政部部长肖捷共同主持对话,两国财政部和央行高级官员出席。两国财长一致认为,中日财长对话对于双方具有重要意义,有助于两国在宏观经济形势与政策方面深入沟通,加强财金合作;有必要通过相关的宏观经济政策交流互鉴,积极推进两国的结构性改革;双方承诺深化宏观经济政策沟通与协调,就重大国际经济与金融问题保持磋商;双方强调,有必要进一步深化双边财金务实合作,提升财金合作水平,支持两国在经贸、投资领域的合作。

中俄财长对话机制顺利推进,并受到双方高度重视。2006 年 3 月,俄罗斯总统普京访华期间,两国政府签署《关于启动中俄财长对话机制的谅解备忘录》。同年 10 月,俄财政部部长库德林就任财长以来第一次访华,首次中俄财长对话会议在北京举行。双方就两国宏观经济形势、财政政策及中俄在国际财金事务中的合作等问题深入交换了意见,并就今后开展合作的领域达成许多共识。

2017 年 6 月,第七次中俄财长对话在上海举行,时任中国财政部部长肖捷与俄罗斯财政部部长安东·西卢阿诺夫共同主持对话。对话期间,双方就中俄宏观经济形势与政策、结构性改革、多双边财金合作等议题达成多项共识。双方还就人民币主权债券合作深入交换了意见,中方欢迎和支持俄方择机发行人民币主权债券。

2014 年 3 月习近平主席访德期间,中德两国发表联合声明,宣布双方定期举行高级别财金对话。2014 年 7 月,中央批准了外交部上呈的《关于建议启动中德高级别财金对话机制筹建工作的请示》。根据该请示,中方由马凯副总理主持中德高级别财金对话,财政部作为对话中方牵头部门,外交部、中国人民银行、银监会、证监会、保监会等相关部门参与。

2013 年 4 月时任法国总统奥朗德访华时,中法高级别经济财金对话机制得以建立(副总理级对话机制)。该机制旨在就中法两国在经济和财金领域的战略性、全局性和长期性重大问题进行对话,推动中法经济合作和中法新型全面战略伙伴关系发展。对话原则上每年举行一次,在两国首都轮流举行。

加强与各主要经济体的宏观经济政策对话沟通和平等协商,扩大了我国在国际财经领域的话语权。通过相互交流对本国和世界经济形势的看法与分析,增强了全球宏观经济政策的协调,以及应对国际经济面临的风险和挑战的能力,也促进了世界经济持续稳定发展。

第三节　对中国财政改革的全球化回应

开放为中国财政改革提供了更多的借鉴、更好的参考、更加广阔的舞台、更加综合的实现路径,中国财政改革也为世界经济的发展提供更多的公共产品、更好的发展支撑、更加丰富的调控工具、更加有效的治理手段。作为大国财政和负责任的大国,中国的财政改革必然会对世界经济运行、贸易发展和投资扩张带来一系列的影响,从而形成对中国财政改革的全球化回应。

由于中国财政改革的内容十分丰富,涉及的领域也十分庞杂,对中国财政改革的分析及其全球化的回应难以做到面面俱到的展开。我们仅以国际贸易、国际投资和国际金融作为三个主要的全球化的领域,从支出改革、税制改革、债务改革三个方面着手,对中国财政改革的全球化回应进行重点分析。

一、中国的财政外贸投入与国际贸易发展

在加入 WTO 之后,我国对外贸易投入的改革不断推进,逐步取消价格补贴、出口补贴,规范和调整生产补贴,有序提升我国对外投资和国际合作的资金使用效果。2014 年 4 月,财政部、商务部出台了《外经贸发展专项资金管理办法》(财企〔2014〕36 号),对我国支持外经贸发展领域的财政资金进行了整合、规范和提升,形成了新的财政资金投入管理机制和安排。外经贸发展专项资金支持的领域主要包括:第一,支持欠发达地区等外经贸发展薄弱领域提高国际化经营能力,促进外经贸协调发展;第二,促进优化贸易结构,发展服务贸易和技术贸易,培育以技术、品牌、质量和服务等为核心的国际竞争新优势;第三,引导有序开展境外投资、对外承包工程、对外劳务合作、境外经济贸易合作区建设等对外投资合作业务;第四,鼓励扩大先进设备和技术、关键零部件、国内紧缺的资源性产品进口;第五,完善贸易投资合作促进、公共商务信息等服务体系,促进优化贸易投资合作环境;第六,其他有利于促进我国外经贸发展

事项。

在支撑外贸发展的财政投入模式和机制调整的背景下，中国在外贸领域的财政改革对国际贸易环境产生了一系列重大的影响。如在 2016 年，我国将服务出口纳入退税的范围，服务贸易总额迅速提高，达到 6575 亿美元，规模居全球第二位①。为世界服务贸易的发展作出了重大贡献，推动世界服务贸易跨过 10 万亿美元的"门槛"，并极大地提升了亚洲地区服务贸易在全球服务贸易中的地位。而世界货物贸易也获得了一定程度的支撑，尽管受到国际金融危机、全球能源贸易转向和智能制造发展等影响，受到中国大规模进口机器设备、关键零部件和重要中间产品的支撑，2016 年世界货物贸易保持了 1.7% 左右的增速，为世界发展国家经济形势的好转提供了良好的外部环境。

中国对外贸发展支持的财政改革还给全球贸易治理带来了一系列重大影响。传统的贸易治理由美国、欧盟和日本等发达国家主导，中国新发展模式的形成，为全球更加平衡的治理结构提供了重要的样本。在中国等国家的支持下，2015 年 12 月，WTO 在内罗毕会议上达成了具有历史性意义的一揽子贸易协定，包括规范各国促进贸易发展的财政政策、消除农产品出口补贴、对最不发达国家的特别支持、信息技术协定扩围等。

二、中国的税制改革与国际投资的发展

中国的税制改革对国际投资具有直接而巨大的影响。改革开放启动后不久，我国即开始制定三部税法，以明确政府与企业之间的分配关系，随后外资大规模进入中国。至 1988 年，我国引进外商直接投资的规模超过 102 亿美元，成为世界上重要的引进外商直接投资大国。

1993 年 11 月，党的十四届三中全会通过了《中共中央关于建立社会主义市场经济体制若干问题的决定》，提出要"改善投资环境和管理办法，扩大引资规模，拓宽引资领域，进一步开放国内市场，创造条件对外商投资企业实行

---

① 据国家商务部数据中心数据。

国民待遇,依法完善对外商投资企业的管理,发挥我国资源和市场的比较优势,吸引外来资金和技术,促进经济发展"。按照这一要求,国家财政适时启动了新一轮税制改革,在税制改革的公平税制、合理税负的支持下,我国1993年引进外商直接投资的规模达到390亿美元,较1992年增长103%,并使我国一举成为世界吸引外商直接投资最大的发展中国家。

2011年,经国务院批准,财政部、国家税务总局联合下发营业税改增值税试点方案。2016年3月,国务院常务会议决定,自2016年5月1日起,中国将全面推开营改增试点,将建筑业、房地产业、金融业、生活服务业全部纳入"营改增"试点,至此,具有66年历史的营业税退出历史舞台,增值税制度将更加规范。在"营改增"改革的推动下,我国引进外商直接投资和扩大对外投资的形势都形成了巨大的改善,产业链和价值链的有效整合,为全球投资形势的有效恢复和提升都作出了重大贡献。2014年,我国引进外资的规模达到1196亿美元[1],超过美国[2]成为全球吸引外资最多的国家;2016年,我国非金融类企业对外直接投资的规模达到1701亿美元[3],成为仅次于美国的全球第二大投资国。中国国际投资活动的发展,为世界在后全球金融危机时期经济复苏和投资发展提供了重要支撑。

三、国债制度改革与国际金融发展

1993年9月,我国财政部在日本发行了300亿日元的5年期债券,这是我国第一次发行外币主权债券。同年11月,财政部发行了首笔以美元计价的主权债券,债券期限为10年期,发行规模为3亿美元。我国国债发行正式开启了全球化的进程,并成为国际金融市场上重要的资产供给方和资金需求方。随后自1993年至2004年,财政部共发行12期美元国债,总规模为67亿美

---

[1]　数据来源:中国商务部。而联合国贸易和发展会议(UNCTAD)的数字则为1280亿美元。

[2]　据美国经济分析局的数据,2014年美国吸引外商直接投资为860亿美元。

[3]　据联合国贸易和发展会议(UNCTAD)的《世界投资报告2017》中的结论。

元。其中包括一期 30 年期美元国债和一期 100 年期美元国债,规模虽然都仅为 1 亿美元,但 100 年期债是除美国政府以外的主权发行人首次成功发行,展示了我国的国际信用和重大的国际影响力。

2005 年 10 月,国际金融公司(IFC)和亚洲开发银行(ADB)分别获准在我国银行间债券市场分别发行人民币债券 11.3 亿元和 10 亿元,这一外国债券被称为"熊猫债券",开启了我国债券市场开放的进程。

2016 年 5 月,中国财政部在伦敦首次发行了 30 亿元的离岸人民币国债,为进一步推进人民币国际化,开展海外人民币服务和提供人民币资产定价标准等提供重要支持。

2016 年 9 月,世界银行①首期特别提款权(SDR)计价债券在中国银行间债券市场成功发行,发行规模为 5 亿 SDR,期限为 3 年期,结算货币为人民币。该债券的成功发行,体现了 SDR 计价债券规避单一货币工具利率和汇率风险、多元化境内外投资者资产配置的优势,有利于丰富中国债券市场交易品种,也有利于扩大 SDR 的使用。

2017 年 10 月,财政部在香港市场上混合发行 140 亿元人民币国债和 20 亿美元国债,考虑到国际经济形势和我国的国际信用,20 亿美元国债不进行评级,发行利率仅比同期限美国国债高 50 个基点,彰显了我国的国际信用和对国际金融市场的影响力。

在国债制度改革的推进下,人民币国际化的步伐明显加快,并推动国际金融市场的扩张和机制的完善。2015 年,人民币成为全球第五大支付货币,在全球支付市场中的占比达到 2.31%。2016 年 10 月,国际货币基金组织(IMF)正式宣布人民币被认定为可自由使用的货币,并作为美元、欧元、日元和英镑之外的第五种货币加入 SDR 货币篮子,并确认人民币的权重为 SDR 货币篮子中的第三位,占比为 10.92%。

---

① 发行主体为国际复兴开发银行。

第 二 章

对外开放中的中国财政改革

开放也是一种改革,对外开放为中国的财政改革提供全球化视野的坐标轴。中国改革有两大动力,一是源于中国自身内部的动力,即政府主导的自上而下的改革,二是源于中国开放融入全球化经济体系后来自外部的动力,即全球化对中国改革自下而上和由外及里的影响。全球化一方面加速了中国经济的发展,没有全球化,中国不可能用 30 年走完别国用 200 年才走完的现代化道路,另一方面全球化带来了新的风险冲击,增强了中国经济体制改革的压力和动力,为中国改革提供了更大的空间和更好的环境。财政改革是全面深化改革的重要构成部分,既要发挥好"突破口"和"稳定器"的作用,支撑各项改革的有序推进和深化;又要做好对开放的服务,扩大开放的领域和范围,推进贸易自由化和投资自由化,提供国际公共产品。对外开放中的中国财政改革将为中国的改革开放事业和现代财政制度建设贡献重要的力量。

第一节　开放中的财政空间

所谓财政空间是指财政作为国家治理的基础和重要支柱的作用空间和影响范围,而空间和范围则是依从公共风险的积累和影响进行确定。从作用空间来看,包括政策空间与区域空间两部分,政策空间即指有哪些政策模式、运行机制、措施体系和资金实力;区域空间即指财政支持开放的区域范围和产业空间。而从影响范围来看,既包括财政的直接作用范围,也即本身属于财政的对象、领域和内容,也称为支配范围;也包括财政的间接作用范围,也即属于财政支持领域的相关对象和内容,也称为影响范围。开放中的财政空间即是将财政的政策空间、区域空间和支配范围、影响范围进行有效的组合,并形成四个典型的组合模式。

第一,政策空间与支配范围的开放模式。即是将相关的财政体制、政策和运行机制对外向型对象的影响,或者对开放发展的有效推进和完善。典型的该类开放模式包括四个主要链条,即:一是税制改革、涉外税收、外资企业和涉外经济活动;二是支出改革、财政补贴、企业经营和国际竞争;三是债务改革、政府债务、政府融资与国际融资;四是预算改革、资金管理、政府购买和国际采购。这些构成了我国抽象空间与支配范围的典型开放模式。

第二,政策空间与影响范围的开放模式。即是将财政改革和政策措施的实施,推动相关领域的改革和发展,并扩大我国的开放程度或者提升开放效果。典型的该类开放模式包括五个重要领域,即:一是财政改革、财政政策、贸易政策、贸易升级;二是财政改革、财政政策、产业政策、国际产能合作;三是财政改革、财政政策、环境政策、国际环境合作;四是财政改革、财政政策、社会政策、涉外社会事务;五是财政改革、财政政策、金融政策、国际资本流动。上述五个领域成为我国抽象空间与影响范围的开放模式的重要体现。

第三,区域空间与支配范围的开放模式。即是针对特定的区域和产业,执行了相应的财政优惠政策和措施,推动了相关领域的开放和发展,提升了整体开放效果。典型的该类开放模式包括三个关键层面,即:一是园区层面,如经济园区、外向型企业、财政支持政策和区域发展;二是产业层面,如产业链、国际产能合作、财政支持政策和产业升级;三是城乡协调、以城带乡层面,如田园综合体(特色小镇)、产业融合、财政支持政策和对外贸易投资。这三个重点类型就是我国具象空间与支配范围的开放模式的典型体现。

第四,区域空间与影响范围的开放模式。即是针对特定的区域和产业,执行了财政支持下的相应行业促进政策和措施,推动了相关领域的开放和发展,提升了整体开放效果。典型的该类开放模式包括三个重点类型,即:一是园区发展类型,如经济园区、外向型企业、园区服务政策和区域发展;二是产业发展类型,如产业链、国际产能合作、产业促进政策和产业升级;三是城乡协调、以城带乡的发展类型,如田园综合体(特色小镇)、产业融合、区域发展政策和对外贸易投资。这三个关键层面就是我国具象空间与影响范围的开放模式的典型体现。

根据上述四个类别的开放中的财政空间,本章据此将分析对象分为两个层次:一是区域空间层次,主要分析区域层面的公共风险和财政改革;二是政策空间层次,主要将政策改革和开放效应进行分析和展开。

第二节　促进区域空间开放的财政改革

党的十一届三中全会以后,中国对外开放政策开始确立,开放的领域不断扩大,进程不断深化。财政改革既是中国开放事业的坚实支撑,又借助开放事业不断提升和增强改革的信心和动力,在开放中推进改革,在改革中支持开放。

一、中国对外开放政策的确立

邓小平同志曾一针见血地指出:"从一九五七年下半年开始,我们就犯了'左'的错误。总的来说,就是对外封闭,对内以阶级斗争为纲,忽视发展生产力,制定的政策超越了社会主义初级阶段。"[①]在这里,邓小平同志将我们当时犯的"左"的主要错误归结为"对外封闭"和"对内以阶级斗争为纲",并把"对外封闭"放在了"对内以阶级斗争为纲"的前面。

1978 年 5 月,国务院派出了新中国第一个赴西欧考察的经济代表团,

---

① 《邓小平文选》第三卷,人民出版社 1993 年版,第 269 页。

并由时任副总理谷牧同志带队。代表团在法国、德国、比利时、丹麦和瑞士进行了一个多月的考察,当年 6 月下旬,考察团专门向中央政治局进行了汇报。当年 7 月,国务院召开关于经济建设的务虚会,充分讨论了对外经济合作的问题,并在几个重要问题上达成了共识:一是二战后,资本主义经济发达国家的社会经济都发生了重大的变化,科学技术和经济发展日新月异,资本主义有很多我们可以借鉴的地方;二是我国的社会主义建设虽然取得了很大的成绩,但与资本主义比较还比较落后,与发达国家的发展差距不是缩小了,而是拉大了;三是发达资本主义国家出于他们政治和经济的考虑也想和我们进行经济合作,他们需要投资的市场和产品销售的市场;四是在发展对外经济关系中,许多国际上流行的做法,包括补偿贸易、合作生产、吸收国外投资等,我们都可以研究采用。当年 12 月,党的十一届三中全会作出了在自力更生的基础上积极发展同世界各国的经济合作,努力采用世界先进技术和先进装备的重大决策。由此确定了我国对外开放的基本国策,揭开了我国经济发展的新的序幕。

1980 年 6 月,邓小平同志在一次接见外宾时,第一次以"对外开放"作为我国对外经济政策公之于世。他说:"我国在国际上实行开放的政策,加强国际往来,特别注意吸收发达国家的经验、技术包括吸收国外资金来帮助我们发展。"①1981 年 11 月召开的五届全国人大四次会议上的政府工作报告,又进一步明确指出:"实行对外开放政策,加强国际经济技术交流,是我们坚定不移的方针。"②1982 年 12 月,对外开放政策被正式写入我国宪法。

在这一时期,财政改革处于准备阶段,既采取更加符合国际惯例的方法来确定政府和企业关系,调动和发挥企业活力;又积极地推进税收制度的完善,确立企业的法人、合伙人和私人产权制度,规范开放条件下的社会收入分配关系。

---

① 《改革开放三十年:决定当代中国命运的重大抉择(1978—2008)》,中央文献出版社 2008 年版,第 67 页。

② 《三中全会以来重要文献选编》下,人民出版社 1982 年版,第 1027 页。

二、十八大之前的中国对外开放发展

十八大之前的中国对外开放是一个典型的由点到线,再由线到面的拓进过程。区域空间不断地延伸和展开,为财政发挥改革"突破口"和治理基础作用提供了重要支撑。

(一) 建立经济特区

1979 年 4 月,中央召开工作会议,专门讨论经济建设问题。当时广东省委领导人习仲勋在汇报工作时提出,希望中央下放一定的权力,允许广东有一定的自主权,在毗邻港澳的深圳、珠海、汕头举办出口加工业。邓小平同志听后十分赞同,并向中央提议批准广东的这一要求。在讨论如何扩大对外贸易的过程中,到会的许多负责同志认为,可以在广东的深圳、珠海、汕头以及福建的厦门试办出口特区,发展出口商品生产,这个建议被写入了会议的有关文件。

经过各方面的充分讨论和准备,当年 7 月,中共中央、国务院批转了广东和福建两省分别提出的关于对外经济活动实行特殊政策和灵活措施的两个报告,同时批准在深圳、珠海、汕头以及福建的厦门试办出口特区。根据半年多筹办特区的工作实践,中央进一步明确,在特区发展中不但要办出口加工业,也要办商业和旅游业,不但要拓展出口贸易,还要在全国经济生活中发挥多方面的作用:如发挥技术的窗口、管理的窗口、知识的窗口和对外政策的窗口以及"开放的基地"。这样,1980 年 3 月将"出口特区"改为内涵更为丰富的"经济特区"。

由于深圳、珠海、汕头以及厦门四个特区在很短的时间里取得了很大的成就,国家决定扩大经济特区的规模和范围,1988 年 4 月 13 日,七届全国人大一次会议审议通过了国务院提出的议案,决定海南省成为我国的又一个经济特区。

(二) 建设经济技术开发区

经济特区在短时间内取得突破性进展和巨大成就极大地鼓舞了全国各族

人民,也进一步坚定了我国扩大对外开放的信心。1984 年 2 月,邓小平同志视察特区后指出:"除现在的特区之外,可以考虑再开放几个港口城市……这些地方不叫特区,但可以实行特区的某些政策。"[①]

1984 年 4 月,根据邓小平同志的建议,党中央、国务院研究决定将对外开放的范围由特区扩大至沿海其他一些城市。这次开放的城市共有 14 个,它们分别是:大连、秦皇岛、天津、烟台、青岛、连云港、南通、上海、宁波、温州、福州、广州、湛江和北海。当年 9 月,国务院首先批准了东北重镇大连市兴办经济技术开发区。从这时起到 1985 年 1 月,在逐渐审批沿海开放城市的实施方案中陆续批准了秦皇岛、烟台、青岛、宁波、湛江、天津、连云港、南通、福州、广州 10 个城市举办经济技术开发区,给予它们和沿海经济特区类似的优惠政策。至 1994 年 8 月,国务院批准的经济技术开发区总共达 32 个,经济开发区开始成为各个中心城市的增长极。

经济技术开发区在很短的时间里取得了举世公认的伟大成就,极大地鼓舞和坚定了我国对外开放的信心和决心。当然,由于各种原因,各地在自办开发区方面也出现了一些偏差和失误,付出了一定的代价,许多地方不顾自己的条件和可能,群起效仿经济技术开发区,刮起了全国性的"开发区热"。经过清理和整顿,到 1995 年底,各省、自治区、直辖市人民政府批准设立的各类经济技术开发区共有 638 个。其中经济开发区 533 个,高新技术产业开发区 48 个,旅游开发区 57 个,规划面积 5100 平方公里,起步面积 844 平方公里。从分布情况看,沿海 12 个省、自治区、直辖市的省级开发区约占总数的 55%;从发展的情况看,据不完全统计,全国各省级开发区共批准内资项目 43 万个,投资总额 2200 亿元;外商直接投资项目 9000 多个,合同外资 330 多亿美元,实际利用外资 80 多亿美元。

(三) 支持浦东开发开放

在经济特区和经济技术开发区建设如火如荼进行之际,具有得天独厚位置的上海的开放也被提到议事日程。1984 年,上海市人民政府在向国务院上

---

① 《邓小平文选》第三卷,人民出版社 1993 年版,第 52 页。

报的《关于上海经济发展战略汇报纲要》报告中首次正式提出了开发浦东的问题。1986年10月，国务院在《上海市城市总体规划方案》的批复中提出："当前特别要注意有计划地建设和改造浦东新区，使浦东成为现代化的新区。"1990年2月26日，中共上海市委和上海市人民政府正式向党中央、国务院提出了《关于开发浦东、开放浦东的请示》。同年3月，邓小平同志同几位中央负责同志谈话时指出，中国的关键就是看能不能争取较快的增长速度，实现我们的发展战略，并提出了"抓上海"的战略构想："上海是我们的王牌，把上海市搞起来是一条捷径"。1990年6月，中共中央、国务院下发《关于开发和开放浦东问题的批复》，在批复中指出，"开发和开放浦东是深化改革、进一步实行对外开放的重大部署"，"是一件关系全局的大事，一定要切实办好"。1992年10月，党的十四大提出，要以上海浦东开发开放为龙头，进一步开放长江沿岸城市，尽快把上海建成国际经济、金融、贸易中心之一，以此带动长江三角洲和整个长江流域的新飞跃。

浦东的开发和开放极大地促进了浦东和上海市经济的发展，目前上海已经成为国际上较为知名的国际金融中心，并由此带动了上海市和整个长江流域的发展。

（四）促进内地开放发展

随着改革开放的不断深入以及开放所带来的巨大成就，党中央、国务院决定进一步扩大对外开放：第一，在国家财政的支持下，从1990年起先后在上海浦东新区的外高桥和天津港等地设立保税区，并对转口贸易、加工贸易和维修维护服务进行支持。随着保税区体系向内陆城市的延伸，迅速成为内陆城市开放的重要抓手和关键载体。第二，开放长江的芜湖、九江等6个城市和设立长江三峡经济开放区，将开发区的制度、政策优势向内陆地区传递。第三，开放珲春等13个陆地边境城市，形成沿边开放的重要布局。第四，开放内陆所有的省会、自治区首府城市，给予这些地方和经济技术开发区一样的优惠政策。这样，在我国就形成了沿海、沿江、沿边及东西南北中多层次、多渠道、全方位的对外开放局面，使我国的对外开放进入了一个新的更高的阶段。至此，我国对外开放形成"经济特区—沿海港口城市—经济技术开发区—沿海经济开放区—内地"这样一个多层次、有重点、点面结合的对外开放格局。

（五）形成全面对外开放的新格局

经过艰难谈判，我国于 2001 年末加入世界贸易组织，这标志着我国对外开放进入一个崭新的阶段。我国将由以前有限范围和有限领域内的开放，转变为全方位的开放；由以试点为特征的政策主导下的开放，转变为法律框架下可预见的开放；由单方面为主的自我开放，转变为与世贸组织成员之间的相互开放。这一时期我国对外开放的主要特点是：

第一，由地域的全方位开放走向产业的全方位开放。进入 20 世纪 90 年代中期以来的中国开放已经不仅是通过沿海开放城市和开放区域，而是形成了东西南北中全方位的开放局面，使中国经济的开放程度和范围都有了极大的提高。·

第二，生产和资本国际化程度将进一步提高。在世界经济一体化趋势越来越明显的背景下，不仅中国的市场将向全面开放的方向发展，使国际资本和商品更大范围地进入中国市场，而且中国的资本也将以更快的速度进入国际市场，中国将会有更多的企业从事跨国生产和经营，"引进来"和"走出去"将成为我国对外开放的两个轮子，有力地推动我国对外开放向纵深发展。经过 20 年的改革开放，中国的海外企业有了迅速的发展，现在几乎在世界各国都可以看到中国企业的身影。

第三，中国的金融市场将不再与国际金融市场割裂，金融市场与世界市场的一体化程度会大幅度提高。金融业和金融市场作为国民经济的关键部门和核心环节，通常在对外开放的进程中排在较后的序列，这在发达国家开放经济走过的历程中也是如此。因此，全面开放和高度国际化的金融市场可以被看成是开放型经济的发达形态。中国开放经济的建设目前尚处在一个由初级阶段向高级阶段过渡的时期，金融市场开放度不高是可以理解的。但是金融市场和金融业的开放，毕竟是一种客观的发展趋势，是经济全球化和世界经济一体化的重要表现形式。

第四，我国的规章制度将会进一步规范化并与国际接轨，政府的宏观调控方式要发生重大变化。改革开放以来，中国市场经济体制的建设是与对外开放共同发展的,并都取得了很大的成就。但应该看到,市场的上层建筑,对市场进行调控的各种管理手段、规章制度,尚未按照开放型市场经济的要求进行重构和重组。随着中国加入 WTO 以后,这些规章制度和政府的宏观调控必然要遵循 WTO 的规则,这就要求我们对与 WTO 规则以及我们在谈判中作出的承诺不相符的地方做重大修改使其与国际惯例接轨。中国进一步开放的上述方向既是中国本身经济发展的需要,也是经济全球化发展趋势对中国提出的客观要求。

三、十八大以来的对外开放发展

党的十八大以来,以习近平同志为核心的党中央准确把握和平、发展、合作、共赢的时代潮流和国际大势,从中国特色社会主义事业"五位一体"总体布局的战略高度,从实现中华民族伟大复兴中国梦的历史维度,以开放促改革、促发展、促创新,加快建设开放型经济强国,发挥财政改革对国家治理的支柱作用,提升财政改革"突破口"和"稳定器"的作用。

(一) 新格局:陆海内外联动,东西双向开放

在开放中发展,成为中国把握战略机遇,收获辉煌成就的一大法宝。党的十八大开启了中国梦的新航程,中国经济驶入一片充满挑战的全新海域:从国际看,金融危机影响犹存,世界经济长期面临复苏乏力的复杂情势,经济运行的质量和结构出现了一定程度的问题,并严重影响着世界经济的正常增长;从国内看,长期快速增长之后,我国经济发展进入速度变化、结构优化、动力转化的新常态,调整经济结构、转变经济发展方式更为迫切,经济发展的平衡性、充分性的水平更为关键。

近年来,中国对外开放铺展出气势恢宏的新画卷,吸引外资、对外投资、进出口贸易等领域千帆竞发,全方位、多层次、宽领域的开放特色愈加明显,陆海内外联动,东西双向开放的新格局更趋成熟。

开放政策、地理区位、发展基础和要素禀赋的差异,造成我国对外开放"海强陆弱、东快西慢"特征明显。站在全面建成小康社会的高度,开放必须

与促进区域协调发展相结合,让内陆沿边跟上东部沿海的开放鼓点。2015年底,《国务院关于支持沿边重点地区开发开放若干政策措施的意见》出台,推出提升贸易便利化水平、提高投资便利化水平、完善边民互市贸易等扩大沿边开放新举措。受益于一系列政策"红包",中西部开放渐入佳境、迎头赶上。

步伐协调,不是让沿海慢下来。2015年4月,广东、天津、福建自由贸易试验区同步挂牌。加上先行一步的上海,11个自贸试验区由南到北培植中国改革开放新热土,"不是政策洼地,而是开放高地",进一步增强了东部沿海地区在开放中的引领作用。

近年来,国家财政大力支持由大转强的对外贸易布局稳步推进,贸易大国地位不断巩固。2013年至2015年,我国连续三年保持世界第一货物贸易大国地位。服务贸易占外贸总额的比重,从2012年的10.8%提高到2016年的18%,我国已成为世界第二服务贸易大国和服务外包接包国。2015年我国出口国际市场份额升至约13.8%,创历史新高。

结构调整取得积极成效。2016年发展中国家和新兴市场占外贸出口的比重达到45.6%,比2012年提高2个百分点,与"一带一路"沿线国家进出口额占我国外贸总额的比重超过1/4。中西部地区占全国外贸出口的比重达到15.2%,比2012年提高1.1个百分点。一般贸易占出口的比重提高到53.8%,比2012年提高5.6个百分点。

外贸发展新动能正在集聚。民营企业成为外贸发展的重要力量,在我国出口中的比重首次超过外资企业,由2012年的37.6%提高到2016年的46%。外贸新业态加快发展,2016年13个综试区跨境电商进出口增长1倍以上,市场采购贸易出口达2036亿元。

对国民经济贡献增强。外贸直接或间接带动就业人数达到1.8亿左右,约占全国就业总数的23%。2012年至2016年,关税和进口环节增值税、消费税超过8.2万亿元,是国家财政收入的重要来源。先进技术设备大量引进、高端产品出口快速增加,对国民经济提质增效升级发挥了重要作用。

作为第一货物贸易大国,应着力打造品牌和创新的新优势。党的十八大以来,我国外贸注重从数量规模向质量效益转变,鼓励传统出口企业提高产品质量、完善营销售后服务,大力推动高铁、核电、工程机械等享有良好国际声誉的高端装备制造业出口,努力扩大文化、中医药和信息服务等新兴服务出口。2016 年,我国"三自三高"产品出口增势不减,铁路机车、通信设备、船舶、航天航空等大型成套设备出口增速超过 10%。服务进出口同比增长 14.6%,电信、计算机和信息等高附加值服务出口同比增长 25%。

(二) 新机制:统一大市场建设取得新成效

消费成为经济增长第一驱动力。全国社会消费品零售总额从 2012 年的21.4 万亿元,增至 2016 年的 33.2 万亿元,消费对经济增长贡献率从 51.8%提高至 64.6%,连续三年成为拉动经济增长的首要动力。但是消费的扩张与开放程度的提升有着直接的联系,并形成了内外联动统一的大流通市场。

流通现代化水平提升。全国城乡流通体系日趋健全,初步建成覆盖城乡、线上线下融合的内贸流通体系。社会物流总费用占 GDP 的比重从 2012 年的18%降至 2016 年的 14.9%,社会综合物流成本降低 10%。电子商务规模从2012 年的 8.1 万亿元增至 2016 年的 26.1 万亿元。我国跃升为全球第一网络零售大国。

流通业对外开放水平提高。批发、零售、住宿、餐饮四大行业实际利用外资从 2012 年的 101.6 亿美元,增至 2016 年的 162.4 亿美元,对外直接投资流量从 2012 年的 131.9 亿美元,增至 2016 年的 225.2 亿美元。一大批电子商务企业创新商业模式、拓展流通渠道,成长为立足全国、辐射全球的新兴跨国公司。

国家财政积极支持对外贸易新机制的建设,重点是:清理管理障碍,让外贸"跑得快"。一台液晶显示器从我国江苏运到德国经陆运原本要走 25 天,如今通过"苏满欧"班列陆运 12 天即可抵达。外贸要快跑,不仅需要火车跑得快,更要提高国际货物检验检疫的工作效率。例如,苏州和满洲里已实现了通关一体化,让运输时间缩短过半。2016 年 2 月,自动进口许可证无纸化通关范围推广至全国所有海关。相对于纸面证书,许可证电子证书重塑了通关流程,申请更方便快捷,签发更公开透明,通关更顺畅高效。企业问卷调查显示,近 98%的涉证企业表示满意。

跨境电商是外贸领域的新亮点。为破解跨境电商发展体制机制难题,进一步为跨境电商"松绑",2015年3月,杭州开展跨境电子商务综合试验区工作,2016年扩大到天津、上海、重庆、合肥、郑州、广州、成都、大连、宁波、青岛、深圳、苏州等12个城市。跨境电子商务综合试验区着力在跨境电子商务交易、支付、物流、通关、退税、结汇等环节的技术标准、业务流程、监管模式和信息化建设等方面先行先试,通过制度创新、管理创新、服务创新和协同发展,破解跨境电子商务发展中的深层次矛盾和体制性难题,打造跨境电子商务完整的产业链和生态链,逐步形成一套适应和引领全球跨境电子商务发展的管理制度和规则,为推动全国跨境电子商务健康发展提供可复制、可推广的经验。

(三) 新优势:利用外资质量和水平提高

利用外资规模保持稳定。在全球跨国直接投资下降2%的背景下,2016年我国实际引进外资8644亿元,同比增长3%。2013年至2016年,全国累计新增外商投资企业10.1万家,实际引进外资5217亿美元。我国引进外资已连续25年居发展中国家首位。

利用外资质量提高。2016年高技术业引进外资占比达19.1%,比2012年提高了5个百分点。跨国公司在华研发中心超过2400家。

国家财政大力支持外资管理体制的改革与深化。对实行30多年的"逐案审批制"进行改革,凡不涉及准入特别管理措施的外资企业设立及变更事项由审批改为备案管理,实现了对既有外商投资管理理念、管理模式和管理体制的重大变革。

对国民经济贡献提升。2016年,外资企业固定资产投资增长15.6%,高于全国平均增速7.5个百分点;外资企业出口占全国的43.7%,纳税占18.3%,就业占城镇总就业人数的9.9%,规模以上工业企业利润占全国的25.2%。外资企业数量不到全国企业总数的3%,创造了近一半的对外贸易和1/5的财政税收。

为提升引进外商直接投资的工作,2017年1月和8月,国务院先后出台了《国务院关于扩大对外开放积极利用外资若干措施的通知》(国发〔2017〕5号)和《国务院关于促进外资增长若干措施的通知》(国发〔2017〕39号)等重要文件,全力支持外商直接投资工作优化环境、创新模式、再上台阶。在国家新政策的大力支持下,2017 年 9 月起,我国吸引外资直接投资的规模和增速均明显改善,从而保证了我国 2017 年外商直接投资的规模和增速均在全球保持高速良性的态势之中。

(四) 新战略:"一带一路"倡议与全球布局的战略优化

2013 年 9 月和 10 月,习近平总书记在出访中亚和东南亚国家期间,先后提出共建"丝绸之路经济带"和"21 世纪海上丝绸之路"的重大倡议。习近平总书记指出:"'一带一路'建设秉持的是共商、共建、共享原则,不是封闭的,而是开放包容的;不是中国一家的独奏,而是沿线国家的合唱。""'一带一路'建设不是空洞的口号,而是看得见、摸得着的实际举措,将给地区国家带来实实在在的利益。"[①]

共建"一带一路",得到沿线国家的热烈响应:"一带一路"建设的愿景与行动文件已经制定,亚投行和丝路基金顺利启动,一批基础设施互联互通项目正在稳步推进……实践证明,"一带一路"倡议顺应和平、发展、合作、共赢的时代潮流,提供了一个具有广泛包容性的合作平台,堪称推动开放合作、促进和平发展的"中国方案"。党的十八大以来,中国努力推动互利共赢的国际发展合作,成为推动构建平等公正、合作共赢国际经济新秩序的中坚力量,展示了一个负责任的发展中大国的泱泱风范。

在"一带一路"倡议的推动下,我国"走出去"的规模进一步扩大,资源利用的全球网络布局进一步改善[②]。2016 年,我国对外投资流量已跃居世界第二位,成为真正意义上的净资本输出国。截至 2016 年底,对外直接投资存量超过 1.3 万亿美元,境外资产总额近 5 万亿美元。2012 年至 2016 年,对外承包工程完成营业额累计约 7100 亿美元,年均增长 9%,我国已成为世界主要的对外承包工程国之一。

企业国际化经营水平提升。2012 年至 2015 年,我国企业通过对外投资

---

① 《习近平:"一带一路"不是独奏是合唱》,2015 年 3 月 29 日,见 http://www.politics.people.com.cn/n/2015/0329/c1001_26765962.html。

② 以下数据均来自于商务部数据中心。

合作，累计实现境外销售收入 5.6 万亿美元，带动进出口 1.6 万亿美元。跨国并购成为"走出去"企业获取海外优质资源、补齐国内短板的重要途径。2016年，并购类对外投资 802 亿美元，占对外投资总额的比重达到 47.1%，上亿美元大项目超过 100 个。

产业国际布局加快。在国内要素成本上升背景下，开拓国际市场、利用海外资源成为我国工业化发展的必然选择。2016 年，制造业对外投资达到310.6 亿美元，同比增长 116.7%。一批钢铁、水泥、有色、汽车、机械、纺织、化工等领军企业在境外建设生产基地。2016 年，对外承包工程合同额上亿美元大项目共 482 个，带动了我国装备、技术、标准和服务"走出去"。

（五）新思维：对外援助服务国家战略取得新进展

对外援助是国家财政和外交、外经政策重要的组成部分。在国家财政的支持下，外交、外经部门积极运用科学的管理手段，创新体制机制，形成了以下四个方面的重大成果：

第一，彰显了中国担当。习近平总书记等党和国家领导人在多个国际场合宣布的一系列重大援助倡议，在扶贫减贫、疫病防控、气候变化、难移民救助等全球和地区性问题上提出的一系列中国方案，向世界展现了我国致力于促进人类共同发展的大国责任与历史担当，受到受援国和国际社会高度评价。

第二，体现了中国道义。在农业、教育、卫生、减贫等领域实施了 2000 余个民生援助项目，向受援国人民送去"中国温暖"，赢得了当地民心。为 68 个国家和国际组织提供 144 批次紧急人道主义援助，彰显了我国负责任大国形象①，坚定了广大发展中国家对中国在关键时刻靠得住、帮上忙的信心。

第三，分享了中国经验。在华共举办援外培训班 5000 余期，派出各类管理人员和技术专家共 3 万人次，派出青年志愿者近 300 人次，累计为受援国培养近 40 万名各类人才，有力提升受援国人力资源素质②。设立南南合作与发展学院，分享中国及广大发展中国家的治国理政经验，推动南南合作、促进共

---

① 据国务院新闻办发表的《中国的对外援助》系列白皮书。
② 据国务院新闻办发表的《中国的对外援助》系列白皮书。

同繁荣。

第四,实现了双赢结果。援建农业、工业、交通运输、能源电力、信息通信等领域重大基础设施项目300余个,使受援国真正受益,变"输血"为"造血"。同时,有效带动我国优势企业、产品、技术和标准走向世界,有力推动"一带一路"建设和国际产能合作。

第三节　支持国家开放政策体系
创新发展的财政改革

国家开放政策体系包括外贸政策体系、外资政策体系和对外投资政策体系等三个主要方面。国家开放政策体系的创新发展以问题和矛盾作为重要的内生动力,既通过开放来拓展空间和创新角度,增强化解和解决问题的能力,又积极调动和使用国内的支撑力量,提高矛盾的化解效率和开放发展的质量。财政支持我国开放政策体系创新发展的重要策略与模式就是在这一逻辑体系下得以构建并应用的,并以此来形成财政支持中国开放发展的基本策略与模式。

一、支持国家开放政策体系创新发展的基本思路与逻辑

财政支持国家开放政策体系创新发展的基本思路是,落实党和国家的重大决策部署,以推进开放发展作为重要目标,以财政政策手段和措施作为基本工具,坚持问题导向,坚持体系化运行,坚持政策的可持续性和可承受力,坚持社会主义市场经济的发展方向,实现财政政策及措施对开放发展的有效支撑。

按照上述思路,我国支持国家开放政策体系创新发展的基本逻辑形成了以下四个基本层面,即:

第一,优化开放环境。这一要求主要表现在三个阶段:一是改革开放初期完善国家税制,明确政府职责和加强商品交易流通阶段;二是社会主义市场机

制建设启动,以稳定贸易增长、加入多边机制、扩大招商引资规模、形成以加工贸易、一般贸易和"走出去"协调发展的阶段;三是中国特色社会主义发展新阶段,在取得巨大历史成就的基础上,坚持"一带一路"倡议,坚持完善现代产权制度,坚持提升要素配置的市场化程度,坚持培育国际经济合作和竞争新优势的阶段。

第二,创新方式助企融资。外贸企业,特别是中小微外贸企业普遍受到"融资难、融资贵"的困扰,也是制约开放发展的瓶颈。针对这一问题,财政系统推出了诸如"外贸财银保"政策,即"无抵押式担保+银行优惠贷款"(以下简称"订单融资")和"出口退税账户托管便利融资"(以下简称"退税融资")的解决方案,通过财政设立风险补偿金、补贴担保费和银行贷款利息、支持财政存款向合作银行倾斜等措施,推动政府部门与银行、担保公司等金融机构联动,降门槛、降利率费用,使银行资金低成本高效率地流入外贸实体经济,降低外贸企业融资成本和制度交易成本。

第三,培育壮大外贸主体。长期以来,我国开放发展存在着"市场主体弱、国际品牌少"的问题。针对这一问题,财政系统按照国务院的统一部署,协调与外经外资系统的关系和创新手段与方法,深入开展园区外贸综合服务中心建设试点,通过财政适当补助,在省级以上园区设立外贸综合服务中心,引导鼓励有实力的外贸综合服务企业派专业人员常驻园区,宣传讲解外贸政策和业务,培养引进外贸人才,帮助中小微企业拓展外贸业务,逐步开展自营出口。财政系统还积极联合和协调有关部门,加强出口品牌和生产基地建设,如开展"出口食品农产品质量安全示范区"创建活动等。

第四,不断畅通对外通道。发展开放型经济离不开快捷的通道。我国还存在广大的内陆地区,不沿边、不靠海,通道建设尤为重要。一是全力支持对外贸易转型升级。优化边境地区转移支付资金安排的内部结构,有序发展边境贸易,完善边贸政策,支持边境小额贸易向综合性多元化贸易转变,探索发展离岸贸易。二是引导服务贸易加快发展。发挥财政资金的杠杆作用,引导社会资金加大投入,支持沿边重点地区结合区位优势和特色产业,做大做强旅游、运输、建筑等传统服务贸易。三是完善边民互市贸易。加强边民互市点建设,严格落实国家规定范围内的免征进口关税和进口环节增值税政策,清理地方各级政府自行颁布或实施的与中央政策相冲突的有关边民互市贸易的政策和行政规章。四是支持有差别的产业政策。如设立沿边重点地区产业发展(创业投资)基金、加强产业项目用地和劳动力保障等措施和安排。

二、支持外资政策体系创新发展的财政改革

积极利用外资是我国对外开放战略的重要内容。当前经济全球化呈现新特点,我国利用外资面临新形势新任务。财政为深化经济结构的升级与改革,推进简政放权、优化政府服务改革,提升我国外商投资环境法治化、国际化、便利化水平,促进外资增长,提高利用外资质量,形成了减少外资准入限制、制定财税支持政策、优化营商政策环境等方面的主要模式。

(一) 减少外资准入限制

第一,全面实施准入前国民待遇加负面清单管理制度。尽快在全国推行自由贸易试验区试行过的外商投资负面清单,进一步增强投资环境的开放度、透明度、规范性。

第二,进一步扩大市场准入对外开放范围。持续推进专用车和新能源汽车制造、船舶设计、支线和通用飞机维修、国际海上运输、铁路旅客运输、加油站、互联网上网服务营业场所、呼叫中心、演出经纪、银行业、证券业、保险业对外开放,明确对外开放时间表、路线图。

(二) 制定财税支持政策

第一,鼓励境外投资者持续扩大在华投资。对境外投资者从中国境内居民企业分配的利润直接投资于鼓励类投资项目,凡符合规定条件的,实行递延纳税政策,暂不征收预提所得税。

第二,发挥外资对优化服务贸易结构的积极作用。将服务外包示范城市符合条件的技术先进型服务企业所得税优惠政策推广到全国,引导外资更多投向高技术、高附加值服务业。

第三,促进利用外资与对外投资相结合。对我国居民企业(包括跨国公

司地区总部）分回国内符合条件的境外所得，研究出台相关税收支持政策。

第四，鼓励跨国公司在华投资设立地区总部。支持各地依法依规出台包括资金支持在内的吸引跨国公司地区总部的政策措施，积极参与全球产业格局调整。

第五，促进外资向西部地区和东北老工业基地转移。充分发挥现有财政资金作用，积极支持西部地区及东北老工业基地的国家级开发区（含经济技术开发区、高新技术产业开发区、海关特殊监管区域等，下同）科技创新、生态环保、公共服务等领域建设，改善招商环境，提升引资质量，承接高水平制造业转移。

第六，支持重点引资平台基础设施和重大项目建设。鼓励省级人民政府发行地方政府债券支持国家级开发区、边境经济合作区、跨境经济合作区基础设施建设。加快试点发展项目收益与融资自求平衡的地方政府专项债券品种，优先保障上述区域符合条件的重大项目融资需求。

（三）优化营商政策环境

第一，提升外商投资服务水平。完善中央及地方外商投资企业投诉机制，协调解决境外投资者反映的突出问题，加大对外商投资企业享有准入后国民待遇的保障力度，努力营造统一开放、竞争有序的市场环境。建立行政事业性收费和政府性基金、政府定价的涉企经营服务性收费等涉企收费目录清单制度。

第二，保障境外投资者利润自由汇出。对于境外投资者在境内依法取得的利润、股息等投资收益，可依法以人民币或外汇自由汇出。

第三，深化外商投资企业管理信息共享和业务协同。积极推进"互联网+政务服务"，进一步完善"双随机、一公开"监管机制，构建高效便捷的外商投资事中事后监管与服务体系。加大商务部门与工商、海关、质检、外汇等部门之间信息管理系统的互联互通力度，实现外商投资企业从设立到运营的有关信息跨层级、跨部门共享。试点外商投资企业商务备案与工商登记"单一窗口、单一表格"受理新模式。

第四，鼓励外资参与国内企业优化重组。简化程序，放宽限制，支持境外投资者以并购方式设立外商投资企业。支持国内企业多渠道引进国际先进技术、管理经验和营销渠道。鼓励外资参与国有企业混合所有制改革。

第五,完善外商投资企业知识产权保护。针对网络侵权盗版、侵犯专利权、侵犯商标专用权等知识产权问题开展集中整治,强化司法保护和行政执法,加大对侵权违法行为的惩治力度。

第六,提升研发环境国际竞争力。为研发中心运营创造便利条件,依法简化具备条件的研发中心研发用样本样品、试剂等进口手续,促进外资研发投入。

第七,保持外资政策稳定性连续性。地方各级人民政府要严格兑现向投资者及外商投资企业依法作出的政策承诺,认真履行在招商引资等活动中依法签订的各类合同。

三、支持外贸政策体系创新发展的财政改革

支持外贸政策体系创新发展的财政改革是指运用财税政策手段,以扩大贸易规模,提升贸易增速和维持贸易平衡为目标,在优化外贸结构、改善外贸环境、改善融资服务和增强外贸企业竞争力等方面形成财政支持外贸政策体系创新发展的主要改革模式和政策措施。

(一)推进优化外贸政策结构的政策

第一,进一步加强进口。继续深化外贸管理体制改革,进一步减少自动进口许可货物种类。加快培育国家进口贸易促进创新示范区,充分发挥进口贸易集聚区对扩大进口的示范和带动作用。积极支持数字化、智能化等先进技术设备、关键零部件进口。扩大国内短缺资源进口,合理增加与群众生活密切相关、必要的一般消费品进口。结合淘汰落后产能,赋予符合条件的原油加工企业原油进口和使用资质,扩大原油进口渠道。加快实施自贸区战略。

第二,保持货物贸易稳定增长。做强一般贸易,提高一般贸易在货物贸易中的比重,稳定传统优势产品出口,支持拥有知识产权、品牌、营销网络、高技术含量、高附加值、高效益的产品出口。提升加工贸易,修订加工贸易禁止类

和限制类商品目录,完善加工贸易政策,创新加工贸易模式,加大加工贸易梯度转移力度,形成沿海地区转型升级、内陆地区有序承接的新格局。发展其他贸易,扩大边境贸易。

第三,支持服务贸易发展。充分利用现有专项资金政策,加大对服务贸易发展的支持。逐步扩大服务进口。结合"营改增"改革范围的扩大,对服务出口实行零税率或免税,鼓励服务出口。鼓励政策性金融机构在业务范围内加大对服务贸易扶持力度,支持服务贸易重点项目建设。建立和完善与服务贸易特点相适应的口岸通关管理模式。

第四,发挥"走出去"的贸易促进作用。加快推进与周边国家互联互通基础设施建设。推动境外经贸合作区建设。鼓励企业采取绿地投资、企业并购等方式到境外投资,促进部分产业向境外转移。采取综合措施,支持企业开展重大项目国际合作和工程承包,带动中国装备、材料、产品、标准、技术、服务"走出去"。支持企业开展境外品牌、技术和生产线等并购,提高国际竞争力。

（二）促进改善外贸环境的政策

第一,提高贸易便利化水平。进一步优化监管方式方法,提高海关查验的针对性和有效性,推动区域性通关一体化试点,推行通关作业无纸化,加快通关速度。加快电子口岸建设,实行国际贸易"单一窗口"受理,全面推进"一次申报、一次查验、一次放行",实现口岸部门和地方政府信息共享。进一步减少行政审批项目,简化程序,减少出口商品检验的商品种类。整顿和规范进出口环节经营性服务和收费,减轻企业负担。

第二,规范进出口经营秩序。充分发挥行业协会的预警、组织、协调作用,加强行业自律,规范企业行为,防止恶性竞争,努力营造国际化、法治化的营商环境。建立外贸企业信用记录数据库,惩戒失信,打击欺诈,促进外贸企业诚信体系建设。

（三）支持改善融资服务的政策

第一,进一步拓宽进出口企业融资渠道。鼓励商业银行开展进出口信贷业务。按照风险可控、商业可持续原则,积极创新金融产品和服务,继续开展出口信用保险保单融资,加大对有订单、有效益外贸企业的金融支持。积极发展融资租赁。完善中资金融机构全球授信管理,加强与重点行业出口企业合作,稳步将供应链融资延伸到境外。

第二,加大出口信用保险支持。扩大出口信用保险规模和覆盖面,加大对品牌产品、服务贸易、国际营销网络和小微企业的支持力度。鼓励保险公司扩大短期出口信用保险业务,进一步增加短期出口信用保险经营主体。在风险可控的前提下,对大型成套设备出口融资应保尽保;发挥外汇储备委托贷款平台等作用,采取有效措施降低大型成套设备出口融资成本。

第三,完善出口退税政策。加大中央财政对出口退税负担较重地区的补助力度,进一步加快出口退税进度,确保及时足额退税。适时扩大融资租赁货物出口退税试点范围。同时,加大打击骗退税力度。

(四) 支持增强外贸企业竞争力的政策

第一,支持各类外贸企业发展。加快外贸生产基地建设,推动外贸发展方式的转变。支持外贸综合服务企业发展,为小微企业出口提供专业化服务。支持民营、中小外贸企业发展。引导外贸企业结构调整、兼并重组、提质增效,加快形成有核心竞争力的跨国企业集团。

第二,创新和完善多种贸易平台。加快国际展会、电子商务、内外贸结合商品市场等贸易平台建设。扩大"市场采购"方式试点范围。出台跨境电子商务贸易便利化措施。鼓励企业在海外设立批发展示中心、商品市场、专卖店、"海外仓"等各类国际营销网络。

四、支持对外投资政策体系创新发展的财政改革

"走出去"战略是我国开展对外投资的重要战略载体,而"一带一路"倡议则对我国对外投资起到了统领性的战略作用。财政支持对外投资发展的主要模式是避免双重征税实施财政支持和完善财务制度。具体有:

(一) 避免双重征税

随着我国企业"走出去"步伐加快,企业遭遇的跨境税收问题日益增多,通过国家间税收协定,可以为企业避免双重征税和解决涉税争议提供法律

支持。

税收协定指的是对所得或者财产如何避免双重征税、如何在国与国之间防止偷漏税达成的协议。截至 2017 年末,我国已经与 99 个国家和地区签订了避免双重征税的协定并生效实施,加上内地与香港特别行政区、澳门特别行政区签署的税收安排,共有 101 个已经生效的协定和安排①,覆盖范围较为广泛,既覆盖了对我国内地投资比较多的国家和地区,也包括了目前我国内地对外投资比较多的国家和地区。就协定规模来看,我国仅次于英国的近 120 个协定。

无论是谈新的协定还是修订老的协定,都要把支持"走出去"作为协定谈签的重要原则。国家一方面围绕我国企业"走出去"的重点地区、"一带一路"沿线国家开展协定谈签工作;另一方面,加大税收协定执行力度,推动缔约对方主管当局为我国企业享受税收协定待遇提供便利。

(二) 实施财政支持

第一,鼓励根据国家有关重点规划,围绕铁路等交通运输、电力、通信设施、矿产资源、航空航天、海洋工程、农业、林业领域,开展互利共赢的对外承包工程及境外投资业务。其中,对外承包工程指我国境内企业承包境外建设工程项目,包括咨询、勘察、设计、监理、建造、采购、施工、安装、调试、运营、管理等活动。境外投资指我国境内企业通过新设、并购等方式在境外设立非金融企业或取得既有非金融企业的所有权、控制权、经营管理权等权益的行为。

第二,鼓励开展技术、品牌、专利、营销网络等境外并购及重点领域的境外经济贸易合作区建设。其中,重点领域的境外经济贸易合作区指通过商务部、财政部确认考核或年度考核的商贸物流型、农业产业型、资源利用型境外经济贸易合作区,以及吸收先进技术的研发型境外经济贸易合作区,且应符合国家对境外经济贸易合作区建设发展的总体布局要求。

第三,完善对外劳务合作公共服务。按照相关规定,支持对外劳务合作公共服务平台建设,强化信息咨询、素质培训、权益保障、规范引导等服务功能,

---

① 与我国台湾地区的税收协议尚未正式生效。

实现跨区域提供服务。其中,对外劳务合作指我国境内企业组织劳务人员赴其他国家或地区为境外的企业或者机构工作的经营性活动。

(三) 完善财务制度

改革开放以来,国有企业作为境外投资的排头兵和主力军,"走出去"步伐不断加快,投资规模持续扩大,在保障国家安全、拓展海外市场、获取先进技术和管理经验等方面取得了较好成效。特别是近年来,随着"走出去"战略和"一带一路"倡议的实施推进,国有企业境外投资呈现多元化和高端化态势,从原来单一的矿产能源行业向科技电信、汽车运输、工程施工、基础设施等行业拓展,投资额逐年攀升。

国有企业境外投资业务取得长足发展的同时,也出现了有些项目资产状况不佳,盈利能力不强,投资回报率偏低等问题,究其根源,企业财务管理能力和水平与之不相适应是重要原因。部分企业境外投资财务管理存在以下突出问题:一是事前决策随意,可行性论证流于形式;二是事中管理薄弱,财务风险管控不力;三是事后监管缺位,对有关决策和执行主体约束不力。

为了规范国有企业境外投资财务管理,防范境外投资财务风险,财政部坚持问题导向,对境外投资的事前、事中、事后财务管理提出明确要求,实现了全过程管理,有利于增强企业境外投资财务管理水平,提高境外投资效益,提升国有资本服务于"走出去"战略和"一带一路"倡议的能力。在尊重企业产权关系、内部治理结构和经营自主权前提下,明晰各方财务管理职责,同时将财务管理从事中运营和事后监督延伸至前期投资决策和后期绩效评价,有的放矢地对境外投资全过程涉及的重要财务问题作出规范。

一是明晰境外投资财务管理职责。分别界定了直接开展境外投资的国有企业、国有企业集团公司和各级人民政府财政部门的财务管理职责。

二是构建境外投资事前决策合理机制。要求境外投资事前决策必须考虑财务可行性,对财务尽职调查和可行性研究的形式和内容作出规定,同时强调履行决策职责的书面纪要、申请回避等程序,以利于遏制违规决策和盲目决策等问题。

三是规范境外投资事中运营财务管理。对资金管控、成本费用控制、股利分配、外汇业务、财务信息管理、会计资料保存等财务管理事项提出明确要求，以利于增强事中约束。

四是加强境外投资财务监督。要求国有企业采取建立健全内部财务监督和审计制度、开展实地监督检查等多种方式强化监督，同时依法接受主管财政机关的财务监督检查和国家审计机关的审计监督。要求各级财政部门依托现有国有企业财务会计决算报送系统建立境外投资财务报告数据库，分析监测国有企业境外投资财务运行状况，制定完善相关政策措施。

五是建立健全境外投资绩效评价机制。要求国有企业以集团为单位开展境外投资绩效评价，以利于加强追踪问效。绩效评价结果作为企业内部优化配置资源和相关部门评估"走出去"政策实施效果、制定完善相关政策、进行国有资本注资等行为的重要依据。

第 三 章

扩大财政话语权的财经外交

所谓财经外交,是指通过积极的财经手段、财经活动、财经合作等,为本国创造一个宽松、和谐的国际经济交往和活动的氛围和环境,并为国家的发展战略全局服务,为国家外交总体战略服务。因此,外交是财经外交的"体",处于本质和核心的地位;而财经是财经外交的"用",总是上归为工具和手段的应用。外交的核心是提升国家在国际事务中的影响力和话语权,而财经外交的核心则是提升国家在国际财经事务中的财政话语权。积极参加到世界经济发展之中,是一个国家国际影响力的基础,而能否熟练运用和驾驭财经外交,则关系到中国整体外交战略能否真正实施,国家的最高利益能否得到保证。正确看待现有的国际经济秩序和经济制度,争取其他国家对中国经济措施、经济理念和经济基本制度的理解和支持,有效参与中国的全球治理框架和合作领域,这是中国"财经外交"的着力点。

第一节　财政话语权对国家的重要性

国际话语权是指以国家利益为核心、就国家事务和相关国际事务发表意见的权利,它体现了知情权、表达权和参与权的综合运用。财政话语权则是指运用本国的财政实力、综合国力、责任意识和共同体理念,增强我国在国际财经事务和重大改革中的影响力、参与度和决策能力。财政话语权是国际话语权的构成部分,但又在一定程度上主导着国际话语权的水平、能力和方向,成为国家国际话语权的核心力量和活跃力量。

财政话语权在国家的国际话语权中具有核心地位,它既是国际话语权的核心利益所在,又是国际话语权的基础和抓手,同时还对其他领域的话语权发挥着主导作用和重大影响力。

一、财政话语权是国家的核心利益

财政既是一个国家经济实力和经济利益的重要反映,同时也是国家资源配置权力的基础手段和国际经济利益的重要保障。财政话语权则是通过财政手段和财经外交战略的运用,在全球范围和国际交往中更好地维护中国经济利益,保障我国对全球资源和要素的配置能力。这样,财政话语权就成为国家核心利益的重要体现。

近年来,我国的财政话语权得到了显著的提升,对国家核心利益的维护能力也在不断增强。如筹建亚洲基础设施投资银行(AIIB),并支持该行全面有序地开展好各项业务;支持金砖国家新开发银行的建设和运营,并注入包括长期基础设施投资在内的新的使命和责任;积极参与 G20 峰会财金渠道下国际宏观经济政策协调;成功举办 2014 年北京 APEC 财长会。深化双边经济对话机制,进一步扩展与主要发达国家和新兴市场大国的财经务实合作;推动中韩、中澳自由贸易协定签署并实施降税。

二、财政话语权是国际话语权的基础和抓手

党的十八届五中全会强调,要提高我国在全球经济治理中的制度性话语权,这对我国国际话语权建设提出了新要求,也确定了经济话语权在国家国际话语权中的核心地位和关键作用。作为国家治理的基础和重要支柱,作为经济治理的政策体系和手段,财政话语权毫无疑问成为国际话语权的基础和

抓手。

审时度势,积极提升我国财政话语权,对于我们贯彻实施互利共赢的开放战略,维护我国重大利益和广大发展中国家利益具有重要作用。由于历史原因,现行国际经济秩序和经济制度是在主要的发达国家操纵下建立的,因此发达国家在国际分工、国际贸易、国际经济治理等诸多方面都处于有利地位,而发展中国家却处于被动地位。随着世界格局的变化,这种不公正不合理的国际经济秩序应该得到改变。经济全球化使得主要国家的经济政策将对其他国家产生影响,各国都需要争取国际社会对本国经济政策和制度的理解与支持,为本国经济和社会发展营造良好的外部环境。这样,财政话语权越来越成为维护和实现国家重大利益的手段。中国政府始终坚持推动建立公正合理的国际政治经济新秩序。增强中国在国际财经事务中的话语权,就意味着我们以实际行动积极参与国际经济新秩序的建立。近年来,我们积极开展各类多边、双边财经外交活动,为维护我国和发展中国家利益发挥了重要作用。

统筹国际国内两个大局,努力做好提升财政话语权的工作,服务于我国的现代化建设和改革开放事业,服务于综合国力的提高。财政部作为提升财政话语权的支撑单位和推进部门,必须从实际出发,自觉服务于国家现代化建设和改革开放的战略全局,在财经外交工作领域发挥重要作用。

三、财政话语权对其他领域的话语权具有显著的影响力

财政话语权既依托政府的行政能力,又依托社会的经济发展,在实际运行中,对社会话语权、环境话语权、安全话语权、文化话语权和其他领域的经济话语权都具有直接的推动力和显著的影响力。

财政话语权要立足于扎实开展国际财经合作,增强发展的内外联动性,积极践行互利共赢的开放战略。要统筹考虑和综合运用国际国内两个市场、两种资源、两类规则,以深化国际财经合作带动创新、推动改革、促进发展,进一步维护和增进国家利益。与各成员国一道,遵循开放、包容、透明的原则,通过多边规则和程序,推动亚洲基础设施投资银行、金砖国家新开发银行提高运营

效率。要与世界各国加强宏观经济政策协调、推进结构性改革、促进基础设施投资。完善多双边对话机制建设。要加强战略规划，主动设置议程，增强在对话中的主动性和引导力，提升对话水平和有效性。

任何一种经济活动都必定承载着某种价值和文化信息，受到不同的意识形态、价值观念、道德标准、科技思想和成果以及审美意识的影响。在全球化过程中所产生的商品输出、技术输出、劳务输出等，无不夹杂着思想价值观念和意识形态的输出。随着经济因素在国际交往中所占的比重日益增大，主导对外的话语体系也相应地由改革开放前具有鲜明的意识形态倾向的话语系统，转变为某种意义上可称之为"经济主义"式的话语体系，如国家利益、贸易自由、经贸合作、外汇储备等等。在经济话语权占据主导地位，财政话语权发挥核心作用的情况下，我们需要警惕经济因素排斥文化和意识形态因素的危险性。

应对"全球意识"是中国占领意识形态和话语权的取胜要点，而财政话语权则是落实"全球意识"的关键着力点。全球化过程中所萌生的一些"普世"价值观所蕴含的双重性质对我们构成的挑战，对社会主义意识形态的话语体系建设，无疑是一个崭新的课题。如果我们停留在传统的意识形态话语去驳斥这些具有双重性质的意识形态话语，必然显得十分无力。因此，我国社会主义意识形态如何构建一套既坚持社会主义原则和价值取向，同时又可参与国际间对话的话语体系就显得十分迫切。

创造当代的中国马克思主义话语权要成为提升中国话语权的关键法宝，财政是体现当代中国马克思主义特征的重要载体。经济全球化的今天因为西方资本主义国家物质经济关系的强势地位使得它们的思想上层建筑在全球范围内也占主导优势，致使主导整个国际的制度模式、价值观念、生产生活方式和话语体系基本上都出自西方国家。主导全球化意识形态的话语往往是西方发达国家的意识形态话语，这些话语往往在表面上以"客观公正"等"非意识形态"的面貌去掩饰资本主义意识形态的本质。中国要成为大国，在国际关系中，既不能过于强调意识形态的对立性，也不能仅仅消极地被动地维护自己的意识形态的独立性，而是在将自己的意识形态作出调整，以更加灵活的手段和更加有效的模式,体现我们的意识形态的价值观优势,从而为人类文明作出我们的应有贡献。

第二节 财经外交的背景与思路

随着我国经济地位的不断提升,在世界经济中的话语权不断增强,中国越来越成为大国外交的参与力量和支撑力量,财经外交作为大国外交的重要手段和工具,在维护中国经济利益、体现中国治理思路、构建全球治理体系中发挥着重要作用。

一、财经外交的主要背景

我国加强财经外交的战略构想,在 2003 年 10 月党的十六届三中全会上完成了基本架构。由于中国经济在当时已连续保持 25 年的高速增长,世界各国均面临着这样的问题——如何回应中国崛起、如何与中国共处、如何与中国竞争。面对中国经济发展有可能产生的政治及军事后果,中央高层领导在该次会议上把"睦邻""安邻"和"富邻"作为中国实现自身发展战略的重要组成部分,并多次强调中国的发展是和平力量的增长,必将为地区稳定作出更大贡献。

然而,中国经济的快速发展受到了获得国际既得利益国家的冲击。日本为转嫁国内经济发展压力,率先挑起人民币升值问题;随后,中国贸易顺差的增长与国内外汇储备的增加又使中美贸易摩擦不断加剧,要求人民币升值的国际压力骤然加大。与此同时,中国作为转型中的发展中国家,也开始进入被各国学者称为"中等收入陷阱"阶段,产业升级面临更大的压力,社会矛盾进入多发时期,国家财政也面临着收支缺口加大、公共事务负担加重的压力。中国的产业和地区结构失衡,经济增长方式不合理,城乡差距和国民收入分配差距拉大,社会就业压力和社会保障缺口巨大。

中国经济的发展遭到他国的不理解甚至敌视,其中不仅有意识形态的纷争,更有对既得利益者的冲击,无论中国如何纠正自己的问题,围绕经济利益的摩擦还是无法完全消除。因此,国家财政必须在国际舞台上发挥出积极的作用,支持和推进包容性增长,形成和巩固利益共同体、命运共同体和责任共同体,这也被看作是中国围绕财经外交展开主动行动的重要原因。

二、以扩大话语权为核心的财经外交发展思路

中国经济外交的思路是努力与合作国实现一种双赢或共赢,比如与所有有意愿的国家共同推动自由贸易区建设、"一带一路"建设等。经济的相互依存促进国家关系的稳定,这已经成为经济全球化时代国际关系的普遍规律。事实上,中国良好的双边关系背后几乎都有坚实的经济合作基础。

随着中国财经外交理念的深入贯彻,中国正在成为国际财政、财经领域不可或缺的角色。中国与亚洲区域的合作日益紧密,2005 年,中日韩和东盟的财长签署了具有历史意义的清迈协议,使东盟和中日韩在清迈协议框架下实现货币互换。与全球最大的发达经济体欧盟建立了更为紧密的经济伙伴关系,亚欧财长会议第一次在中国举办,而且是历届会议中规格最高,参会人数最多的一次;加强了与 G7① 的对话,并在国际经济秩序制定和贯彻方面,发挥了一定程度的建设性作用;而在国际货币基金组织(IMF)和世界银行集团(World Bank Group)这两个重要金融机构中,中国作为重要成员,现在已经在这个机构中发挥着相当重要的影响。

中国"财经外交"的作用逐步凸显,并逐步成为中国谋求和平发展的重要力量。人民币汇率升级压力和操纵性指控风险正是通过国际财经外交,从而在各国的政界、企业界和知识界形成了良好的共识,抵御了不和谐的攻击性声音,保障了国内经济环境的稳定,保障了世界经济贸易的稳定。除了汇率问题,财政部门还在其他方面逐步树立了中国的"大国形象"。例如在 2003 年

---

① G7 是由美国、日本、德国、英国、法国、意大利和加拿大七个国家组成的集团。

"非典"和 2004 年禽流感期间,中国公共财政应对突发性事件的能力初步展现在世人面前。此外,随着中国成功解决 13 亿人的温饱并进入初步小康,中国的扶贫经验受到世界的重视,2004 年,世界银行与财政部成功地在上海召开全球扶贫大会,使中国政府的扶贫经验开始走向世界发展中国家。

可以预见,随着中国"财经外交"的不断深化,中国在国际财经领域的话语权还将不断增强。这将极大地促进中国和世界经济的和谐发展。在"财经外交"这场特殊的博弈过程中,中国坚持合作共赢的态度,成为全球"财经外交"中的重要亮点。

第三节　以提升话语权为核心的财经外交发展

经济全球化的背景下,作为全球举足轻重的大国,"中国声音"正在引起全球的关注,"中国声音"日渐响亮,中国财政开放和财经外交逐步取得了历史性的进展。

一、以提升话语权为目标的财经外交体系

如前所述,财经外交并不是新鲜事物。作为实现国家利益的必要途径,它早已在美国等国际巨头的手里玩得风生水起,比如美国政府向来惯于把给予中国"永久性正常贸易关系地位"与所谓的人权等问题联系在一起;前来中国谈判的欧盟贸易委员曼德尔森身后,是成员国纺织业的切身利益;而带着项目而来的各国访华代表团,更是不胜枚举。而同时,我国也积极应对,围绕着人民币汇率、知识产权保护、纺织品贸易等问题所取得的财经外交成果可以称得上是硕果累累。

按照大国是关键,周边是首要,发展中国家是基础,多边是重要舞台的外交总体布局,中国积极推进对外财经交流与合作,利用国际国内两个市场、两种资源,有力地配合和促进了国家整体外交工作的开展和经济、社会事业的发

展。截至 2017 年底，与我国建立双边财金对话合作机制的有美国、英国、欧盟、日本、俄罗斯、印度、巴西和印尼等 8 个国家和经济体。其中，中美联合经济委员会（JEC）至今已经举行了 17 次会议，对推动中美经济关系的发展发挥了重要作用；中英、中日、中俄都建立了相关的对话机制，双边财金合作取得突破性进展。

推动大湄公河次区域（GMS）、中亚区域经济合作、东盟加中日韩（10+3）财金交流与合作不断向纵深发展。我国与 10+3 成员密切合作。2006 年在印度举行了 10+3 财长会议，在中国的积极倡导下，10+3 各方签署了《清迈倡议集体决策机制原则协议》，标志着经过各方共同努力，10+3 在迈向清迈倡议多边化方向上取得了一项里程碑式的成果。

据财政部的公报整理，自 2000 年以来，中国已参加了亚太经合组织财长会、东盟加中日韩（10+3）财长会、二十国集团财长和央行行长会议、亚欧财长会议等多边财经论坛与合作机制等。同时，中国还建立了与美、英、德、法及日、韩之间的双边财金对话机制或不定期互访磋商机制。

事实上，财经外交是中国新外交的一个明显特点，而且这个特点将越来越突出。中国财经外交的思路是努力与合作国实现一种双赢或共赢，比如与所有有意愿的国家推动自由贸易区建设等。经济的相互依存促进国家关系的稳定，这已经成为经济全球化时代国际关系的普遍规律。

二、走进新时代的财政外交发展

党的十八大以来，以习近平同志为核心的党中央紧紧围绕实现"两个一百年"奋斗目标和实现中华民族伟大复兴的中国梦，积极推进外交理论和实践创新，推动中国特色大国财经外交取得了许多历史性、开创性的重大成就。新时代，财经外交工作要以习近平新时代中国特色社会主义思想为指引，深入贯彻落实党的重大决策部署，更加积极有为地推进中国特色大国财经外交，为不断推动党和国家事业迈上新台阶营造良好国际环境。

坚持以习近平新时代中国特色社会主义思想为行动指南，全面推进中国特色大国外交。党的十八大以来，习近平总书记以政治家和战略家的远见卓识和非凡胆略，谋划运筹对外工作全局，指引中国财经外交开拓前行，更加自信、更加鲜明地展现出中国特色、中国风格、中国气派。在以习近平同志为核心的党中央领导下，我们积极倡导构建人类命运共同体，深入推进全方位财经外交布局，实施共建"一带一路"倡议，促进全球治理体系变革，坚定维护国家利益，为我国改革发展稳定营造了良好外部环境，为世界和平与发展作出了新的重大贡献。

构建全球伙伴关系网络，扩大同各方利益交汇点。2012年以来，我们以周边和大国为重点，以发展中国家为基础，以多边为舞台，通盘谋划、整体运筹、全面推进各项对外财经工作。我们在相互尊重、平等互利的基础上，同世界上近百个国家和区域组织建立了不同形式的伙伴关系，拓展深化了全方位、宽领域、多层次的财经对外往格局，形成了覆盖全球的"朋友圈"，与各国人民结伴而行、共创美好未来。

实施共建"一带一路"倡议，构筑对外开放新格局。2012年以来，我们坚持推行互利共赢的开放战略，形成了以"一带一路"为统领的对外开放新格局。"一带一路"从倡议变为行动，从理念转化为实践，快速成长为开放包容的国际合作平台、各方普遍欢迎的全球公共产品，100多个国家和国际组织积极支持和参与。我国成功举办首届"一带一路"国际合作高峰论坛，与沿线国家加强发展战略对接，形成共商共建共享的良好局面。

倡导构建人类命运共同体，促进全球治理体系变革。2012年以来，我们努力为完善全球治理贡献中国智慧，推动国际秩序和全球治理体系朝着更加公正合理的方向发展。我们举办北京亚太经合组织领导人非正式会议、二十国集团领导人杭州峰会、金砖国家领导人厦门会晤、上合组织青岛峰会等一系列主场外交，积极参与联合国维和行动，推进联合国2030年可持续发展议程、应对气候变化等国际发展与合作议程，不断增强国际社会应对共同挑战的能力。

捍卫国家主权安全利益，维护海外合法权益。2012年以来，始终把维护国家经济主权、财经安全放在第一位，在市场经济地位、国际税收协定等一系列涉及我国重大核心利益的问题上,划出底线、捍卫底线,坚定维护国家经济主权,极大振奋了党心军心民心,也赢得了国际社会的广泛尊重。我们贯彻"外交为民"宗旨,构建完善海外利益保护体系,中国公民和企业的海外合法权益得到切实保障。

2012年以来,我们坚持统筹国内国际两个大局,开拓进取、攻坚克难,不断开创中国特色大国财经外交新局面,我国国际地位得到前所未有的提升,国际影响力、感召力、塑造力进一步提高。这些成就的取得,最根本的在于有习近平总书记这个全党领袖的领航掌舵,在于以习近平同志为核心的党中央的坚强领导,在于习近平新时代中国特色社会主义思想的科学指引。这是中国财经外交始终屹立时代潮流最前沿,站在国际道义制高点,在世界经济大变局中牢牢把握战略主动,在新时代不断谱写新篇章的强大动力和根本保证。

三、全面深化新时代中国财经外交的战略部署

党的十九大报告强调,"中国将高举和平、发展、合作、共赢的旗帜,恪守维护世界和平、促进共同发展的外交政策宗旨,坚定不移在和平共处五项原则基础上发展同各国的友好合作"。这些财经外交方针原则充分体现了中国对外政策的稳定性和连续性,顺应时代潮流,经过实践检验,是中国财经外交必须长期坚持的基本方针。党的十九大报告对新时代对外工作重点任务作出了战略部署,提出了明确要求。

第一,不断完善财经外交布局,打造全球伙伴关系网络。推进大国协调和合作,构建总体稳定、均衡发展的大国关系框架,按照亲诚惠容理念和与邻为善、以邻为伴周边外交方针深化同周边国家关系,秉持正确义利观和真实亲诚理念加强同发展中国家团结合作。

第二,坚持不懈推进"一带一路"建设,进一步深化全方位对外开放格局。坚持对外开放的基本国策,坚持打开国门搞建设,把"一带一路"与构建人类命运共同体更加紧密结合起来,与落实2030年可持续发展议程紧密结合起来,打造国际合作新平台,增强共同发展新动力。这将有力促进区域经济一体

化和区域合作,为世界提供更多互利共赢的合作契机。

第三,深度参与全球治理,积极引导国际秩序变革方向。秉持共商共建共享的全球治理观,推动全球治理体系朝着更加公正合理方向发展。倡导国际关系民主化,支持联合国发挥积极作用,支持扩大发展中国家的代表性和发言权。这体现了中国作为现行国际体系的参与者、建设者、贡献者的价值取向,是中国作为负责任大国对世界作出的重要贡献。

上述形势判断、目标使命、中心任务、方针原则和战略部署"五位一体",构成新时代中国特色大国财经外交的基本架构体系,其中推动构建人类命运共同体、坚持正确义利观、遵循共商共建共享原则、推进"一带一路"建设等核心内容已写入党章,成为习近平新时代中国特色社会主义思想的重要组成部分,指引中国外交不断乘风破浪、胜利前进。

第 四 章

参与全球治理的大国财政

全球治理是指对全球事务进行管理的价值原则、决策机制、运行秩序和行为准则的总称。全球治理的主体是国家,载体是国家力量,方式则是依托国家所承担的国际责任和全球公共义务划分国际权利并形成大国权力。大国财政是全球治理的重要手段,是大国承担国际义务、供给国际公共产品、解决国际利益分歧的重要力量。全球治理格局离不开大国财政体系的支撑,而大国财政体系又支持全球治理格局的完善和提升。

第一节　全球治理的主线就是风险治理

全球化不断深化、全球格局正逐渐发生重大变化,这对全球治理提出了新的挑战。然而,当前全球治理仍处于美国主导的治理体系之下,其原有的治理体系中的缺陷在不断变化的条件下逐渐放大,全球治理中的"盲点"不断显现,全球风险不断加剧,出现了全球治理危机。

一、全球风险社会逐步形成

全球化将整个世界卷入统一进程之中,随着生产要素流动,特别是金融全球化,全球发展的不确定性和不可预测性增强,出现了风险全球化,全球风险社会逐步形成。

当前,全球风险呈现不断加剧的趋势,这主要表现在:全球风险日趋复杂、全球风险的领域在扩大、全球风险的负面影响在上升等。全球风险不仅相互关联增强,并且其系统性影响也在增强。世界经济论坛(WEF)《2011 年全球风险报告》指出,三类风险导致人类在未来十年面临着重大的责任:一是宏观经济失衡的风险。全球金融危机源自于全球经济中较长期的结构薄弱性。宏观经济失衡、发达经济体的财政危机、无资金准备的巨大社会负债和疲软的金融市场,构成了复杂的经济风险关系。因危机而导致的负债将应对更多危机的能力减弱至极低的危险水平;二是非法经济的风险。越来越多的失败国家和脆弱国家、越来越猖獗的不正当贸易、有组织的犯罪和腐败构成了犯罪风险关系。网络化的世界、治理失灵和经济差异为非法行为的泛滥创造了机会。它们削弱了国家实力,威胁着发展机遇,破坏了法治,让国家陷入贫困和不稳定的循环;三是经济增长面临资源限制的风险。世界在水资源、食品和能源等最基本资源方面受到了极大限制。核心资源的短缺只会在需要这些资源的社会团体、国家和行业之间造成更多冲突。《2014 年全球风险报告》评估了 31 项全球性风险的严重性、发生概率和潜在影响力,认为长期的贫富差距扩大将是未来十年最可能造成严重全球性危害的风险。2014 年关注最高的前十大全球风险分别为:一是核心经济体财政危机;二是结构性高失业或就业不足;三是水资源危机;四是严重收入不均;五是气候变化调整和适应失败;六是更加严重的极端天气事件(如洪水、暴风雨、干旱);七是全球治理失败;八是粮食危机;九是重大金融机制/制度失败;十是重大政治和社会动荡。其中,核心经济体财政危机、结构性高失业或就业不足以及水资源危机成为全球三大最受关注的风险。

一个风险,往往可能演变为多重风险,相互交织、相互影响,应对风险的难度也加大。与此同时,全球风险的领域和负面影响在扩大,风险交织放大负面效应。例如,发端于美国次贷危机的 2007—2008 年全球金融危机。2008 年 8 月,美国房贷两大巨头——房利美和房地美股价暴跌,持有"两房"债券的金融机构大面积亏损,危机爆发,美国财政部和美联储被迫接管"两房"①。这一危机,席卷美国、欧盟和日本等世界主要金融市场,并在欧洲诱发了主权债务危机,给全球经济发展带来极为严重的负面影响。

由于风险全球化及全球风险社会的逐步形成,世界各国变成了休戚与共、相互依存的"风险共同体"。为了更为有效地防范和化解全球风险,需要世界各国携起手来,相互合作,增强国际协调和应对风险的能力。

二、以风险治理为主线,构建新的全球治理体系

相对于全球危机而言,"全球治理"作为西方国际政治学的一种理论,不过 20 年的历史。到目前为止,它都是一个脆弱的概念。"全球治理"提出于冷战刚结束时,当时国际形势激烈变动,国际力量重新组合,人们提出了"世界向何处去"的问题,于是"全球治理"理念应运而生。不过,"全球治理"提出后的前 10 年,基本上处于沉寂状况,没有多少人响应,认为是一种"乌托邦"。但经济全球化的迅速发展,特别是本次国际金融危机发生之后,全球治理再次引发热议。

面对非传统安全和复合式风险,任何一个国家都无法单独消除自己面对的安全威胁。在迅速变化的形势下,改革原有的国际制度、创建新的国际制度,加强国际治理体系已是势在必行。

有人曾经把"全球治理"等同于"西方治理"或"美国治下的和平",但是历史正在翻过这一页。我们看到,"美国治下的和平"已经难以维持,美国难以承担全球治理公共品的巨大成本,如在金融领域,美国正在从全球治理者向被治理者转化。"全球治理"不等于"西方治理",西方发达国家垄断"全球治理"话语权的地位出现动摇,西方国家之间也在金融、气候、安全等领域的治理议题上出现诸多分歧。

---

① 严格意义讲美联储只是持有了"两房"担保或发行的债券,作为新的债权人而存在,不构成直接接管。

另外,全球治理不等于对主权的抛弃,"国际干预"在全球治理中始终是站不住脚的。尽管主权国家在全球治理过程中面临着一些困境,但不可否认,主权国家依然是全球治理的主体,应在全球治理中发挥主导作用。

国家主权依然是民族国家维护本民族利益的有力武器。目前的全球化是由发达国家主导的,具有不均衡性的特点。发达国家与非发达国家的地位不同,获得的利益也不等。发达国家经常以全球治理的名义操纵国际组织,干预不发达国家的内政;不发达国家则借机利用"国家主权"进行抵制,采取不合作的态度。这就使得许多诸如惩罚侵略、打击恐怖主义及跨国犯罪、保护生态环境等国际社会公认的共同问题得不到有效的解决。

虽然一些非政府组织和公民运动在解决诸如环境污染等一系列全球性问题上显示出解决问题的基础性与灵活性,发挥着越来越大的作用,但它只能作为国家作用的一种补充,既不能完全取代国家的作用,也不能占据主导。主权国家因其强大的实力及合法性在解决上述问题方面仍发挥着不可替代的作用。

当前及今后一段时期是国际治理体系转型、国际制度转制创制的关键阶段。转制中的国际社会为制度创新提供了更大的平台,也为各种力量的合作提供了场所。新兴国家的利益和声音必然会反映在国际制度改革和创建之中,原有大国也会在改制创制过程中争取主动和优势地位。未来世界的秩序将取决于原有大国与新兴大国在国际制度领域合作的成败。

第二节　推动命运共同体建设的大国财政

世界经济格局的演变对全球经济治理体系提出了更高要求。坚持多边主义,谋求共商共建共享,建立紧密伙伴关系,构建人类命运共同体,是新形势下全球经济治理的必然趋势。大国财政是建立在大国实力基础上的,通过参与全球资源配置,承担全球风险治理责任,实现全球利益分配,进而化解全球公共风险,引领人类文明进程。

一、命运共同体是管控全球风险的基础

2012 年,党的十八大作出了"构建人类命运共同体"的重大决定。自此,命运共同体就成为我国大国治理的关键理念,并成为外交、外经、外援和政府间国际合作的重要主题。"构建人类命运共同体"这一概念,是在冷战结束后的 20 世纪 90 年代开始萌芽的,其目标是针对冷战结束和全球化兴盛新环境,以及如何面对人类的共同威胁和全球化带来的新问题。尽管西方思想界、实业界率先产生了很多种类似的"人类共同体"的提法,但直到中国提出"构建人类命运共同体"并进行明确的阐释,这一理念才逐渐变得清晰和完整。2013 年 3 月,习近平总书记在莫斯科国际关系学院演讲时,对命运共同体进行了深刻的阐发:"这个世界,各国相互联系、相互依存的程度空前加深,人类生活在同一个地球村里,生活在历史和现实交汇的同一个时空里,越来越成为你中有我、我中有你的命运共同体。"[①]这样,命运共同体的核心概念得以确立,即:主体是全人类,范围是全时空,特征是"相互尊重、公平正义、合作共赢"[②],目标是建设"持久和平、普遍安全、共同繁荣、开放包容、清洁美丽的世界"[③]。

建设人类命运共同体需要全世界人民的共同努力,坚持以质量和效益为中心,扩大和拓展人类文明的发展成果;建设人类命运共同体需要最具有共识性的价值观基础,并就发展目标、原则和策略达成最广泛的一致;建设人类命运共同体需要开展真正意义上的公平竞争和平等合作,"揖让而升""退而礼",作君子之争,行君子之诺,完善"共商共建"的良好机制;建设人类命运共同体要坚持发展成果为全人类所共享,坚持包容发展,构建平衡机制,尊重每

---

① 《习近平谈治国理政》,外文出版社 2014 年版,第 272 页。

② 习近平:《决胜全面建成小康社会　夺取新时代中国特色社会主义伟大胜利——在中国共产党第十九次全国代表大会上的报告》,人民出版社 2017 年版,第 58—59 页。

③ 习近平:《决胜全面建成小康社会　夺取新时代中国特色社会主义伟大胜利——在中国共产党第十九次全国代表大会上的报告》,人民出版社 2017 年版,第 58—59 页。

一个国家、每一个民族和每一个社会成员的利益诉求,并努力实现;建设人类命运共同体要建立风险共担机制,我们正处于一个挑战频发的世界,应对和平赤字、发展赤字、治理赤字的压力,需要世界各国联合起来,共担风险、有效协同、敢于创新。构建人类命运共同体,是大国治理的基础,也是凝聚最大发展合力的前提。

人类命运共同体理念首先是对数百年来国际关系领域所积累的公认原则的继承,比如平等与主权原则、人道主义原则、联合国宪章所确定的宗旨与原则、五项基本原则等等。以此为基础,人类命运共同体理念又被赋予了适应时代发展的新内涵。

二、大国财政是推进人类命运共同体建设的重要支撑

大国财政是推进人类命运共同体建设的基础、支柱和利益分配的关键性抓手。大国财政是建立在大国实力基础上的,通过参与全球资源配置,承担全球风险治理责任,实现全球利益分配,进而化解全球公共风险,引领人类文明进程。财政的本质是以国家为主体的分配关系,大国财政的本质是大国为主体的全球利益分配关系。国家财政的职能是资源配置、收入分配、经济稳定和经济发展,大国财政的职能相应是全球资源配置、全球利益分配、承担全球风险治理责任和化解全球公共风险,这四个方面既是大国财政的核心内涵,也是大国财政的基本定位。

主导全球资源配置的能力和服务人类共同利益是区分大国财政与国家财政的重要标志。大国财政通过支撑全球公共事务的方式,尤其是以制定国际规则、国际规范、国际标准等形式作为控制全球资源的必要手段。如在基本公共事务中,要着力处理好和平与安全、冲突、金融稳定、额外财政支持、经济稳定、防止全球经济衰退、创造可持续发展的环境、传染性疾病防控、基础教育与消除贫困等;在扩展性公共事务中,要有效推进国际交通运输系统规范与标准、尊重人权与国家主权、多边贸易协定、语言的融合、生活方式及其他社会标准规则的协调等;在特殊公共事务中,要推进落实臭氧层保护、减少消耗臭氧

物质释放量、大气净化、减少二氧化碳排放量、公海等。

当前,以美国为代表的发达国家仍在主导全球资源配置,并提供国际交易和投资规则等基础公共产品。例如,在全球金融资源配置标准和全球资产定价基准提供中,以美国为主导的发达国家是全球金融资源的配置者,它们占据了全球金融分工体系的主导地位。一方面美国等国利用处于金融分工链中高端的优势,试图通过国际资本流动,对世界各国在"生产、消费、投资"运行环节中的比较优势进行了重组;另一方面又利用金融制度和金融资本不断向以中国为代表的发展中国家转移,而由贸易盈余所形成的储备资产又通过资本流动输往美国。这种国际金融分工格局带来的最大影响是资本在全球配置中流动失衡,美元资本则凭借其作为国际货币在国际贸易定价结算、金融资产定价、交易和投资,以及作为储备货币等方面的优势地位,形成了对全球金融格局的主导性调控能力。

中国必将走向大国财政,而以人类命运共同体为核心目标的大国财政是中国财政发展时代特征的重要体现。伴随着全球经济治理体系的调整与改革,中国日益成为国际治理舞台的中心,在"一带一路""上海合作组织""金砖五国"、亚太经合组织(APEC)和二十国集团(G20)中,中国都发挥着重要的核心作用,并以大国财政的担当居于关键性的主导地位。如在上海合作组织中,中方支持逐步建立区域经济合作制度性安排,支持建立地方合作机制,并积极开展中小企业合作;在加强"金砖国家"的协作上,中国积极支持寻找发展政策和优先领域的契合点,继续向贸易投资大市场、货币金融大流通、基础设施大联通目标迈进,谋求经济、社会、环境效益协调统一,实现联动包容发展;在G20机制中,中国提出加强宏观政策协调,合力促进全球经济增长、维护金融稳定、继续支持多边贸易体系,避免发生全球金融"踩踏事件"和反对贸易保护主义;而在APEC体系中,中国提出经济全球化在形式和内容上面临新的调整,理念上应该更加注重开放包容,方向上应该更加注重普惠平衡,效应上应该更加注重公正共赢。中国日益成为推进人类命运共同体建设的重要力量,国际舞台上的"中国声音"日渐增大,中国道路、中国模式和中国力量越来越成为全体经济治理体系中不可或缺的重要基础和支撑条件。大国财政力量的增强不仅仅表现在经济方面,同时意味着以中国为代表的新兴经济体将会打破西方大国财政主导风险分配的格局。随着中国经济的崛起和国际影响力的增大,中国既要有大国的国际责任感,又要尽可能地实现国家利益的最大化。处理好国家利益与各国共同利益的关系,维护本国利益与各国共同利益,不仅是国际社会和各国利益的诉求,也是中国国家利益的所在。

三、正确的义利观是大国财政的基础准则

正确义利观是习近平总书记在访问非洲期间提出,后来又在处理周边国家关系会议上作出全面论述,已经在国内外产生重大影响的伦理价值观。正确义利观不但是中国处理对外关系的核心价值理念,更是中国特色社会主义伦理文化的价值导向和价值目标,形塑着中国道德的真精神,并成为实现中华民族伟大复兴之中国梦的有机组成部分。

正确义利观不只是一国内部正当合宜的伦理价值观,而且也是处理当代国际关系、建构共同繁荣的和谐世界的伦理价值观,具有"合外内之道"的价值特质和独特功用。正确义利观的提出是对当代国际关系伦理的正确把握和深刻思考的产物,有着对世界主义和社群主义伦理价值观的双重超越,或者说对目的论和义务论的双重超越。它主张在新的基础上将功利和道义有机地结合起来,既注重国际正义的建构与维护,国际道义的倡导与追求,又主张维护民族国家的核心利益并致力于推动各国和全球共同利益的实现,反对狭隘的民族利己主义和霸权主义以及罔顾国家核心利益的世界主义,奠定了新型国际关系伦理和全球伦理的理论基础和价值基石。

在国与国关系的处理上,正确义利观要求大国财政做好尊重彼此核心利益和重大关切,主张求同存异,包容互鉴,共同进步。它强调在追求本国利益时兼顾他国合理关切,在谋求自身发展中促进与其他国家共同发展,不断扩大共同利益汇合点,把自身利益和他国利益有机地结合起来。中国政府主张坚定不移地维护中国的核心利益和重大利益,同时也主张尊重其他国家的核心利益和重大关切,在"各美其美"的基础上实现"美人之美,美美与共"的目标。

中国的发展不会以牺牲别国利益为代价,同时也不允许中国的正当权益受到侵犯。拿主权、尊严、统一做交换,既损害中国核心利益和重大利益,也会导致义利观的扭曲。大国财政要在维护本国核心利益和重大利益的前提下,维护世界各国和各国人民共同发展的整体利益,把本国自身利益与各国共同利益结合起来,用实际行动践履和证鉴着正确义利观。

在国际关系中,正确义利观强调大国财政要坚持国际正义,讲求友好情义,主张尽国际主义义务。国与国之间良好关系的建构既需要考虑共同利益和互利,也需要达成基本的价值共识,形成一些普遍遵守的共同价值观。正确的义利观主张大国财政要追求和维护国际正义,在国际上要秉持公道正义,坚持国与国之间平等相待,共同遵守国际关系基本原则,反对霸权主义和强权政治,反对以大欺小、以强凌弱、以富压贫,反对干涉别国内政,反对为一己之私损害他人利益、破坏地区和平稳定。同时,正确的义利观主张大国财政在国与国之间讲求友好情义,并以讲平等、重感情;常见面、多走动;多做得人心、暖人心的事来深化和巩固友好情义,以情换情,以心换心,做真诚互信的好朋友。自古友道贵义,以义相交,礼尚往来,就能建树起坚如磐石的真正友谊。正确的义利观要求大国财政对有特定需求的对象尽国际主义义务,能帮助的必须要施以援手。一般来说,平等互利,是对待所有国家的公认的国际关系准则。但对周边国家和发展中国家,除了利益对等原则之外,大国财政还应给予一定的单方面优惠和照顾,对那些"贫穷的国家",要更多考虑对方利益,有义务对贫穷的国家给予帮助,有时甚至要重义轻利、舍利取义。这种国际援助是真正意义上的道义,体现出大国财政对周边和发展中国家的伦理态度和道德责任感,与助推国际正义和国家之间友好情义一并构成正确义利观的重要内容。

第三节　发挥大国财政作用参与全球规则制定

充分利用多边对话机制这个财经政策国际协调的重要平台,积极参与国际经济规则制定与协调,增强了发展中国家在对话中的主动权和声音。近40

年来,我国利用与七国集团(G7)对话①、参与二十国集团(G20)财长和央行行长会议、亚欧财长会议(ASEM)、APEC财长会议等多边财金对话机制,积极推动国际金融治理框架改革,扩大我国在世界经济问题上的话语权,维护了我国的核心利益和发展中国家的整体利益,进而推动国际经济秩序向公正合理的方向发展。

一、推动 APEC 财长会机制

亚洲金融危机爆发后,原本以推动贸易投资自由化为主的亚太地区经济合作组织(APEC)财长会机制也注入了维护区域宏观经济稳定、防范金融危机的新内容。我国积极参与了 APEC 财长会机制下的宏观经济政策对话以及各项具体合作,全程参加了 APEC 财长会机制的 24 次正式会议,并于 2001 年在苏州成功主办了第八届 APEC 财长会,于 2014 年在北京主办了第二十一届财长会。这两次会议是我国首次举办大型国际财经合作会议。我国不仅圆满完成了会议后勤保障工作,还作为主席国引导、推动了多项 APEC 财金合作倡议,独立提出了新合作倡议"APEC 金融与发展项目",将基础设施的投融资合作作为了中心内容,并推进 PPP 模式的借鉴与相互学习。这两次会议的成功举行,标志着我国参与国际多边财金对话与合作的能力和深度都有了大幅度提高。

2017 年 10 月,APEC 第 24 次财长会议在越南广南省会安市举行,会议达成了一系列重大成果,中国在其中发挥了关键性作用。各国财长就 APEC 成员经济体经济财政远景、适当政策及行动进行讨论并交换观点,承诺继续优先集中展开经济和财政合作活动,从而促进增长,面向共创未来的目标,承诺使用国家级政策、货币、财政和机制等工具来实施强劲、可持续、平衡和包容性增长目标。

APEC 财长会机制在金融危机的防范和化解、金融部门能力建设、区域债

---

① 其中 1997—2014 年俄罗斯也参与了 G7 的相关活动,当时称为"八国集团(G8)"。

券市场发展、财政政策交流等方面都发挥了积极作用。近几年来，随着全球经济失衡加剧，APEC财长会在促进各成员协调财政和货币政策、缓解全球失衡程度等方面发挥了重要作用。

二、参加并主持二十国集团（G20）财长和央行行长论坛

二十国集团（G20）财长和央行行长论坛成立于1999年，旨在推动在全球经济中具有重要影响的国家就关键性的宏观经济和金融政策问题开展非正式对话，进而促进世界经济的持续、稳定发展。其成员涵盖面广、代表性强，既包括了世界主要经济体，又兼顾了世界上处于不同发展阶段及不同地域国家之间的利益平衡，因此最适宜讨论涉及国际经济体制改革的重大议题。

我国作为G20的创始成员国之一，积极参与了该论坛对国际经济领域热点问题的讨论，充分发挥了我国的影响力。2005年，我国成功举办二十国集团（G20）财长和央行行长会议、亚欧财长会议（ASEM）。G20会议通过的《二十国集团关于布雷顿森林机构改革的声明》和《二十国集团关于全球发展问题的声明》对于推动联合国千年发展目标的实现，改革布雷顿森林体系，加强全球经济治理，建立公正、合理的国际经济体制具有重要意义。2005年，财政部在天津组织召开亚欧财长会议。该会议通过的《天津倡议》为在新形势下加强亚欧更紧密的财金合作确立了基础性框架。

三、广泛开展与发展中国家的财金合作和交流，扩大我国影响力

按照国家外交总体布局关于"发展中国家是基础"的战略部署，重视参与与各发展中国家的财金合作。随着综合国力的增强，我国积极参与国际发展援助事业。2004年，向亚洲发展基金捐款3000万美元，同时捐款2000万美元在亚洲开发银行设立"中国减贫和区域合作基金"，积极支持区域减贫和发展事业。为落实成立亚太财经与发展中心（AFDC）的倡议，财政部致力于利用该中心通过开展培训、年度论坛和资助区域研究等方式促进亚太地区国家金

融与经济发展领域的能力建设。2005 年,AFDC 开辟 10+3 财金培训和东亚拉丁美洲论坛,将资助范围推进至更多的东盟和拉美地区的发展中国家。另外,还与乌兹别克斯坦、吉尔吉斯斯坦、白俄罗斯分别签署了双边财金合作备忘录。

近年来,财政部按照国家总体部署,在广泛开展与广大发展中国家财金合作的基础上,还重点发展和加强了与印度、巴西、南非等主要发展中国家的财金交流和合作。自 2006 年 2 月莫斯科 G8+4 财长会期间中国、印度、巴西、南非财长首次正式会晤以来,四国财长还利用与 G7/G8 财金对话、世行/国际货币基金组织年会、出席 G20 财政央行部长级会议等场合共进行 4 次会晤,还在 2006 年 10 月 G20 财长央行副手会期间举行了四国财政副手会,对话形式逐渐紧密,对话内容不断深入充实。近年来,通过加强与印度、巴西、南非等主要发展中国家的合作,取得了积极成果:一是与印度、巴西、南非等国财经代表在多种场合进行会晤,实现了四国财长经常性会晤,并解决了 G7 对话对象邀请随意性较大的问题;二是中方有效引导对话进程,进一步显示和提升了中国作为最大发展中国家的领导地位;三是就国际发展融资、布雷顿森林机构改革等国际经济重大问题进行了立场协调,获得了发展中国家的支持。

为了加强发展中国家在国际财经对话中的主动权,我国还重点发展和加强了与印度、巴西、南非等主要发展中国家的财金交流和合作。四国财长利用与 G7 财经对话、世行/国际货币基金组织年会、出席 G20 财政央行部长级会议等场合多次会晤,就国际发展融资、布雷顿森林机构改革等国际经济重大问题进行了立场协调,维护了广大发展中国家的利益。

除了上述多边、双边对话渠道之外,我国还通过参加世界银行春秋季部长级会议、亚行年会、农发基金理事会、全球环境基金理事会以及相关的各种合作机制,进一步发挥重要股东国的作用,扩大对国际金融组织重大决策的影响,引导国际金融组织的业务管理向着更加客观公正的方向发展。2004 年,我国向亚洲发展基金第九期捐款 3000 万美元,并捐款 2000 万美元在亚行建立区域合作与扶贫基金;2007 年,中国政府首次承诺向世行集团国际开发协会(IDA)捐款 3000 万美元;2008 年向亚洲发展基金第十期捐款 3500 万美元。

这一系列重大活动,标志着中国正在逐步由单一的借款国向借款国和捐款国的双重角色转变,中国在国际经济舞台上的地位和作用日益凸显。

第四节 "一带一路"倡议下的全球治理新格局

伴随着世界经济格局的调整,全球经济治理体系也进入到新的阶段。1993年,刚刚当选美国总统的比尔·克林顿就冷战后的美国全球战略提出了"参与和扩展"治理模式,确立了"保持强大军事实力""促进经济繁荣"和"推进全球民主化与人权"的治理结构。1994年,以"美洲自由贸易区"的建设为标志,克林顿启动了美国在冷战后的全球经济治理体系——"一体两翼"战略,即以美洲大陆为"体",太平洋、大西洋为"翼"的新治理框架。2005年,时任美国总统乔治·沃克·布什宣布建立"美洲自由贸易区"(FTAA),纵贯南北美大陆、拥有8亿人口和15万亿美元(当年值)的"一体"得以构建完成。2016年3月,在历经7年的谈判之后,以贸易投资自由化和知识产权保护作为重要的合作平台和载体,奥巴马在"跨太平洋伙伴关系协定"(TPP)的议定书上签字,标志着美国完成了"两翼"中的太平洋"一翼",而且同时宣布将在2017年启动"跨大西洋贸易与投资伙伴协议"(TTIP),以图在2019年左右完成"两翼"中的大西洋"一翼"。这个时期,美国的全球治理框架是清晰的,即以美国利益为中心,以区域经济一体化和科技信息全球化为手段,形成利益核心区("一体两翼"和海湾地区的"楔形战略"所覆盖的地区)和利益拓展区(其他地区),并形成贸易、投资、金融和知识产权四个支撑结构。

而同样在1993年,迎着邓小平同志南方谈话的"春风",中国作出了"加快改革开放和现代化建设步伐,夺取有中国特色社会主义事业的更大胜利"的重大决策,开启了以"和平和发展"为主线的全球经济治理活动,并确定了"加强同第三世界国家的团结与合作是我国对外政策的基本立足点"的治理原则。1997年,党的十五大作出了"推动建立国际政治经济新秩序"的重大决议,中国提出的全球治理框架开始向经济治理的领域延伸。2002年,在党的十六大报告中,明确提出了"把同周边国家的交流和合作推向新水平"的重要决策,并将与发达国家的经济关系作为全球经济治理的优先对象。2007 年,党的十七大报告指出,我们将"始终奉行互利共赢的开放战略",并"在实现本国发展的同时兼顾对方特别是发展中国家的正当关切",将"共赢"的理念纳入到国际经济治理之中。2012 年,党的十八大开启了我国全球经济治理的新篇章,报告指出,中国"将坚持义务和权利相平衡,积极参与全球经济治理",并形成了"深化合作"和"互利共赢"的治理理念,这是我国就全球经济治理表达的基本立场和原则,并正式开启了全球经济治理的框架、原则、机制、策略的探索和实践。

2013 年,习近平总书记正式提出了"新丝绸之路经济带"和"21 世纪海上丝绸之路"的发展倡议,并合称为"一带一路"倡议。"一带一路"倡议着力建构全球经济治理框架和体制机制,中国对全球经济治理的参与和作用逐步进入到新时代。根据"一带一路"倡议,我国将形成横贯亚欧大陆的三条主线,覆盖东亚、中亚、西亚、高加索地区、东欧、中欧和西欧等大多数国家和地区;我国将形成贯通西太平洋、南太平洋、印度洋、波斯湾、红海、地中海和大西洋水路的两条主线,将世界上最具有增长潜力的地区、最富裕的国家和最大的资源能源主产区都涵盖在内。与此同时,正式提出"建设开放、包容、普惠、平衡、共赢的经济全球化"的治理目标,并构建了"五路"的治理框架,即和平之路、繁荣之路、开放之路、创新之路和文明之路,以路为骨架,以贸易、投资、金融为血脉,以"六大经济走廊"为支点,形成包括 64 个沿线国家(地区)和 130 余个周边国家(地区)的全球治理框架和体制机制体系。

中国的"一带一路"倡议与美国的"一体两翼"战略不可避免地在全球治理层面形成了交叉,但交叉未必是交集。尽管在空间上,两个治理体系存在较大的共融属性,属于"交集",但在理念上、目标上和原则上存在着明显的差异和分歧,形成了一定程度的错位和对立。如"一带一路"倡议提出"不是机构和机制,而是理念和倡议",但"一体两翼"则全面以超越国家主权的诸边条约进行约束;"一带一路"强调"平衡"的理念,而"一体两翼"则强求机制上的"平等",而在发展水平差异较大的情况下,"平衡"立足于缩小差距、共同发展,而名义上的"平等"则往往会放大差距,形成失衡;"一带一路"强调"共赢",形成整体层面的陆海相济、东西互动,而"一体两翼"则强调美国中心思维,仍以传统的地缘政治和区域经济理念为利益核心层和战略缓冲带。

两个全球经济治理体系开始"鸣枪起跑",也分别在不同的层面和领域获得了国际社会的良好响应,全球经济治理进入到新时代(也有学者称为"G2"时代)。"一带一路"以"命运共同体、责任共同体和利益共同体"作为发展的目标,责任共担、利益共享、休戚与共,以国家作为行动单元,对内坚持"人的全面发展",对外坚持"和平、发展、合作、共赢",从而形成国家代表人民,合作创造共赢,成果归于全人类的治理理念和运行机制。"一体两翼"则坚持以美国为中心,以现行国际经济秩序和机制为主导,拓展区域一体化的范围和领域,提升经济全球化的模式和深度,在公平对等、条约一致的原则下,形成机制化、体系化的治理框架,形成具有排他性和内向性的利益集团,并以扭曲外部平衡为代价形成更为有利的内部环境,在名义公平的机制下导向结果配置的不公平,形成"亲美"和"疏美"两种不同的发展环境和成果分享状况。这样,着重于短期利益目标和"搭便车"治理红利的国家将更加偏向"一体两翼",而着重于长期利益目标和创造共同未来、形成命运共同体的国家则更加偏向"一带一路",更多的国家则同时参与了两个治理体系,并成为两个治理体系走向共存和融合的重要支撑。

2017年,美国新任总统唐纳德·特朗普在甫一上任就对美国现行全球治理体系进行了根本性的改革,表现出典型的"孤立主义"和"逆全球化"的色彩。2017年3月,美国国务院宣布将退出TPP协定,并无限期搁置TTIP谈判,同时,对加拿大和墨西哥提出批评,威胁要重新签署北美自由贸易协定(NAFTA)。至此,美国全球治理战略"一体两翼"出现重大变故,全球治理体系转向单边色彩。特朗普指出,要开启"美国第一"时代,并要求"每一个贸易、税收、移民和外交的决定都将以美国劳工和美国家庭的福祉为第一考虑"。这一转型给长期依赖美国的全球治理体系带来了重重一击,现行的贸易规则被破坏,投资自由化被扭曲,金融全球化出现了巨大的政策性风险,第二次世界大战后70多年来美国给全球提供的公共产品保障机制和公共事务治理体系竟是如此的不堪一击,号称"三权分立"的制衡有序权力结构也失去了所假定的稳定性和弹性。世界经济秩序已在美国的急速转向下失去了应有的效率和作用,也同样丧失了名义上的公平和法治①,原来以"一体两翼"作为外对治理基础的国家被迫放弃或退让国家的根本利益或调整发展目标,以适应一个庞大而咄咄逼人的美国的贪婪,"美国第一"其实是建立在强权基础上的,以侵占他国的合法应有利益为代价的霸权式的治理逻辑。

而同样在 2017 年,中国召开了中国共产党第十九次全国代表大会,也召开了首届"一带一路"国际合作高峰论坛,中国在"一带一路"的全球经济治理体系上不仅没有动摇,而是勠力向前,取得了更大的进展。十九大报告中明确提出,要以"一带一路"建设为重点,坚持引进来和走出去并重,遵循共商共建共享原则,加强创新能力开放合作,形成陆海内外联动、东西双向互济的开放格局。从战略部署来看,"一带一路"治理体系不仅着力于全球形成有效的经济贸易组织形式(如陆海内外联动、东西双向互济),而且还强调体制机制的完善和提升(如共商共建共享),此外,还加大自身的开放力度形成经济全球化的重要动力和经济治理模式的全球示范。习近平总书记在"一带一路"国际合作高峰论坛上强调:"中国愿同世界各国分享发展经验,但不会干涉他国内政,不会输出社会制度和发展模式,更不会强加于人。我们推进'一带一路'建设不会重复地缘博弈的老套路,而将开创合作共赢的新模式;不会形成破坏稳定的小集团,而将建设和谐共存的大家庭。"②"一带一路"与"一体两翼"走向殊异,更多的国家表示出参与"一带一路"的浓厚兴趣,并构建了更多的合作机制和多边机构,全球治理的重心悄然在向中国偏移。

党的十八届三中全会指出,财政是国家治理的基础和重要支柱,奠定了财政事业、财政改革和财政发展在全局工作中的基础性地位。而从全球治理的情况来看,无论是贸易、投资、金融等传统领域,还是知识产权、生态环境和文

---

①　2018 年 1 月,美国外资投资委员会(CFIUS)以近乎"莫须有"的理由(CFIUS 认为地缘政治关系发生了较大的变化)拒绝了中国民营企业蚂蚁金服并购汇兑企业速汇金(MoneyGram)的交易,这应该是一个比较典型的案例。

②　《习近平谈治国理政》第二卷,外文出版社 2017 年版,第 514 页。

化伦理等新兴层面,都需要政府的行动和支持,都需要政府层面有效的合作和深入的交流,都需要在市场进行了第一次分配的情况下进行国家间的有效协作,实施利益的再分配。这样,财政合作和财政发展也成为全球治理的基础和重要支柱,同时也是全球经济治理的重要组成部分。大国财政将在全球治理体系中发挥更加重要的作用。

参考文献

（一）中文图书

1.马列经典著作

[1]《马克思恩格斯全集》第 1 卷,人民出版社 2002 年版。

[2]《马克思恩格斯全集》第 3 卷,人民出版社 2002 年版。

[3]《马克思恩格斯全集》第 30 卷,人民出版社 1995 年版。

[4]《马克思恩格斯全集》第 31 卷,人民出版社 1998 年版。

[5]《资本论》第 1 卷,人民出版社 2004 年版。

[6]《资本论》第 2 卷,人民出版社 2004 年版。

[7]《资本论》第 3 卷,人民出版社 2004 年版。

2.党和国家领导人著作

[8]《毛泽东选集》第一卷,人民出版社 1991 年版。

[9]《毛泽东选集》第二卷,人民出版社 1991 年版。

[10]《毛泽东选集》第三卷,人民出版社 1991 年版。

[11]《毛泽东选集》第四卷,人民出版社 1991 年版。

[12]《邓小平文选》第一卷,人民出版社 1994 年版。

[13]《邓小平文选》第二卷,人民出版社 1994 年版。

[14]《邓小平文选》第三卷,人民出版社 1993 年版。

[15]《江泽民文选》第二卷,人民出版社 2010 年版。

[16]《江泽民文选》第三卷,人民出版社 2013 年版。

[17]《胡锦涛文选》第一卷,人民出版社 2016 年版。

[18]《胡锦涛文选》第二卷,人民出版社 2016 年版。

[19]《胡锦涛文选》第三卷,人民出版社 2016 年版。

[20]《习近平谈治国理政》,外文出版社 2014 年版。

[21]《习近平谈治国理政》第二卷,外文出版社 2017 年版。

[22]《李先念论财政金融贸易》下卷,中国财政经济出版社 2010 年版。

[23]《朱镕基讲话实录》,人民出版社 2011 年版。

3. 党内其他重要文献

[24]《十八大以来重要文献选编》上,中央文献出版社 2014 年版。

[25]《十二大以来重要文献选编》上,人民出版社 1986 年版。

[26]习近平:《决胜全面建成小康社会　夺取新时代中国特色社会主义伟大胜利——在中国共产党第十九次全国代表大会上的报告》,人民出版社 2017 年版。

[27]《中共中央国务院关于打赢脱贫攻坚战的决定》,《人民日报》2015 年 12 月 8 日。

[28]《中共中央关于全面深化改革若干重大问题的决定》,人民出版社 2013 年版。

[29]《中共中央关于制定国民经济和社会发展第十三个五年规划的建议》,人民出版社 2015 年版。

4. 其他中文图书

[30]陈共:《财政学》第九版,中国人民大学出版社 2017 年版。

[31]高培勇主编:《中国财政政策报告 2007/2008:财政与民生》,中国财政经济出版社 2009 年版。

[32]何毅亭主编:《以习近平同志为核心的党中央治国理政新理念新思想新战略》,人民出版社 2017 年版。

[33]胡鞍钢:《中国:民生与发展》,中国经济出版社 2008 年版。

[34]李培林、魏后凯主编:《扶贫蓝皮书:中国扶贫开发报告(2016)》,社会科学文献出版社 2017 年版。

[35]刘尚希:《公共风险论》,人民出版社 2018 年版。

[36]刘尚希:《公共风险视角下的公共财政》,经济科学出版社 2010 年版。

[37]刘尚希:《新型城镇化中的财政支出责任》,经济科学出版社 2015 年版。

[38]刘尚希等:《大国财政》,人民出版社 2016 年版。

[39]刘尚希:《财税热点访谈录》,人民出版社 2016 年版。

[40]刘尚希主编:《中国财政政策报告》,中国社会科学出版社 2018 年版。

[41]刘佐:《中国税制改革三十年》,中国财政经济出版社 2008 年版。

［42］钱满素：《自由的阶梯：美国文明札记》，东方出版社 2014 年版。

［43］人民出版社编写组：《十八大以来新发展新成就》上，人民出版社 2017 年版。

［44］苏星：《新中国经济史》，中共中央党校出版社 1999 年版。

［45］王丙乾：《中国财政 60 年回顾与思考》，中国财政经济出版社 2009 年版。

［46］汪海波：《中华人民共和国工业经济史》，山西人民出版社 2001 年版。

［47］韦森：《国家治理体制现代化》，商务印书馆 2017 年版。

［48］魏后凯：《走中国特色的新型城镇化道路》，社会科学文献出版社 2014 年版。

［49］吴敬琏等：《中国经济 50 人看三十年——回顾与分析》，中国经济出版社 2008 年版。

［50］谢旭人等：《中国财政 60 年》（上、下卷），经济科学出版社 2009 年版。

［51］谢旭人主编：《中国财政改革三十年》，中国财政经济出版社 2008 年版。

［52］熊伟：《法治、财税与国家治理》，法律出版社 2015 年版。

［53］许志雄：《现代宪法论》，元照出版股份有限公司 2004 年版。

［54］张厚义等：《中国私营企业发展报告（1978—1998）》，社会科学文献出版社 1999 年版。

［55］张磊主编：《中国扶贫开发政策演变（1949—2005 年）》，中国财政经济出版社 2007 年版。

［56］郑永年：《中国的"行为联邦制"——中央—地方关系的变革与动力》，邱道隆译，东方出版社 2013 年版。

［57］中国财政科学研究院：《城镇化、债务融资与风险防控》，中国财政经济出版社 2016 年版。

［58］中国财政科学研究院：《中国政府投融资发展报告（2017）》，经济科学出版社 2017 年版。

［59］"中国城镇化 30 年"课题组：《中国城镇化 30 年》，中国建筑工业出版社 2016 年版。

［60］住房和城乡建设部课题组：《"十二五"中国城镇化发展战略研究报告》，中国建筑工业出版社 2011 年版。

［61］左常升：《中国扶贫开发政策演变（2001—2015 年）》，社会科学文献出版社 2016 年版。

［62］邹东涛：《中国经济发展和体制改革报告（NO.1）——中国改革开放 30 年（1978—2008）》，社会科学文献出版社 2008 年版。

（二）外文翻译著作

［63］［英］安东尼·吉登斯：《现代性的后果》，田禾译，译林出版社 2000 年版。

[64][英]安东尼·吉登斯:《失控的世界——全球化如何重塑我们的生活》,周红云译,江西人民出版社 2001 年版。

[65][美]哈维·罗森、泰德·盖尔:《财政学》第十版,郭庆旺译,中国人民大学出版社2015 年版。

[66][澳]布伦南、[美]布坎南:《宪政经济学》,冯克利等译,冯克利、冯兴元统校,中国社会科学出版社 2004 年版。

[67][英]洛克:《政府论》,瞿菊农、叶启方译,商务印书馆 2016 年版。

[68][法]卢梭:《社会契约论》,李平沤译,商务印书馆 2017 年版。

[69][德]马克斯·韦伯:《经济与社会》,阎克文译,上海世纪出版集团 2010 年版。

[70][法]孟德斯鸠:《论法的精神》,许明龙译,商务印书馆 2016 年版。

[71][德]乌尔里希·贝克:《风险社会》,何博闻译,译林出版社 2004 年版。

（三）论文

[72]王乐理:《国家、政体与财政权》,《经济社会史评论》第四辑,生活·读书·新知三联书店 2008 年版。

[73]王茂庆:《财政权的宪政分析》,《财税法论丛》2007 年第 9 卷。

[74]王敏、李成威、武靖州:《开发区财政管理体制研究》,《财政部财政科学研究所研究报告》2014 年第 4 期。

（四）期刊文章

[75]费孝通:《小城镇 大问题（之三）——社队工业的发展与小城镇的兴盛》,《瞭望》周刊 1984 年第 4 期。

[76]费孝通:《小城镇 再探索（之三）》,《瞭望》周刊 1984 年第 22 期。

[77]费孝通:《推动乡镇企业继续前进》,《瞭望》周刊 1984 年第 34 期。

[78]中共财政部党组:《更好发挥财政在国家治理中的基础和重要支柱作用——党的十八大以来我国财政政策的理论与实践》,《中国财政》2017 年第 19 期。

[79]项怀诚:《国家财政在 10 年改革中与时俱进》,《财政研究》2004 年第 1 期。

[80]肖捷:《在全国财政工作会议上的讲话（节选）》,《中国财政》2017 年第 3 期。

[81]刘昆:《公共财政是构建社会主义和谐社会的制度基础》,《财政研究》2016 年第

12 期。

[82]刘昆：《增强财政金融协调　共同推进结构性改革》，《财政研究》2006 年第 2 期。

[83]张通：《新中国财政 60 年的变迁与思考》，《财政研究》2009 年第 11 期。

[84]何盛明、刘尚希：《论我国财政改革与发展战略》，《财政研究》1995 年第 5 期。

[85]何盛明：《"政府应做的，就是财政要干的"——关于市场经济条件下国家财政职能的几点思考》，《财政研究》1998 年第 8 期。

[86]叶振鹏：《国有企业改革与财政》，《财政研究》2007 年第 7 期。

[87]叶振鹏：《关于 20 年财政改革的几点基本认识》，《财政研究》1999 年第 9 期。

[88]刘尚希、傅志华、马洪范、程瑜、李成威、梁季、许文：《降成本：2017 年的调查与分析》，《财政研究》2017 年第 10 期。

[89]刘尚希、白景明、傅志华、程瑜、李成威、梁季、梁强：《高度警惕风险变形　提升驾驭风险能力——"2017 年地方财政经济运行"调研总报告》，《财政研究》2018 年第 3 期。

[90]刘尚希：《财政监督与国家治理相匹配的定位探讨》，《财政监督》2016 年第 6 期。

[91]刘尚希：《不确定性：财政改革面临的挑战》，《财政研究》2015 年第 12 期。

[92]刘尚希：《从"公共财政"走向"民生财政"》，《财政监督》2012 年第 4 期。

[93]刘尚希：《"公共财政"概念的由来》，《经济研究参考》2009 年第 70 期。

[94]刘尚希：《公共风险是引导财政改革的那只"看不见的手"》，《经济研究参考》2010 年第 60 期。

[95]刘尚希：《基于国家治理的财政改革新思维》，《地方财政研究》2014 年第 1 期。

[96]刘尚希：《论公共风险》，《财政研究》1999 年第 9 期。

[97]刘尚希：《民生财政的误区》，《地方财政研究》2011 年第 8 期。

[98]刘尚希、李成威、杨德威：《财政与国家治理：基于不确定性与风险社会的逻辑》，《财政研究》2018 年第 1 期。

[99]刘尚希、梁季：《税制改革 20 年：回顾与前瞻》，《税务研究》2014 年第 10 期。

[100]刘尚希、陈少强、谭静、陈龙：《〈政府与社会资本合作条例〉立法的基本思路》，《财政研究》2016 年第 10 期。

[101]刘尚希、韩凤芹、史卫：《唐宋科技繁荣：政府行为与创新环境》，《财政研究》2015 年第 5 期。

[102]刘尚希、程瑜、李成威、樊轶侠：《十八届三中全会以来财税体制改革的进展及评估》，《新金融评论》2018 年第 2 期。

[103]贾康：《中国财税改革 30 年：简要回顾与评述》，《财政研究》2008 年第 10 期。

[104]苏明、邢丽、许文、施文泼：《推进环境保护税立法的若干看法与政策建议》，《财政

研究》2016 年第 1 期。

[105]王朝才、石英华、张鹏、苏京春：《特殊功能区财税政策适应性评估的探索研究——以推进长吉图开发开放先导区建设财税政策为例》，《财政研究》2017 年第 4 期。

[106]文宗瑜、谭静：《以"国有企业改革评价及国企改革指数"研究支持并推动国企改革持续深入》，《财政研究》2018 年第 2 期。

[107]韩凤芹：《区域经济统筹发展中应采取的财政金融政策》，《宏观经济研究》2005 年第 3 期。

[108]刘剑文：《宪政下的公共财政与预算》，《河南财经政法大学学报》2007 年第 3 期。

[109]关利欣：《商贸企业集群式"走出去"探析》，《国际经济合作》2011 年第 7 期。

[110]冉富强：《论公债的法律特征》，《公民与法（综合版）》2011 年第 1 期。

[111]武靖州：《防范化解重大风险前提的积极财政政策转型》，《改革》2017 年第 11 期。

[112]熊丽：《立下愚公志　共奔小康路——党的十八大以来我国扶贫开发工作取得的成就》，《经济》2017 年第 11 期。

[113]熊伟：《法制财的宪法之维》，《财经法学》2015 年第 6 期。

[114]许敏：《十八大以来我国精准扶贫研究综述——基于中国知网的文献考察》，《中共乐山市委党校报》2017 年第 4 期。

[115]余玮：《邓小平和特区的故事》，《党史纵横》2008 年第 4 期。

[116]中国财政科学研究院课题组、刘尚希：《关于实体经济企业降成本的看法》，《财政研究》2016 年第 11 期。

[117]中国财政科学研究院课题组：《在积极推进碳交易的同时择机开征碳税》，《财政研究》2018 年第 4 期。

（五）报纸文章

[118]韩长赋：《工业反哺农业　城市支持农村》，《人民日报》2008 年 11 月 3 日。

[119]李丽辉：《财政支付少走"弯"路》，《人民日报》2011 年 1 月 10 日。

[120]刘剑文、侯卓：《税收法定原则如何落实》，《光明日报》2015 年 3 月 20 日。

[121]刘尚希：《论中国特色的积极财政政策》，《人民日报》2017 年 4 月 6 日。

[122]刘尚希：《破除积极财政政策的三个认识误区》，《经济日报》2017 年 7 月 7 日。

[123]刘尚希、石英华、王志刚：《公共债务管理新思维：从制度约束转向行为约束》，《中国财经报》2017 年 7 月 4 日。

［124］李成威:《中国政府公共风险管理能力上台阶》,《中国财经报》2018 年 5 月 8 日。

［125］仇华飞:《习近平外交思想——新时代中国特色社会主义思想伟大创新》,《人民日报》2017 年 10 月 20 日。

［126］中共国务院扶贫办党组:《脱贫攻坚砥砺奋进的五年》,《人民日报》2017 年 10 月 17 日。

［127］孙韶华:《明年继续实施减税降费政策 加快财税制度改革》,《经济参考报》2017 年 12 月 29 日。

［128］《敢想敢干敢为人先:小岗村 40 年有大变样》,《中国青年报》2018 年 1 月 16 日。

［129］《谋划发展蓝图的一次考察——"我懂得了什么是现代化"》,《人民日报》2008 年 11 月 28 日。

(六) 网络资料

［130］《中国农村扶贫开发概要》,中央政府门户网站,http://www.gov.cn/zwhd/ft2/20061117/content_447141.htm,2006 年 11 月 19 日。

责任编辑:曹　春　李琳娜
封面设计:木　辛　汪　莹
责任校对:苏小昭

图书在版编目(CIP)数据

中国改革开放的财政逻辑:1978—2018/刘尚希等 著. —北京:人民出版社,
　2018.10
ISBN 978－7－01－019691－6

Ⅰ.①中…　　Ⅱ.①刘…　　Ⅲ.①财政改革-研究-中国-1978—2018
　Ⅳ.①F812.2

中国版本图书馆 CIP 数据核字(2018)第 190126 号

中国改革开放的财政逻辑(1978—2018)
ZHONGGUO GAIGE KAIFANG DE CAIZHENG LUOJI (1978—2018)

刘尚希　　傅志华 等　著

人民出版社 出版发行
(100706　北京市东城区隆福寺街 99 号)

北京汇林印务有限公司　新华书店经销

2018 年 10 月第 1 版　2018 年 10 月北京第 1 次印刷
开本:710 毫米×1000 毫米 1/16　印张:30
字数:460 千字

ISBN 978－7－01－019691－6　定价:98.00 元

邮购地址 100706　北京市东城区隆福寺街 99 号
人民东方图书销售中心　电话 (010)65250042　65289539